Erich von Däniken
Besucher aus dem Kosmos

Erich von Däniken

BESUCHER AUS DEM KOSMOS

Das große Jubiläumsbuch

mit illustrierten Auszügen
aus
Erinnerungen an die Zukunft
Zurück zu den Sternen
Aussaat und Kosmos

Ausgewählt und auf
den neuesten Stand gebracht von
Wilhelm Roggersdorf

Econ Verlag Düsseldorf · Wien

1. Auflage 1975

Gesetzt aus der 10 Punkt Times der Linotype GmbH
Satz: Industriedruck AG, Essen-Werden
Druck- und Bindearbeiten: Ebner, Ulm
Printed in Germany
ISBN 3 430 11983 9

INHALT

Aus dem Kreis begeisterter Däniken-Leser wurde an den Verlag immer wieder die Frage gerichtet, ob denn aus den Büchern, die unter dem Thema »Waren die Götter Astronauten?« stehen, nicht ein Sammelband mit der Essenz aus diesen drei Büchern herausgebracht werden könnte. Derart nämlich ließe sich der Nachholbedarf jener befriedigen, die Däniken erst im Laufe der Jahre begegnet sind.
Da der Econ-Verlag zu seinem 25jährigen Jubiläum einige Sammelbände seiner Autoren herausbringt, bot sich der Anlaß, diese Anregung zu verwirklichen.
Die Auswahl und Heranführung der Texte auf den jüngsten Stand besorgte der Bearbeiter, der nach fast zehnjähriger Zusammenarbeit die Intentionen Erich von Dänikens zu kennen glaubt.
Erich von Däniken hat seine Zustimmung zu dieser Jubiläumsausgabe gegeben, während er sich auf seiner sechsten Weltreise befand.

1 Sterne

I
GIBT ES LEBEN IM KOSMOS?

Gelehrte werden dieses Buch, weil seine Thesen und Beweise nicht in das mühsam gekittete Mosaik zementierter Schulweisheit passen, als Utopie auf den Index jener Bücher setzen, über die man besser nicht spricht. Und Laien, die sich von den Visionen der Zukunft noch im Schlaf beunruhigt fühlen, werden sich vor der Möglichkeit, ja, der Wahrscheinlichkeit, daß unsere Vergangenheit noch geheimnisvoller, noch kühner, noch rätselhafter als die Zukunft zu entdecken sein wird, ins Schneckenhaus der ihnen vertrauten Welt zurückziehen.

Denn das ist gewiß: mit unserer Vergangenheit, jener, die Tausende und Millionen Jahre zurückliegt, stimmt etwas nicht! In ihr wimmelt es von unbekannten Göttern, die in bemannten Raumschiffen der guten, steinalten Erde Besuche abstatteten. In ihr gab es Geheimwaffen, Superwaffen und unvorstellbare technische Erkenntnisse, deren know-how wir heute zum Teil noch nicht wieder erworben haben.

Mit unserer Archäologie stimmt etwas nicht! Da findet man, viele tausend Jahre alt, elektrische Batterien. Da gibt es seltsame Wesen in perfekten Raumanzügen, die mit Gürtelschnallen aus Platin geschlossen sind. Da gibt es – und kein Computer hat sie hingeschrieben – fünfzehnstellige Zahlenreihen. Im grauesten Altertum werden wir einem ganzen Arsenal von Unvorstellbarem begegnen. Woher aber nahmen die Ur-Ur-Menschen jene Fähigkeiten, dies Unvorstellbare zu schaffen?

Und mit unseren Religionen stimmt etwas nicht! Allen Religionen ist gemeinsam, daß sie den Menschen Heil und Hilfe verheißen. Auch die uralten Götter gaben solche Versprechen. Warum hielten sie sich nicht daran? Warum setzten sie supermoderne Waffen gegen primitive Menschen ein? Und warum planten sie deren Vernichtung?

Machen wir uns mit dem Gedanken vertraut, daß die Vorstellungswelt, die in Jahrtausenden wuchs, zusammenbrechen wird. Wenige Jahre exakter Forschung brachten bereits das Denkgebäude, in dem wir es uns wohnlich gemacht hatten, zu Fall. Erkenntnisse, die in Bibliotheken geheimer Gesellschaften verborgen wurden, sind neu entdeckt. Das Zeitalter der Raumfahrt ist kein Zeitalter der Geheimnisse mehr. Die Raumfahrt, die zu Sonnen und Sternen strebt, lotet uns auch die Abgründe unserer Vergangenheit aus. Aus dunklen Grüften treten Götter und Priester, Könige und Helden. Wir haben ihnen ihre Geheimnisse abzufordern, denn wir haben die Mittel dazu, unsere Vergangenheit gründlich und – wenn wir es nur wollen – lückenlos zu entdecken.

Spuren der Götter

Die Götter der grauen Vorzeit haben unübersehbare Spuren hinterlassen, die wir erst heute lesen und entziffern können, denn das Problem der Raumfahrt, uns heute hautnah, gab es für den Menschen seit Jahrtausenden nicht mehr. Denn ich behaupte: im grauen Altertum hatten unsere Vorfahren Besuch aus dem Weltall! Wenn wir auch heute noch nicht wissen, wer immer diese außerirdische Intelligenz war und von welchem fernen Stern sie herniederkam, so bin ich doch überzeugt, daß diese »Fremden« einen Teil der damals existierenden Menschheit vernichteten und einen neuen, vielleicht den ersten homo sapiens zeugten.

Ist es denkbar, daß wir Weltbürger des 20. Jahrhunderts nicht die einzigen menschenähnlichen Lebewesen im Kosmos sind? Da noch kein Homunculus vom andern Stern präpariert in einem Museum für Menschheitskunde zu besichtigen ist, scheint die Antwort »Nur unsere Erde hat menschliche Lebewesen« überzeugend und legitim zu sein.

Der Wald von Fragezeichen freilich wächst und wächst, sobald wir Tatsachen neuester Funde und Forschungen in einen kausalen Zusammenhang bringen.

Milliarden Sterne

Das blanke Auge sieht in einer klaren Nacht – sagen die Astronomen – rund 4500 Sterne am Firmament. Bereits das Fernrohr einer kleinen Sternwarte holt schier zwei Millionen ins Sichtbare, während ein modernes Spiegelteleskop das Licht von Milliarden Sternen heranholt ... Lichtpunkte der Milchstraße. In den ungeheuren Dimensionen des Kosmos aber ist unser Sternensystem nur ein winziger Teil eines ungleich größeren Sternensystems – wenn man so sagen will: eines Milchstraßenbündels, das etwa zwanzig Galaxien in einem Halbmesser von 1,5 Millionen Lichtjahren zusammenhält (1 Lichtjahr = 9,5 Billionen km). Und auch diese Sternenmenge ist wiederum nur gering im Vergleich zu den vielen tausend Spiralnebeln, die elektronische Teleskope ausgemacht haben. Bis auf den heutigen Tag. Aber dieser Tag der Forschung hat erst begonnen.

Der Astronom Harlow Shapley nimmt allein im Bereich unserer Teleskope etwa 10^{20} Sterne an. Wenn Shapley nur einem unter tausend Sternen ein Planetensystem zuordnet, darf man eine sehr vorsichtige Schätzung annehmen. Spekulieren wir auf dieser Schätzung weiter und vermuten nur auf einem unter tausend Sternen die Voraussetzungen für Leben, so ergibt diese Rechnung immer noch eine Zahl von 10^{14}. Shapley fragt: Wie viele Sterne in dieser wahrhaft »astronomischen« Zahl haben eine für Leben geeignete Atmosphäre? Von tausend einer? Dann bliebe immer noch die unausdenkbare Zahl von 10^{11} Sternen, die die Prämissen für Leben trügen. Selbst wenn wir annehmen, daß aus dieser Zahl nur jeder tausendste Planet Leben erzeugt hat, dann bleiben immer noch 100 Millionen Planeten für eine Spekulation auf Leben. Diese Berechnung beruht auf den mit heutigen technischen Möglichkeiten ausgestatteten Teleskopen, die in einer fortdauernden Entwicklung stehen.

Wie viele Planeten tragen Leben?

Folgt man den Hypothesen des Biochemikers Dr. S. Miller, dann haben sich auf einigen dieser Planeten Leben und Lebensbedingungen möglicherweise schneller entwickelt als auf der Erde. Folgen wir dieser kühnen Rechnung, so könnten sich auf 100 000 Planeten Zivilisationen entwickelt haben, die der unseren voraus sind.

Professor Dr. Willy Ley, bekannter wissenschaftlicher Schriftsteller und Freund Wernher von Brauns, sagte mir in New York:

»Die Schätzung der Sternenzahl, allein in unserer Milchstraße, beläuft sich auf 30 Milliarden Sterne. Die Annahme, daß unsere Milchstraße mindestens 18 Milliarden planetarische Systeme umfaßt, wird heute von der Astronomie für annehmbar betrachtet. Machen wir nun den Versuch, die in Betracht kommenden Zahlen auf die kleinste Größe zu bringen, und nehmen wir an, die Entfernungen der Planetensysteme wären so bemessen, daß nur in einem von hundert Fällen ein Planet in der Oekosphäre seine Sonne umläuft, dann bleiben immer noch 180 Millionen Planeten, die Leben tragen könnten. Nehmen wir weiter an, daß nur einer von hundert Planeten, die Leben beherbergen könnten, dies auch tatsächlich tut: wir hätten immer noch die Zahl von 1,8 Millionen Planeten mit Leben. Eine weitere Annahme sähe pro 100 Planeten mit Leben je einen Planeten vor, auf dem Wesen mit dem Intelligenzgrad des homo sapiens leben. Doch selbst diese letzte Annahme gewährt unserer Milchstraße immer noch ein Heer von 18 000 bewohnten Planeten.«

Da neueste Zählungen 100 Milliarden Fixsterne in unserer Milchstraße nennen, spricht die Wahrscheinlichkeit für eine ungleich höhere Zahl, als Professor Ley sie in seiner vorsichtigen Rechnung veranschlagt.

Ohne utopische Ziffern heranzuziehen und fremde Galaxien zu berücksichtigen, dürfen wir in relativer Erdnähe 18 000 Planeten mit unserem Planeten ähnlichen Lebensbedingungen vermuten. Wir können allerdings noch weiter gehen und spekulieren: würde von diesen 18 000 Planeten in der Tat nur ein Prozent bewohnt sein, blieben immer noch 180!

Unzweifelhaft ist wohl die Existenz erdähnlicher Planeten – mit ähnlicher atmosphärischer Zusammensetzung, mit ähnlicher Gravitation, mit ähnlicher Flora und vielleicht sogar Fauna. Aber: müssen es überhaupt Planeten mit erdähnlichen Konditionen sein, die Leben tragen?

Durch Forschung überholt ist die Meinung, Leben könne

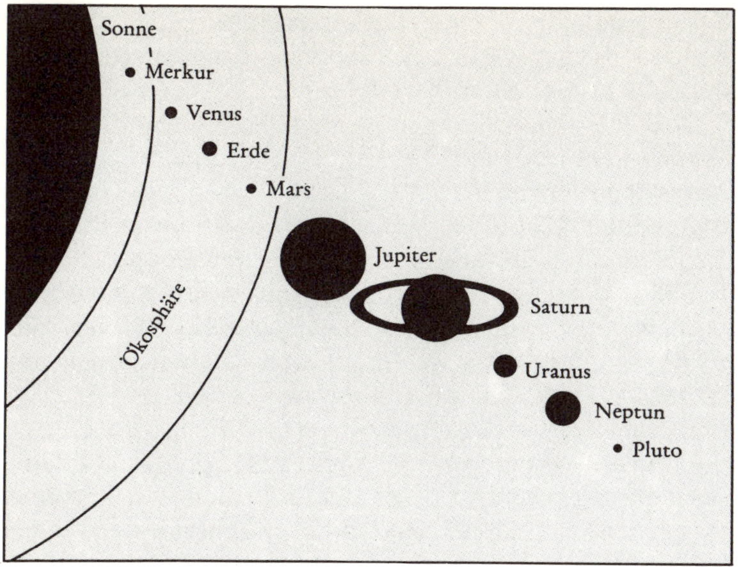

2

nur unter erdähnlichen Bedingungen gedeihen. Irrig ist es zu glauben, ohne Wasser und ohne Sauerstoff könne Leben nicht existieren. Tatsächlich gibt es sogar auf unserer Erde Lebewesen, die keinen Sauerstoff benötigen. Das sind die anaeroben Bakterien. Eine bestimmte Menge Sauerstoff wirkt für sie wie Gift. Warum sollte es keine höheren Lebewesen geben, die des Sauerstoffs nicht bedürfen?

Wir werden unter dem Druck und Eindruck täglich neu gewonnener Erkenntnisse unsere Vorstellungs- und Begriffswelt überholen müssen. Unsere bis in die jüngste Vergangenheit auf unsere Erde konzentrierte Entdeckungsfreude hat diese unsere Welt zum idealen Planeten hochgelobt: er ist nicht zu heiß und nicht zu kalt; Wasser gibt es in Hülle und Fülle; Sauerstoff ist in großen Mengen vorhanden; organische Prozesse verjüngen die Natur immer wieder aufs neue.

Wo und wie entwickelt sich Leben?

Tatsächlich ist die Annahme, nur auf einem erdähnlichen Planeten könne sich Leben halten und entwickeln, nicht vertretbar. Auf der Erde – schätzt man – leben zwei Millionen verschiedener Arten von Lebewesen. Davon sind – wiederum schätzungsweise – 1,2 Millionen wissenschaftlich »erfaßt«. Und unter diesen von der Wissenschaft erfaßten Lebewesen vegetieren einige tausend, die nach den bisher landläufigen Vorstellungen eigentlich gar nicht leben können dürften! Die Prämissen für Leben müssen neu durchdacht und geprüft werden.

Beispielsweise sollte man denken, daß hochradioaktives Wasser keimfrei wäre! Tatsächlich aber finden sich einige Bakterienarten mit diesem tödlichen Wasser, das Kernreaktoren umgibt, ab. Der Versuch des Wissenschaftlers Dr. Siegel mutet gespenstisch an: Dr. Siegel schuf im Labor die Lebensbedingungen der Jupiter-Atmosphäre und züchtete in dieser Atmosphäre, die nichts gemein hat mit den Voraussetzungen, die wir bisher dem »Leben« zumessen, Bakterien und Milben. Ammoniak, Methan und Wasserstoff töteten sie nicht ab. – Die Versuche der Entomologen Hinton und Blum von der Universität Bristol, England, ergaben nicht weniger verblüffende Resultate. Die beiden Wissenschaftler dörrten eine Zuckmückenart viele Stunden bei einer Temperatur bis zu hundert Grad Celsius; dann tauchten sie ihre Versuchswesen sofort in flüssiges Helium, das bekanntlich Weltraumtemperatur hat. Nach einer harten Bestrahlung gewährten sie den Zuckmücken wieder ihre normalen Lebensbedingungen. Das Unmögliche geschah: die Larven setzten ihren biologischen Lebensprozeß fort, es entschlüpften ihnen völlig »gesunde« Zuckmücken. – Wir wissen von Bakterien, die in Vulkanen leben, von anderen, die Gestein fressen, und solchen, die Eisen produzieren. Der Wald der Fragezeichen wächst.

An vielen Forschungsstätten laufen die Versuche. Immer neue Beweise häufen sich, daß Leben keineswegs an die existentiellen Voraussetzungen UNSERES Planeten gebunden ist. Die Lebensgesetze und die Lebensbedingungen der Erde schienen Jahrhunderte der Nabel der Welt zu sein. Diese Überzeugung verschob und verwischte die Perspektiven; sie legte den Forschenden Scheuklappen an, die sie das Weltall mit unseren Maßen und Denksystemen betrachten ließen. Teilhard de Chardin, der epochale Denker, postulierte: »Im Kosmos hat nur das Phantastische eine Chance, real zu sein!«

Die Umkehrung unserer Denkweise würde – ebenso phantastisch wie real – bedeuten, daß Intelligenzen eines anderen Planeten ihre Lebensbedingungen zum Maßstab nähmen. Falls sie bei Temperaturen zwischen minus

3 Marsbewohner, Illustrationen zu H. G. Wells »Krieg der Welten«

150–200 Grad Celsius leben, könnten sie solche, unser Leben auslöschende Temperaturen für die Voraussetzung des Lebens auf anderen Planeten werten. Das entspräche der Logik, mit der WIR versuchen, das Dunkel unserer Vergangenheit zu erhellen.

Wir sind es unserer – von Generation zu Generation übernommenen – Selbstachtung schuldig, vernünftig und objektiv zu sein; lapidar gesagt, immer brav und zuverlässig mit beiden Beinen auf der Erde zu stehen. Irgendwann schien jede kühne These Utopie zu sein. Wie viele Utopien sind längst alltägliche Wirklichkeit geworden! Selbstverständlich und voller Absicht sollen hier Beispiele die extremsten Möglichkeiten andeuten. Doch indem das Unwahrscheinliche, das heute noch nicht Denkbare projiziert wird, werden Barrieren fallen, die uns unbefangen die Unmöglichkeiten, die der Kosmos noch verbirgt, erkennen lassen. Kommende Generationen werden im Weltall einer Fülle ungeahnten Lebens begegnen. Wenn wir es auch nicht mehr erleben sollten, werden SIE sich damit abfinden müssen, nicht die einzige und sicher nicht die älteste Intelligenz im Kosmos zu sein.

Menschheitsgeschichte contra Universumsgeschichte

Das Alter des Universums wird auf acht bis zwölf Milliarden Jahre geschätzt. Meteoriten bringen Spuren organischer Stoffe unter unsere Mikroskope. Millionen Jahre alte Bakterien erwachen zu neuem Leben. Sporen, im Lichtdruck einer Sonne schwebend, durchziehen das Weltall und werden irgendwann von der Gravitation eines Planeten eingefangen. Neues Leben entwickelt sich im unendlichen Kreislauf der Schöpfung seit Jahrmillionen. Zahlreiche und sorgfältige Untersuchungen verschiedenster Gesteine in allen Teilen unserer Welt beweisen, daß die Erdkruste sich vor etwa vier Millarden Jahren gebildet hat. Ja, und seit einer Million Jahre, weiß die Wissenschaft, existiert so etwas wie der Mensch! Aus diesem riesigen Strom der Zeit gelang es mit viel Fleiß, vielen Abenteuern und forschender Neugier, ein Rinnsal von 7000 Jahren Menschheitsgeschichte einzudämmen. Was aber sind 7000 Jahre Menschheitsgeschichte gegen Milliarden Jahre Universumsgeschichte?

Wir – die Krone der Schöpfung? – brauchten 400 000 Jahre, um zu unserem heutigen Status und unserer heutigen Statur zu kommen. Wer hat die Beweislast zu tragen: warum soll ein anderer Planet nicht günstigere Umweltbedingungen für die Entwicklung anderer oder ähnlicher Intelligenzen geboten haben? Warum können wir auf anderen Planeten nicht eine »Konkurrenz« haben, die uns ebenbürtig oder überlegen ist? Darf man diese Möglichkeit außer Betracht lassen? Bislang taten wir es.

Wie oft sanken die Säulen unserer Weisheit in Trümmer! Viele hundert Generationen glaubten, die Erde sei eine Scheibe. Viele tausend Jahre galt das eherne Gesetz: die Sonne dreht sich um die Erde. Noch sind wir überzeugt, unsere Erde sei der Mittelpunkt des Alls – obwohl erwiesen ist, daß die Erde ein ganz gewöhnliches, der Größe nach unbedeutendes Gestirn ist: 30 000 Lichtjahre vom Zentrum der Milchstraße entfernt . . .

Es ist an der Zeit, daß wir durch Entdeckungen im unendlichen, unerforschten Kosmos unsere eigene Winzigkeit erkennen. Dann erst werden wir wissen, daß wir Ameisen im Staat des Universums sind. Aber unsere Chance liegt im Weltall – nämlich dort, wo es die Götter versprachen.

Erst nach einem Blick in die Zukunft werden wir Kraft und Kühnheit genug haben, unsere Vergangenheit ehrlich und unvoreingenommen zu erforschen.

II
DIE SACHE
MIT DER ZEITDILATATION

In meiner Interpretation unserer Vorgeschichte nimmt ein zu allen Zeiten gültig gewesenes und selbstverständlich immer noch wirkendes Naturgesetz einen entscheidenden Rang ein: das Gesetz von der Zeitdilatation, das Gesetz von der Zeitdehnung.

Ich weiß, daß die Zeitdilatation ein schwer zu verstehendes »Phänomen« darstellt, aber wir müssen uns bemühen, es zu verstehen.

Es ist bewiesen, daß das von den Sternen ausgehende, auf der Erde eintreffende Licht relativ zur Erde – gleichgültig, ob diese dem Licht entgegenläuft oder nicht – stets die gleiche Geschwindigkeit (= 299 792 km/sec) besitzt. Albert Einstein (1879–1955) machte dieses Gesetz zum Prinzip von der Konstanz der Lichtgeschwindigkeit und baute darauf seine grundstürzend neue Lehre von Zeit und Raum auf. Einstein wies nach, daß die bis dahin von Physikern vertretene Ansicht vom absoluten, also durch nichts zu behindernden Ablauf der Zeit falsch war, daß nämlich »Zeit« an ein Bezugssystem gekoppelt ist. »Die Zeit eines schnell bewegten Gegenstandes vergeht für den ruhenden Beobachter langsamer als für einen mitbewegten Beobachter.«

Dies also nennt man Zeitdilatation, und das bedeutet, daß für Piloten in einem interstellaren Raumschiff, das knapp unter Lichtgeschwindigkeit reist, die Zeit unendlich viel langsamer vergeht als für die auf dem Startplaneten

»zurückgebliebenen« Bewohner. Das alles läßt sich mit komplizierten mathematischen Formeln präzise errechnen. So unglaublich es scheint ... muß man an die Berechnungen nicht »glauben«, sie sind bewiesen. Mit diesem gesicherten Wissen ausgestattet, ist »Zeit« keine fixe Größe mehr, sie läßt sich durch Geschwindigkeit und Energie manipulieren. Da ein Naturgesetz, galt und gilt es zu allen Zeiten. Verfügten die »Götter« über jene technischen Kenntnisse, die ihnen interstellare Raumfahrt ermöglichten, dann war ihnen die Zeitdilatation bekannt, und sie konnten damit umgehen.

Würde ein Raumschiff dauernd mit einem g (1 g = 9,81 m/sec^2) beschleunigt und zur Hälfte der angenommenen Strecke mit –1 g bremsen, ergäben sich zwischen der Raketenbesatzung und den zurückbleibenden Erdbewohnern diese Zeitverschiebungen:

Jahre für die Raketenbesatzung	Jahre für die zurückbleibenden Erdenbewohner
1	2,0
2	2,1
5	6,5
10	24
15	80
20	270
25	910
30	3 100
35	10 600
40	36 000
45	121 000
50	420 000

Diese Tabelle aus Meyers »Handbuch über das Weltall« beweist, daß sich die enormen Zeitverschiebungen zwischen Raketenbesatzung und Startplaneten erst bei längerer Reisedauer auswirken. Die Auswirkungen sind allerdings phantastisch: Für die Besatzung des mit einem g beschleunigten Raumschiffes vergehen läppische 40 Jahre, während auf der Erde 36 000 Jahre dahinkriechen. Mit diesem Wissen ausgestattet, wird es verständlich, warum die »Götter«, mit Menschen verglichen, »unsterblich« scheinen. Ist es unter diesem Gesetz nicht möglich, daß die

Propheten des Alten Testaments, Elias, Moses, Esra, als Lohn für ihre Erdendienste von den »Göttern« in einem Raumschiff mitgenommen, heute noch leben? Auf die Rückkehr dürfte man gespannt sein.

Für Mathematiker, die zur Ermittlung der Zeitdilatation bei interstellaren Raumflügen demnächst ihre Computer mit Daten füttern, darf ich einige Ziffern notieren. Bei einem Besuch in Bangalore, Indien, entnahm ich dem Mahabharata, dem religiösen Nationalepos der Inder, daß 1 200 Götterjahre = 360 800 Menschenjahre sind. – »Ewigkeit« im Sinne christlicher Theologie ist für die asiatische Begriffswelt undenkbar, ja, bar jeden Sinns. Eine Zeitperiode erstreckt sich über ein »großes Zeitalter«. Das sind 100 Jahre des Brahma oder 311 040 000 000 000 Erdenjahre. Ein Tag des Brahma besteht aus 4 320 000 000 Jahren der Sterblichen. Brahma ist das göttliche Wesen in drei Gestalten, das mit Schiwa und Wischnu im Trimurti eine Einheit bildet und die Kraft ist, die alle Welten schafft. Erst das Gesetz der Zeitdilatation gibt diesen unvorstellbaren Zahlenreihen einen realen Sinn im Ablauf der Geschichte des Universums.

Ich darf meine Leser bitten, hinter allen meinen Vermutungen und kühnen Spekulationen das Wissen vom GESETZ der Zeitdilatation »mitzudenken«.

III
AUF DER SPUR DES LEBENS

Da Entstehung und Entwicklung des Menschen bisher nur auf unserem Planeten zurückverfolgt werden, ist meine Hypothese, außerirdische Existenzen könnten in diesen Prozeß eingegriffen haben, in der Tat kühn. Würde man diesen Gedanken in den Bereich des Möglichen einbeziehen, wäre allerdings der bildschöne Stammbaum – die Affen kletterten von den Bäumen, mutierten und wurden zum Urahn des Menschen – zerstört.

Seit Charles Darwin (1809–1882) seine Selektionstheorie vorgetragen hat, schienen fortan alle fossilen Funde vom Skelett des Uraffen bis zum homo sapiens beweiskräftige Argumente für Darwins Abstammungslehre zu sein. Als der Oberlehrer Johann Carl Fuhlrott (1804–1877) in Neandertal bei Düsseldorf einige alte Knochen fand und daraus den »Neandertaler« montierte, der in der letzten Zwischeneiszeit und zu Beginn der Würm-Eiszeit, also vor etwa 120 000 bis 80 000 Jahren gelebt hat, baute er auf diesem Fund die Theorie vom Affenmenschen auf. Die Gelehrtenwelt war nicht wenig empört. Religiös befangene Gegner der Fuhlrottschen Idee argumentierten kaum überzeugend, einen fossilen Menschen könne es nicht geben, weil es fossile Menschen nicht geben dürfe.

Außer der Spezies »Neandertaler« gibt es noch viele andere Arten. Bei El Fayum in der Nähe von Kairo fand man den Unterkiefer einer Primatenform. Dieser Unterkiefer wurde ins Oligozän, in die Zeit vor 30 bis 40 Millionen Jahren, datiert. Falls das zutrifft, wäre der Beweis geliefert, daß menschenartige Wesen lange Zeit vor dem Neanderta-

4

ler existiert haben müssen. Fossile Belege für Hominiden fanden sich auch in England, Afrika, Australien, auf Borneo und anderswo.

Was beweisen diese Funde?

Daß man nichts Genaues sagen kann, weil fast mit jedem neuen Fund die eben erst in die Lehrbücher eingetragenen Datierungen wieder in Frage gestellt werden. Trotz vieler Funde gilt es festzustellen, daß diese über die kontinuierlichen historischen Zusammenhänge von Herkunft und Entwicklung des Menschengeschlechts nur sehr unzureichende Anhaltspunkte liefern. Zwar läßt sich die Spur der Stammesentwicklung vom Hominiden bis zum homo sapiens über Jahrmillionen eindeutig zurückverfolgen. Über die Entstehung der Intelligenz aber läßt sich bei weitem nichts so Schlüssiges feststellen.

Und was ist mit der Intelligenz?

Es gibt minimale Hinweise aus grauer Vorzeit, die sich aber keinesfalls zu einem Ganzen fügen. Bisher hatte ich nicht das Glück, eine leidlich überzeugende Erklärung für die Entstehung der Intelligenz des Menschen zu bekommen. Groß ist die Zahl der angebotenen Spekulationen und Theorien, wie sich dieses »Wunder« ereignet haben soll. Darum glaube ich, daß meine Theorie den gleichen Anspruch auf Beachtung und Prüfung hat.

Im Verlauf der Jahrmilliarden allen Werdens scheint die menschliche Intelligenz von einer Stunde zur anderen »da« gewesen zu sein. Rechnet man die Jahrmillionen, darf man wohl sagen, daß dieses Ereignis »plötzlich« stattgefunden haben muß. Eben noch Anthropoiden, schufen unsere Vorfahren in einer erstaunlich schnellen Evolution das, was man menschliche Kultur nennt. Dazu muß aber wohl plötzlich Intelligenz präsent gewesen sein!

Einige hundert Millionen Jahre vergingen, bis durch natürliche Mutationen Anthropoiden entstanden. Dann aber ging eine rasante Entwicklung über die Hominiden hinweg. Mit einem Male stellen sich vor etwa 40 000 Jahren ungeheure Fortschritte ein: Der Knüppel wird als Waffe entdeckt – der Bogen wird als Jagdwaffe erfunden – das Feuer wird als hilfreiche Kraft benutzt – Steinkeile werden als Werkzeuge eingeführt – an den Wänden der Höhlen tauchen erste Malereien auf. Zwischen ersten Zeichen einer technisierten Tätigkeit, der Töpferei, und ersten Funden in hominiden Siedlungen aber liegen 500 000 Jahre! Loren Eiseley, Professor für Anthropologie an der Universität Pennsylvania, schreibt, daß der Mensch über Jahrmillionen hinweg aus der Tierwelt herausgetreten ist und ganz langsam menschliche Züge annahm: »Mit nur einer Ausnahme von der Regel: Sein Gehirn hat allem Anschein nach eine zum Schluß hin rapide Ausbildung erfahren, und erst dadurch entfernte sich der Mensch endgültig von seinen übrigen Verwandten.«

Wer brachte uns das Denken bei?

Obwohl ich großen Respekt vor den Bemühungen der Anthropologen habe, möchte ich ganz offen sagen, daß es mich nicht besonders interessiert, für welche Vorzeiten sich aus fossilen Funden die ersten Eckzähne bei Anthropoiden oder Hominiden nachweisen lassen. Ich halte es auch nicht für so wichtig, wann der erste homo Steinwerkzeuge benutzte. Ich halte es für ebenso selbstverständlich, daß der Ur-homo das intelligenteste Lebewesen auf unserem Planeten war, wie es mir auch logisch scheint, daß sich die Götter für eine künstliche Mutation eben dieses Lebewesen auswählten. Mich interessiert vielmehr, wann der Ur-homo zum erstenmal sittliche Wertungen wie Treue, Liebe, Freundschaft in seine Gemeinschaften einführte. Unter welchem Einfluß standen unsere Vorfahren, als sie diesen Wandel erlebten? Wer brachte ihnen Gefühle wie Ehrfurcht bei? Wer gab ihnen das Schamgefühl beim Geschlechtsakt?

Gibt es eine plausible Erklärung dafür, warum die Wilden sich plötzlich bekleideten? Man gibt Hinweise auf Klimaänderungen oder Klimaschwankungen, aber die überzeugen mich nicht, weil es auch vorher schon Klimaschwankungen gegeben hat. Man sagt auch, die Anthropoiden hätten sich schmücken wollen! Wenn das eine richtige Erklärung wäre, dann müßten doch ganz allmählich auch die in der Wildnis lebenden Gorillas, Orang-Utans oder Schimpansen anfangen, sich Schmuck umzuhängen oder Hosen anzuziehen.

Warum begannen die Anthropoiden, eben erst dem tierischen Dasein entwachsen, plötzlich ihre Artgenossen zu beerdigen?

Wer gab den Wilden den Rat, Samen bestimmter wildwachsender Pflanzen zu zerkleinern, zu zerreiben, Wasser hinzuzugeben und aus diesem Brei ein Nahrungsmittel zu backen?

Mich irritiert ganz einfach die Frage, warum Anthropoiden, Hominiden und Urmenschen Jahrmillionen NICHTS gelernt haben und warum der Urmensch plötzlich SO VIEL dazulernte. Wurde über diese wichtige Frage bisher zu wenig nachgedacht?

Das Forschungsgebiet, das sich die Klärung der Abstammung des Menschen zur Aufgabe gemacht hat, ist interessant und aller Mühen wert.

Mindestens so interessant scheint mir die Frage: Warum, weshalb, wodurch und ab wann wurde der Mensch intelligent?

Loren Eiseley schreibt:

»Heute dagegen müssen wir annehmen, daß der Mensch

erst vor ganz kurzer Zeit auftrat, weil er so explosionsartig erschien. Wir haben jeden Anlaß zu glauben, daß unbeschadet der Kräfte, die bei der Bildung des menschlichen Hirns beteiligt gewesen waren, ein zäher und sich lang hinziehender Daseinskampf zwischen mehreren menschlichen Gruppen unmöglich so hohe geistige Fähigkeiten hervorgebracht haben kann, wie wir sie heute unter allen Völkern der Erde erkennen.
IRGEND ETWAS ANDERES, EIN ANDERER BILDUNGSFAKTOR MUSS DA DER AUFMERKSAMKEIT DER ENTWICKLUNGSTHEORETIKER ENTGANGEN SEIN.«

Genau dies ist meine Vermutung: Ein entscheidender Aspekt ist bisher in allen Überlegungen unbeachtet geblieben. Wahrscheinlich wird es kaum möglich sein, die Lücken zu schließen, ohne die Theorie vom Besuch fremder Intelligenzen auf unserem Planeten zu untersuchen und zu prüfen, ob diese Fremdintelligenzen nicht für eine künstliche Veränderung der Erbfaktoren, für eine Manipulation des Genetischen Codes, für die Plötzlichkeit des Intelligentwerdens verantwortlich zu machen sind ...
Ich darf in diesem Sinne einige Linien ziehen, die meine These erhärten, daß der Mensch ein Geschöpf außerirdischer »Götter« ist.

Leben aus toter Materie

Im Jahre 1847 schrieb Justus von Liebig im 23. seiner »Chemischen Briefe«:

»Wer jemals kohlensaures Ammoniak, phosphorsauren Kalk oder Kali betrachtet hat, der wird es zum vornherein für ganz unmöglich halten, daß aus diesen Stoffen durch die Wirkung der Wärme, Elektrizität oder anderer Naturkraft jemals ein organischer, der Fortpflanzung und höhere Entwicklung fähiger Keim sich bilden könne ...«

Der große Chemiker meinte weiter, daß nur ein Dilettant annehmen könne, Leben sei aus toter Materie entstanden. Heute wissen wir, daß dies doch geschah.

Die moderne Forschung nimmt an, daß vor 1,5 Milliarden Jahren erstes Leben auf der Erde entstanden ist. Professor Hans Vogel schreibt:

»Damals umgab das kahle Land und den weiten Urozean eine Atmosphäre, die noch keinen Sauerstoff enthielt.

Methan, Wasserstoff, Ammoniak, Wasserdampf, vielleicht auch Acetylen und Cyanwasserstoff bildeten eine Hülle um die noch lebensleere Erde. In einer solchen Umwelt mußte das erste Leben entstehen.«

Das Experiment des Stanley Miller

Bei ihren Bemühungen, der Entstehung des Lebens auf die Spur zu kommen, versuchten die Wissenschaftler, unter den Prämissen der Uratmosphäre organische Materie aus anorganischer Materie entstehen zu lassen.

Der amerikanische Nobelpreisträger Professor Harold Clayton Urey vermutet, daß die Uratmosphäre für die Durchlässigkeit ultravioletter Strahlung ungleich günstiger beschaffen gewesen ist als die Atmosphäre, die heute die Erde umgibt. Deshalb regte er seinen Mitarbeiter Dr. Stanley Miller an, experimentell zu prüfen, ob sich in einer in der Retorte hergestellten Uratmosphäre durch Bestrahlung die für die Existenz allen Lebens notwendigen

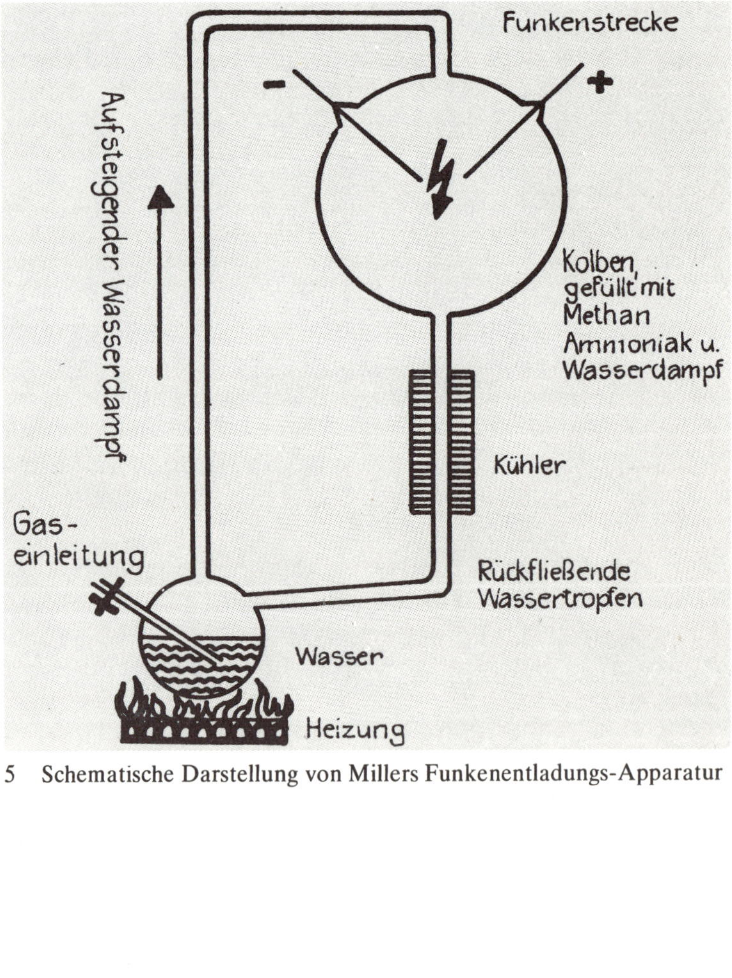

5 Schematische Darstellung von Millers Funkenentladungs-Apparatur

Aminosäuren bilden würden. Im Jahre 1953 begann Stanley Miller mit seinen Versuchen.

Miller konstruierte einen Glasbehälter, in dem er aus Ammoniak, Wasserstoff, Methan und Wasserdampf eine künstliche Uratmosphäre erzeugte. Damit das Experiment unter keimfreien Bedingungen ablief, ließ er die inzwischen in der Fachliteratur sprichwörtlich gewordene »Miller-Apparatur« bei einer Temperatur von 180° Celsius 18 Stunden lang erhitzen. In die obere Hälfte der Glaskugel waren zwei Elektroden eingeschmolzen, zwischen denen ständig Funken übersprangen. Mit hochfrequentem Strom von 60 000 Volt wurde so ein permanentes kleines Urgewitter in einer Uratmosphäre erzeugt. In einer kleineren Glaskugel wurde keimfreies Wasser erhitzt, dessen Dampf durch ein Rohr in die große Kugel mit der Uratmosphäre geleitet wurde. Die abgekühlten Stoffe flossen wieder in die Kugel mit keimfreiem Wasser zurück, wurden dort neuerlich erhitzt und stiegen wieder in die Kugel mit der Uratmosphäre auf. Miller hatte so einen Kreislauf, wie er in Urzeiten auf der Erde stattgefunden hat, im Labor zustande gebracht. Ohne Pause lief dieser Versuch eine ganze Woche lang.

Die Ursuppe

Was war unter den dauernden Blitzen des kleinen Urgewitters aus der Atmosphäre geworden? In der zusammengekochten »Ursuppe« waren Aminobuttersäure – Asparaginsäure – Alanin und Glycin vorhanden, Aminosäuren also, die für den Aufbau von biologischen Systemen notwendig sind. Aus anorganischer Materie waren in Millers Versuch komplizierte organische Verbindungen entstanden.

Zahllose Male wurden in den folgenden Jahren Versuche auf dieser Linie unter veränderten Bedingungen wiederholt. Schließlich hatte man zwölf Aminosäuren hervorgebracht. Und nun zweifelte niemand mehr daran, daß aus der Uratmosphäre lebensnotwendige Aminosäuren entstehen können.

Andere Wissenschaftler verwendeten statt Ammoniak Stickstoff, statt Methan Formaldehyd, ja sogar Kohlendioxyd. Millers Funkenblitze wurden durch Ultraschall oder durch gewöhnliches gebündeltes Licht ersetzt. Die

Resultate änderten sich nicht! Aus den so verschiedenartig aufgebauten Uratmosphären, die nicht die Spur von organischem Leben enthielten, entstanden jedesmal unter anderem Aminosäuren und stickstofffreie organische Carbonsäuren. Bei einigen Versuchen lieferte die behandelte Uratmosphäre sogar Zucker.

Wie ist dieses Phänomen zu begreifen?

Seit der Mensch denken kann, ist er bestrebt, alles, was ihn umgibt, jeweils unter dem Gesichtspunkt der Polarität zu bewerten: Licht steht gegen Schatten – Heißes steht gegen Kaltes – Tod gegen Leben. In das weite Feld solcher polarer Bewertungen gehört es auch, alle lebende Materie als »organisch« und alle unbelebte Materie als »anorganisch« zu bezeichnen. Wie es zwischen extremen Kennzeichnungen viele Zwischenstufen gibt, ist es auch längst nicht mehr möglich, eine Grenze zwischen organischer und anorganischer Chemie zu ziehen.

Als sich unser Planet abzukühlen begann, bildete sich aus den leichten Stoffen, deren Gasmoleküle wild durcheinanderwirbelten, das, was man »Uratmosphäre« nennt. Sie bestand vorwiegend aus jenen Zutaten, aus denen Miller in Laborversuchen seine Ursuppe kochte. Durch die zunächst hohen Temperaturen der Erde und ihre geringe Gravitation verloren sich leichte Gase wie Helium und freier Wasserstoff im Weltall, während die schweren Gasmoleküle wie Stickstoff, Sauerstoff, Kohlendioxyd und auch die schwereren Edelgasatome festgehalten wurden. Wasserstoff kommt frei, in elementarer Form, so gut wie nicht mehr in unserer Atmosphäre vor; er findet sich nur in gebundenem Zustand in chemischen Verbindungen. Zwei Atome Wasserstoff bilden so zum Beispiel mit einem Atom Sauerstoff ein Molekül der lebenswichtigen Verbindung Wasser (chemisches Zeichen: H_2O).

Der Kreislauf war in Gang gekommen: Wasser verdunstete und stieg mit der warmen Abstrahlung von der Erde in Schwaden auf, die sich in großen Höhen abkühlten und als Regen niederprasselten. Dieser urweltliche Regen löste aus den heißen Gesteinskrusten anorganische Stoffe vielfacher Art und schwemmte sie ins Urmeer. Aus der Uratmosphäre lösten sich auch anorganische Verbindungen wie Ammoniak und Cyanwasserstoff ins Urmeer und beteiligten sich an chemischen Reaktionen. In Jahrmillionen reicherte sich die Erdatmosphäre mit Sauerstoff an.

Diese Entwicklung ging langsam vor sich. Die Wissenschaft ist sich heute darin einig, daß die Umwandlung der reduzierenden Atmosphäre in unsere oxydierende Atmosphäre etwa 1,2 Milliarden Jahre brauchte. Am Beginn dieser Entwicklung stand jene Ursuppe, die mit ihren zahlreichen gelösten Stoffen eine ausgezeichnete Nährlösung für das erste primitive Leben darstellte.

Es heißt, Leben sei stets an einen Organismus gebunden, im einfachsten Fall an den Organismus Zelle. Daß ein Organismus lebt, beweist sein Stoff- und Energiewechsel, zeigt sich auch in seiner Entwicklung. Funktionen machen Leben aus. Stimmen diese heute gängigen Kriterien alle notwendigerweise? Dann LEBT aber ein Virus nicht: Ein Virus hat für sich allein keinen Stoff- und Energiewechsel, es frißt nicht und scheidet auch nicht aus. Es vermehrt sich nur innerhalb von fremden Zellen durch Reproduktion, es ist ein Schmarotzer.

Was ist Leben?

Werden wir es je definieren können?

Verfolgen wir den Weg von der Entstehung des Lebens in seinen großen Etappen, dann drängt sich die Frage auf: Was ist denn mit der ersten lebenden Zelle?

Grundlegend waren die Forschungen von Theodor Schwann (1810–1882) und Matthias Schleiden (1804–1881). Schwann führte den Beweis, daß Tiere und Pflanzen aus Zellen aufgebaut sind – Schleiden erkannte die Bedeutung des Zellenkerns. Dann machte der Augustinerprior Gregor Johann Mendel (1822–1884), der in Brünn Naturgeschichte und Physik lehrte, seine Kreuzungsversuche mit Erbsen und Bohnen. Der fortschrittliche Priester, der aus seinen beharrlichen Versuchen drei Gesetze für die Vererbung gewann, wurde zum Begründer der Wissenschaft von der Vererbungslehre. Seine Gesetze sind heute für Mensch, Tier und Pflanze unbestritten anerkannt.

Das Geheimnis der Zellen

Um die Mitte des 19. Jahrhunderts wurde der Nachweis erbracht, daß die Zelle Trägerin aller Lebensfunktionen ist. Dieser Nachweis wurde die Basis für alle großen biologischen Entdeckungen. Erst neue technische Methoden (Röntgenologie, Elektrophorese, Ultramikroskopie, Phasenkontrastmikroskopie usw.) ermöglichen die Untersuchung der Zelle und des Zellenkerns.

In Zellen und Zellenkernen vermutet man die Informationszentren für Hortung und Weitergabe der Erbanlagen. Die noch junge Forschung auf diesem Gebiet ermittelte inzwischen bei jeder Art von Lebewesen eine jeweils konstante Zahl und Form der Chromosomen. Die Chromosomen sind die Träger der Erbanlagen. Die Zellen des menschlichen Körpers beispielsweise haben 23 Chromosomenpaare = 46 Chromosomen, die der Bienen haben 8 Paare = 16 Chromosomen, die der Schafe 27 Paare = 54 Chromosomen . . .

Die Eiweißmoleküle der Zellen bestehen aus Ketten von Aminosäuren. Nach dieser wissenschaftlichen Erkenntnis stand man vor einer neuen Frage: Wie entstehen aus Aminosäureketten lebende Zellen?

In Zusammenhang mit der noch nicht vollends gelösten Frage, wie Eiweiß entstehen konnte, ehe es lebende Zellen gab, schildert Rutherford Platt die Theorie, die Dr. George Wald von der Harvard-Universität vertritt: Wald nahm an, daß Aminosäuren unter bestimmten natürlichen Bedingungen selbst die Antwort geben müßten. Dr. S. W. Fox vom »Institut für Molekular-Evolution«, Miami, prüfte diesen Gedanken, indem er Lösungen von Aminosäuren austrocknen ließ. Fox und seine Mitarbeiter sahen, wie sich die Aminosäuren zu langen, fadenförmigen, submikroskopischen Gebilden formierten: Sie war Kettenverbindungen eingegangen, die Hunderte von Aminosäuremolekülen

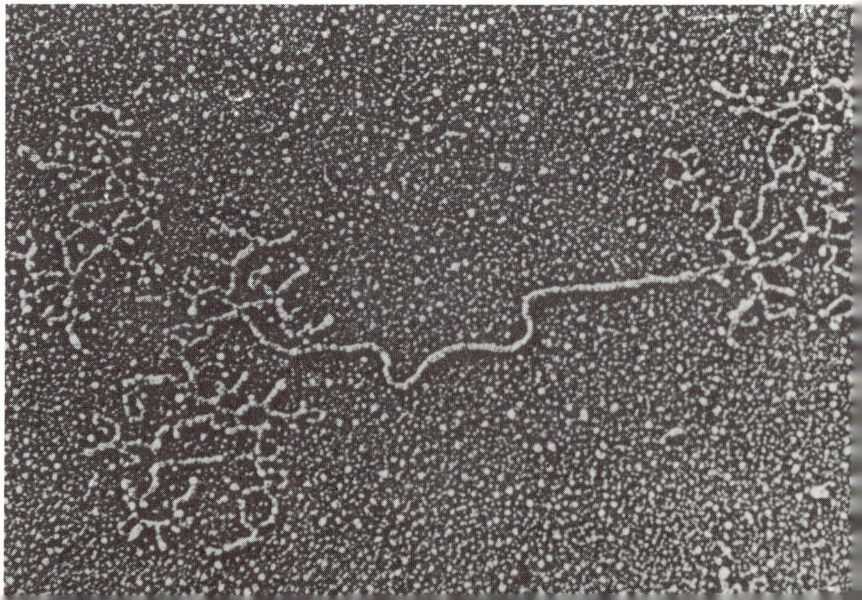

6 Ein Baustein der Erbanlagen ist auf diesem Bild zu sehen, ein Einzelnes Gen, durch ein 79300fach vergrößerndes Elektronenmikroskop. Wissenschaftlern der Harvard-Universität gelang jetzt die künstliche Herstellung eines Gens.

enthielten. Dr. Fox nannte sie »Protenoide«, das sind eiweißähnliche Stoffe.

Im Anschluß an die Forschungen der Professoren J. Oró und A. P. Kimball konnten die Chemiker Dr. Matthews und Dr. Moser im Jahre 1961 aus giftiger Blausäure und Wasser Eiweißstoffe herstellen. Drei Wissenschaftler des Salk-Instituts, Robert Sanchez, James Ferris und Leslie Orgel, konnten synthetisch die für Stoffwechsel und Fortpflanzung unentbehrlichen Nukleinsäuren gewinnen, jene in den Zellkernen vorkommenden Verbindungen aus Nukleinbasen, Kohlehydraten und Phosphorsäure.

Wichtig ist, daß wir nach unserem Querfeldeinstreifzug durch Chemie und Bilogie begriffen haben, daß der Aufbau eines lebendigen Organismus ein CHEMISCHER Vorgang ist. »LEBEN« KANN IN LABORATORIEN ERZEUGT WERDEN. Was aber haben Nukleinsäuren mit Leben zu tun?

Der Genetische Code

Nukleinsäuren bestimmen den komplizierten Vorgang der Vererbung. Die Reihenfolge der vier Grundbasen: Adenin – Guanin – Cytosin und Thymin liefert den Genetischen Code für alles Leben. Mit dieser Entdeckung konnte die Chemie dem Leben einen wesentlichen Teil seines Mysteriums nehmen.

Es gibt zwei Gruppen von Nukleinsäuren, deren Abkürzungen in den letzten Jahren jedem aufmerksamen Zeitungsleser geläufig geworden sind: die RNS (Ribonukleinsäure) und die DNS (Desoxyribonukleinsäure). Beide – RNS und DNS – sind für die Synthese von Eiweiß in den Zellen notwendig. Fest steht, daß die Eiweißstoffe (Proteine) aller bis auf den heutigen Tag untersuchten Organismen aus rund 20 Aminosäuren aufgebaut sind und daß die Reihenfolge, die Anordnung der Aminosäuren in einem Proteinmolekül, durch die Reihenfolge der vier Grundbasen in der DNS festgelegt ist (= Genetischer Code).

Wissen wir auch, wie der Genetische Code aufgebaut ist, so sind wir aber noch weit davon entfernt, die in einem Chromosom niedergelegte Information lesen zu können. Der Gedanke aber, daß 20 Aminosäuren Träger allen Lebens sind und daß ihre Anordnung in Proteinmolekülen im Genetischen Code festgelegt ist, reißt Welten auf. Gordon Rattray Taylor zitiert in seinem Buch »Die biologische Zeitbombe« zu diesen ungeheuren Möglichkeiten die Ansichten der Nobelpreisträger Dr. Max Perutz und Professor Marshall W. Nierenberg.

Dr. Max Perutz:

»In einer einzigen menschlichen Keimzelle liegen etwa 100 Millionen Nucleotid-Basenpaare, auf 46 Chromosomen verteilt. Wie könnten wir ein spezifisches Gen eines bestimmten Chromosoms auslöschen oder hinzufügen oder ein einziges Nucleotidpaar ausbessern? Es scheint mir kaum realisierbar.«

Professor Marshall W. Nierenberg, der entscheidend an der Entdeckung des Genetischen Code mitarbeitete, ist ganz anderer Meinung:

»Ich habe kaum Zweifel, daß die Schwierigkeiten eines Tages überwunden werden können. Die einzige Frage ist, wann. Ich würde vermuten, daß es schon innerhalb der nächsten 25 Jahre gelingt, Zellen mit synthetischen genetischen Informationen zu programmieren.«

Schließlich ist Joshua Lederberg, Professor für Genetik an der Stanford-Universität in Kalifornien, der Überzeugung, daß wir unsere Erbmasse schon in den nächsten 10 oder 20 Jahren manipulieren können.

Immerhin aber haben wir nun begriffen, daß ein Einblick in die Erbfaktoren und deren Veränderung möglich ist. Und da wir Menschen dies wissen, ist wahrhaftig nicht einzusehen, weshalb eine außerirdische Intelligenz, die Weltraumfahrt betreibt und uns also um Tausende von Forschungsjahren voraus ist, dies nicht ebenfalls wissen sollte.

Der Physiker und Mathematiker Herman Kahn, Leiter des Hudson-Instituts in New York, und Anthony J. Wiener, Berater amerikanischer Regierungsstellen und auch am Hudson-Institut tätig, zitieren in ihrem Buch »Ihr werdet alles erleben« die Washington Post vom 31. 10. 1966, die die effektiven Möglichkeiten einer Manipulation mit dem Genetischen Code ausmalte:

»In nur 10 bis 15 Jahren könnte eine Hausfrau in ein bestimmtes Geschäft gehen, verschiedene Päckchen, ähnlich jenen, in denen Blumensamen verkauft werden, durchsehen, und auf diese Weise ihr Kind nach der Etikette auswählen. Jedes Päckchen enthält einen eisgekühlten einen Tag alten Embryo, und auf der Etikette kann der Käufer die Haar- und Augenfarbe, die zu erwartende Körpergröße und den Intelligenzquotienten ablesen. Auch wird eine Garantie gegeben, daß der Embryo keine Vererbungsmängel hat. Die Frau trägt den ausgewählten Embryo zu ihrem Arzt und läßt ihn sich einpflanzen. Hierauf wächst er neun Monate in ihrem Körper wie ihr eigenes Kind.«

Solche Zukunftsprognosen sind durchaus möglich, weil die DNS genetische Informationen für den Bau der Zelle samt allen übrigen Erbfaktoren enthält. Die DNS stellt eine perfekte Lochkarte für den Aufbau allen Lebens dar: Sie kodifiziert nämlich nicht nur die 20 Aminosäuren, sie meldet auch – wie eine für heutige Computer präparierte

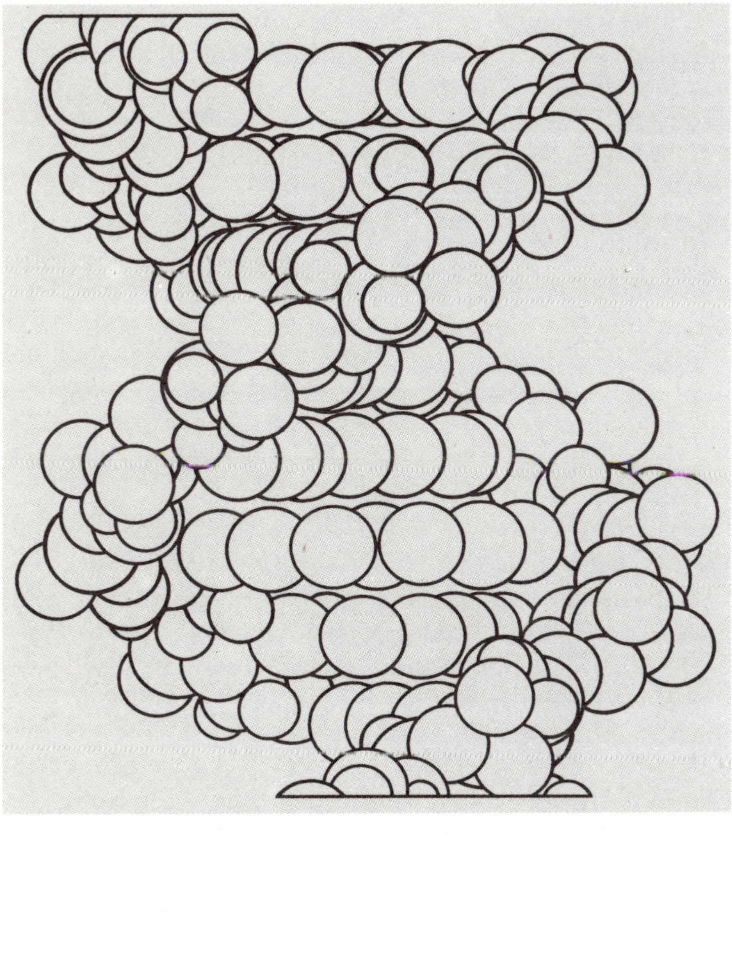

Lochkarte – mit »Start« und »Stop« Anfang und Ende einer Proteinkette. Und so wie in die Zentraleinheit eines Elektrorechners ein »Kontroll-Bit« eingespeichert wird, das die Aufgabe hat, alle Rechenoperationen zu prüfen, so werden die DNS-Ketten in den Zellen laufend auf ihre Funktion hin kontrolliert.

James D. Watson, der im Alter von 24 Jahren mit entscheidendem Griff den Aufbau der DNS erforscht hat, beschrieb den Weg seiner Arbeit in dem Buch »Die Doppel-Helix«. Für die 900 Worte, mit denen Watson in der Zeitschrift »Nature« die bizarre Wendeltreppe, die Form, in der das DNS-Molekül gebaut ist, beschrieb, bekam er mit seinen Mitarbeitern Francis H. C. Crick und Maurice H. F. Wilkins im Jahre 1962 den Nobelpreis. Sein Buch aber wäre um ein Haar nicht erschienen: Die Verwaltung des hochschuleigenen Verlags der Harvard-Universität war gegen die offene Art der Darstellung. Sie fürchtete, durch Watsons freimütige Schilderungen könnte der Mythos von einer asketischen wissenschaftlichen Forschung zerstört werden. Watson berichtet nämlich in schönster Freimütigkeit, daß er seinen Erfolg vor allem den Vorarbeiten und Fehlern seiner Fachkollegen verdankte.

Ein Virus wird synthetisiert!

Im Dezember 1967 gab es in Amerika ein spektakuläres Ereignis. Der damalige Präsident Lyndon B. Johnson selbst kündigte auf einer Pressekonferenz eine Leistung von Wissenschaftlern mit den Worten an:

»Dies wird einer der interessantesten Artikel sein, die Sie je gelesen haben! Eine ehrfurchtgebietende Leistung! Sie öffnet das Tor zu neuen Entdeckungen und bei der Enthüllung der fundamentalen Geheimnisse des Lebens.«

Was für ein Ereignis war so wichtig, daß sich die hohe Politik seiner annahm?

Wissenschaftlern der Stanford-Universität in Palo Alto, Kalifornien, war es gelungen, den biologisch aktiven Kern eines Virus zu synthetisieren. Nach dem genetischen Muster der Virusart Phi X 174 hatten sie aus Nukleotiden eines jener Riesenmoleküle zusammengebaut, die alle Lebensvorgänge steuern: DNS. – Die Wissenschaftler der Stanford-Universität setzten künstliche Viruskerne in

Wirtszellen. Die künstlichen Viren entwickelten sich dort wie natürliche Viren! Schmarotzer, die sie sind, trotzten sie den Wirtszellen nach dem Muster der Phi X 174 die Erzeugung von Millionen neuer Viren ab. Wie bei einem von einer viralen Infektion befallenen Organismus durchbrachen die künstlich erzeugten Viren die Wirtszellen, wenn sie deren Lebenskraft verbraucht hatten.

Nach den Informationen der DNS produziert die Zelle Aminosäuren in millionenfachen Kombinationen Eiweißmoleküle. Jede neue Kombination entspricht genau dem programmierten Muster. Die kalifornischen Wissenschaftler haben errechnet, daß bei etwa 100 Millionen Zellneubildungen nur ein »genetischer Druckfehler« unterlaufen wird.

Knapp 15 Jahre nach der Aufklärung der DNS-Struktur durch Watson, Crick und Wilkins kam es zu dieser bedeutsamen wissenschaftlichen Entdeckung. Der Nobelpreisträger Professor Arthur Kornberg konnte mit seinen Mitarbeitern über Tausende von Kombinationen den Genetischen Code für den Virus Phi X 174 entziffern. In den Labors in Kalifornien hatte man Leben »hergestellt«.

Mancher Leser wird sich fragen, was diese biochemischen Umwege mit dem Thema meines Buches zu tun haben. Ich habe diese Forschungen von den ersten Meldungen an mit großer Neugier verfolgt. Warum?

Die Resultate dieser Forschungen drängten mir eine Konsequenz geradezu auf – eine Konsequenz, die Sir Bernard Lovell, Gründer und Direktor des Radioteleskops in Iodrell Bank, England, formulierte:

> »Es scheint doch in den letzten Jahren, daß die Diskussion der Frage, ob es Leben außerhalb unserer Erde gebe, sowohl seriös wie wichtig geworden ist. Die Ernsthaftigkeit der Diskussion ist eine Folge der heutigen wissenschaftlichen Auffassungen, nach denen die Entwicklung unseres Sonnensystems und des organischen Lebens auf der Erde wahrscheinlich kein Einzelfall ist.«

Im Sommer 1969 berichteten »Physical Review Letters«, daß es amerikanischen Wissenschaftlern gelungen sei, mit dem Radioteleskop Greenbank, West Virginia, Spuren von Formaldehyd in Gas- und Staubwolken des Weltalls nachzuweisen. Formaldehyd, das unsere Chemie unter anderem zum Konservieren und Desinfizieren verwendet, ist ein farbloses, unangenehm beißend riechendes Gas. Diese bei 15 von 23 Strahlungsquellen von den amerikanischen Forschern ermittelte, bisher komplizierteste chemische Verbindung im Weltall ergänzt die Liste der Ursubstanzen, die als Bausteine des Lebens durch Aminosäuren angenommen werden. Diese Nachricht lieferte neuen Zündstoff für die Vermutung, daß Leben im Kosmos vorhanden ist.

Kluge Kosmonauten

Gibt es aber Leben auf anderen Planeten, dann halte ich es für wahrscheinlich, daß fremde Kosmonauten Kenntnisse, wie wir sie eben erst erwerben, auf unsere Erde brachten und daß sie durch Manipulationen mit dem Genetischen Code unsere Vorfahren intelligent werden ließen.

In dem älteren Schöpfungsbericht der Bibel heißt es (I. Buch Mose, Kapitel 5, Vers 1b bis 2):

»Da Gott den Menschen schuf, machte er ihn nach dem Gleichnis Gottes; und er schuf sie ein Männlein und Fräulein, und segnete sie, und hieß ihren Namen Mensch, zur Zeit, da sie geschaffen wurden.«

Dies könnte durch eine künstliche Mutation am Genetischen Code der Euhomininen durch fremde Intelligenzen – so meine Spekulation – geschehen sein. Dadurch hätten die neuen Menschen PLÖTZLICH auch ihre Fähigkeiten – Bewußtsein, Erinnerungsvermögen, Intelligenz, Sinn für Handwerk und Technik – erhalten.

Eva aus der Retorte?

In dem späteren Schöpfungsbericht der Bibel (I. Buch Mose, Kapitel 2, Vers 21 bis 23) finden wir für die Entstehung des Weibes eine andere Version:

»Da ließ Gott der Herr einen Tiefschlaf auf den Menschen fallen, so daß er einschlief. Und er nahm eine von seinen Rippen heraus und schloß die Stelle mit Fleisch. Und Gott der Herr baute ein Weib aus der Rippe, die er vom Menschen genommen hatte, und führte sie dem Menschen zu.

Da sprach der Mensch: ›Dies ist nun endlich Gebein von meinem Gebein (!) und Fleisch von meinem Fleisch (!). Die soll Männin heißen, denn von dem Manne ist die genommen . . .‹«

8 »Venus von Willendorf« ist die schmeichelhafte Bezeichnung für diese Kalksteinstatuette mit dem gesichtslosen Rundkopf.

Daß das Weib aus dem Manne erschaffen wurde, kann durchaus möglich sein. Aber Eva wird doch wohl kaum mit einem Zaubertrick – nach einem chirurgischen Eingriff? – aus einem schmalen Knochen des männlichen Brustkorps zu ihrer nackten Schönheit erblüht sein! Vielleicht entstand sie mit Hilfe einer männlichen Samenzelle. Da es aber der biblischen Genesis zufolge kein menschliches weibliches Wesen im Paradies gab, das den Samen hätte austragen können, müßte Eva in einer Retorte gezüchtet worden sein.

Nun sind einige Höhlenzeichnungen erhalten geblieben, die kolbenähnliche Gebilde in Nachbarschaft des Ur-homo zeigen. Sollten wissenschaftlich weit fortgeschrittene Fremdintelligenzen in Kenntnis der immunbiologischen Reaktionen einen Knochen, vielleicht das Knochenmark Adams, als Zellkultur benutzt und darin den Keim zur Entwicklung untergebracht haben? Für diesen biologisch möglichen Schöpfungsakt wäre freilich die im menschlichen Körper relativ leicht erreichbare Rippe der gemäße menschliche Behälter gewesen. Das ist eine Spekulation – aber eine, die nach heutigen Kenntnissen der Wissenschaft vorgetragen werden kann.

Da auch in der Bibel Eva dem Adam sehr plötzlich als Gefährtin beigegeben wird, müßten sich nach der von mir unterstellten künstlichen Erzeugung des Weibes – wiederum plötzlich – an Höhlenwänden oder auf steinzeitlichen Knochen Darstellungen weiblicher Wesen finden lassen. In der Tat bekommt eine solche Vermutung vielfache Bestätigung: Erst in der Altsteinzeit tauchen die sogenannten »Muttergöttinnen« auf. Steinzeitliche Frauenfiguren fanden sich unter anderem in La Gravette/Frankreich – Cukurca/südliche Türkei – Laussel/Frankreich – Lespugue/Frankreich – Kostjenki/Ukraine – Willendorf/Österreich – Petersfels/Deutschland.

Jede dieser Frauenfiguren bezeichnet man schmeichelhaft als »Venus«. Bei fast allen Figuren haben die Künstler Wert auf die Hervorhebung der Geschlechtsmerkmale und die Sichtbarmachung von Schwangerschaften gelegt. Die Archäologie rechnet diese altsteinzeitlichen Frauendarstellungen zu den Gravettien. Wir erfahren nicht, welchem Zweck sie gedient haben könnten und auch nicht, warum sie ausnahmslos erst in der Altsteinzeit auftauchten. Es ist denkbar, daß sich der Entstehungsprozeß des Ur-homo an verschiedenen Stellen der Erde auf verschiedene Weise vollzog: Durch gezielte Mutation des Genetischen Code der Euhomininen UND durch künstliche Erzeugung eines weiblichen Wesens und dessen Aufzucht in einer Retorte.

Fehltritte

Die »neuen« Menschen paarten sich trotzdem später wieder mit Tieren. Diese neuerlichen Fehltritte muß man wohl dem alten Adam anlasten, weil nur er eine Erinnerung an die Paarung mit affenähnlichen Tieren hatte. Nach der künstlichen Mutation aber hätte die Paarung unter den neuen Menschen erfolgen müssen. Nun war nämlich jeder »Seitensprung« zur früheren Paarung mit Tieren – wenn er zur Fortpflanzung führte – ein Rückschritt. Kann man in

9 Mensch oder Tiermensch? Diese Skulptur ist in der Archäologie als der »Mann mit dem Welskopf« bekannt.

diesem Rückfall den Sündenfall erkennen? War er nicht gleichsam ERBSÜNDE gegen den Aufbau der der neuen Art gemäßen Zellen?

Die »Götter« haben – wir werden noch darüber sprechen – einige tausend Jahre später diesen »Sündenfall« korrigiert: Sie vernichteten die Menschentiere, sonderten eine gut erhaltene Gruppe neuer Menschen ab und pflanzten ihnen durch eine zweite künstliche Mutation neues genetisches Material ein.

Der Paläanthropologie ist das plötzliche, fast rasante Ausscheren der Neanthropinen, jener homo-sapiens-Gruppe, der WIR zugehören, aus der Familie der Prähominiden, die noch Vormenschenformen präsentierte, ebenso rätselhaft. Man erklärt den Vorgang bisher behelfsweise mit einer spontanen Mutation.

Übernehmen wir bei unserer Spekulation einer gezielten künstlichen Mutation durch fremde Intelligenzen aber einmal die präanthropologischen Datierungen, die die wesentlichen Veränderungen unserer Urvorderen markieren, dann müßte die erste künstliche Mutation mit dem von »Göttern« benutzten Genetischen Code zwischen 40 000 bis 20 000 Jahre vor Christus stattgefunden haben. Die zweite künstliche Mutation fiele dann bereits in jüngere Zeiten, nämlich in die Jahre zwischen 7000 bis 3500 v. Chr.

Nehme ich diese Datierung an, dann müßte die erste »Götter«visite etwa in jener Zeit vermutet werden, die die ersten bildlichen Darstellungen und Figürchen von Frauen überliefert hat.

Mehr Mut!

Die einschlägige Forschung scheut sich vor so weiten Rückdatierungen. Aber galt die von der Wissenschaft heute ohne Vorbehalte anerkannte Zeitdilatation nicht zu allen Zeiten?

Wäre nun nicht der Augenblick gekommen, in dem auch die Anthropologie von diesem wissenschaftlich verifizierten Phänomen endlich Notiz nehmen sollte?

Würden sich nicht im gleichen Zuge viele so geheimnisvoll scheinende Fragen vom Entstehen und Intelligentwerden unserer Vorfahren erklären lassen?

Seit ihrem Erdenbesuch sind für die »Götter« keine Ewigkeiten vergangen! Hätten sie vor Jahrtausenden von Erdenjahren unserem Planeten einen Besuch abgestattet, wären für die Raumschiffbesatzung möglicherweise nur einige Jahrzehnte vergangen . . .

IV
»GÖTTER« KOMMEN ZU BESUCH

Jules Verne, Ahnherr aller utopischen Romane, ist ein braver Schriftsteller geworden: sein Griff nach den Sternen ist keine Utopie mehr, und die Astronauten unseres Jahrzehnts reisen nicht in 80 Tagen, sondern in knapp 80 Minuten einmal um die Welt. Wenn wir hier Möglichkeiten und Stationen einer phantastischen Reise notieren, wird diese in weniger Jahrzehnten realisierbar sein, als Zeit vergehen mußte, um Jules Vernes wahnwitzige Vorstellung von einer Reise um die Welt in 80 Tagen auf eine Blitzreise von 80 Minuten zusammenschnurren zu lassen. Denken wir aber nicht in zu engen Zeiträumen!

Nehmen wir an, unser Raumschiff würde in 150 Jahren von der Erde auf eine fremde, ferne Sonne starten ...

Das Raumschiff würde die Größe eines heutigen Ozeandampfers haben – demnach eine Startmasse von etwa 100 000 Tonnen mit einem Treibstoffanteil von 99 800 Tonnen, also einer effektiven Nutzlast von weniger als 200 Tonnen.

Unmöglich?

Heute schon können wir Stück für Stück ein Raumschiff auf einer Umlaufbahn um einen Planeten zusammensetzen. Selbst diese Montage wird sich in weniger als zwei Jahrzehnten erübrigen, weil das Riesen-Raumschiff längst auf dem Mond startklar gemacht werden kann. Überdies ist die Grundlagenforschung für die Raketentriebwerke von morgen in vollem Gang. Triebwerke von morgen werden vor allem Staustrahl-Triebwerke mit einer Kernfusion von Wasserstoff zu Helium oder mit Materie-Zerstrahlungen sein, deren Strahlgeschwindigkeit die Lichtgeschwindigkeit erreicht. Ein neuer, kühner Weg – dessen Gangbarkeit im physikalischen Experiment an einzelnen Elementarteilchen bereits erwiesen wurde – kann die Photonen-Rakete sein. Die an Bord einer Photonen-Rakete mitgeführten Treibstoffe erlauben eine so hohe Annäherung der Fluggeschwindigkeit an die Lichtgeschwindigkeit, daß die relativen Effekte, besonders die Zeitdilatation zwischen Startplatz und Raumschiff, voll zur Auswirkung kommen können. Die Treibstoffmassen werden in elektromagnetische Strahlung verwandelt und als gebündelter Antriebsstrahl von Lichtgeschwindigkeit ausgesendet. Theoretisch kann das mit Photonentriebwerken ausgerüstete Raumschiff zu 99 Prozent die Geschwindigkeit des Lichtes erreichen. Mit dieser Geschwindigkeit würden die Grenzen unseres Sonnensystems gesprengt sein!

Eine Vorstellung, wahrhaftig, die schwindelig macht. An der Schwelle eines neuen Zeitalters aber sollten wir uns erinnern, daß die Riesenschritte der Technik, die unsere Großväter erlebten, zu ihrer Zeit nicht minder schwindelerregend waren: Eisenbahn – Elektrizität – Telegraph – erstes Auto – erste Flugmaschine . . . Wir hörten zum ersten Mal »music in the air« – wir sehen fern in Farbe – wir erlebten die ersten Startschüsse der Raumfahrt und holen stündlich Nachrichten und Bilder von Satelliten, die die Erde umkreisen. Unsere Kindeskinder werden an interstellaren Reisen teilnehmen und an technischen Fakultäten kosmische Forschung betreiben.

Phantastische Reise

Verfolgen wir die Reise unseres phantastischen Raumschiffes, dessen Ziel ein ferner Fixstern sein soll. Freilich wäre es amüsant, sich vorzustellen, wie die Besatzung des Raumschiffes sich auf ihrer Reise die Zeit vertreibt. Mögen die Entfernungen noch so ungeheuer sein, und mag die Zeit für die wartend Daheimgebliebenen noch so langsam dahinkriechen: Einsteins Relativitätstheorie gilt unbestritten! Es mag unbegreiflich sein, tatsächlich aber vergeht die Zeit in dem knapp unter der Lichtgeschwindigkeit fliegenden Raumschiff langsamer als auf der Erde.

Beträgt die Geschwindigkeit des Raumschiffes 99 Prozent der Lichtgeschwindigkeit, so verstreichen für unsere Besatzung auf dem Flug ins Weltall 14,1 Jahre,

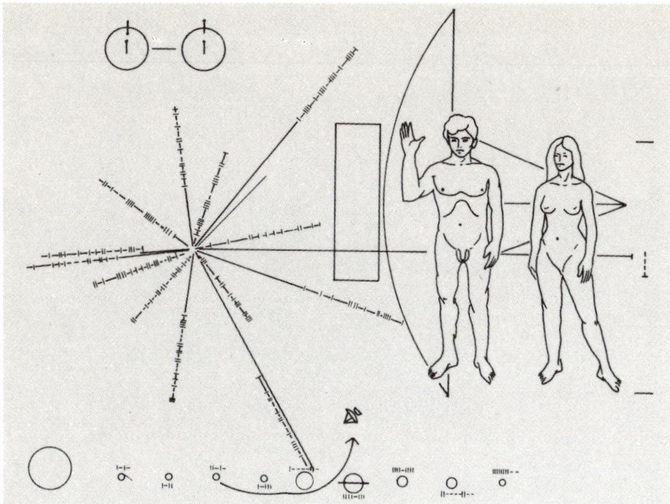

10 Botschaft für fremde Intelligenzen
Mit der Sonde PIONEER F (= Jupiter 10) wurde im März 1972 der erste Satellit in den Himmel geschossen, der unser Sonnensystem verlassen wird. Bereits im April 1973 durchquerte die Sonde, ohne Schaden zu nehmen, den gefährlichen Asteroidengürtel und rast nun am Jupiter vorbei ins All. Damit ergibt sich die theoretische Möglichkeit, daß PIONEER F Jahrtausende unterwegs sein wird, er kann sogar von fremden Intelligenzen geortet und eingefangen werden. Um für diesen Fall der Sonde einen Steckbrief – wer? wann? woher? – mitzugeben, codierten die amerikanischen Astrophysiker und Exobiologen Carl Sagan und Frank Drake eine mit Gold überzogene Aluminiumplakette. Sie enthält Mitteilungen für einen unbekannten Empfänger. Sagan und Drake gingen davon aus, daß jeder fremden Intelligenz ein Wasserstoffatom vertraut ist und daß sie auch das binäre Zahlensystem kennt, denn es ist die Sprache aller logisch aufgebauten Computer, müßte also am ehesten verstanden werden. Der schematische Umriß der Sonde auf der Flugbahn Erde–Jupiter ist eingraviert, davor stehen zwei nackte Menschen, hinter ihnen wird die Sonne, zu ihren Füßen unser Sonnensystem dargestellt. Falls fremde Intelligenzen das binäre Zahlensystem beherrschen, können sie alle Angaben entziffern.

während für die Daheimgebliebenen einhundert Jahre vergehen. Diese Zeitverschiebung zwischen den Raumfahrern und den Erdenbewohnern läßt sich nach folgender Gleichung berechnen, die sich aus den Lorentztransformationen ergibt:

$$\frac{t}{T} = \sqrt{1-(v/c)^2}$$

(t = Zeit der Raumfahrer, T = Zeit auf der Erde,
v = Fluggeschwindigkeit, c = Lichtgeschwindigkeit)

Die Fluggeschwindigkeit des Raumschiffes läßt sich nach der von Professor Ackeret abgeleiteten Raketen-Grundgleichung berechnen:

$$v/w = \frac{1 - (1-t)^{2\ w/c}}{w/c \cdot (1 + (1-t)^{2\ w/c}}$$

(v = Fluggeschwindigkeit, w = Strahlgeschwindigkeit
c = Lichtgeschwindigkeit, t = Treibstoffanteil am Startgewicht)

In dem Augenblick, in dem sich unser Raumschiff dem Zielstern nähert, wird die Besatzung fraglos Planeten ausmachen und orten, deren Temperatur durch Spektralanalysen messen und Umlaufbahnen berechnen. Sie wird sich schließlich den Planeten als Landeplatz auswählen, dessen Gegebenheiten denen unserer Erde am nächsten kommen. Bestände unser Raumschiff nach einer Reise von beispielsweise 80 Lichtjahren nur noch aus Nutzlast, weil die gesamte Antriebsenergie verbraucht wurde, dann müßte die Besatzung die Tanks ihres Fahrzeuges am Ziel mit spaltbarem Material ergänzen.

Nehmen wir also an, der zur Landung ausgesuchte Planet wäre erdähnlich. Wir sagten schon, daß diese Annahme gar nicht so unmöglich ist. Wagen wir auch noch die Vermutung, die Zivilisation des angelandeten Planeten stünde ungefähr dort, wo die Entwicklung der Erde vor 8000 Jahren stand.

Dies alles wäre ja mit den Meßgeräten des Raumschiffes lange vor der Landung festgestellt worden. Selbstverständlich haben unsere Raumfahrer auch einen Landeplatz ermittelt, der in der Nähe eines Vorkommens von spaltbarem Material liegt: die Instrumente zeigen schnell und zuverlässig an, in welcher Gebirgskette Uran zu finden ist.

Landung unter Halbwilden

Die Landung erfolgt planmäßig.

Unsere Raumfahrer sehen Wesen, die Steinwerkzeuge schleifen; sie sehen, wie sie auf der Jagd das Wild mit Wurfspeeren erlegen; Schaf- und Ziegenherden grasen in der Steppe; primitive Töpferei liefert einfache Haushaltgeräte. Fürwahr, ein seltsamer Anblick für unsere Astronauten!

Was aber denken die primitiven Wesen auf diesem Planeten von dem Ungetüm, das da eben landete, und von den Gestalten, die ihm entstiegen sind? Vor 8000 Jahren waren wir, vergessen wir es nicht, ja auch noch Halbwilde. Nur zu verständlich, wenn die Halbwilden, die diesem Ereignis beiwohnen, ihre Gesichter in dem Boden verbergen und nicht wagen, die Augen zu heben. Bis auf diesen Tag haben sie die Sonne und den Mond angebetet. Und nun ist etwas Ungeheuerliches geschehen: Die Götter sind vom Himmel gekommen!

Aus sicherem Versteck beobachten die Ureinwohner des Planeten unsere Raumfahrer: die tragen merkwürdige Hüte mit Stäben daran auf den Köpfen (Helme mit Antennen); sie staunen, wie die Nacht taghell erleuchtet wird (Scheinwerfer); sie erschrecken, als sich die fremden Wesen mühelos in die Luft erheben (Raketengürtel); sie bohren ihre Köpfe wieder in den Boden, wenn sich unheimlich-unbekannte »Tiere« schnaubend, dröhnend, surrend aufschwingen (Helikopter-Luftkissen, Allzweckfahrzeuge), und schließlich ergreifen sie die Flucht in den sicheren Hort ihrer Höhlen, wenn aus den Bergen ein beängstigendes Grollen und Dröhnen hallt (Versuchssprengung). Wirklich, für die Primitiven müssen unsere Astronauten wie allmächtige Götter sein!

Während die Raumfahrer ihre schwere Tagesarbeit fortsetzen, wird sich vermutlich nach einiger Zeit eine Abordnung von Priestern oder Medizinmännern dem Raumfahrer, in dem sie mit Urinstinkt den Boß vermuten, nähern, um Fühlung mit den Göttern aufzunehmen. Sie bringen Geschenke, mit denen sie den Gästen huldigen wollen. Denkbar, daß unsere Leute die Sprache der Ureinwohner mit Hilfe eines Computers schnell erlernt haben und sich für die erwiesenen Artigkeiten bedanken können. Indes, es hilft nichts, daß man in ihrer Sprache erklären kann, daß keine Götter landeten, daß keine höheren, anbetungswürdigen Wesen einen Besuch abstatteten. Das glauben sie nicht, unsere primitiven Freunde. Die Raumfahrer kamen von anderen Sternen, sie haben augenscheinlich ungeheure Macht und besitzen die Fähigkeit, Wunder zu tun. Sie müssen Götter sein! Es hat auch keinen Sinn, irgendeine Handreichung erklären zu wollen. Alles geht über die Vorstellungskraft der so schreckvoll Überfallenen hinaus.

So unausdenkbar die Fülle der Dinge ist, die sich vom Tage der Landung an ergibt, könnten auf einem vorher konzipierten Plan doch solche Punkte stehen:

Teile der Bevölkerung werden dafür gewonnen und geschult, um in einem gesprengten Krater bei der Suche nach spaltbarem Material, das für die Rückkehr zur Erde benötigt wird, mitzuwirken.

Der Klügste der Ureinwohner wird zum »König« gewählt. Als sichtbares Zeichen seiner Macht bekommt er ein Funkgerät, mit dem er jederzeit die »Götter« erreichen und ansprechen kann.

Unsere Astronauten versuchen, ihnen die einfachsten zivilisatorischen Lebensformen und einige Moralbegriffe beizubringen, um dadurch die Entwicklung für eine gesellschaftliche Ordnung zu ermöglichen.

Unsere Gruppe wird von einem anderen »Volk« angegriffen. Da noch keine ausreichende Förderung spaltbaren Materials eingebracht ist, wird den Angreifern nach vielen Warnungen eine Abfuhr mit modernen Waffen erteilt.

Wenige ausgesuchte Frauen werden von Raumfahrern befruchtet. So kann eine neue Rasse entstehen, die einen Teil der natürlichen Evolution überspringt.

Aus unserer eigenen Entwicklung wissen wir, wie lange es dauern wird, bis diese neue Rasse weltraumtüchtig sein kann. Deshalb werden vor dem Rückflug zur Erde sichtbare und deutliche Spuren zurückgelassen, die allerdings erst später, viel später, von einer technifizierten,

mathematisch fundierten Gesellschaft begriffen werden können.
Fragwürdig wird ein Versuch bleiben, unsere Schützlinge vor kommenden Gefahren zu warnen. Selbst wenn wir ihnen grausigste Filme von Kriegen auf der Erde und von Atomexplosionen zeigen, wird das die Wesen auf diesem Planeten ebensowenig hindern, die gleichen Torheiten zu begehen, wie das die (fast) alles wissende Menschheit nicht hindert, immer wieder mit der glühenden Flamme des Krieges zu spielen.

Während unser Raumschiff wieder in den Nebeln des Universums verschwindet, werden unsere Freunde das Wunder – »Die Götter waren da!« – bereden; sie werden es

11 Bei Fergana in Rußland . . .

in ihre simple Sprache übersetzen, es zur Sage machen, diese Söhnen und Töchtern übermitteln, und sie werden Geschenke und Werkzeuge und alles, was die Raumfahrer zurückließen, zu Reliquien machen, die natürlich heilig sind.

Wenn einstmals unsere Freunde der Schriftzeichen mächtig sind, werden sie das Erlebte aufzeichnen: unheimlich, seltsam, der Wunder voll. Dann wird zu lesen sein – und Zeichnungen werden es darstellen –, daß Götter in goldenen Kleidern da waren in einer fliegenden Barke, die in einem ungeheuren Getöse niederging. Man wird schreiben von Wagen, in denen die Götter über Meer und Steppe fuhren, und von furchtbaren Waffen, die den Blitzen glichen, und man wird erzählen, daß sie versprachen, wiederzukommen.

Ins Gestein hämmern und kritzeln sie Bilder des einmal Geschauten:

Unförmige Riesen, die Helme und Stäbe auf den Köpfen und Kästen vor der Brust tragen

Kugeln, auf denen undefinierbare Wesen sitzen und durch die Luft reiten

Stäbe, aus denen Strahlen wie aus einer Sonne geschleudert werden

Gebilde, eine Art von Fahrzeugen, die Rieseninsekten gleichen.

Der Phantasie, welche bildlichen Darstellungen vom Besuch unseres Raumschiffes zurückbleiben, sind keine

12 Auf der Ebene von Nazca, Peru . . .

Grenzen gesetzt. Wir werden später sehen, welche Spuren die »Götter«, die die Erde in unserer Vorzeit besuchten, in die Tafeln der Vergangenheit eingruben.

Die Entwicklung auf dem Planeten, den unser Raumschiff besuchte, ist ziemlich einfach vorzuzeichnen: die Ureinwohner haben sich eine Menge abgeguckt und dazugelernt; der Ort, an dem das Raumschiff stand, wird zum heiligen Boden erklärt, zum Wallfahrtsort, an dem die Heldentaten der Götter in Liedern gerühmt werden. Pyramiden und Tempel werden auf ihm gebaut – selbstverständlich nach astronomischen Gesetzen. Das Volk wächst, es gibt Kriege, die den Ort der Götter verschütten, und es kommen Generationen, die die heiligen Stätten wiederentdecken, freilegen und die Zeichen zu deuten versuchen.

Flugreisebericht aus grauer Zeit

Wider allen tierischen Ernst werde ich einmal eine Flugreise so erzählen, wie sie einer unserer Urvorderen daheim wiedergegeben haben könnte, wenn er mit einer modernen Düsenlinienmaschine von Zürich nach New York geflogen wäre:

> ... Und ich trat in einen großen Raum, der hell leuchtete wie das Innere eines Tempels. Überall liefen Wesen mit Menschengesichtern und Menschenhänden herum. Sie trugen allerlei Geräte mit sich und manchmal auch Schreine von verschiedener Größe. Die gaben sie anderen Wesen, die hinter niedrigen Wänden standen und

13 In der Sahara (Der »Große Marsgott«)

14

15

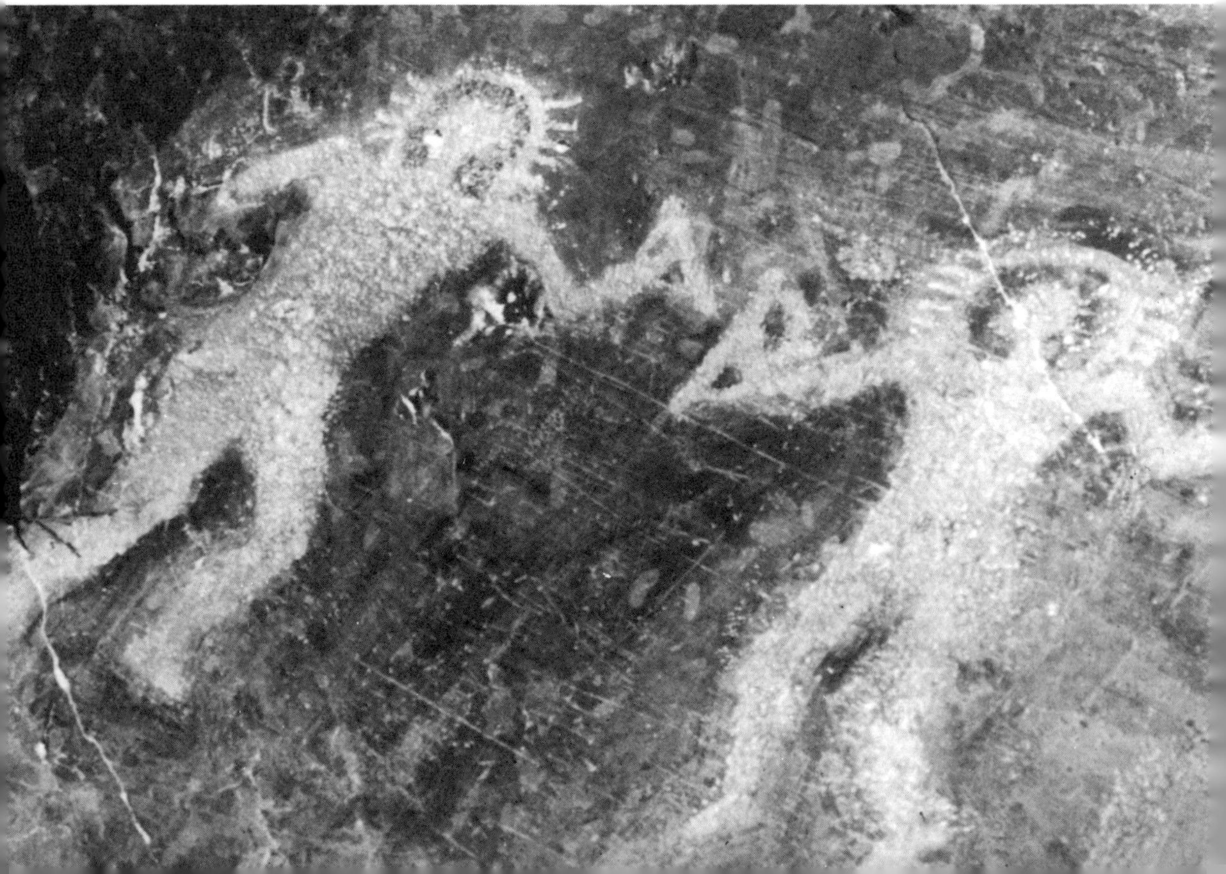

16

17

18

18a

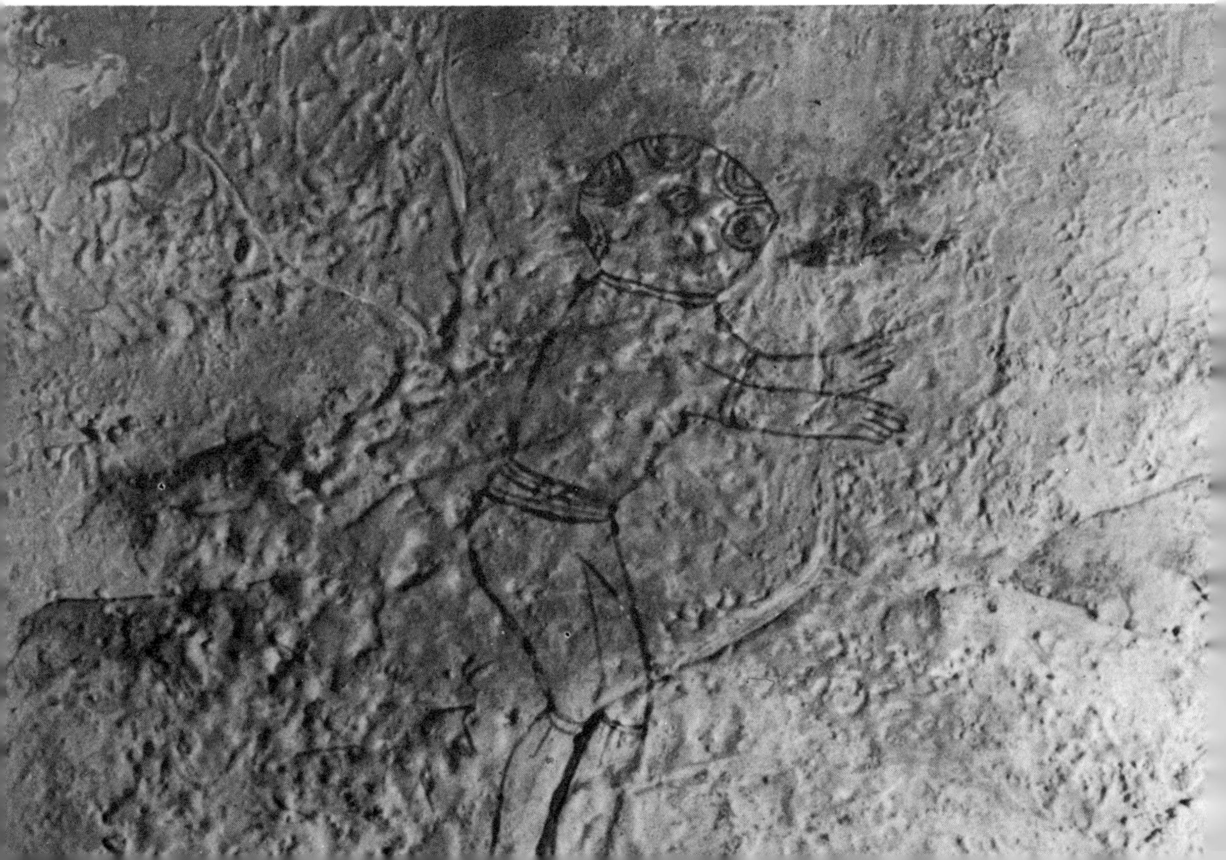

14 Auf einer Felszeichnung aus der Nachbarschaft . . .

15 . . . und in Val Camonica, Italien, begegnen uns trotz der vielen tausend Kilometer Zwischenräume Felszeichnungen von frappanter Ähnlichkeit, und jede von ihnen hätte den Forscher Henri Lhote zu der Namensgebung »Großer Marsgott« animieren können–?

16 Im Tassili-Gebirge in der Sahara . . .

17 In den Kimberly Ranges in Australien . . .

18 In der Sahara (Der »Große Marsgott«) . . .

18a Dieser Astronaut an der Felswand im Tassili-Gebirge wie das astronautische Geschehen auf einer Felsmalerei bei Fergana, Rußland, werden »psychologisch« erklärt oder als »Abbilder der Natur« interpretiert. Was erkennen hier Augen, die die ersten Astronauten und die ersten Mondfahrten beobachteten?

19 Die Leyland-Brüder (286), die seit Jahren den australischen Kontinent durchforschen, finden nahezu am Fließband Petroglyphen der Ureinwohner im Astronauten-Habitus. – Die beiden jungen Forscher, inzwischen an das Erstaunliche gewöhnt, sprechen wie selbstverständlich von einem Reißverschluß, wenn sie diesen Astronauten in seiner Aufmachung beschreiben. Und Rex Gilroy, Direktor des Mount York Natural History Museum, schreibt mir: » . . . Ich habe Ausgrabungen unternommen, bei denen eine große Felsplatte freigelegt wurde, auf der sich eine Anzahl fremdartiger menschlicher Figuren und etwas Raumschiffartiges befand . . . Ich stimme voll mit Ihren Theorien über unsere vorgeschichtliche Vergangenheit überein . . .«

eigenartige Kopfbedeckungen mit dem Zeichen des Adlers auf dem Haupt trugen. Die Tempelhalle war mit Himmelsmusik erfüllt. Man wußte nicht, woher sie kam. Manchmal hörte ich eine Engelsstimme, und einmal vernahm ich die Worte: »Abflug nach New York – Kurs 101 – Ausgang 12.«
Da nahm mich ein Cherub bei der Hand und führte mich zu einem Seraph, der sehr freundlich zu mir war und mir einen kleinen blanken Schild schenkte und dazu »Ihr Flugticket« sagte. Die göttlichen Schriftzeichen darauf vermochte ich nicht zu entziffern.
Und dann stand wieder der Cherub neben mir und führte mich zu einem großen blinkenden Himmelsvogel, der in dem weiten Park der Himmelstiere auf einer großen glatten Fläche stand. Der Himmelsvogel ruhte auf acht schwarzen Rädern, die wie Kalbsfüße aus dem metallenen Bauch des starren Ungetüms herausragten und aus gegerbtem Leder zu sein schienen. Die riesigen Flügel des blinkenden Himmelstiers waren weit ausgebreitet. Alles wartete auf den Gott, der mitfliegen sollte, mein Cherub nannte ihn »Pilot«.
Als ich die silberne Leiter zum Vogel emporstieg, sah ich an den Flügeln vier große Kästen, deren jeder ein großes Loch hatte. Und ich sah, daß sich in einem dieser Löcher viele Räder drehten. Der Himmelsvogel gehörte wohl dem Gott »Swissair«, denn diesen Namen sprach oft eine hell leuchtende Wand.
Im Bauch des Göttervogels war die Luft erfüllt von Harfentönen, und ein lieblicher Geruch von Jasmin, Veilchen und anderen Blumen stieg in meine Nase. Nun kam ein anderer Cherub von unvergleichlich schöner Gestalt, der mich in einen Thron setzte und mir ein breites Band fest um meine Hüften schlang. Die Harfenmusik verstummte; eine Götterstimme verkündete: »Wollen Sie bitte das Rauchen einstellen und sich anschnallen.« Die Stimme ließ noch viele Prophezeiungen vernehmen, die ich aber ebensowenig verstand wie alle vorhergehenden. Dann aber entstand plötzlich ein fürchterlicher Lärm wie das Brüllen und Donnern eines gewaltigen Gewitters. Der Vogel erbebte, setzte sich in Bewegung und entfernte sich schneller als ein flüchtender Leopard von den anderen

Göttervögeln. Und er raste immer schneller dahin, getrieben und gehoben von einer überirdischen Kraft, mächtig wie die Brandung des Meeres, stark wie die Söhne der Urmutter Sonne. Wie ein glühender Ring legte sich Angst um meine Brust. Mir schwanden die Sinne. Da stand der liebreizende Cherub gleich wieder neben mir, reichte mir berauschenden Götternektar, hob seine Hand und öffnete über mir eine Schleuse. Ein erquickender Himmelswind traf mein Gesicht. Nun hob ich meinen Blick, und siehe da, ich konnte aus dem Bauch des Göttervogels die Flügel sehen, die starr waren und sich nicht wie die Schwingen der Vögel bewegten. Unter mir erblickte ich Wasser und Wolken und einen grauen grünen Brei in seltsam ausgezackten Formen. Mir wurde ängstlich zumute, und ich zuckte zusammen. Da stand sogleich wieder der Cherub neben mir, legte seine Hand auf meine Stirn und tat mir kund die Weisheit der Himmlischen: »Haben Sie keine Angst, es ist noch niemand oben geblieben . . .«

Ein absurder Einfall, zugegeben, aber wir werden gleich sehen, daß er gar so widersinnig nicht ist.

Prophet Hesekiel als Reporter

Wenn man den Alttestamentlern glauben darf, hat sich die schreckliche Geschichte im Jahre 592 v. d. Z. ereignet, und der Prophet Hesekiel hat sie überliefert. (Sie ist zu einem Schmuckstück meiner Beweismittel geworden!) Hesekiel:

»Es begab sich im 30. Jahre am 5. Tage des 4. Monats, als ich am Flusse Chebar unter den Verbannten war, da tat sich der Himmel auf . . . Ich sah, wie ein Sturmwind daherkam von Norden und eine große Wolke, umgeben von strahlendem Glanz und einem unaufhörlichen Feuer, aus dessen Mitte es blinkte wie Glanzerz. Und mitten darin erschienen Gestalten wie von vier lebenden Wesen; die waren anzusehen wie Menschengestalten. Und ein jedes hatte vier Gesichter und ein jedes vier Flügel. Ihre Beine waren gerade, und ihre Fußsohle wie die Fußsohle eines Kalbes, und sie funkelten wie blankes Erz . . . Und zwischen den lebenden Wesen war es anzusehen, wie wenn feurige Kohlen brannten; es war anzusehen, als würden Fackeln zwischen den lebenden Wesen hin und her fahren, und das Feuer hatte einen strahlenden Glanz, und aus dem Feuer fuhren Blitze ... Weiter sah ich neben jedem der vier lebenden Wesen ein Rad auf dem Boden. Das Aussehen der Räder war wie der Schimmer eines Chrysoliths, und die vier Räder waren alle von gleicher Gestalt, und sie waren so gearbeitet, als wäre je ein Rad mitten im andern Rad. Sie konnten nach allen vier Seiten gehen, ohne sich im Gehen zu wenden. Und ich sah, daß sie Felgen hatten, und ihre Felgen waren voll Augen ringsum an allen vier Rädern. Wenn die lebenden Wesen gingen, so gingen auch die Räder neben ihnen, und wenn sich die lebenden Wesen vom Boden erhoben, so erhoben sich auch die Räder ... Und wenn sie gingen, hörte ich ihre Flügel rauschen gleich dem Rauschen großer Wasser, gleich der Stimme des Allmächtigen, und ein Getöse wie das eines Heerlagers. Und siehe, über der festen Platte, die über ihrem Haupte lag, war es anzusehen wie Saphirstein mit etwas wie einem Thron darauf; und auf dem, was wie ein Thron aussah, war eine Gestalt wie ein Mensch anzusehen ...«

Diesem Hesekiel-Text gab ich vor Jahren eine technische und deshalb, wie ich meine, realistische Interpretation: Hesekiel sah und beschrieb ein Raumschiff samt Mannschaft. Man machte sich lustig darüber. Ich ließ mich nicht verunsichern und »untermauerte« diesen brisanten Komplex mit weiteren Zitaten aus dem Buch des Propheten. Vom Lächerlichmachen ging man zu harten Attacken über. Bei den Angriffen aus der religiösen Ecke mischten manche Journalisten mit, die sicher nicht ahnten, wer ihnen die Feder führte. Der Schweizer Theologe Professor Othmar Keel, Universität Freiburg, meinte in seinem Buch »Zurück von den Sternen«, daß meine technischen Ausdeutungen jeder Grundlage entbehrten, und rümpfte – ganz im Stil der alten Schule – seine überhebliche Nase: dafür könne die Fachwelt nur ein mitleidiges Lächeln übrig haben. – Dabei ist sich das Korps der Alttestamentler in der Exegese der Rauch-Beben-Feuer-Blitz-Donner-und Thron-Erscheinungen in den Büchern des Alten Testaments durchaus nicht einig, nur: eine technische Interpretation lehnte das Korps geschlossen ab. Professor Keel versteht die »Erscheinungen« als Ideogramme, während Professor Lindborg die gleichen Ereignisse für halluzinatorische

20

21

Erlebnisse hält. Dr. A. Guillaume sieht in den Göttererscheinungen Naturereignisse, sein Kollege Dr. W. Beyerlein möchte sie als rituelle Teile des israelitischen Festkultes interpretiert wissen. Nur Dr. Fritz Dummermuth räumt in der »Zeitschrift der theologischen Fakultät Basel«, ein, daß

> »die in Frage stehenden Berichte sich bei genauerem Hinsehen schlecht mit Naturerscheinungen meteorologischer oder vulkanischer Art zur Deckung bringen lassen«,

und merkt an, es wäre

> » . . . an der Zeit, die Dinge unter einem neuen Sehwinkel anzugehen, soll die Bibelforschung hier weiterkommen«.

Technische Bibelinterpretation

Jetzt kann ich einen provozierenden Schritt weitergehen und behaupten, daß die herkömmliche Bibelforschung in Bälde mit der Hesekiel-Interpretation nichts mehr zu tun haben wird. Das Alte Testament berichtet wie manche anderen »heiligen Bücher« auch über viele Vorgänge, die in den Bereich technischer Forschung gehören. Wann und wo auch immer sich »Gott« oder »Götter« real in realer Umwelt zeigen, tun sie das unter Verbreitung von Feuer,

22

Rauch, Beben, Licht und Lärm. Was mich angeht, so kann ich mir nicht vorstellen, daß der große allgegenwärtige Gott zu seiner Fortbewegung irgendein Fahrzeug braucht. Gott ist unfaßbar, unendlich, zeitlos, allmächtig und allwissend. Gott ist Geist. Und Gott ist gütig. Warum sollte er dann aber die Wesen seiner Liebe mit Machtdemonstrationen, wie sie im Alten Testament geschildert sind, erschrecken? Vor allem: Da Gott allwissend ist, war ihm klar, daß die in Texten überlieferten Erscheinungen von den Kindern des 20. Jahrhunderts interpretiert würden – mit ihrem Wissen.

Der allmächtige Gott ist zeitlos. Er kennt kein Gestern, Heute oder Morgen. Mir scheint es blasphemisch zu unterstellen, der wahrhaftige Gott müsse das Resultat einer von ihm selbst eingeleiteten Operation abwarten, oder er könnte es Mißdeutungen aussetzen. Dieser Gott muß wissen, wie die überlieferten Texte in fernen Zeiten, zum Beispiel von uns, ausgelegt werden. Will man den großen Gott unantastbar halten, dann darf man ihn nicht als Kronzeugen für all die bisherigen Interpretationen bemühen.

Also: Der Prophet Hesekiel sah und beschrieb ein Raumschiff.

Da Kommandant und Bodenmannschaft die Sprache des Propheten sprachen – sonst hätte er sie nicht verstanden –, ist logischerweise anzunehmen, daß die Crew über einen längeren Zeitraum die Bewohner des Landegebietes beobachtete, ihre Sprache lernte, ihre Sitten studierte. Erst nach gründlicher Vorbereitung wurde Kontakt mit Hesekiel aufgenommen. Erlebnisse und Schilderungen gingen, dem Bericht im Alten Testament folgend, über zwanzig Jahre. Hesekiel war ein aufmerksamer Chronist. Er war beeindruckt vom Glanz des Metalls und vom Dröhnen des Fahrzeugs, von den ausgefahrenen Stelzenbeinen der Landekapsel, vom glühenden Kühler des Kernreaktors; der glitzernde Schutzanzug des Kommandanten schien ihm wie »Glanzerz«, die Rotorenblätter der Helikopter verglich er mit »lebenden Wesen«; verblüffend fand er die Beobachtung, daß die Räder des Fahrzeugs » . . . nach allen vier Seiten gehen (konnten), ohne sich im Gehen zu wenden«. Mehrfach versucht er, Worte für den Lärm, der mit der »Erscheinung« verbunden ist, zu finden; da ihm ein noch größerer Lärm unvorstellbar ist, bedient er sich Metaphern wie » . . . das Rauschen großer Wasser . . .« oder » . . . das Getöse eines Heerlagers . . .«. Hätte Hesekiel, wie man sagt, Halluzinationen gehabt, hätte er sich nicht um Worte und Bilder für die Unvorstellbarkeit des Lärms bemühen müssen. Halluzinationen erscheinen, soweit mir bekannt ist, nicht unter Lärmentwicklung, sie belasten die Umwelt nicht. Allein dieser Umstand hätte die Exegeten alter Schule stutzig machen sollen wie gleichermaßen die exakte Bestandsaufnahme eines technischen Vorgangs:

> » . . . wenn die lebenden Wesen gingen, so gingen auch die Räder neben ihnen, und wenn sich die lebenden Wesen vom Boden erhoben, so wichen auch die Räder nicht von ihrer Seite. Wenn jene stillstanden, so standen auch sie still, und wenn jene sich erhoben, so erhoben sie sich mit ihnen . . .«

Hesekiel auf einem NASA-Prüfstand

Ein »Wunder«? Es ist kein Wunder, denn wenn sich ein Helikopter in die Luft erhebt, bleiben die Räder schwerlich auf dem Boden!

Ich sagte schon: Meine Interpretation der Hesekiel-Texte ist ein Schmuckstück meiner Indizienkette geworden. Der

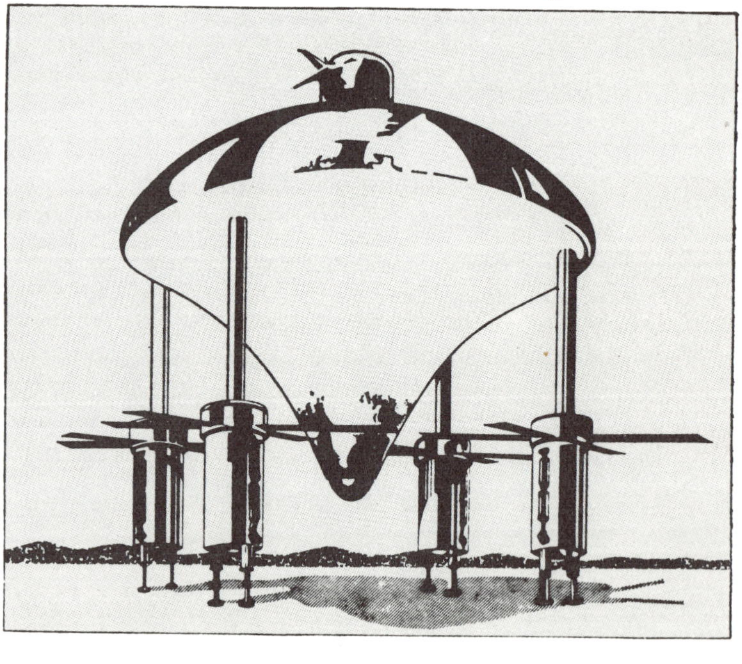

23 Rekonstruktion eines Raumschiffs, wie es Hesekiel auf eine Entfernung von etwa 60 m beschrieben hat.

Ingenieur Josef F. Blumrich, Leiter der Gruppe Konstruktionsforschung in der NASA, Huntsville, Alabama, Inhaber zahlreicher Patente für den Bau von Großraketen, Träger der »Exceptional-Service«-Medaille der NASA, lieferte in seinem Buch DA TAT SICH DER HIMMEL AUF den ingenieurmäßigen Beweis für die ehemalige Existenz der Raumschiffe des Propheten Hesekiel und bestätigte sie durch seine Kenntnisse der modernsten Technik. Im Vorwort des durch seine exakte und nüchterne Textanalyse bestechenden Buches sagt Blumrich, daß er eigentlich meine Behauptungen in ERINNERUNGEN AN DIE ZUKUNFT widerlegen wollte, nach langem Studium der Texte aber eine »Niederlage« erfuhr, die reich belohnt wurde, die faszinierend und erfreulich war ...

Die Quintessenz der Untersuchungen des NASA-Ingenieurs Blumrich lautet:

»Die gewonnenen Ergebnisse zeigen uns ein Raumfahrzeug, das nicht nur technisch ohne Frage möglich ist, es ist auch in seinen Funktionen und für seine Mission sehr sinnvoll angelegt. Wir sind überrascht, einen Stand der Technik vorzufinden, der in keiner Weise phantastisch ist, vielmehr selbst im extremsten Fall schon beinahe im

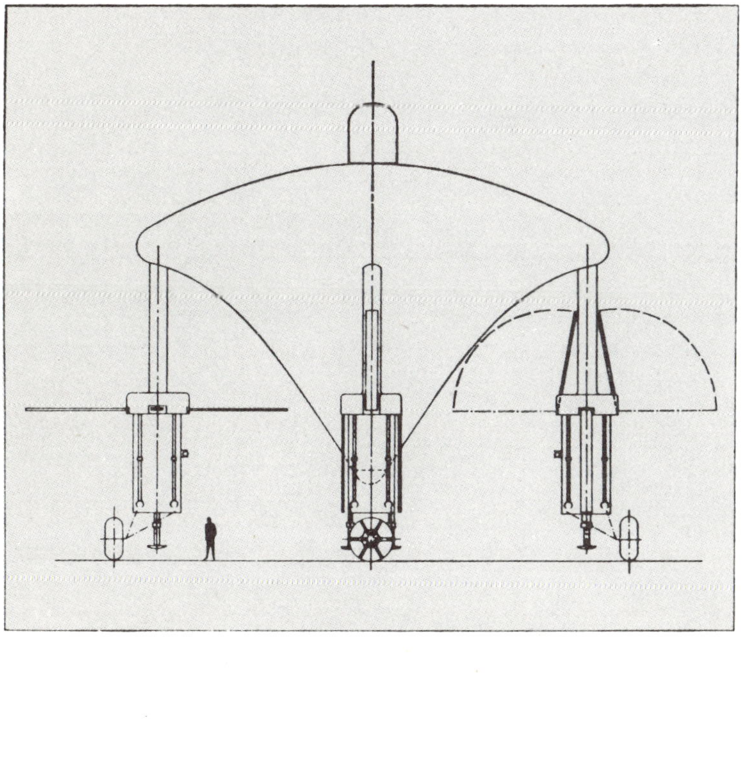

24 Ingenieurmäßige Darstellung des Hesekiel-Raumschiffes

Bereich unserer heutigen Möglichkeiten liegt, also unserer Zeit nur um Geringes voraus ist. Außerdem zeigen die Ergebnisse ein Raumschiff, das in Verbindung mit einem Mutterraumschiff benutzt wurde, welches sich in einer Umlaufbahn um die Erde befand. Phantastisch bleibt nur, daß ein solches Raumschiff bereits vor mehr als 2500 Jahren greifbare Wirklichkeit war!«

Der Schlüssel zur Klärung von Hesekiels Bericht lag, wie Blumrich schreibt, in einer sehr sorgfältigen Analyse der von ihm beschriebenen Bauteile der Raumschiffe und deren Funktionen unter Anwendung der Kenntnisse des heutigen Standes der Raketen- und Raumschifftechnik.

Ich will und kann den Alttestamentlern keinen Vorwurf daraus machen, daß sie es weder verstehen zu rechnen noch zu (re-)konstruieren, doch wende ich mich dagegen, uns unter Negierung neuer technischer Erkenntnisse immer noch und immer wieder dieselben alten theologischen Hüte als ultima ratio angeblicher Wissenschaftlichkeit zu verkaufen. Vollkommen richtig ist Blumrichs Forderung, Ingenieure hinzuzuziehen, wenn es um die Beurteilung von Konstruktionen oder konstruktionsähnlichen Gebilden geht. Wissenschaft befasse sich mit den Fragen der Grenzen der Möglichkeiten, Angelegenheiten innerhalb dieser Grenzen aber gehörten zum Aufgabengebiet des Ingenieurs, besonders des Konstrukteurs, weil dieser die Ausführungsformen selbst der fortgeschrittensten Konstruktionen entwickeln und die Bedingungen und Hintergründe für ihre Gestaltung durchdenken und erfüllen müsse. »Er ist es deshalb auch, der am besten vom Aussehen einer Konstruktion auf ihre Verwendung, ihren Zweck, schließen kann.«

So schreibt denn auch der Ingenieur Blumrich:

»Man kann das allgemeine Aussehen der von Hesekiel beschriebenen Raumschiffe aus seinem Bericht herauslesen. Man kann dann, und zwar als Ingenieur, völlig unabhängig vom Bericht ein Fluggerät solcher Charakteristik nachrechnen und rekonstruieren. Wenn man dann feststellt, daß das Resultat nicht nur technisch möglich ist, sondern sogar in jeder Hinsicht sehr sinnvoll und wohldurchdacht, und ferner im Hesekiel-Bericht Details und Vorgänge beschrieben findet, die sich mit dem

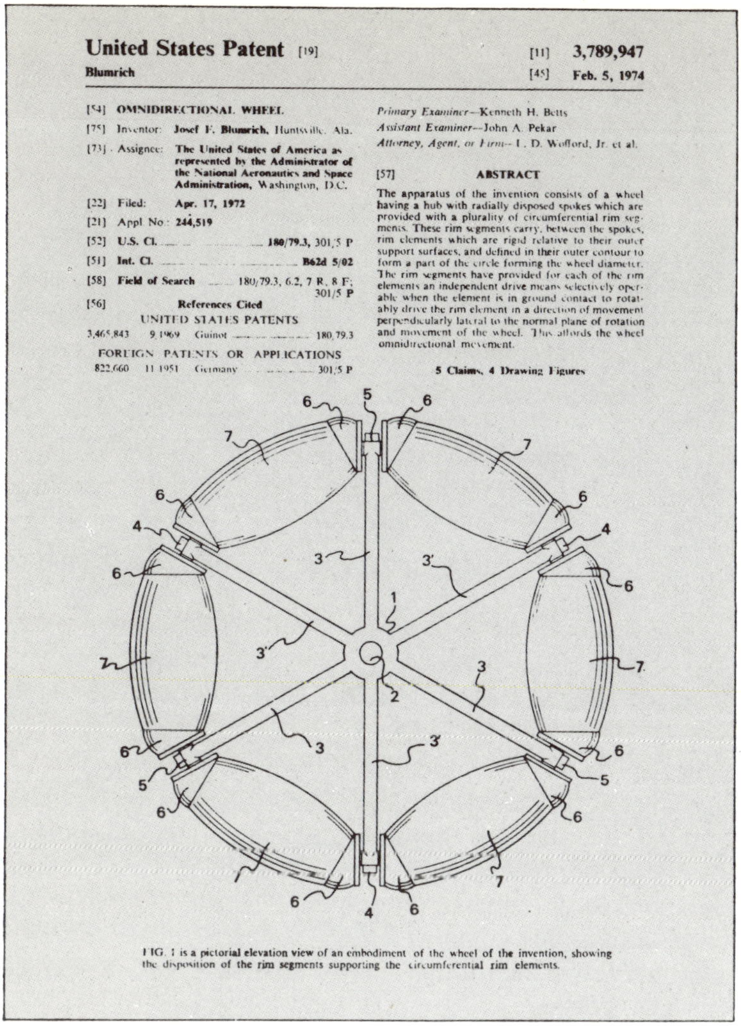

United States Patent [19]
Blumrich

[11] **3,789,947**
[45] **Feb. 5, 1974**

[54] **OMNIDIRECTIONAL WHEEL**
[75] Inventor: **Josef F. Blumrich,** Huntsville, Ala.
[73] Assignee: **The United States of America as represented by the Administrator of the National Aeronautics and Space Administration,** Washington, D.C.
[22] Filed: **Apr. 17, 1972**
[21] Appl. No.: **244,519**
[52] **U.S. Cl.** .... **180/79.3,** 301/5 P
[51] **Int. Cl.** **B62d 5/02**
[58] **Field of Search** .... 180/79.3, 6.2, 7 R, 8 F; 301/5 P

[56] **References Cited**
UNITED STATES PATENTS
3,465,843 9/1969 Guinot 180/79.3
FOREIGN PATENTS OR APPLICATIONS
822,660 11/1951 Germany .... 301/5 P

Primary Examiner—Kenneth H. Betts
Assistant Examiner—John A. Pekar
Attorney, Agent, or Firm—L. D. Wofford, Jr. et al.

[57] **ABSTRACT**

The apparatus of the invention consists of a wheel having a hub with radially disposed spokes which are provided with a plurality of circumferential rim segments. These rim segments carry, between the spokes, rim elements which are rigid relative to their outer support surfaces, and defined in their outer contour to form a part of the circle forming the wheel diameter. The rim segments have provided for each of the rim elements an independent drive means selectively operable when the element is in ground contact to rotatably drive the rim element in a direction of movement perpendicularly lateral to the normal plane of rotation and movement of the wheel. This affords the wheel omnidirectional movement.

5 Claims, 4 Drawing Figures

FIG. 1 is a pictorial elevation view of an embodiment of the wheel of the invention, showing the disposition of the rim segments supporting the circumferential rim elements.

25 Anfang 1974 bekam der NASA-Ingenieur Blumrich das amerikanische Patent für ein in alle Richtungen drehbares Rad. Er hat es nach den Beobachtungen des Propheten Hesekiel konstruiert ...

technischen Ergebnis ohne Widerspruch decken, dann kann man nicht mehr nur von Indizien sprechen. Ich habe gefunden, daß Hesekiels Raumschiff sehr glaubhafte Dimensionen hat.«

Und dies sind die Dimensionen des von Hesekiel beschriebenen Raumschiffs:

Spezifischer Impuls	I_{sp}	=	2 080 sec
Konstruktionsgewicht	W_0	=	63 300 kg
Treibstoff für den Rückflug	W_9	=	36 700 kg
Rotordurchmesser	D_r	=	18 m
Rotorantriebsleistung (total)	N	=	70 000 PS
Durchmesser des Hauptkörpers	D	=	18 m

Für ein nach Hesekiels Beschreibungen konstruiertes, nach allen Richtungen drehbares Rad (omnidirectional wheel) bekam NASA-Ingenieur Blumrich am 5. Februar 1974 das UNITED STATES PATENT No. 3.789.947. – Auch eine späte Anerkennung für den exakten REPORTER Hesekiel . . .

Indischer Raumfahrtbericht aus der Frühzeit

Die »Internationale Akademie für Sanskrit-Forschung« in Mysore (Indien) wagte als erste den Versuch, einen Sanskrit-Text von Maharshi Bharadwaja, einem Seher der Frühzeit, in unsere moderne Begriffswelt zu übertragen. Das Resultat, das schwarz auf weiß vor mir lag, war so verblüffend, daß ich mir während meiner Indienreise im Herbst 1968 sowohl in Mysore als auch in dem Central College von Bangalore die wissenschaftliche Qualität der Übersetzung bestätigen ließ.

Und so liest sich die moderne Übersetzung eines alten Sanskrit-Textes:

6. » . . . Ein Apparat, der sich aus innerer Kraft bewegt wie ein Vogel, ob auf der Erde, im Wasser oder in der Luft, heißt Vimaana . . .

8. . . . welcher sich bewegen kann im Himmel, von Ort zu Ort . . .

9. . . . Land zu Land, Welt zu Welt . . .

10. . . . ist ein Vimaana genannt durch die Priester der Wissenschaften . . .

11. . . . Das Geheimnis, fliegende Apparate zu bauen . . .

12. . . . die nicht brechen, nicht geteilt werden können, kein Feuer fangen . . .

द्वितीयोऽध्यायः ४७

भ्राजस्वद्द्रावके पञ्चज्योतिर्गर्भमणिं न्यसेत् । कान्तपाराभ्रोर्जकञ्चुकद्रवे शक्तिपञ्जरमिति ॥
एवं मणीन् स्थापयित्वा तत्तत्स्थाने यथाविधि । आदर्शनाळसंयुक्ता न्सर्वकीलान्तरे क्रमात् ॥
तन्त्रीन्सन्धारयेत्तश्चा न्मूलकेंद्राद्यथाक्रमम । पश्चात्संचालये च्चक्रत्रयकीलं यथाविधि ॥
तेन दर्पणगोलस्थ पिण्डयोरुभयोः क्रमात् । परस्परं घर्षणं स्यादतिवेगात्स्वभावतः ॥
तस्मात्सञ्जायते शक्ति श्शतकक्ष्योष्णमानतः । अथ तच्छक्तिर..दाय स्थापयित्वा यथाक्रमम् ॥
मणौ साञ्जनिके पश्चात्तन्त्रिभ्यां नाळमार्गतः । संयोजयेच्चतश्शक्तिस्तन्मणौ लयमेधते ॥
मणिगर्भस्थशक्त्या सा मिळित्वाथ स्वयं पुनः । निस्सरेन्मणिगर्भस्थ मुखकेन्द्राद्विशेषतः ॥
तामाकृष्य यथाशास्त्रं नाळतन्त्रीमुखात्पुनः । संयोजये त्सौरमणौ पूर्ववत्सप्रमाणतः ॥
ततस्तन्मणिगर्भस्थशक्त्या सा भिद्यते क्रमात् । पञ्चस्रोत स्वभावेन व्याप्य तत्रैव तिष्ठति ॥
तत्रत्य पञ्चस्रोतस्सु एकस्रोतस्ततःपरम् । योजयेन्नाळतंत्रीभ्यां भारद्वाजमणौ क्रमात् ॥
तथैव पिङ्गळमणा वेकस्रोतःप्रमाणतः । पञ्चज्योतिर्गर्भमणा वेकस्रोत स्तथैवहि ॥ ६८७ ॥
एकस्रोतोमणौ शक्तिपञ्जराख्ये नियोजयेत् । एवं प्रवेशिताः पञ्चशक्तयो मणिषु स्वतः ॥
एकैकमणिगर्भस्थ शक्तिमाकृष्य वेगतः । बहिःप्रसारणं पश्चात्कुर्वन्ति स्वेन तेजसा ॥
मणिसञ्जातशक्तीनां नामान्यत्र यथाक्रमम् । यथोक्तमत्रिणा पूर्वं निरूप्यन्ते तथैव हि ॥
राजा मौर्त्वीक चुण्डीर शून्यगर्भ विषोदराः । इत्येते मणिसञ्जातशक्तिनामान्यथाक्रमम् ॥
एतच्छक्तीस्समाहृय भ्राजस्व द्रावके क्रमात् । पूर्ववन्नाळतन्त्रीभ्यां योजयेत्सप्रमाणतः ॥
इमं मणिसमुद्भूतशक्तयः स्वेन तेजसा । भ्राजस्व द्रावकं प्राप्य त्रेधा तत्र प्रभिद्यते ॥
अत्रिणोक्तप्रकारेण नाम तासां निरूप्यते । मार्ताण्डा रौहिणी भद्रा चेति नामान्यथाक्रमम् ॥
मार्ताण्डशक्तिमाकृष्य पश्चाच्छास्त्रविधानतः । संयोजयेत्कान्तपाराभ्रोर्जकञ्चुकद्रावके ॥
तत्रत्यकान्तशक्त्या सा मिळित्वा चञ्चला सती । अतिवेगात्समुड्डीय गगनाभिमुखी भवेत् ॥
तां समाहृत्य विधिवन्नाळतंत्रीमुखात्पुनः । विस्तृतास्यादर्शपिण्डगर्भकेंद्रे नियोजयेत् ॥
सूर्यांशु न्स्वतरङ्गस्थ शक्तिगर्भा न्यथाविधि । सच्छिद्रनाळदण्डस्योर्ध्वनाळाच्चतःपरम् ॥
समाहृत्य विशेषेण तत्रैव स्थापयेद्दृढम् । पश्चात्तन्नाळमूलस्थ केंद्रमार्गात्प्रमाणतः ॥६९९॥
विस्तृतास्यादर्शपिण्डमुखकेंद्रे प्रवेशयेत् । सूर्यांशुशक्तिस्तत्पिण्डं पश्चात्संव्याप्य वेगतः ॥
26 तद्गर्भस्थितमार्ताण्डशक्त्या संमिळिता स्वयम् । आकाशाभिमुखी भूत्वा परिभ्राम्यति वर्तुलम् ॥

13. . . . und nicht zu zerstören sind . . .
14. . . . Das Geheimnis, fliegende Apparate stillstehen zu lassen.
15. . . . Das Geheimnis, fliegende Apparate unsichtbar zu machen.
16. . . . Das Geheimnis, Geräusche und Gespräche in feindlichen, fliegenden Apparaten mitzuhören.
17. . . . Das Geheimnis, Bilder vom Innern von feindlichen, fliegenden Apparaten festzustellen.
18. . . . Das Geheimnis, die Flugrichtung von feindlichen, fliegenden Apparaten festzustellen.

19. ... Das Geheimnis, Wesen in feindlichen, fliegenden Apparaten bewußtlos zu machen und feindliche Apparate zu zerstören ...«

Im weiteren Verlauf des Textes wird präzise beschrieben, aus welchen 31 Hauptteilen der Apparat besteht. Mit gleicher Genauigkeit werden Anweisungen für Kleidung und Nahrung der Piloten gegeben. Ferner enthält der Text eine Aufzählung von 16 Metallsorten, die man zur Konstruktion des fliegenden Fahrzeugs benötigt. Aber nur drei der genannten Metalle sind uns heute bekannt. Alle übrigen Arten blieben bisher unübersetzbar.

Der Versuch, den man in Mysore an einem Text machte, dessen Alter bisher noch unbekannt ist, soll ein Beispiel dafür sein, was alte Texte in moderner Übersetzung aussagen können.

Nach Indien ... der Texte wegen

Immer schon empfand ich eine beunruhigende Neugier nach den alten indischen Quellen. Denn wieviel Rätselhaftes, wieviel Faszinierendes ist in allen Übersetzungen indischer Veden und Epen über Flugmaschinen und utopische Waffen aus Urzeiten zu erfahren! Das Alte Testament mit seinen sehr plastischen und drastischen Schilderungen verblaßt schier gegen diese indischen Kostbarkeiten.

Meine Neugier nach den Originalquellen wurde durch ein ganz zufälliges Erlebnis noch größer. Nach einem Vortrag, den ich 1963 vor einem kleinen Kreis in Zürich gehalten hatte, kam ein indischer Physikstudent zu mir und sagte mit entwaffnender Selbstverständlichkeit:

»Finden Sie das eigentlich neu oder schockierend, was Sie uns erzählt haben? Jeder halbwegs gebildete Inder kennt die Hauptteile der Veden und weiß deshalb, daß die Götter in Urzeiten mit Flugmaschinen herumkutschierten und fürchterliche Waffen besessen haben. Eigentlich, meine ich, weiß das bei uns jedes Kind!«

Der nette junge Mann wollte im Grunde nur meine Hypothesen bestätigen, vielleicht wollte er mich auch nur, da ich mich bei »meinem Thema« leicht echauffiere, beruhigen. Er erreichte das Gegenteil.

In den folgenden Jahren führte ich eine ziemlich einseitige Korrespondenz mit indischen Sanskrit-Forschern. Meine spezifizierten Fragen beantworteten sie sehr höflich und schickten mir Fotokopien von Sanskrit-Texten, die ich aber nicht lesen konnte. Lediglich meine Briefmarken sammelnden Freunde profitierten von meiner Passion. Nein, es ließ mir keine Ruhe mehr. Ich mußte nach Indien – der Texte wegen.

Im Herbst 1968 flog ich nach Bangalore, der Hauptstadt des südlichen Bundesstaates Mysore. Bangalore ist das Bildungszentrum Südindiens. Doch davon merkte ich zunächst nichts. Ein Kaleidoskop verwirrender Eindrücke zog am ersten Tag nach meiner Ankunft an meinen Augen vorüber: Bettler und kümmerliche Existenzen – Ochsenkarren und Mopedtaxis – Frauen mit Brillanten in den Nasengruben und einem roten Tupfen auf der Stirn – morsche Holzhütten und weiße Paläste im englischen Kolonialstil – Lärm in den Straßen und magere heilige Kühe mit roten Augen – Soldaten in blaugrünen Uniformen und schmutzig-gelbes Wasser an den Straßenrändern und über allem dieser eigentümliche Geruch, der mir durch die Nase noch ins Kleinhirn stieg.

Die Universität von Bangalore, mit Entwicklungsgeldern gefördert, ist großzügig ausgestattet und von fortschrittlichem Geist erfüllt. Professoren und Studenten arbeiten gemeinsam und aufgeschlossen an neuen wissenschaftlichen Problemen.

Fachgelehrte Sanskrit-Professoren wie Ramesh J. Patel vom Kultur-Zentrum in Kochrab und T. S. Nandi von der Universität Ahmedabad nahmen sich Zeit für mich. Meistens genügte ein einziges Telefonat zur Verabredung des Termins für ein Gespräch.

Ich fragte nach dem Alter der Veden und Epen. Übereinstimmend sagte man mir, daß das Mahabharata, das über 80 000 Doppelverse umfassende Nationalepos der Inder, in seiner ersten Fixierung etwa um 1500 v. Chr. entstanden sein müsse. Forschte ich aber nach dem Urkern des Epos, dann differierten die Angaben zwischen 7016 v. Chr. und 2604 v. Chr. Diese für so weit zurückliegende Datierungen ungewöhnliche Jahresgenauigkeit ergab sich durch bestimmte astronomische Konstellation, die bei einer im Mahabharata geschilderten Schlacht erwähnt werden. Trotz dieser astronomischen Angaben sind sich die Gelehrten bisher über das Alter des Epos nicht einig geworden. Wie beim Alten Testament ist der ursprüngliche Verfasser des Mahabharata unbekannt. Man vermutet, daß eine legendäre Figur – Vyasa – der eigentliche Schöpfer gewesen ist, sagt aber mit beträchtlicher Sicherheit, daß der letzte mündliche Überlieferer – Sauti – auch die erste vollständige Niederschrift besorgt habe.

Wie sehr habe ich mich geärgert, Sanskrit nicht lesen zu können! Man orientierte mich zuvorkommend, man sagte mir exakt, in welchen Texten und an welchen Stellen ich die von mir gesuchten »Superwaffen«, »Flugwaffen« und »Flugapparate« finden würde. Man griff zum Telefon und instruierte Bibliothekare über mein Kommen und mein Anliegen, man gab mir hilfsbereite Studenten mit auf den Weg, damit ich das Gesuchte auch mit Sicherheit bekäme . . . Und wenn ich dann erwartungsvoll die Belege für meine Fragen in der Hand hielt, dann war wieder das Wesentliche in Sanskrit oder in einer anderen indischen Sprache abgefaßt. Enttäuscht von den mageren Resultaten nahm ich mir vor, die geknüpften Beziehungen nicht abreißen zu lassen – und eines Tages klüger wiederzukommen.

Noch hatte ich die Hoffnung, von einer Kapazität mehr Genaueres zur Stillung meiner Neugier zu erfahren. Aus der Schweiz hatte ich mit Professor Dr. T. S. Nandi, Sanskritforscher an der Universität Ahmedabad, korrespondiert. Ihn hatte ich konsultiert, und durch ihn kam ich zu Professor Esther Abraham Solomon, die seine Vorgesetzte und »Head of Department« ist. Diese Wissenschaftlerin verfügt über umfassende Sanskrit-Kenntnisse; sie ist seit Jahren Leiterin des Departments für Sanskrit-Forschung und genießt weit über Indien hinaus unter den Fachwissenschaftlern den Ruf, zu den besten Kennern der Materie zu gehören.

Ahmedabad ist eine alte Baumwollstadt mit vielen bedeutenden Moscheen und Grabmälern aus dem 15. und 16. Jahrhundert. Sie liegt direkt am Sarbarmati-Fluß, hat über 1,2 Millionen Einwohner und ist heute in Indien wegen der erst 1961 gegründeten Gudscherat-Universität berühmt.

Für Touristen bietet Ahmedabad eine besondere Attraktion, die »Shaking Towers«. Das sind zwei hohe

Steinminarette einer Moschee, massiv gebaut und im Innern auf einer Wendeltreppe bis in die Spitze zu erklimmen – barfuß natürlich. Diese Türme haben eine auf der Welt einmalige Eigenschaft. Wenn eine kleine Gruppe von Menschen durch ein rhythmisches Hau-ruck den einen Turm in Schwingung versetzt, dann beginnt auch der andere Turm zu schwingen. Bisher haben die Türme diese permanenten Touristenvergnügungen ohne weiteres ausgehalten, und sie sehen aus, als würden sie den schiefen Turm von Pisa überleben ...

Professor Nandi hatte mich für die Mittagsstunde bei Professor Esther Solomon angemeldet und zu mir gesagt:

»Gehen Sie in den ersten Stock; der Name steht an der Tür, treten Sie ein, und machen Sie es sich bequem!«

Durch die glühende Mittagshitze – es war November – machte ich mich auf den Weg. Die Universität präsentierte sich mir als ein modernes einstöckiges Kalksteingebäude ohne jeden unnötigen äußeren Aufwand. Ich wartete im Flur. Für einen Europäer ist die Aufforderung: »Treten Sie ein, und machen Sie es sich bequem!« doch recht seltsam. Ich beobachtete während meiner Wartezeit, wie Professoren und Studenten in legerer Selbstverständlichkeit, ohne anzuklopfen, in die verschiedenen Büros gingen und wie höflich-formlos sich der »Parteiverkehr« abwickelte.

Gespräch mit Frau Professor Solomon

Gegen ein Uhr kam Professor Solomon. Sie war in einem Colloquium aufgehalten worden. Sie trug einen einfachen weißen Sari. Ich schätzte sie auf etwa fünfzig Jahre. Sie begrüßte mich wie einen guten Bekannten, wohl weil mich Professor Nandi angemeldet hatte. Wir führten unser Gespräch auf Englisch, und sie erlaubte mir, es auf mein Mini-Diktiergerät aufzunehmen.

Hier unser Gespräch:

»Frau Professor, interpretiere ich die Auskünfte Ihrer Fachkollegen richtig, wenn ich sage, daß die Sanskritforscher die altindischen Veden und Epen für älter als das Alte Testament halten?«

»So absolut darf und kann man das nicht behaupten! Weder die indischen Urtexte noch die des Alten Testaments lassen sich genau datieren. Wenn wir mehr und mehr dazu neigen, die ältesten Teile des Mahabharata auf etwa 1500 v. Chr. anzusetzen, dann ist das eine sehr vorsichtige Schätzung und eine Annahme, die sich auf den ältesten Kern des Epos bezieht. Es gibt selbstverständlich viele Zusätze und Ergänzungen, die erst »nach Christus« hinzugefügt wurden. Genaue Datierungen müssen heute immer noch mit Vorbehalten gemacht werden. Die Kernstücke des Mahabharata können auch hundert und mehr Jahre älter als 1500 v. Chr. sein! Sie wissen: Die ältesten Texte sind auf Palmrinden niedergeschrieben worden, doch ehe diese Palmschriften entstanden, waren die Texte bereits viele Generationen lang durch mündliche Überlieferungen gewandert. Es gibt auch Niederschriften in Stein, aber die sind in Indien verhältnismäßig selten.«

»Sind Sie bei Ihren Forschungen auf Parallelen zwischen den Texten des Alten Testaments und den indischen Urtexten gestoßen?«

»Verschiedene Parallelen bieten sich fraglos an, aber diese Ähnlichkeiten lassen sich, meine ich, in den meisten alten Legenden der Völker in irgendeiner Form feststellen. Denken Sie nur an ein Ereignis wie das der Sintflut oder an die Geschichte von den Göttern, die Menschen zeugten, oder an die Helden, die in den Himmel entrückt wurden, oder aber an die immer wieder und allerorts auftauchenden Waffen, die sie benutzten.«

»Aber gerade die altindischen und tibetanischen Texte strotzen nur so von unsinnigen Waffen. Ich denke an die Götterblitze und Strahlenwaffen, an eine Art von Hypnosewaffen, wie sie im Mahabharata erwähnt werden, oder an den Diskus, den die Götter schleudern und der wie ein Bumerang immer wieder zu ihnen zurückkehrt, oder aber auch an Texte, die von bakteriologischen Waffen zu sprechen scheinen. Was halten Sie davon?«

»Das sind wohl Übertreibungen oder phantasievolle Darstellungen von einer imaginären göttlichen Kraft. Die Alten hatten fraglos das Bedürfnis, ihre Führer und Könige mit einem mystischen geheimnisvollen Nimbus auszustatten. Sicherlich erfanden sie die unvorstellbaren und unüberwindlichen Attribute nachträglich – vermehrten sie also mit jeder neuen Generation.«

»Lassen sich denn diese utopischen Vorstellungen mit dem Ideengut der Urzeiten vereinbaren?«

»Offenbar! Aber wir selbst stehen auch immer wieder vor Rätseln!«

»In indischen und tibetanischen Texten werden immer wieder fliegende Objekte – Vimaanas – beschrieben. Was denken Sie darüber?«

»Um ehrlich zu sein: Ich weiß es selbst nicht, was davon zu halten ist. Offenbar meinen die Schilderungen so etwas Ähnliches wie Flugzeuge, in denen die Götter am Himmel gegeneinander stritten.«

»Dürfen oder können wir diese Überlieferungen denn einfach als Mythen klassifizieren und damit abtun?«

Professor Solomon überlegte einen Augenblick, ehe sie, fast resignierend, antwortete:

»Wir müssen es wohl.«

»Und was wäre, wenn diese Texte Schilderungen sehr früher realer Begebenheiten wären?«

»Das wäre phantastisch!«

»Und, wäre es unmöglich?«

Nach einer Pause:

»Ich weiß es nicht, ich weiß es wirklich nicht . . .«

Draußen empfing mich wieder die schicr unerträgliche Hitze. Langsam schlenderte ich über eine endlos scheinende Brücke in die Stadt zurück. Der Fluß war bis auf ein schmales Rinnsal ausgetrocknet. Teppichknüpfer hatten ihre farbenprächtigen Erzeugnisse, so weit der Blick reichte, im Flußbett zum Trocknen ausgelegt. Immer wieder versuchte ich das Gespräch zu rekapitulieren. Selbst diese so kluge Frau konnte mir keine befriedigende Antwort auf meine Fragen geben.

Genau das aber, was Professor Esther Solomon mir nicht klar bestätigen konnte, drängte mich seit mehr als einem Jahrzehnt, die ältesten Bücher der Menschheit im Blickwinkel meiner Thesen zu vergleichen und Identitäten in den Schilderungen bestimmter Ereignisse nachzuspüren.

In mein Hotel zurückgekehrt, ließ die air condition des Zimmers meine Lebensgeister wieder munterer werden. Ich schlug das »Mahabharata« auf und stieß gleich auf diese Stelle:

Bhrigu, nach den Maßen des Himmelszeltes befragt, antwortete:

»Unendlich ist dieser Raum, bewohnt von Seligen und Gottheiten, erfreulich, mit mancherlei Wohnstätten übersät, dessen Grenze unerreichbar ist. Oberhalb ihres Machtbereiches und unterhalb werden Mond und Sonne nicht mehr gesehen, dort sind die Götter ihr eigenes Licht, glänzend wie die Sonne und strahlend wie das Feuer. Und auch sie sehen nicht die Grenze des mächtig ausgebreiteten Himmelszeltes, weil dieselbe schwer erreichbar ist, weil sie endlos ist . . . Nach oben aber und immer weiter nach oben wird von flammenden, selbstleuchtenden Wesen jener Weltraum angefüllt, der auch von Göttern nicht ausmeßbar ist.«

Die Berichte des Mahabharata zählen immer noch zu den ungelösten Rätseln der Vergangenheit, auch dort, wo man sich in akribischer Forschung dieser alten Texte annimmt.

Seit die Menschheit denken kann und über Sprachen verfügt, ersann sie auch Legenden und Mythen, die, über Jahrtausende erzählt, irgendwann von irgendwem niedergeschrieben worden sind. Es ist rätselhaft, warum einige dieser alten Überlieferungen zu Religionen oder menschheitsbestimmenden Leitphilosophien wurden und warum andere wiederum negiert wurden und ohne jeden Einfluß blieben. Gemeinsam ist allen alten Überlieferungen, daß ihre Inhalte nicht »beweisbar« sind, daß aber jene, die zu Religionen überhöht wurden, »geglaubt« werden. Wenn wir heute versuchen, alte Texte von neuen Standpunkten aus zu interpretieren, dann stehen uns keine neuen, sondern auch nur die alten »geglaubten« oder negierten Texte zur Verfügung. Trotzdem geben sie uns verblüffende Auskünfte. Aber es erscheint ungewöhnlich, traditionell »Geglaubtes« in Frage zu stellen oder mythische Berichte als Reporte realer Vorgänge zu nehmen.

Kabbala – rätselhafteste Geheimlehre der Welt

In der Bibliothek der Pariser Sorbonne vertiefte ich mich in die sechsbändige Gesamtausgabe der Kabbala. Ehe ich meine Lesefrüchte vorlege, muß ich kurz sagen, daß die Kabbala wohl die umfangreichste und rätselhafteste

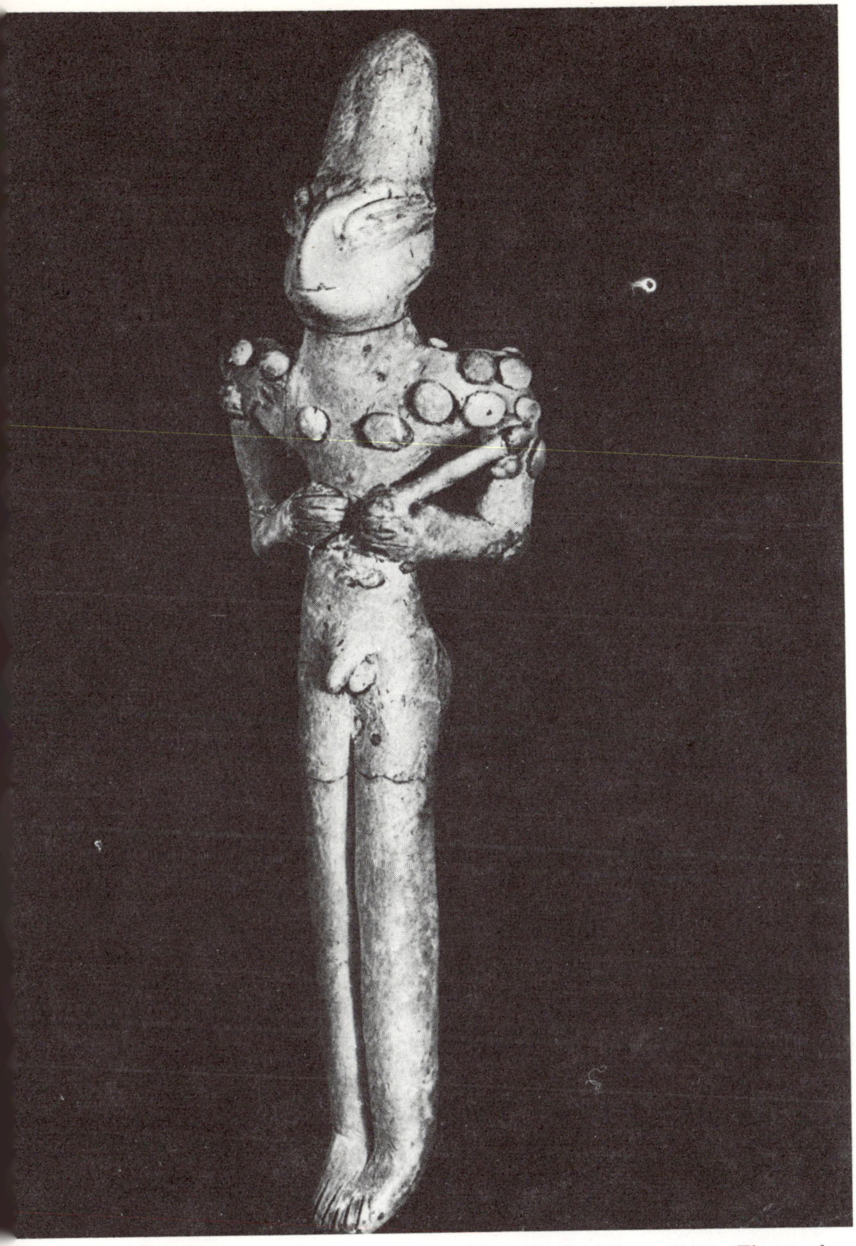

27 Diese in Ton gebrannte »Unbekannte männliche Figur« hat eine Höhe von 14 cm, stammt aus der Obed-Zeit, 4. Jahrtausend v. d. Z.; sie steht im Museum in Bagdad. Bemerkenswert sind die insektenartigen Augen, die in unübersehbarem Widerspruch zu den realistischen Proportionen des Körpers stehen. Was für ein Vorbild mag der vorzeitliche Künstler für die Darstellung dieser mythologischen Figur gehabt haben? Schließlich waren auch uniformähnliche Westen 4000 vor Christus nicht üblich.

Geheimlehre der Welt darstellt. Ihre Niederschrift soll um 1200 n. Chr. begonnen worden sein. Man sagt auch, sie sei als Reaktion auf den realistischen und materialistischen Talmudismus entstanden.

Die Kabbala deutet geheimnisvolle Mitteilungen des Alten Testaments und kommentiert einem Kreis von Eingeweihten die verschlüsselten Nachrichten alter jüdischer Gesetze. Die Kabbalisten sagen, die Niederschrift sei auf Befehl Gottes erfolgt. Sie enthält Geheimzeichen, Symbole, mathematische Formeln und stellt alle okkulten Angaben in Beziehung zur mystischen Kraft verschiedener Götter. Wer dem kleinen Kreis der Eingeweihten angehört, soll aus Kenntnis und Beherrschung der Geheimnisse der Kabbala die Fähigkeit erhalten, durch die gewonnene Verbindung mit den Göttern Wunder zu vollbringen ...

So wie ich die Darstellungen in anderen Urtexten als real zu betrachten gewohnt bin, habe ich auch Schilderungen in der Kabbala als nacherzählte Wirklichkeiten gewertet. Nur so ist es möglich, jenseits der okkulten Vorstellungen in den Niederschriften der Kabbala-Autoren eine reale Spur, die von unserer Erde zu den »Göttern« führt, zu erkennen.

Die »sieben anderen Welten« der Kabbala werden – bei wechselnden Bezeichnungen für die gleiche Sache – mit ihren Bewohnern sehr anschaulich beschrieben. Hier also Kabbala-Auszüge, die ich sinngemäß wiedergebe:

»Die Bewohner der Welt von ›Geh‹ säen und pflanzen Bäume. Sie essen alles vom Baum, kennen aber keinen Weizen und keinerlei Getreide. Ihre Welt ist schattig, und es gibt viele große Tiere dort.

Die Bewohner der Welt von ›Nesziah‹ essen Sträucher und Pflanzen, die sie nicht säen müssen. Sie sind von kleinem Wuchs und haben anstelle der Nasen nur zwei Löcher im Kopf, durch welche sie atmen. Sie sind sehr vergeßlich und wissen bei einer Arbeit oft nicht, weshalb sie sie begonnen haben. Auf ihrer Welt sieht man eine rote Sonne.

Die Bewohner der Welt ›Tziah‹ müssen nicht essen, was andere Wesen essen. Sie suchen immer nach Wasseradern. Sie sind sehr schön von Angesicht und haben mehr Glauben als alle anderen Wesen. Auf ihrer Welt gibt es große Reichtümer und viele schöne Bauwerke. Der Boden ist trocken, und man sieht zwei Sonnen.

Die Bewohner der Welt von ›Thebel‹ essen alles aus dem Wasser. Sie sind allen anderen Wesen überlegen, und ihre Welt ist in Zonen aufgeteilt, in denen sich die Bewohner durch Farbe und Gesichter unterscheiden. Sie machen ihre Toten wieder lebendig. Die Welt ist weit von der Sonne weg.
Die Bewohner der Welt von ›Erez‹ sind Nachfahren von Adam.
Die Bewohner von ›Adamah‹ sind auch die Nachfolger von Adam, weil Adam sich über die Trostlosigkeit auf ›Erez‹ beklagte. Sie bebauen die Erde und essen Pflanzen, Tiere und Brot. Sie sind meist traurig und bekriegen sich oft. Es gibt auf dieser Welt Tage, und die Gruppierungen der Gestirne sind sichtbar. Früher wurden sie oft von Bewohnern der Welt von ›Thebel‹ besucht, doch die Besucher wurden auf ›Adamah‹ von Gedächtnisschwäche befallen und wußten nicht mehr, woher sie kamen.
Die Bewohner der Welt von ›Arqa‹ säen und ernten. Ihre Gesichter sind verschieden von unseren Gesichtern. Sie besuchen alle Welten und sprechen alle Sprachen.«

Das Buch Sohar

Es bieten sich wieder die alten Fragestellungen an: Woher wußten die Kabbala-Autoren, daß Wesen der sieben anderen Welten ein anderes Aussehen hatten als die Erdenbürger? Daß sie sich anders ernährten und daß sie andere Sonnen am Himmel kannten?

Erwähnenswert ist noch die Feststellung der Kabbala, daß die Menschen sich ursprünglich beim Geschlechtsakt nicht ins Gesicht gesehen hätten und daß die Vereinigung der Samen in EINEM Wesen stattgefunden habe. Moderne Kabbalisten wollen wissen, Gott habe vor Adam ein anderes Wesen geschaffen, das nur »Mann« gewesen sei, eine Eigenart, die dieses Wesen nicht gehindert habe, Kinder zu zeugen. Diese aber hätten sich plötzlich mit der Schlange gepaart.

Das Hauptwerk der Kabbala, das Buch Sohar, ist in aramäischer Sprache abgefaßt und erläutert im Sinne kabbalistischer Gottesauffassung die fünf Bücher Mose. Der Sohar gilt als Werk des Rabbiners Simon bar Jochai (130–170 n. Chr.), wurde aber nach mündlichen

Überlieferungen wahrscheinlich erst im ausgehenden 13. Jahrhundert von Moses de Leon in Spanien niedergeschrieben und 1558 in Cremona erstmalig gedruckt.

Im Sohar wird – und das ist erstaunlich – ein Gespräch zwischen einem Erdenbürger und einem Gestrandeten aus der Welt Arqa wiedergegeben. In dieser Unterhaltung erfahren wir, daß – nachdem die Erde durch Feuer vernichtet worden war – einige Flüchtlinge, die die Katastrophe überlebten, unter Führung des Rabbi Yossé einem Fremden begegneten, der plötzlich aus einer Felsspalte hervortrat und der »ein anderes Gesicht« hatte. Rabbi Yossé trat vor den Fremden und fragte ihn, von wo er denn sei.

Der Fremde antwortete:

»Ich bin ein Bewohner Arqas.«

Der Flüchtling war überrascht und fragte:

»Es gibt also Lebewesen auf Arqa?«

Der Fremde antwortete:

»Ja. Als ich Euch kommen sah, bin ich aus der Höhle gestiegen, um den Namen der Welt zu erfahren, auf der ich angekommen bin.«

28

Und dann berichtete der Fremde, daß in seiner Welt die Jahreszeiten anders seien als in ihrem Land; Saat und Ernte würden sich dort erst nach mehreren Jahren erneuern, auch wäre die Anordnung der Gestirne anders, als er sie von hier aus beobachten könne . . .

Fast 1800 Jahre mündlicher Überlieferung stehen hinter diesem Bericht, der erst vor etwa 700 Jahren niedergeschrieben und vor 400 Jahren zum erstenmal gedruckt wurde. Aber was für ein Wissen, so muß ich einmal mehr fragen, stand hinter diesen Worten?

Selbstverständlich sah ein Fremder, der die Erde besuchte, die Gestirne in einem anderen Blickwinkel, als er sie von SEINEM Planeten aus zu sehen gewohnt war, der überdies eine andere Abfolge der Jahreszeiten hatte als die Erde.

Die Feststellungen sind im Kern viel zu real, als daß sie lediglich pure Phantasie sein könnten.

Das Buch des Dzyan

Und dann das Buch des Dzyan mit seinen heiligen Symbolzeichen! Kein Mensch auf der Welt kennt sein wirkliches Alter. Es heißt, das Original sei älter als unsere Erde. Es heißt auch, es sei so stark magnetisiert gewesen, daß »Befugte«, die es zur Hand nahmen, die geschilderten Ereignisse vor ihren Augen vorüberziehen sehen und im gleichen Augenblick durch rhythmisch übertragene Impulse die geheimnisvollen Texte in ihrer Sprache vernehmen konnten – sofern diese überhaupt über einen Wortschatz verfügte, die betreffenden Texte zu vermitteln.

Diese Geheimlehre wurde über Jahrtausende in tibetanischen Krypten als »top secret« gehütet. Es hieß, die geheimen Lehren könnten in den Händen Unkundiger zu einer ungeheuren Gefahr werden. Der originale Text – von dem man nicht weiß, ob er noch irgendwo existiert – wurde von Generation zu Generation wortwörtlich kopiert und durch neue Berichte und Erkenntnisse der Befugten ergänzt.

Jenseits des Himalaya soll das Buch des Dzyan entstanden sein. Auf unbekannten Wegen drangen seine Lehren bis nach Japan, Indien und China vor, ja sogar in südamerikanischen Überlieferungen wurden Gedankenspuren daraus festgestellt. Geheime Bruderschaften, die sich in den einsamen Pässen des westchinesischen Gebirges Kun-lun oder in tiefen Schluchten im Felsmassiv des Altyn-tag – ebenfalls im westlichen Teil des heutigen Rotchina gelegen – verborgen hielten, wachten über Büchersammlungen ungeheuren Umfangs. Sie lebten in ärmlichen Tempeln. Unterirdische Gewölbe und Galerien bargen literarische Schätze. In diesen Verliesen wurde auch das Buch des Dzyan gehütet. Die ersten Kirchenväter machten alle Anstrengungen, diese Geheimlehre aus dem Gedächtnis derer, die mit ihr vertraut waren, zu tilgen. All ihre Anstrengungen mißlangen jedoch, und von Generation zu Generation wurden die Texte mündlich weitergereicht.

In fremden Ländern erzählte man mir oft von dieser Lehre, aber ich traf noch niemanden, der eine »echte« Kopie des Werkes gesehen hätte. Erhaltene, oder richtiger, bekanntgewordene Teile des Buches von Dzyan schwirren auf Tausenden von ins Sanskrit übersetzten Texten durch die Welt. Nach allem, was man bisher weiß, soll diese merkwürdige Geheimlehre das ursprüngliche alte Wort, die Formel der Schöpfung, enthalten und über die Millionen Jahre währende Entwicklung der Menschheit berichten.

Die sieben Strophen der Genesis nach dem Buch des Dzyan scheinen mir so interessant, daß sie auszugsweise hier stehen sollen:

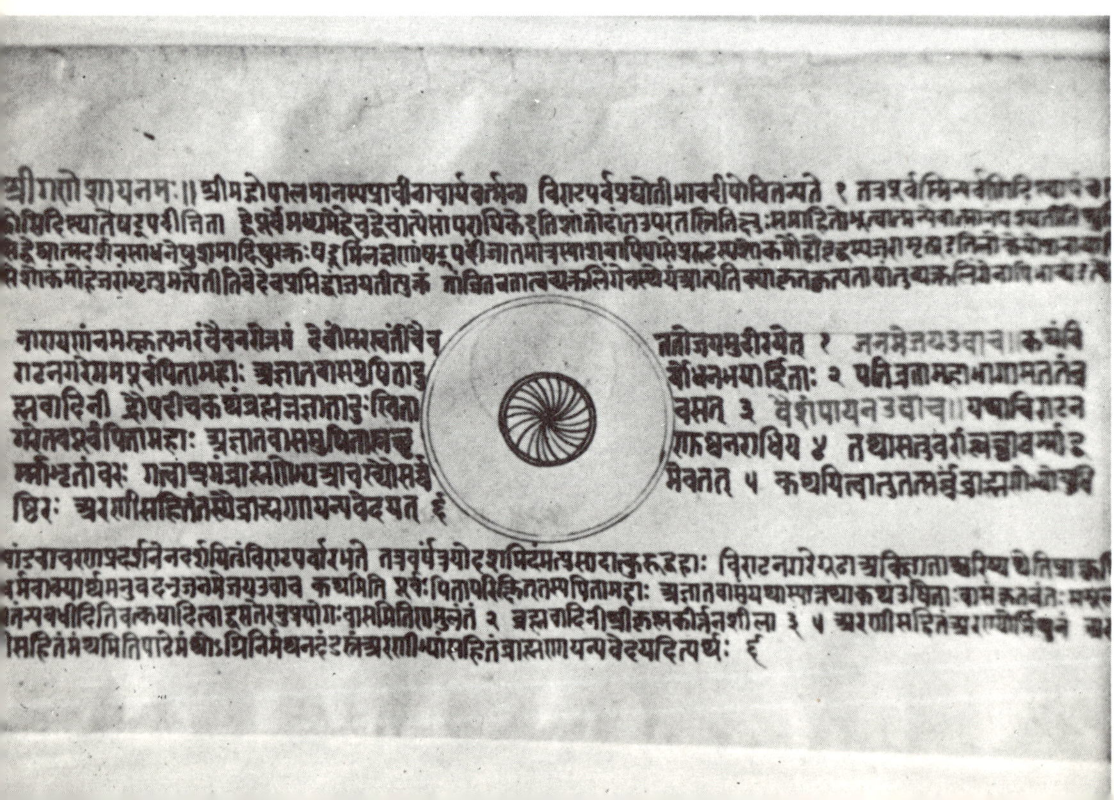

29

Strophe I

»... Es gab keine Zeit, denn sie lag schlafend im unendlichen Schoß der Dauer ...

... Dunkelheit allein erfüllte das unendliche All ...

... Und das Leben pulsierte unbewußt im Weltenraum ...

... Die sieben erhabenen Beherrscher und die sieben Wahrheiten hatten aufgehört zu sein ...

Strophe II

... Wo waren die Bauleute, die leuchtenden Söhne ...

... die Hervorbringer der Form aus der Nicht-Form, der Wurzel der Welt? ...

... Die Stunde hatte noch nicht geschlagen; der Strahl war noch nicht in den Keim geblitzt ...

Strophe III

... Die letzte Schwingung der siebenten Ewigkeit durchdringt die Unendlichkeit.

... Die Schwingung breitet sich aus, sie berührt mit ihrem raschen Flügel das ganze Weltall und den Keim, der in der Dunkelheit wohnt, der über den schlummernden Wassern des Lebens atmet ...

... Die Wurzel des Lebens war in jedem Tropfen des Ozeans der Unsterblichkeit enthalten, und der Ozean war strahlendes Licht, welches Feuer, Wärme und Bewegung war. Das Dunkel verschwand und war nicht mehr ...

... Siehe, der helle Raum, welcher der Sohn des dunklen Raumes ist ... Er scheint fortan wie die Sonne; er ist der feurige göttliche Drache der Weisheit.

... Wo war der Keim, und wo war jetzt die Finsternis? ...

... Der Keim ist die Tat, und Tat ist das Licht, der weiße strahlende Sohn des dunklen verborgenen Vaters.

Strophe IV

... Höret, ihr Söhne der Erde, auf eure Lehrer – die Söhne des Feuers ...

... Höret, was wir, die Abkömmlinge der ursprünglichen Siebenheit, die wir aus der Urflamme geboren sind, von unseren Vätern erlernt haben.

... Aus dem Glanze des Lichts, das aus dem ewigen Dunklen strahlte, entsprangen im Raume die wiedererwachten Energien ... Und von dem Gottmenschen emanierten die Formen, die Funken, die heiligen Tiere und die Botschafter der heiligen Väter.

Strophe V

... Die ersten sieben Atemzüge des Drachens der Weisheit erzeugen ihrerseits durch die heiligen kreisenden Atemzüge den feurigen Wirbelwind.

... Der schnelle Sohn der göttlichen Söhne ... erfüllt in Kreisbewegung seine Sendung ... Er geht wie der Blitz durch die feurigen Wolken ...

... Er ist ihr führender Geist und Leiter. Wenn er sein Werk beginnt, trennt er die Funken des unteren Reiches, welche freudezitternd in ihren strahlenden Wohnungen schweben ...

Strophe VI

... Der Schnelle und Strahlende ... stellt das Universum auf diese ewigen Grundsteine ...

... Er erbaut sie als Abbilder älterer Räder und befestigt sie auf unvergänglichen Mittelpunkten ...

... Wie werden sie von Fohat erbaut? Er sammelt den feurigen Staub. Er macht Kugeln von Feuer, läuft durch und um dieselben herum, und versieht sie mit Leben, dann setzt er sie in Bewegung ... Sie sind kalt, er macht sie heiß. Sie sind trocken, er macht sie feucht. Sie leuchten, er fächelt und kühlt sie ab. So arbeitet Fohat von einer Dämmerung zur andern durch die sieben Ewigkeiten ...

... Der Mutterlaich erfüllte das Ganze. Es fanden Kämpfe statt zwischen den Schöpfern und den Zerstörern, und Kämpfe um den Raum.

Strophe VII

... Siehe den Anfang des fühlenden formlosen Lebens. Zuerst das Göttliche, das Eine von dem Muttergeist ...

... Der eine Strahl vervielfältigt die kleineren Strahlen ...

... Dann steigen die Bauleute, welche ihr erstes Gewand wieder angezogen haben, zur strahlenden Erde hernieder und herrschen über Menschen – welche sie selbst sind ...«

Für den geschulten Leser bedarf dieser Schöpfungsmythos wirklich keines Kommentars mehr. Es ist gespenstisch, wie sich die Texte im Zeitalter der Raumfahrt wirklich »von selbst« interpretieren. Es sind lediglich einige Begriffe in ihrer sinngemäßen Anwendung zu erläutern:

Die ewige Mutter = der Raum

Sieben Ewigkeiten = Aeonen oder Perioden

Zeit = Aufeinanderfolge von Bewußtseinszuständen

Raum = Materie

Licht = etwas Unvorstellbares, weil seine anfängliche Quelle unbekannt ist

Vater und Mutter = männliches und weibliches Prinzip der Urnatur

Sieben erhabene Herrscher = sieben schöpferische Geister

Bauleute = die wirklichen Schöpfer des Weltalls, des Planetensystems

Atem = der dimensionslose Raum

Strahl = Materie im Weltenei

Letzte Schwingung der siebenten Ewigkeit = periodisch erscheinendes Phänomen der universellen Intelligenz

Jungfräuliches Ei = Symbol für die ursprüngliche Form alles Sichtbaren, vom Atom bis zum Weltkörper

Söhne der Erde – Söhne des Feuers = gestaltgewordene kosmische Kräfte

Fohat = konstruktive Kraft der kosmischen Energie

(Zitate und Begriffserläuterungen entnahm ich dem 1888 (!) erschienenen Werk »Die Geheimlehre« von Helene Petrowna Blavatsky.)

In weiteren Teilen des Buches von Dzyan soll stehen, daß es vor 18 Millionen Jahren auf der Erde lebende Wesen gegeben habe, die knochenlos, gummiartig, ohne Verstand und Intelligenz vegetierten. Diese Wesen sollen sich durch Teilung selbst gezeugt haben. Im Zuge einer langen Evolution wäre auf diese Weise vor vier Millionen Jahren eine friedliche und sanfte Art von Lebewesen entstanden, die in einer Periode der zarten Wollust, in einer Welt der glücklich Träumenden gelebt habe. In den darauffolgenden drei Millionen Jahren habe sich eine Riesenrasse von sehr differenziertem Wesen entwickelt. Die Riesen, so soll es im Dzyan stehen, wären doppelgeschlechtlich gewesen und hätten sich selbst begattet. Erst vor 700 000 Jahren hätten sie begonnen, es wie die anderen Tiere zu tun, aus diesen

Zeugungen aber seien gräßliche Monstren entstanden. Diese Monstren hätten sich von der bestialischen Zeugungsart nicht wieder frei machen können, wären vom Tier abhängig geworden und auch immer mehr zum Tier hin verdummt.

Mit exakten Angaben soll das Buch des Dzyan dies vermerken: 9564 v. Chr. seien vor dem heutigen Kuba und Florida große Landstriche im Ozean versunken. Das legendäre Atlantis wurde bisher nicht lokalisiert. Könnte es mit dem versunkenen Land, von dem das Buch des Dzyan berichtet, identisch sein? Ich weiß es nicht. Vielleicht ist es mit Atlantis wie mit den UFOS: Beide sind aus der Phantasie der Menschheit nicht mehr zu vertreiben.

Hesekiel – Mahabharata – Kabbala – Sohar – Dzyan . . . Identität in den Angaben, die sich auf einer Linie deuten lassen.

Sind es Berichte von gewesenen Realitäten?

V
DIE WELT
DES UNWAHRSCHEINLICHEN

Hatten unsere Vorfahren Besuch aus dem Weltall?

Beruhen Teile der Archäologie auf falschen Voraussetzungen?

Haben wir eine utopische Vergangenheit?

Gibt es auch für die Entwicklung der Intelligenz einen ewigen Kreislauf?

Ehe man auf solche Fragen eine probate Antwort setzt, muß man sich darüber klar sein, worin unsere geschichtliche Vergangenheit besteht und begründet ist. Unsere geschichtliche Vergangenheit setzt sich aus indirektem Wissen zusammen. Ausgrabungen, alte Schriften, Höhlenzeichnungen, Legenden und so fort wurden in ein Denkmodell, eine Arbeitshypothese also, eingebaut. Es ergab sich aus diesem Puzzlespiel ein ansehbares, interessantes Mosaik – aber es entstand nach einem vorher konzipierten Denkmodell, in das sich die Teile – manchmal mit etwas zu deutlich sichtbarem Kitt gefügt – einpassen ließen. So und so muß es gewesen sein. Genauso. Und siehe da – wenn man nur will, dann war es genauso.

Zweifel an jedem Denkmodell ist legitim, ja notwendig, denn wenn nicht Vorhandenes in Frage gestellt wird, ist die Forschung am Ende. Unsere geschichtliche Vergangenheit ist nur relativ »wahr«! Wenn sich neue Aspekte ergeben, muß das alte Denkmodell – mag es uns noch so vertraut gewesen sein – durch ein neues ersetzt werden. Es scheint an der Zeit, ein neues Denkmodell ins Zentrum unserer Vergangenheitsforschung zu bringen.

Neue Aspekte rechtfertigen diese Forderung. Wir dürfen die alten Dinge nicht mehr mit Augen von gestern betrachten. Die Anfänge unserer Zivilisation und der Beginn mancher Religionen können anders gewesen sein, als wir es bislang annahmen.

Erkenntnisse über Sonnensysteme und Weltall, über Makro- und Mikrokosmos, ungeheure Fortschritte in Technik und Medizin, Erkenntnisse in Biologie und Geologie, der Beginn der Raumfahrt ... dies und vieles mehr veränderte unser Weltbild vollkommen in weniger als fünfzig Jahren.

Heute wissen wir, daß man Raumanzüge herstellen kann, die extreme Kälte und Hitze aushalten. Heute wissen wir, daß Raumfahrt keine utopische Vorstellung mehr ist. Wir kennen das (realisierte) Wunder des Farbfernsehens, wie wir die Lichtgeschwindigkeit messen und die Konsequenzen der Relativitätstheorie berechnen können. Wissen oder ahnen wir, daß wir keineswegs die einzigen Intelligenzen im Kosmos sein müssen? Wissen oder ahnen wir, daß unbekannte Intelligenzen schon vor 10 000 Jahren gewußt haben können, was wir HEUTE wissen?

Unser fast schon zur Idylle eingefrorenes Weltbild beginnt zu tauen. Neue Denkmodelle brauchen neue Maßstäbe. Da wird in Zukunft beispielsweise die Archäologie nicht mehr bloße Angelegenheit von Ausgrabungen sein dürfen. Das pure Sammeln und Einordnen von Funden reicht nicht mehr aus. Andere Wissenschaften werden bemüht und hinzugezogen werden müssen, wenn ein verläßliches Bild unserer Vergangenheit gezeichnet werden soll.

Betreten wir also unbefangen und voll Neugier die Welt des Unwahrscheinlichen! Versuchen wir, Besitz zu ergreifen von dem Erbe, das uns die »Götter« hinterlassen haben!

Die Karten des Piri Reis

Der Topkapi-Palast in Istanbul wurde 1929 in ein Museum für Altertümer umgewandelt. Am 9. November fand B. Halil Eldem, Direktor des Türkischen Nationalmuseums, zwei Fragmente einer Karte des Seemanns Piri Reis, der das Amt eines Admirals der Flotten im Roten Meer und im Persischen Golf bekleidet hatte. 1513 begann er in der Stadt Gallipoli mit dem Zeichnen der Karten – 1517 überreichte er sie während eines Aufenthaltes dem Eroberer von Ägypten, Sultan Selim I. – Piri Reis hatte in der Türkei vor diesem Fund schon eine Berühmheit als Kartograph, besaß man doch bereits 215 von ihm gezeichnete Karten, die er in der Beischrift »Bahriye« kommentiert hatte. Dieser Fund der in feinen Farben auf Gazellenhaut gezeichneten Karten waren Fragmente der verschollen geglaubten Weltkarten des Flottenchefs.

In der »Bahriye« schreibt Piri Reis:

»Gezeichnet hat sie (die Karten) der arme Piri Reis, Sohn des Hadschi Mehmet, der bekannt ist als Brudersohn des Kemal Reis, in der Stadt Gelibolu (Gallipoli). Gott verzeihe ihnen beiden, im Monat des geheiligten Muharrem des Jahres 919 (9. März – 7. April 1513).«

In den vierziger Jahren unseres Jahrhunderts wurden Kopien dieser Teilstücke einer Weltkarte in großem Maßstab von mehreren Museen und Bibliotheken erworben. 1954 kamen die Blätter auf den Schreibtisch des amerikanischen Kartographen Arlington H. Mallery, der

30

sich über Jahrzehnte auf alte Seekarten spezialisiert hatte. Die Blätter faszinierten Mallery, weil dort Kontinente, zum Beispiel die Antarktis, eingezeichnet sind, die 1513 noch nicht entdeckt waren. – Piri Reis gibt in der »Bahriye« an, daß er seine Weltkarte aus 20 verschiedenen Karten zusammensetzte und für die Gestade und Inseln der Antilia auch eine Karte von Christoph Kolumbus benutzte; es ist anzumerken, daß bisher keine Kolumbus-Karte gefunden wurde. In der Beischrift sind über Amerika den Zeitgenossen unbekannte Details festgehalten, die Reis über den 1511 von der Entdeckungsreise zurückgekehrten Kolumbus erfahren haben könnte. Theoretisch ist das möglich, doch war sich Piri Reis der Außerordentlichkeit seines Werkes bewußt?

Er schrieb:

»Eine Karte von der Art dieser Karte besitzt dieser Zeit niemand.«

Arlington Mallery bat seinen Kollegen Walters vom Hydrographischen Institut der US NAVY um Mitarbeit. Walters verblüffte auf Anhieb die Exaktheit der Abstände zwischen der Alten und der Neuen Welt: Anfang des 15. Jahrhunderts war Amerika noch nirgends vermerkt.

Lokalisierungen der Kanarischen Inseln oder der Azoren waren ebenso verblüffend. Die beiden Männer bemerkten auch, daß Piri Reis entweder nicht die zu seiner Zeit üblichen Koordinaten benutzt oder die Erde für eine Scheibe gehalten hatte.

Das machte die Forscher stutzig, und um der Sache auf den Grund zu kommen, bastelten sie ein Lesegitter, mit dem sie die alten Karten auf einen modernen Globus übertragen konnten. Nun erst war die Überraschung perfekt: Nicht nur die Konturen der Küsten von Süd- und Nordamerika, auch die Umrisse der Antarktis saßen genau dort, wohin sie nach heutigen Kenntnissen gehören. Auf der Piri-Reis-Weltkarte verläuft der südamerikanische Zipfel von Feuerland aus in eine schmale Landverbindung und breitet sich dann zur Antarktis aus. Heute tobt südlich von Feuerland stürmische See. Millimeter um Millimeter wurde Reis' Karte mit Bodenprofilen verglichen, die mit modernsten Mitteln aus der Luft angefertigt wurden, auf der Basis von Infrarotaufnahmen durch Wasser hindurch, mit Echolotun-

31 Die Piri-Reis-Karte. Am unteren Bildrand die Antarktis sowie Inselchen der Antarktis. Beides liegt seit 11 000 Jahren unter ewigem Eis. Woher stammten die Kenntnisse?

gen von Schiffen aus. Tatsächlich, stellte man fest, hat es vor rund 11 000 Jahren, gegen Ende der Eiszeit, diese Landbrücke zwischen Südamerika und der Antarktis gegeben! In der Antarktis hatte Piri Reis mit penibler Genauigkeit Küstenlinien, Inseln, Buchten und Berggipfel kartographiert. Man kann sie heute nicht mehr sehen. Sie liegen unter einer Eisdecke.

Während des »Internationalen Geophysikalischen Jahres 1957« nahm sich auch Pater Lineham, damals Direktor der Sternwarte Weston und Kartograph der US NAVY, der Karten an. Er kam zum gleichen Schluß: Die Karten (besonders der Raum der Antarktis) sind von unfaßlicher Präzision mit den Angaben, die uns erst durch die schwedisch-britisch-norwegischen Antarktisexpeditionen von 1949 und 1952 bekannt wurden. – Am 28. August 1958 stellten sich Mallery und Lineham unter Gesprächsleiter

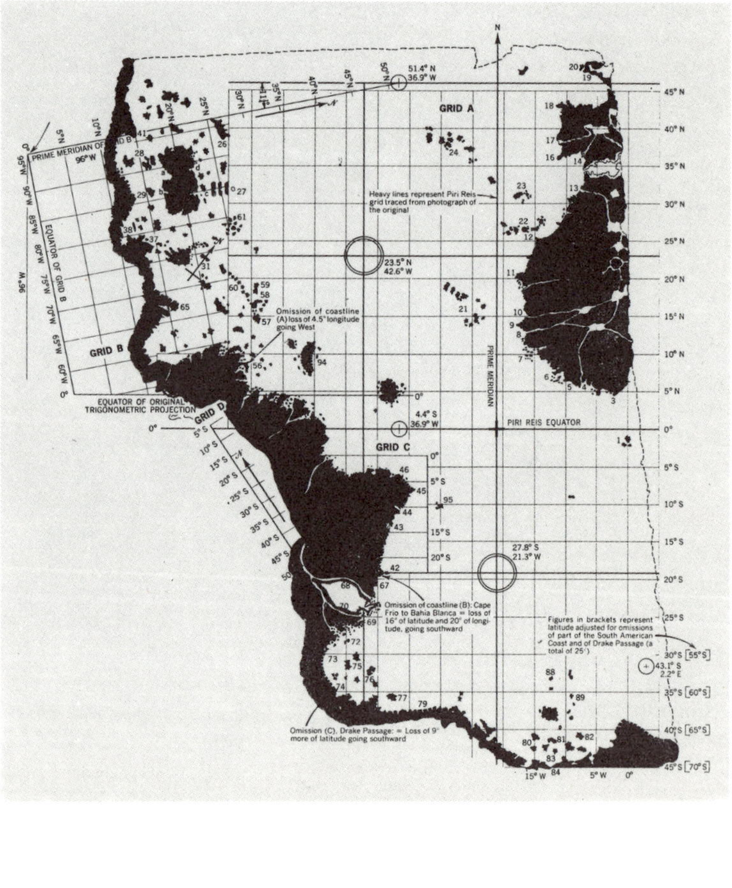

32 Von Kartographen wurde die Piri-Reis-Karte auf einen Globus übertragen. Resultat: Inselchen und Küstenlinien – insbesondere der Antarktis – sind exakt wiedergegeben.

Warren in der Universität Georgetown einem Hearing. Hier Sätze aus dem Protokoll:

Warren:

»Es ist schwierig für uns heute zu verstehen, wie Kartographen so genau sein konnten, so viele Jahrhunderte vor uns, während wir erst kürzlich die moderne wissenschaftliche Methode der Kartographie erfanden.«

Mallery:

»Dies ist natürlich ein Problem gewesen, über das wir rätselten ... Wir können uns jedenfalls nicht vorstellen, wie sie eine so genaue Karte ohne Flugzeug hätten herstellen können. Tatsache ist, daß sie sie herstellten, und nicht nur das, sie bestimmten die Längengrade absolut korrekt, etwas, was wir erst vor zwei Jahrhunderten zu tun imstande waren.«

Warren:

»Pater Lineham, Sie haben an der seismischen Erforschung der Antarktis teilgenommen. Teilen Sie den Enthusiasmus über diese neuen Entdeckungen?«

Lineham:

»Sicherlich tue ich das. Wir finden mit der seismischen Methode Dinge heraus, die eine Menge der Zeichnungen zu beweisen scheinen, die auf den Karten gemacht wurden: die Landmassen, die Projektion der Berge, die Meere, Inseln ... Ich denke, mit der seismischen Methode können wir mehr Eis von diesen Ländern wegnehmen, die auf den Karten verzeichnet sind, und das wird beweisen, daß diese Karten noch korrekter sind, als wir jetzt zu glauben geneigt sind.«

Inzwischen beschäftigte sich der grand old man der Kartographie, Professor Charles H. Hapgood, mit Piri Reis. In einer Korrespondenz mit der US-Air-Force, die die Antarktis kartographierte, bekam Hapgood am 6. Juli 1960 vom Kommandanten Harold Z. Ohlmeyer diesen Brief:

»Die Küstenlinien müssen kartographiert worden sein, BEVOR die Antarktis mit Eis bedeckt war. Das Eis in diesem Gebiet ist heute etwa eine Meile dick. Wir haben keine Ahnung, wie die Daten auf dieser Karte mit dem geographischen Wissen von 1513 vereinbart werden können.«

Die Piri-Reis-Karten sind ein lästiges Indiz für meine

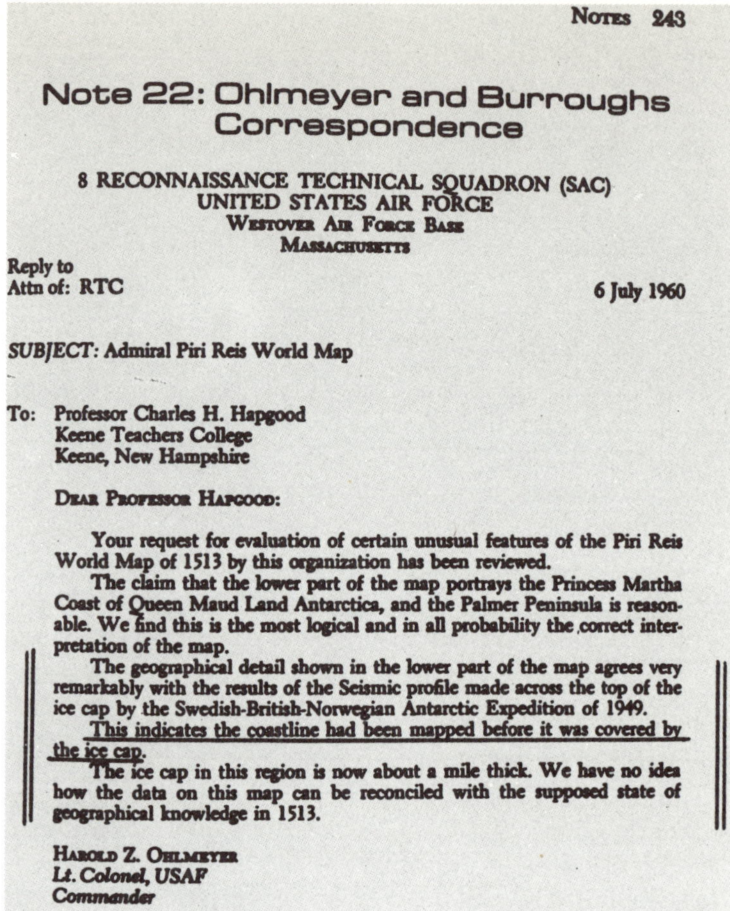

NOTES 243

Note 22: Ohlmeyer and Burroughs Correspondence

8 RECONNAISSANCE TECHNICAL SQUADRON (SAC)
UNITED STATES AIR FORCE
WESTOVER AIR FORCE BASE
MASSACHUSETTS

Reply to
Attn of: RTC

6 July 1960

SUBJECT: Admiral Piri Reis World Map

To: Professor Charles H. Hapgood
Keene Teachers College
Keene, New Hampshire

DEAR PROFESSOR HAPGOOD:

Your request for evaluation of certain unusual features of the Piri Reis World Map of 1513 by this organization has been reviewed.

The claim that the lower part of the map portrays the Princess Martha Coast of Queen Maud Land Antarctica, and the Palmer Peninsula is reasonable. We find this is the most logical and in all probability the correct interpretation of the map.

The geographical detail shown in the lower part of the map agrees very remarkably with the results of the Seismic profile made across the top of the ice cap by the Swedish-British-Norwegian Antarctic Expedition of 1949. This indicates the coastline had been mapped before it was covered by the ice cap.

The ice cap in this region is now about a mile thick. We have no idea how the data on this map can be reconciled with the supposed state of geographical knowledge in 1513.

HAROLD Z. OHLMEYER
Lt. Colonel, USAF
Commander

35 Die Karten des Piri Reis verzeichnen Gebirgsketten der Antarktis, die erst in unserem Jahrhundert entdeckt wurden. Dazu Harold Z. Ohlmeyer von der United States Air Force an Professor Charles Hapgood: »Dies zeigt, daß die Küstenlinie (der Antarktis) kartographiert wurde, bevor die Eisdecke da war.« Wäre es nicht auch denkbar, daß unsere Vorfahren bereits über Luftaufnahmen von der Erde verfügten? Oder kannten sie etwa schon die Methode der Echo-Lotung durch die dicke Eisdecke? (Quelle: Charles Hapgood »Maps of the Ancient Sea Kings«, Chilton Books, Philadelphia/USA)

Theorie früher Besucher aus dem All. Für MICH ist klar: Extraterrestrier kartographierten von Orbitalstationen aus den Planeten; die Karten machten sie beim Besuch einem Vorfahren zum Geschenk; als heilige Requisiten überdauerten sie Jahrtausende und gelangen schließlich in die Hände des tüchtigen Admirals. Als er seine Weltkarte zeichnete, ahnte er nicht, was er darstellte.

Die Piri-Reis-Karte wurde mit modernen Karten verglichen, die Abweichungen sind minimal:

Geographischer Punkt Heutige Position	Piri Reis	Abweichungen zu heute
Gibraltar: 36,0 N 5,5 W	35,0 N 7,0 W	1,0 S 1,5 W
The Canary Islands: 27–29 N 13–17 W	26–28 N 14–20 W	1,0 S 1,0 W
Gulf of Venezuela: 11–12 N 71,0 W	10–11 N 65,0 W + 4,5	0,0 -1,5 E

Die Karten des türkischen Admirals sind freilich keine Originale: sie sind Kopien von Kopien und nochmals Kopien von Kopien. Aber: Wer immer sie vor Jahrtausenden machte, muß fliegen oder sogar fotografiert haben können!

Die Posaunen von Jericho

Das Forschungsinstitut für Elektroakustik in Marseille bezog im Frühjahr 1964 ein neues Gebäude. Wenige Tage nach dem Einzug begannen mehrere Mitarbeiter von Professor Vladimir Gavreau über Kopfschmerzen, Brechreiz und Hautjucken zu klagen; einigen war es so übel, daß sie wie Espenlaub zitterten. In einem Institut, welches sich mit den Problemen der Elektroakustik beschäftigt, lag der Gedanke nahe, daß in den Labors irgendwelche unkontrollierten Strahlungen diese Übelkeit verursachten. Vom Keller bis zum Boden bemühten sich die Wissenschaftler, mit hochempfindlichen Meßgeräten die Ursache des mißlichen Befindens einiger Institutsangehöriger zu ermitteln. Man fand sie auch. Allerdings war es nicht die Strahlung unkontrollierter elektrischer Frequenzen. Es waren niederfrequente Wellen, die von einem Ventilator ausgingen und das ganze Gebäude in Infraschallschwingung versetzt hatten!

Hier ereignete sich einer der glücklichen Zufälle, wie sie oft der Forschung helfen: Professor Gavreau arbeitete seit 20 Jahren als Spezialist an der Erforschung von Schallwellen.

Nach dem Zwischenfall sagte er sich, was dieser Ventilator »unabsichtlich« leistete, müßte gezielt auch experimentell erzeugt werden können. So baute er mit seinen Mitarbeitern im Forschungsinstitut für Elektroakustik in Marseille die erste Schallkanone der Welt. Schachbrettartig wurden auf einem Gitter 61 Schläuche befestigt, durch die gleichmäßig Preßluft geblasen wurde, bis ein gerade noch hörbarer Ton von 196 Hertz entstand. Das Resultat erwies sich als verheerend: Die Wände des Neubaus begannen gefährlich zu vibrieren. Das Gerät mußte sofort abgeschaltet werden.

Professor Gavreau zog aus diesem ersten Experiment folgende Konsequenzen: Er ließ Schutzvorrichtungen für die Bedienungsmannschaft der Schallkanone bauen. Dann

33

konstruierte er eine wirkliche »Todesposaune«, die 2000 Watt entwickelte und Schallwellen von 37 Hertz ausstrahlte. Diese Konstruktion konnte in Marseille nicht in ihrer vollen Wirksamkeit getestet werden, weil sie Gebäude im Umkreis von mehreren Kilometern zum Einsturz gebracht hätte. Dann baute man eine »Todesposaune« von 23 m Länge, sie konnte Schallwellen bis zur tödlichen Frequenz von 3,5 Hertz erzeugen.

Unabhängig von der erschreckenden Zukunftsvision einer solchen »Todesposaune« wird die Erinnerung an ein Ereignis im Altertum geweckt ...

Josuas Todesposaune

Nachdem das auserwählte Volk trockenen Fußes über den Jordan geschritten war und die von sieben Metern dicken Mauern bewehrte Stadt Jericho belagert hatte, wurde den Priestern in einem komplizierten Aufstellungsverfahren befohlen, die »Posaunen« zu blasen. Bei Josua (6,20) wird das so geschildert:

> » ... Als nun der Schall der Posaunen ertönte, stürzte die Mauer in sich zusammen, und das Volk erstieg die Stadt, ein Jeder gerade vor sich hin.«

34

Weder die Kraft der vollen priesterlichen Lungen noch ein vieltausendstimmiger Posaunenchor dürfte sieben Meter dicke Mauern umblasen können! Schallwellen allerdings mit tödlich niedrigen Hertz-Frequenzen – das wissen wir heute – wären durchaus in der Lage gewesen, Jerichos Mauern zum Einsturz zu bringen.

Signale aus dem All

Am 8. April 1960, frühmorgens um vier Uhr, begann in einem einsamen Tal West-Virginias ein Versuch: Das große, 85-Fuß-Radio-Teleskop von Green-Bank wurde auf den 11,8 Lichtjahre entfernten Stern Tau-Ceti gerichtet. Der junge amerikanische Astronom Dr. Frank Drake, der als Wissenschaftler einen ausgezeichneten Ruf genießt und als Leiter dieses Projektes fungierte, wollte sich in Radiosendungen anderer Zivilisationen einschalten, um Signale fremder Intelligenzen aus dem Weltraum zu empfangen.

Die erste Versuchsserie dauerte 150 Stunden; sie ging als Projekt OZMA in die Geschichte der Astronomie ein, obwohl ihr ein Mißerfolg beschieden war. Der Versuch wurde nicht deshalb abgebrochen, weil auch nur einer der beteiligten Wissenschaftler die Ansicht vertreten hätte, es gäbe im Weltall keine Radiosendungen, vielmehr nur deshalb, weil man zu der Erkenntnis kam, daß es noch keine Geräte gab, deren Empfindlichkeit das gesetzte Ziel erreichen lassen konnten. OZMA wird nicht der einzige Versuch seiner Art bleiben. Möglicherweise wird bald auf einem angelandeten Planeten ein Radioteleskop errichtet werden, das, frei von irdischen Störungen, die unermeßlichen Räume zwischen den Sternen nach Radiosignalen absuchen kann.

Allerdings muß man sich fragen, ob das Suchen nach Signalen unserer Raumforschung dienlich ist und ob es nicht zweckmäßiger wäre, Radiosignale ins Weltall zu senden. Wir können ja einer fremden Intelligenz nicht abverlangen, daß sie zufällig Russisch oder Spanisch oder Englisch versteht und nur darauf wartet, angerufen zu werden ...

Es bleiben vermutlich drei Möglichkeiten, mit denen wir uns melden können: mit kodierten Zahlen (Dualsystem), mit Laser-Strahlen oder mit Bildern. Chancen sind der ersten Variante zuzumessen; es müßten zur Ausführung intergalaktische Wellenlängen ermittelt und festgelegt werden, die Aussichten haben, im ganzen Kosmos empfangen zu werden. Mit 1420 Megahertz wäre eine solche Frequenz gegeben, denn das ist die Strahlungsfrequenz des neutralen Wasserstoffs, die beim Zusammenstoß von Wasserstoffatomen entsteht. Da Wasserstoff ein Element ist, könnte diese Strahlungsfrequenz im ganzen Weltall bekannt sein. 1420 Megahertz liegen überdies außerhalb des irdischen Wellenwirrwarrs. Möglichkeiten von Irrtümern und Störfaktoren wären auf ein Minimum beschränkt. Es ließen sich auf solche Weise Radioimpulse ins Universum schicken, und wenn es fremde Intelligenzen gibt, werden sie sie erkennen.

Wäre die Suche nach Leben im Weltall ohne Chance, würden sich nicht Astrophysiker in Amerika und Rußland, im englischen Jodrell-Bank bei Manchester wie in Stockert bei Bonn mit den gewaltigen Richtantennen auf sogenannte Radiosterne und Quasare mit ihrer Forschung konzentrieren. Die Fixsterne Epsilon-Eridiani und Tau-Ceti sind 10,2 beziehungsweise 11,8 Lichtjahre von uns entfernt. Für diese »Nachbarn« bestimmte Radiowellen würden also rund 11 Jahre unterwegs sein, eine Antwort könnte füglich nach 22 Jahren bei uns eintreffen. Radioverbindungen mit weiter entfernten Sternen brauchen entsprechend längere Zeit; Kontakte mit Zivilisationen, die in nach Millionen Lichtjahren zu rechnenden Entfernungen liegen, sind für eine Kontaktnahme mittels Radiowellen völlig ungeeignet. Aber sind denn Radiowellen unsere einzigen technischen Mittel für diese Versuche?

Man könnte sich doch beispielsweise auch optisch bemerkbar machen! Ein starker Laser-Strahl – auf Mars oder Jupiter gerichtet – könnte, sofern intelligente Lebewesen vorhanden, dort nicht unbemerkt bleiben. (Eine Klammerbemerkung: »Laser« ist die Abkürzung für Light Amplification by Stimulated Emission of Radiation, d. h. Lichtverstärkung durch induzierte Emission von Strahlung, kurz: ein Lichtwellen-Verstärker.)

Eine andere, etwas phantastisch klingende Möglichkeit wäre die, riesige Bodenflächen so zu bebauen, daß unübersehbare Farbkontraste entstehen, die zugleich ein geometrisches oder mathematisches Symbol von denkbar universaler Gültigkeit wiedergeben. Eine kühne, aber durchaus realisierbare Vorstellung: Ein riesiges, gleichschenkliges Dreieck wird an seinen Seiten auf 1000 Kilometern mit Kartoffeln angebaut; in dieses Riesendreieck wird ein Kreis aus Weizen gesät; in jedem Sommer entstünde derart ein unübersehbarer gelber Kreis – von einem grünen gleichschenkligen Dreieck umgeben. Ein nebenbei auch noch nützlicher und ertragreicher Versuch! Gibt es aber fremde Intelligenzen, die uns suchen, wie wir sie suchen, würde das Aufleuchten von Kreis und Dreieck ein Hinweis für sie sein, daß diese Formen keine Launen der Natur sein können . . .

Wie gesagt, eine Möglichkeit. Irgendwer hat auch vorgeschlagen, eine Kette von Leuchttürmen, die ihr Licht vertikal ausstrahlen, zu errichten, und dieses Lichtmeer sollte die Form eines Atommodells haben . . . Vorschläge, Vorschläge.

Alle Vorschläge gehen von der Prämisse aus, daß irgendwer unseren Planeten beobachtet. Wird das Problem mit diesen beschränkten Mitteln falsch angegangen?

Der Fall Edgar Cayce

Allem Okkulten gegenüber sehr skeptisch und eher abgeneigt, kommt man doch nicht umhin, einigen heute noch nicht erklärbaren physikalischen Phänomenen nachzugehen, etwa den auf breiter wissenschaftlicher Basis nachgewiesenen, aber noch nicht erklärbaren Gedankenübertragungen zwischen intelligenten Gehirnen.

In den parapsychologischen Abteilungen vieler bedeutender Universitäten werden bisher unerforschte Erscheinungen wie Hellsehen, Traumgeschichte, Gedankenübertragungen usw. mit exakten wissenschaftlichen Methoden untersucht. Dabei werden alle ominösen Geister- und Spukgeschichten okkulter Fragwürdigkeiten oder religiöser Wahnvorstellungen separiert und ausgeschieden. Man beschäftigt sich ausschließlich mit den Phänomen, die für Laboratoriumsuntersuchungen reif sind. Einzel- und Reihenuntersuchungen erwiesen, daß es Gedankenübertragungen gibt. Auf diesem Gebiet, vor noch nicht langer Zeit verpönter Forschung, ist man ein bedeutendes Stück Weges weitergekommen.

Im August 1959 ging der Nautilus-Versuch zu Ende. Mit

diesem Versuch wurde nicht nur die Möglichkeit der Gedankenübertragung nachgewiesen; er ergab auch, daß Gedankenverbindungen zwischen menschlichen Gehirnen stärker sein können als Radiowellen. Und dies war der Versuch:

Mehrere tausend Kilometer vom »Gedankensender« entfernt, tauchte das U-Boot Nautilus einige hundert Meter unter den Wasserspiegel; alle Radioverbindungen waren unterbrochen, denn Radiowellen durchdringen auch heute noch keine tiefe Meerwasserschicht. Hingegen funktionierte die Gedankenverbindung zwischen Mr. X und Mr. Y.

Man fragt sich nach solchen wissenschaftlichen Tests, wozu das menschliche Gehirn noch fähig ist! Kann es überlichtschnelle Gedankenverbindungen herstellen? Der in die wissenschaftliche Literatur eingegangene Fall Cayce läßt derartige Mutmaßungen zu.

Edgar Cayce, ein einfacher Bauernjunge aus Kentucky, hatte keine Ahnung davon, welche phantastischen Fähigkeiten in seinem Kopf verborgen waren. Obwohl er am 5. Januar 1945 starb, sind auch 1975 noch Mediziner und Psychologen mit der Auswertung seiner Akten beschäftigt, denn die gestrenge American Medical Association gab Edgar Cayce die Erlaubnis, Konsultationen abzuhalten, obwohl er kein Arzt war.

Edgar Cayce erkrankte in früher Jugend; Krämpfe schüttelten ihn, hohes Fieber wollte den jungen Körper verzehren, er verfiel ins Koma. Während die Ärzte vergeblich versuchten, das Kind ins Bewußtsein zurückzuholen, begann Edgar plötzlich laut und deutlich zu sprechen: Er erklärte, warum er krank sei, nannte einige Heilmittel, deren er bedurfte, und gab an, aus welchen Zutaten eine Paste zu bereiten sei, mit der er behandelt werden müßte, indem man damit seine Wirbelsäule bestrich. Ärzte und Angehörige waren verblüfft, weil sie keine Ahnung hatten, woher der Junge diese Kenntnisse und die ihm völlig fremden Vokabeln hatte. Da der Fall ohnehin hoffnungslos schien, führte man seine Anweisungen aus. Edgars Heilung erfolgte zusehends nach der Behandlung mit den von ihm benannten Medikamenten.

Das Ereignis sprach sich herum; da Edgar im Koma gesprochen hatte, kamen Vorschläge, den Jungen in

Hypnose zu versetzen, um ihm auf diese Weise Ratschläge für Heilungen zu »entlocken«. Edgar wollte das überhaupt nicht. Erst als sein Freund erkrankte, diktierte er ein präzises Rezept unter Benutzung lateinischer Vokabeln, die er nie zuvor gehört oder gar gelesen hatte. Eine Woche später war sein Freund wieder gesund.

War der erste Fall noch als kleine, aber wissenschaftlich nicht ernst zu nehmende Sensation bald wieder vergessen, so veranlaßte ein neuerliches Ereignis die Medical Association, eine Kommission zusammenzustellen, die künftig, falls sich derartiges wiederholte, Protokolle aufnehmen und auch das winzigste Detail des Vorgangs aktenkundig machen sollte. Im Schlafzustand verfügte Cayce über Kenntnisse und Fähigkeiten, wie sie sonst nur als Ergebnis eines Ärzte-Konsiliums zusammenkamen.

Einmal »verordnete« Edgar einem sehr wohlhabenden Patienten ein Medikament, das nirgends aufzutreiben war. Der Mann gab einige Inserate in weitverbreiteten und auch internationalen Zeitungen auf. Aus Paris (!) schrieb ein junger Arzt, daß sein Vater dieses Medikament vor Jahren hergestellt habe, die Produktion aber längst wieder eingestellt worden sei. Die Zusammensetzung dieses Medikaments war identisch mit den detaillierten Angaben von Edgar Cayce.

Später »verschreibt« Edgar ein Medikament und nennt dazu die Adresse eines Laboratoriums in einer entfernt gelegenen Stadt. Bei einem Anruf erfährt man, das Präparat sei eben erst entwickelt, die Formel erstellt, man suche aber noch einen Namen, es sei deshalb noch nicht im Arzneimittelhandel.

Die Kommission von professionellen Ärzten ist weit davon entfernt, an Telepathie zu glauben; sie forscht nüchtern und sachlich, konstatiert, was sie beobachtet, weiß, daß Edgar in seinem Leben kein medizinisches Buch in der Hand hatte. Von allen Seiten und aus der ganzen Welt bestürmt, gibt Edgar zwei Konsultationen am Tag, immer in Gegenwart von Ärzten und immer ohne Honorar. Seine Diagnosen und therapeutischen Vorschriften sind genau – aber wenn er aus seiner Trance erwacht, weiß er nichts mehr von dem, was er gesagt hat. Als Männer der Kommission ihn fragen, wie er zu seinen Diagnosen komme, vermutete

Edgar, er könne sich mit jedem x-beliebigen Gehirn in Verbindung setzen und ihm Informationen, die er für die Diagnose benötige, entnehmen. Da aber auch das Gehirn des Patienten genau wisse, was dem Körper fehle, sei das doch alles ganz einfach: er befrage das Gehirn des Erkrankten, und dann suche er das Gehirn in der Welt, das ihm sage, was zu tun sei. Er selbst, meinte Edgar, sei ja nur ein Teil aller Gehirne ...

Eine ungeheuerliche Idee, die – in unsere Technik transportiert – etwa so aussähe: In New York wird ein Monstrum von Computer mit allen heute bekannten Daten der Physik gefüttert. Wann immer und von welchem Ort aus der Computer befragt würde, gäbe er seine Antworten in Bruchteilen von Sekunden. Ein anderer Computer steht in Zürich; in ihm ist alles Wissen der Medizin gespeichert. Ein Computer in Moskau ist mit allen Angaben der Biologie vollgestopft, ein anderer in Kairo hat keine Lücke in den Kenntnissen der Astronomie – kurz: An diversen Zentren der Welt ist alles Wissen der Welt, nach Sparten geordnet, in Computern untergebracht. Drahtlos miteinander verbunden, wird der Computer in Kairo, um medizinische Auskunft gebeten, in hundertstel Sekunden die Fragen an den Computer in Zürich weiterleiten. – Einer solchen, absolut denkbaren und bereits ausführbaren technischen Simultanschaltung muß in etwa die Funktion des Gehirns von Edgar Cayce entsprochen haben. Doch – es arbeitete in alle Richtungen ohne Technik.

Der phantastische Gedanke, die kühne Spekulation soll hier stehen: Was wäre, wenn alle (oder auch nur einige hochgezüchtete) menschlichen Gehirne über unbekannte Energieformen verfügten und die Möglichkeiten besäßen, mit allen Lebewesen Verbindung aufzunehmen? Wir wissen immer noch erschreckend wenig über Funktionen und Möglichkeiten des menschlichen Gehirns. Bekannt ist, daß im Gehirn des gesunden Menschen lediglich ein Zehntel des Cortex arbeitet. Was tun die restlichen neun Zehntel? Bekannt und wissenschaftlich dokumentiert ist die Tatsache, daß Menschen durch den Willen und durch sonst nichts von unheilbaren Krankheiten genasen. Vielleicht deswegen, weil durch eine uns unbekannte »Schaltung« ein oder zwei Zehntel des Cortex zusätzlich arbeiteten?

Unterstellen wir die Ungeheuerlichkeit, daß im Gehirn die stärksten aller Energieformen wirken, dann könnte ein starker geistiger Impuls gleichzeitig überall spürbar sein. Wird es der Forschung gelingen, einen solchen »wilden« Gedanken beweisbar zu machen, dann allerdings könnten alle Intelligenzen im Universum derselben, unbekannten Struktur angehören.

Bedienen auch wir uns eines Denkmodells! Wird in einem Bassin mit Milliarden Bakterien an irgendeiner Stelle ein starker, elektrischer Impuls ausgelöst, dann ist dieser Impuls an jedem Ort und von jeder Gattung Bakterien spürbar. Der Stromstoß würde überall im selben Moment wahrgenommen. – Wir sind uns dabei klar, daß dieser Vergleich hinkt, denn Elektrizität ist eine bekannte Energieform und an die Lichtgeschwindigkeit gebunden. Wir aber denken an eine Energieform, die überall und gleichzeitig vorhanden und wirksam ist. Wir AHNEN lediglich eine noch nicht identifizierte Energieform, die einmal das Unbegreifbare begreifbar machen wird.

Da liegt, um dem ungeheuren Gedanken einen Hauch von Wahrscheinlichkeit zu geben, ein Bericht über ein Experiment vom 29. und 30. Mai 1965 vor. Es dürfte in Umfang und Art einmalig sein. An diesen beiden Tagen konzentrierten sich 1008 Personen zur selben Zeit, ja zur selben Sekunde, auf Bilder, Sätze und Symbolgruppen, die von ihnen sozusagen mit geballter Kraft ins All »ausgestrahlt« wurden. Nicht die Tatsache dieses Massenversuchs allein ist erstaunlich – seltsam sind die Resultate des Experiments. Keine Person, die an dem Experiment teilnahm, kannte die andere; die Teilnehmer lebten hunderte Kilometer voneinander entfernt; auf vorgedruckten Bogen antworteten 2,7 Prozent der Teilnehmer, sie hätten ein Bild, und zwar ein Atommodell, gesehen. Da eine Absprache unter den »Versuchskaninchen« unmöglich war, ist es doch überraschend, daß 2,7 Prozent das gleiche »Gedankenbild« gesehen haben wollen. Telepathie? Hokuspokus? Zufall? Zugegeben, das Ganze ist ein Science-fiction-Thema, aber der von Wissenschaftlern veranstaltete Versuch hat stattgefunden. Glaubt denn jemand, daß wir am Ende unserer Erkenntnisse stehen?

Ebensowenig erklärbar ist eine Feststellung einer

Physikergruppe der Universität Princeton: Bei der Untersuchung des Zerfalls des elektrisch neutralen K-Mesons kam man zu einem Resultat, das es theoretisch gar nicht geben dürfte, denn es widersprach dem längst bewiesenen Zeit-Invarianzprinzip der Kernphysik, wonach Elementarteilchenvorgänge als zeitlich umkehrbar angesehen werden.

Noch ein Paradebeispiel! Eine Aussage der Relativitätstheorie ist: Masse und Energie sind nur verschiedene Erscheinungsformen ein und desselben Phänomens ($E = mc^2$). Simpel gesagt, kann man Masse buchstäblich aus dem Nichts zeugen, indem man beispielsweise einen starken Energiestrahl an einem schweren Atomkern vorbeirasen läßt. Dann verschwindet der Energiestrahl im starken, elektrischen Energiefeld des Atomkerns, und an seiner Stelle entstehen ein Elektron und ein Positron. Energie in Form eines Strahls hat sich in die Masse von zwei Elektronen verwandelt. Für den wissenschaftlich ungeschulten Verstand scheint der Vorgang verrückt, und dennoch vollzieht er sich genauso. Es ist nicht blamabel, Einstein nicht folgen zu können; ein Wissenschaftler nannte Einstein den »großen Einsamen«, weil er sich vielleicht mit nur einem Dutzend Zeitgenossen über seine Theorie besprechen könne.

Nach diesem Ausflug in unerforschte Gebiete der Gedankenübertragungen und der Funktionen des menschlichen Gehirns wenden wir uns wieder der Gegenwart zu.

Im Mondgarten bei Farmingdale

Bisher schlugen alle Versuche fehl, mit Hilfe elektromagnetischer Wellen Signale aus dem All aufzufangen. Auf einen neuen phantastischen Weg, mit außerirdischen Intelligenzen zu kommunizieren, kam Dr. George Lawrence vom Ecola-Institut in San Bernadino in Kalifornien. Lawrence stellte sich die Frage, ob etwa Pflanzen, mit elektronischen Kontrollsystemen verbunden, für eine Kommunikation mit dem Universum geeignet sein könnten. Es ist bekannt, daß Pflanzen elektrodynamische Eigenschaften besitzen, ja, ihre Fähigkeit, Tests zu verarbeiten und computergemäß binär (go-nogo) zu reagieren, ist sensationell. Mit Skepsis beobachtete Lawrence semiconduktive und allgemeine elektromotive Fähigkeiten der Pflanzen. Dieses Programm an Fragen stellte er sich:

1. Können Pflanzen auf eine Weise mit elektronischen Geräten integriert werden, daß sie brauchbare Daten liefern?
2. Können Pflanzen derartig trainiert werden, daß sie auf bestimmte Gegenstände oder Ereignisse reagieren?
3. Ist die Vermutung, Pflanzen besäßen die Fähigkeit außergewöhnlicher Wahrnehmung, beweisbar?
4. Welche der 350 000 Pflanzenarten ist für die Tests am besten geeignet?

Kleinster Teil auch der Pflanze ist die Zelle. Zellen reagieren auf Hitze und Kälte, Strahlung, Beschädigung, Berührung und Licht. Elektrische Eigenschaften der Zelle können mit Mikroelektroden gemessen werden. Wird elektrischer Strom durch eine Pflanze geleitet, kontrahiert das Cytoplasma.

Lawrence fand, daß Elektrizität auf Sporen und Antheroiden polarisierend wirkt. Wird eine Pflanze verletzt, reagiert sie mit meßbarem Stromstoß. Man nennt das »nastic response«, eine Schreckreaktion, die besonders bei kleinen Pflanzen auftritt. Größere Pflanzen reagieren erst unter größeren Strommengen.

Im Mondgarten bei Farmingdale, wo New Yorker Wissenschaftler Pflanzen auf ihre Brauchbarkeit im Weltraum untersuchten, wurden »Nervenzusammenbrüche«, totale Frustration festgestellt. Ähnliches bemerkte 1969 auch Dr. Clyde Backster, Spezialist für Lügendetektoren. Er hatte einen Sensor an ein Pflanzenblatt angeschlossen, während es Wasser aufsaugte; um die Reaktion zu beschleunigen, wollte Backster ein Streichholz anbrennen. Als er nur an die Absicht DACHTE, schlug der Detektor in einer steilen Kurve aus. Die Pflanze mußte die Absicht gespürt haben, ehe sie realisiert wurde.

Weil Backster es für möglich hielt, daß die Pflanze telepathisch auf Menschen reagierte, konstruierte er ein Gerät, mit dem sich lebende Crevetten aus kühlem Wasser heben ließen und gleich danach in heißes Wasser geworfen wurden. Eine auf 1000stel Sekunde geeichte Uhr registrierte auf einem Schreiber, wann die Crevetten ins heiße Wasser plumpsten. In gleichen Sekundenbruchteilen reagierten alle im Nebenraum stehenden Pflanzen mit dramatischen Kurvenausschlägen. Dieses unerklärte Phänomen wird »Backster-Effekt« genannt.

36 Pflanzen, an Sensoren angeschlossen, reagierten mit wilden Zeigerausschlägen, als im Nebenraum Crevetten in siedendes Wasser geworfen wurden. Telepathie? Biologische Kommunikation?

Dr. Lawrence nun versuchte, Pflanzen für einen elektromagnetischen Kontakt mit dem Kosmos zu verwenden. In der Mojawe-Wüste bei Las Vegas wurde über 12 km Distanz eine Versuchsreihe angeordnet, die unter »Project Cyclops« lief. Am 29. Oktober 1971 zeigten die an Meßgeräte angeschlossenen Pflanzen im gleichen Bruchteil von Sekunden Kurvenausschläge, die sogar über einen Verstärker auf ein Tonband übertragen wurden. Was ging hier vor sich? Reizte irgend etwas unter der Erdoberfläche die Pflanzen? Gab es Lavaströme, Erdbeben, magnetische Einflüsse? Neue Geräte wurden konstruiert, Pflanzen in Bleikästen und Faradayschen Käfigen abgeschirmt. Gleiches Resultat! Über einen längeren Zeitraum notierte Kurven und Töne ergaben eine gewisse Synchronität: Die Pflanzen schienen zu kommunizieren.

Pflanzen können nicht denken, nur reagieren. Alle nur denkbaren elektromagnetischen Wellenlängen wurden geprüft: Zum Zeitpunkt der verschiedenen Reaktionen war nichts zu hören. Konnte der Vorgang mit dem Fixsternhimmel, mit Quasars oder Strahlungen aus dem Kosmos zusammenhängen? In einer neuen Versuchsreihe erwies es sich als eindeutig, daß die Anlässe aus dem Kosmos kamen. Radioastronomen konnten mit ihren riesigen Antennen nichts empfangen, aber die Pflanzen gebärdeten sich wild. Hier gab es offenbar eine Wellenlänge, die biologisch funktionierte. Damit war man in ein Gebiet vorgedrungen, dessen Existenz man ahnte, das aber bisher nicht meßbar war – die Telepathie. Ein biologischer Kontakt erfolgt auf bisher ungeklärte Weise, wird aber auf dem Umweg über die Zelle meßbar. Dazu Dr. George Lawrence:

Biologische Kontakte

»Offenbar ist die biologische interstellare Kommunikation nichts Neues. Auf der Welt haben wir 215 astronomische Observatorien, aber ungefähr eine Million des biologischen Typus, die wir allerdings unter anderen Bezeichnungen kennen: Kirchen, Tempel, Moscheen.

37

Ein biologisches System (die Menschheit) kommuniziert (betet) mit einem weit entfernten höheren Wesen. Auch im Tierreich ist biologische Verständigung an der Tagesordnung, man denke nur an Hunde und Katzen, die mit Instinkt ihr Heim wiederfinden. Faszinierend bei den Experimenten in der Wüste ist die Erkenntnis, daß diese biologischen Kontakte mit dem Kosmos offenbar nicht an die Lichtgeschwindigkeit gebunden sind.«

Der Verdacht verdichtet sich, daß die Pflanzen von irgendwem aus dem Sternbild Epsilon Bootes angefunkt werden mit hundertfacher Lichtgeschwindigkeit. Deshalb auch können Radioastronomen die Sendungen nicht registrieren. Warum eine Trommel benutzen, wenn es Pauken gibt? Vielleicht haben wir bislang den interstellaren Kontakt mit den falschen Instrumenten, den falschen Wellenlängen und dem falschen Spektrum versucht.

Ich fragte Lawrence nach seiner Meinung über extraterrestrische Besuche und dem Wahrheitsgehalt von Mythen. Er antwortete:

»Die Chemehuevis-Indianer kommen aus der Mojawe-Wüste, wo ich meine Versuche durchführte. Sie gehören zur Sprachfamilie der Mohaves, Cocopas, Halchidhomas, Yumas und Maricopas. Eine Mythologie, die wir zu prüfen versuchten, berichtet, daß ein »summender Stern« vom Himmel kam und in der Wüste landete. Während die Indianer angstvoll das Geschehen beobachteten, grub sich der »summende Stern« ein und löste Lavaströme aus, die den Pisgah- und den Amboy-Krater verursachten. Wir benutzten geophysikalische Magnetmessungen, bedauerlicherweise erhielten wir keine greifbaren Resultate. Erstens nahmen wir an, daß das Raumschiff, falls es eins war, intakt war und den Motor laufen ließ, so daß man das verbliebene Magnetfeld heute noch mit dem Magnetometer registrieren könnte. Zweitens gingen wir davon aus, daß eine solche magnetische Abnormalität auch durch Fels und Sand meßbar sei. Ein Naturphänomen verhinderte Resultate: geschmolzene Lava erzeugt nämlich, im Bereich des natürlichen geomagnetischen Feldes der Erde erstarrt, eine sogenannte »Thermoremanente Magnetisierung«. Partikel der Lava reagieren wie Trillionen polarisierter Einzelmagnetchen. Ist das

Lavabett sehr dick, registriert der Magnetometer nur die Lava, nicht das darunterliegende kleine Magnetfeld mit einer Intensität von 200 Gamma oder weniger. Immerhin, glaube ich, sind wir die erste Organisation, die mit geophysikalischen Mitteln wissenschaftlich versucht, ob in alten Legenden eine heute nachweisbare greifbare Realität steckt. Unser Beispiel beweist, daß die heutigen Mittel unzulänglich sind, besonders dann, wenn es darum geht, die Spuren uns überlegener Intelligenzen zu finden. Es dürfte nämlich weniger am fehlenden Wollen der Wissenschaftler liegen, sich mit solchen Untersuchungen zu befassen, als vielmehr an der fehlenden Ausrüstung und den nicht vorhandenen technischen und finanziellen Mitteln.«

Radiosignale aus dem All

Außer wenigen Kennern wissen die Menschen nicht, daß seit 13 000 Jahren ein künstlicher Satellit in unserem Sonnensystem kreist. Im Dezember 1927 erfuhr Professor Carl Störmer, Oslo, daß die Amerikaner Taylor und Joung

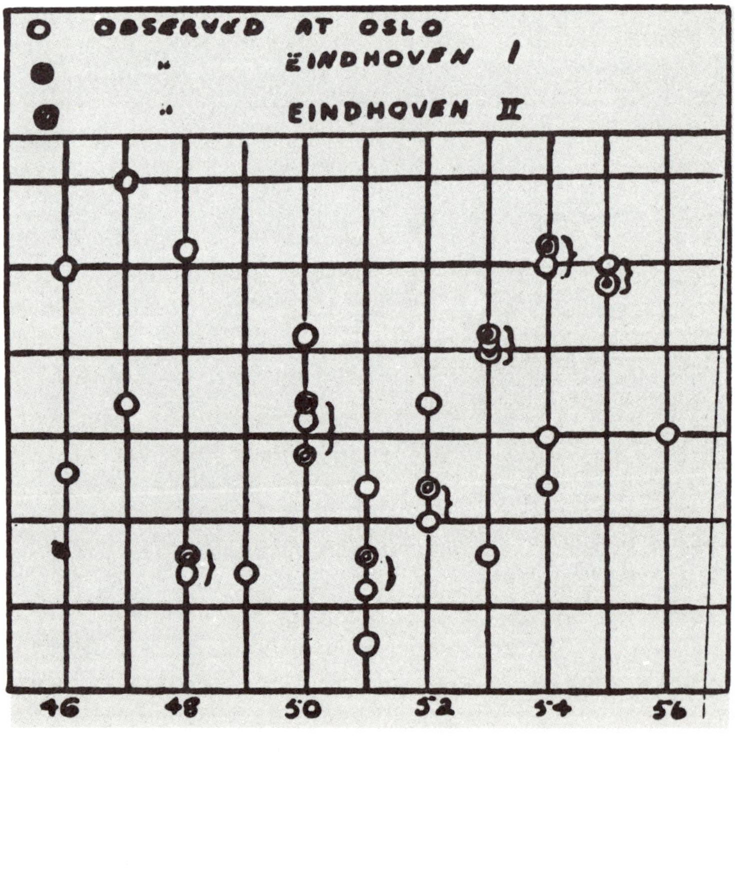

38

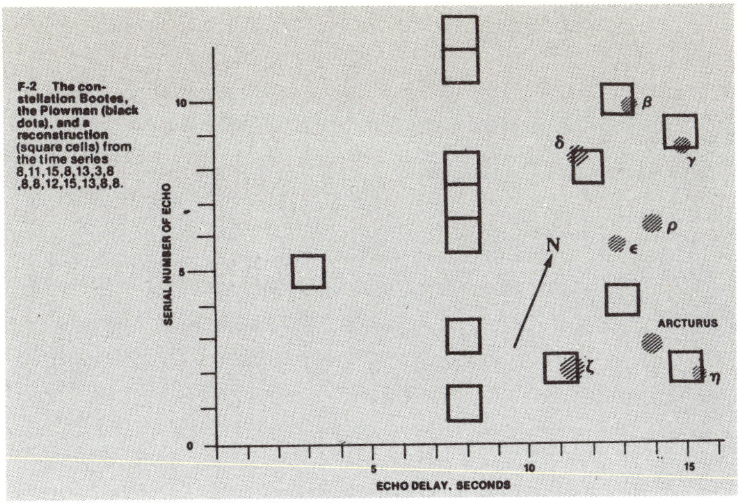

F-2 The constellation Bootes, the Plowman (black dots), and a reconstruction (square cells) from the time series 8,11,15,8,13,3,8 ,8,8,12,15,13,8,8.

39

seltsam verzögerte Radiosignale aus dem Weltall empfangen hatten. Störmer, Fachmann für elektromagnetische Wellen, nahm Verbindung mit dem Holländer Van der Pol bei der Philips-Versuchsanstalt in Eindhoven auf. Am 25. September 1928 beschloß man eine Versuchsreihe: in 30-Sekunden-Intervallen sollten Radiozeichen verschiedener Länge ausgestrahlt werden. Knapp drei Wochen später, am 11. Oktober, wurden die gleichen Zeichen wieder im Empfänger registriert, allerdings mit Verzögerungen von drei bis fünfzehn Sekunden. Die Empfänge der Radiosignale wurden in diesen Sekundenunterbrechungen registriert: 8 Sekunden – 11 – 15 – 8 – 13 – 3 – 8 – 8 – 8 – 12 – 15 – 13 – 8 – 8. Dreizehn Tage später, am 24. Oktober, wurden weitere 48 Zeichen empfangen.

In Nr. 17 der »Naturwissenschaften« vom 16. August 1929 informierte Professor Störmer die Fachwelt. Nun wurden Theorien aufgestellt, wie diese Empfangsverzögerung von Kurzwellenimpulsen erklärt werden könnten. Man dachte an kosmische Strahlungen oder an Reflexionen vom Mond und von anderen Gestirnen. Alle Erklärungen waren unbefriedigend. Warum trafen Echos in verschiedenen Intervallen ein? Das Phänomen wiederholte sich im Jahre 1929 am 14., 15., 18., 19. und am 28. Februar – dann am 4., 9., 11. und 23. April. Diese Echos wurden weltweit von unabhängigen Gruppen registriert. Innerhalb einer Periode von 15 Minuten notierte Professor Störmer diese Empfangsintervalle: 15 Sekunden – 9 – 4 – 8 – 13 – 8 – 12 – 10 – 9 – 5 – 8 – 7 – 6 – 12 – 14 – 12 – 8 – 12 – 5 – 8 – 12 – 8 – 14 – 14 – 15 – 12 – 7 – 5 – 5 – 13 – 8 – 8 – 8 – 13 – 9 – 10 – 7 – 14 – 6 – 9 – 5 – 9.

Im Mai 1929 waren die französischen Radioelektriker J. B. Galle und G. Talon an Bord der »Inconstant«. Sie hatten Auftrag, die Effekte der Erdkrümmung auf Radiowellen zu untersuchen. Die Ausrüstung bestand aus einem 500-Watt-Kurzwellensender mit einem 20-m-Kabel an einem 8-m-Mast. Verschiedene kurze Signale wurden ausgestrahlt – da wiederholte sich das Echo. Zwischen 15.40 und 16.00 Uhr kamen ihre Zeichen in Intervallen von 1 bis 32 Sekunden zurück. Es gab auch diesmal keine Erklärung. Diese Beobachtungen wiederholten sich in den Jahren 1934, 1947, 1949 und im Februar 1970.

Inzwischen war der junge schottische Astronom Duncan Lunan auf das Phänomen aufmerksam geworden. Schon 1960 hatte Professor R. N. Bracewell vom Radio-Astronomischen Institut der Stanford-Universität, USA, gesagt:

> »Wenn sich eine fremde Intelligenz mit uns in Verbindung setzen wollte, könne das möglicherweise durch die verzögerte Wiedergabe von Radiosignalen erfolgen.«

Duncan Lunan, Präsident der »Scottish Association for Technology and Research«, nahm nun die Signalverzögerungen »unter die Lupe«. Das Ergebnis war verblüffend: In ein Sekundengitter eingetragen, ergaben die am 11. Oktober 1928 empfangenen Zeichen die Sternkarte des Sternbildes Epsilon Bootes, 103 Lichtjahre von der Erde entfernt. Lunan untersuchte alle aus den zwanziger und dreißiger Jahren vorliegenden Daten. Eine Reihe von Sternen konnte zweifelsfrei identifiziert werden. Aus Messungen des verzögerten Echos konnten sechs verschiedene Sternkarten, stets Vergrößerungen um das Sternbild Epsilon Bootes herum, hergestellt werden. Zu diesem Phänomen befragt, sagte Professor Bracewell:

> »Die auf Grund von Lunans Analyse erstellten Karten können als eine Möglichkeit der Verbindung einer anderen Intelligenz ausgelegt werden. Wenn ich jemandem, dessen Sprache ich nicht spreche, mitteilen

will, woher ich komme, so geschieht dies am besten mit einem Bild. Es freut mich außerordentlich, daß die ›British Interplanetary Society‹ dieses Echo gründlich untersucht. Die Untersuchung könnte eine niederschmetternde Entdeckung ergeben. Die von Lunan beschriebene Sonde könnte von der Erde sogar mit dem stärksten Teleskop nie gesehen werden. Wir sehen auch unsere eigenen Weltraumfahrzeuge, die den Mond umkreisen, mit den stärksten Teleskopen nicht.«

In »Spaceflight« 1973 veröffentlichte Lunan unter dem Titel »Spaceprobe from Epsilon Bootes« die bisherigen Resultate seiner Berechnungen. Er kommt zu dem Schluß, daß seit 12 600 Jahren in unserem Sonnensystem ein künstlicher Satellit kreist, der ein vollständiges informatives

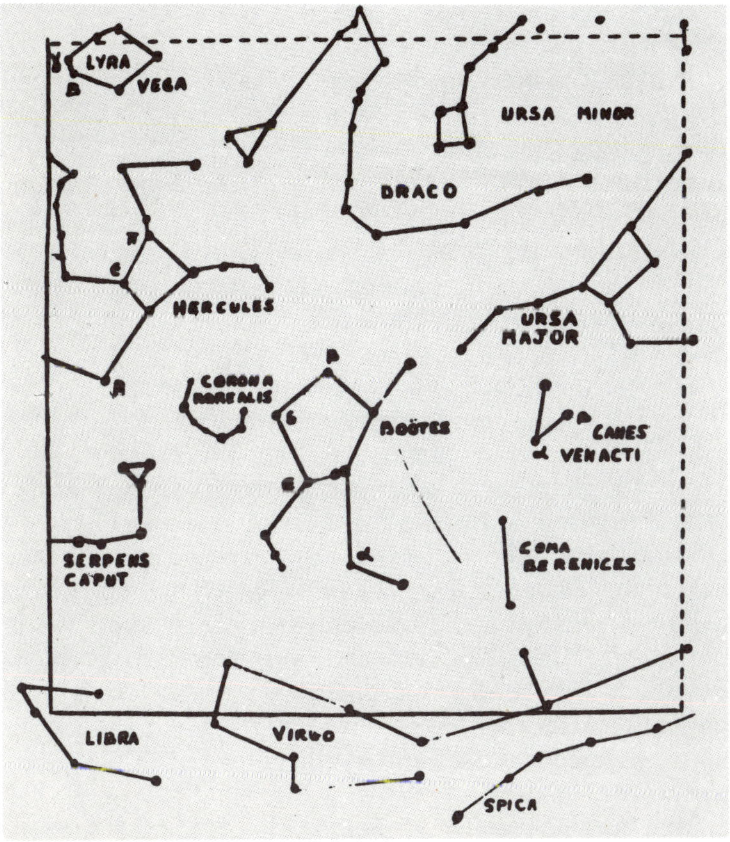

40

Programm für die Menschheit gespeichert hat. Der Computer im Satelliten sei so programmiert, daß er auf Radiowellen von der Erde anspricht, sobald und sofern seine eigene Position im Verhältnis zur Erde für einen Empfang geeignet ist. Die Erdsignale werden registriert und mit intelligenten Verzögerungen auf der gleichen Wellenlänge zurückgegeben. Früher oder später müssen die Empfänger auf der Erde merken, was hier gespielt wird. Lunan meint, daß wir bisher von dem unbekannten Satelliten in unserem Sonnensystem diese Informationen erhalten haben:

> »Unsere Heimatsonne ist Epsilon Bootes. Es handelt sich um einen doppelten Stern. Wir leben auf dem sechsten von sieben Planeten. Gezählt von der Sonne her, die die größere von den zweien ist. Unser sechster Planet hat einen Mond, unser vierter Planet hat drei Monde, unser erster und dritter Planet haben je einen. Unser Satellit befindet sich in einer Kreisbahn um euren Mond.«

Durch die Konstellation des Sternbildes Epsilon Bootes ließ sich das Alter mit 12 600 Jahren errechnen. Es ist nicht denkbar, daß eine interplanetare Sonde eine Reise von 103 Lichtjahren macht, gezielt und geplant. Würde sie aus eigener Kraft fliegen, müßte sie über unvorstellbare Triebwerke verfügen. Da der Satellit klein ist, scheidet diese Möglichkeit aus – ganz abgesehen davon, daß unsere Astronauten ein Riesenraumschiff in der Mondumlaufbahn gesehen hätten.

Startete die Sonde von Epsilon Bootes aus und flog im freien Fall auf unseren Planeten zu, müßte sie ohne Antrieb Jahrhunderttausende unterwegs sein – schutzlos allen Gravitationseinflüssen und Meteoriteneinschlägen ausgesetzt. Eine fremde Intelligenz, die einer anderen über eine Distanz von 103 Lichtjahren hinweg Mitteilungen zukommen lassen will (und kann!), geht solch ein Risiko nicht ein. Die Absender wüßten auch, daß sie dann, wenn die Sonde das Ziel erreicht, vermutlich nicht mehr existieren. Außerdem konnten sie beim Start vor ungezählten Jahrtausenden auch nicht ahnen, daß dermaleinst ausgerechnet die Erde intelligentes Leben beherbergen würde.

Man mag eine Reihe der Fakten als Zufälle akzeptieren,

dann kann doch das Einschwenken in eine Kreisbahn um unseren Mond nicht mehr ZUFÄLLIG erfolgt sein. Die Sonde wäre beim Eintritt und Durchflug unseres Sonnensystems von größeren Himmelskörpern angezogen worden.

Und dies ist MEINE Erklärung: Das sendende künstliche Objekt in unserem Sonnensystem wurde gezielt von jemandem in die Kreisbahn des Mondes geschossen, und dieser Jemand war vor 12 600 Jahren hier auf der Erde.

Wie geht es weiter? Ich bin der Meinung, daß die Sonde unterschiedliche Programme für verschiedene Wissenschaftsgebiete an Bord hat: Aufklärung für Paläontologen, Angaben für Triebwerktechniker, Antworten auf Theologenfragen, Sternkarten für Astronomen, Hilfen für

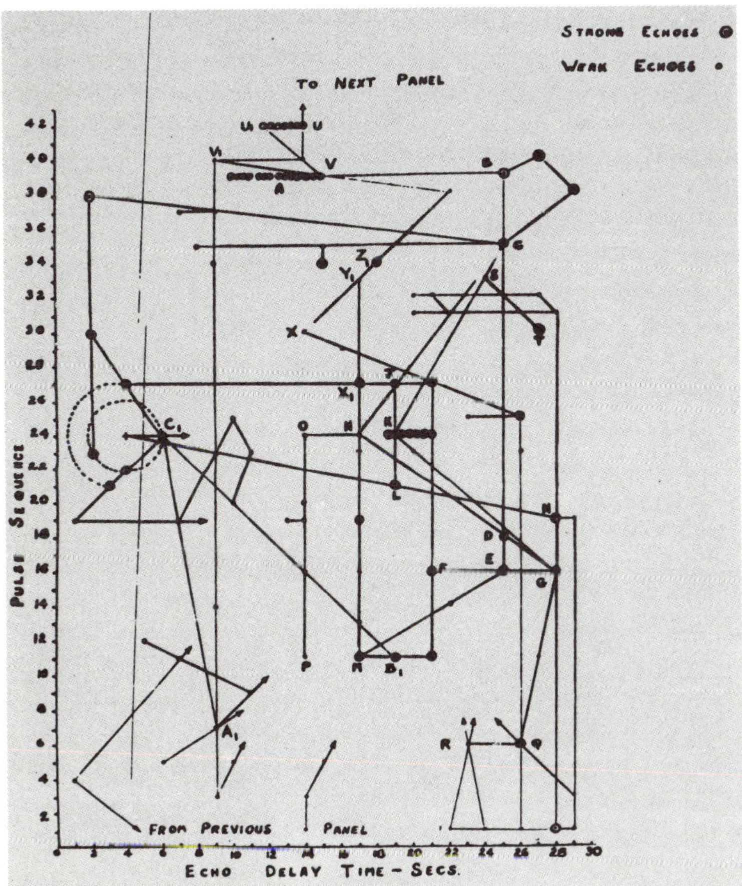

41

Genetiker und Ärzte, Wissenswertes für Physiker. Lunan regt an, mit der Sonde in Laserkontakt zu treten. Wenn auch Laserechos in verschiedenen Intervallen zum Sendeort zurückkehren, dann werden auch die letzten Träumer begreifen müssen, daß der Erdenmensch nicht die Krone der Schöpfung war oder ist.

VI
ALS SONNTAGSFORSCHER UNTERWEGS

Es ist ein großer Vorteil, als »Sonntagsforscher« und Laie, ohne die »Belastung« des Expertenwissens, seiner Phantasie freien Lauf lassen und Fragen stellen zu können, die den Spezialisten zunächst verblüffen. Natürlich mache ich von diesem Vorteil Gebrauch und rüttele damit an dem Podest, auf dem viele frühgeschichtliche Erkenntnisse aufgebaut und unter ein akademisches Tabu gestellt sind. Sonntagsforscher sind bekanntlich unangenehm emsig. Sie sammeln, lesen und reisen viel, weil sie ihre Fragen gern an einen Pfeil aus bestem Stahl binden – in der Hoffnung, mit ihm doch letztlich ins Schwarze zu treffen.

Rätselvolle Osterinsel

Auf fast allen bewohnbaren Südseeinseln liegen Überbleibsel gewaltiger unbekannter Kulturen. Produkte einer sehr frühen offensichtlich hochentwickelten Technik beunruhigen jeden Besucher, der nicht nur stur und stumpf von den Zeugnissen der Vergangenheit Erinnerungsfotos macht. Die steinernen »Dokumente« reizen zu Spekulationen und Hypothesen an. – Die Osterinsel, Ostern 1722 von dem Holländer Roggenveen entdeckt, ist die östlichste der polynesischen Inseln im Stillen Ozean; sie gehört zu Chile, ist 118 qkm groß und hat rund 1000 Bewohner. Die Insel ist vulkanischen Ursprungs, baumlos, steigt bis zu 615 m an und hat zwei erloschene Vulkane. Die Osterinsel ist ein Eckstein im Mosaik meiner »Weltanschauung«.

Ich verbrachte bei zwei Besuchen zwanzig Tage auf diesem winzigen Flecken Vulkangestein im Südpazifik. Die

Zeiten sind vorbei, in denen die Insel nur einmal alle sechs Monate von einem chilenischen Kriegsschiff angelaufen wurde. Uns brachte eine viermotorige Constellation der Lan-Chile auf die kleine Insel. Hotels gibt es dort nicht, und so verlebten wir die ganze Zeit in einem Zelt. Mit Nahrungsmitteln, die auf der Insel knapp sind, hatten wir uns vorher versorgt. Zweimal luden uns Eingeborene zum Nachtmahl ein: Es gab gebratenen Salm, den sie in ein Erdloch legten und mit glühender Holzkohle und vielen verschiedenen Blättern bedeckten, die zu den Rezeptgeheimnissen der Rapanui-Hausfrauen gehören. Fast zwei Stunden mußten wir warten, bis das schwelende Mahl ausgepackt wurde. Als Gourmet mußte ich bekennen, daß schließlich Gaumen und Zunge ein Schlemmergericht von großer Köstlichkeit geboten wird, ein Vergnügen, das dem Ohrenschmaus der Folklore singenden Rapanui-Insulaner ebenbürtig ist.

Verkehrsmittel auf der Insel ist immer noch das Pferd, bis auf das einzige Privatauto, das dem 34jährigen mittelgroßen und pausbäckigen Bürgermeister Ropo gehört, der nach demokratischen Spielregeln von seinen Landsleuten gewählt wurde. Ropo ist der ungekrönte König der Insel, wenn es auch außer ihm noch einen »Gouverneur« und einen »Polizeikommandanten« gibt. Ropo stammt aus einer

42 Karte Osterinsel

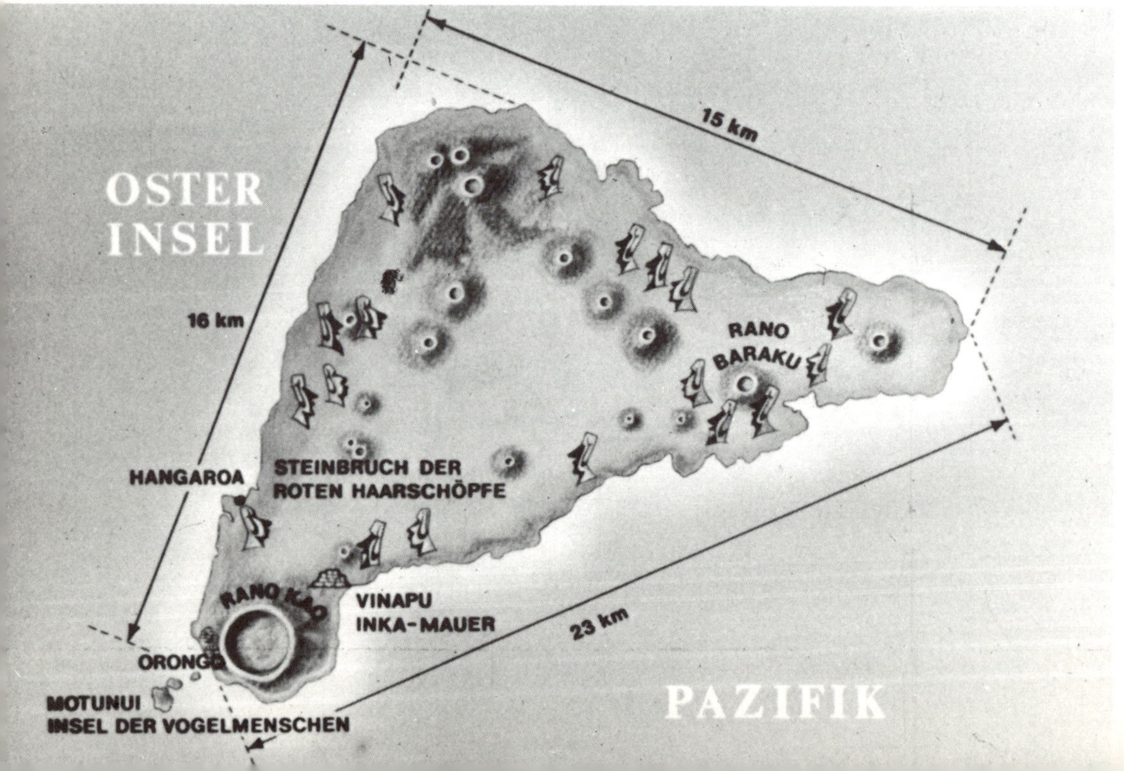

alteingesessenen Familie. Er weiß über die Osterinsel und ihre bislang nicht eindeutig gelösten Rätsel vermutlich mehr als die meisten anderen Insulaner. Mit zwei Gehilfen stellte er sich mir als Begleiter zur Verfügung.

Die Sprache der Rapanui-Leute ist reich an Vokalen: Ti-ta-pe-pe-tu-ti-lo-mu . . . Ich verstehe sie nicht; wir verständigten uns in einem Kauderwelsch von Spanisch und Englisch. Wo das nicht mehr ausreichte, versuchten wir, uns mit den Händen, Füßen und sicherlich für Außenstehende ungemein komischen Grimassen zu verständigen.

Was nicht geschah . . .

Über die Geschichte der Osterinsel gibt es viele Berichte und ebenso viele Theorien. Nach meinen Recherchen kann ich naturgemäß auch nicht sagen, was sich hier in dunkler Vorzeit abgespielt hat. Aber ich glaube, einige Argumente dafür gefunden zu haben, was sich NICHT abgespielt haben kann.

Es geht um Hunderte von Statuen, die rings um die Insel stehen und einen ohne Unterlaß anstarren. Ich kenne die Theorien nach zwei längeren Aufenthalten auf dem Eiland und weiß, daß angesichts der buchstäblich harten Tatsachen die Faustkeil-Theorie nicht zu halten ist.

Im Krater Rano Raraku liegen vertikal und horizontal, kreuz und quer eben begonnene und halbfertige Statuen.

43

Ich habe den Abstand von der Lava zu einzelnen Statuen gemessen und kam auf Zwischenräume bis zu 1,84 m, die sich auf eine Länge von fast 32 m hinziehen. Die riesigen Lavabrocken hat man keinesfalls mit kleinen primitiven Steinfäustlingen freilegen können. Es stimmt, daß Thor Heyerdahl am Fuße des Kraters einige hundert Steinfaustkeile gefunden hat. Das schien ihm der Beweis dafür zu sein, daß an den Werkplätzen mit diesen Werkzeugen gearbeitet wurde.

Wie es gewesen sein kann . . .

Dies ist meine Hypothese: Fremde Kosmonauten gaben den Ur-Insulanern Werkzeuge von technischer Perfektion, Priester oder Zauberer konnten sie bedienen; sie lösten die brockigen Massen aus der Lava und bearbeiteten sie. Die fremden Besucher verschwanden. Wie alles Werkzeug, wurde auch das überlassene stumpf und unbrauchbar. Ich halte es auch für unmöglich, daß die Leute, die sich auf die Handhabung verstanden, auswanderten oder starben. Neue Werkzeuge dieses Kalibers konnten die Primitiven jedenfalls nicht herstellen.

Tatsache ist, daß die Arbeit von einem zum andern Tag eingestellt wurde. Über 200 unfertige Statuen »klebten« in der Kraterwand. Und nun hatten die Eingeborenen den wilden Ehrgeiz, die Arbeit zu vollenden. Da die »alten« Werkzeuge fehlten, ging man die Lava mit Steinfäustlingen

44

an. Tagein, tagaus hallte nun ein fröhliches Hämmern von der Kraterwand über die Insel. Aber: ohne Erfolg. Die Steinfaustkeile wurden stumpf, und der Wand hatte man keine Statue entreißen können. Man resignierte und gab auf, die Steinfäustlinge ließ man zu Hunderten im Krater liegen.

Im Gegensatz zu Heyerdahls Theorie sehe ich im Fund der Steinfaustkeile geradezu den Beweis dafür, daß man mit diesen Werkzeugen die Arbeit NICHT bewerkstelligen konnte. Noch ein gewichtiges Indiz spricht gegen diese Theorie. Nimmt man getrost einmal die (unrealistische) Möglichkeit an, die Insulaner hätten auf diese Weise mit den Steinfäustlingen auf die Lava eingedroschen. Wo gehobelt wird, fallen Späne. Irgendwann haut auch der beste Steinmetz mal daneben, hätte eine Oberlippe zersplittert, einen Nasenflügel geschrammt, ein Augenlid gespalten. Die Steinmetze der Osterinsel müssen ohne Makel gearbeitet haben, jeder Schlag hat wohl perfekt gesessen, denn nirgends gibt es eine Spur von Fehlern. Ferner: Ich wies schon auf die Abstände zwischen Lavagestein und Statuen hin. Der Abfall aus den Zwischenräumen von 2 x 32 Metern konnte sich auch nicht in Luft auflösen, aber es gibt im Rano Raraku keinen Abfall.

Ja, die Faustkeil-Theorie mag für einige kleinere Statuen, die in einer uns näheren Zeit entstanden sind, annehmbar

45

sein. Nach meiner und der Überzeugung vieler Osterinselbesucher ist sie kein Schlüssel, mit dem man das Rätsel lösen kann, wie das Rohmaterial aus dem Vulkangestein gebrochen wurde. Wie voluminös die Rohmaterialmasse vor Beginn der Arbeit gewesen sein muß, läßt sich beim Anblick von Mammutgestalten, bis zu 20 Meter groß und 50 Tonnen schwer, nur erahnen.

Falls die Polynesier die Schöpfer der Statuen gewesen sind, gibt es bisher keine Erklärung dafür, woher sie Vorbilder für die Formen und Ausdrücke der Statuen genommen haben, denn kein Angehöriger irgendeines polynesischen Stammes hatte solche Merkmale: lange gerade Nasen – zusammengekniffene schmallippige Münder – tiefliegende Augen – niedrige Stirnen. Das weiß leider auch Thor Heyerdahl nicht.

Ich vermute, daß auf der Osterinsel, in Tiahuanaco, über Sacsayhuaman, in der Bucht von Pisco und auf der Wüstenebene von Nazca dieselben Lehrmeister Unterricht gegeben haben, mindestens aber die gleichen Werkzeuge zur Anwendung kamen. Freilich ist auch das nur eine unter vielen anderen möglichen Theorien, die man unter Hinweis auf die großen Entfernungen zwischen den »Standorten« meiner »Götter« ablehnen kann. Voraussetzung für diese meine Deutung ist, daß man die einstmalige Anwesenheit von Extraterrestriern akzeptiert. Ich meine, daß meine

46

Theorie, seit ich sie in die Diskussion einführte, erheblich an Gewicht gewonnen hat. Da es sich als effektiv erwies, daß meine Hypothese – der Prophet Hesekiel habe ein Raumschiff gesehen und beschrieben – ein Faktum ist, kann ich nicht mehr begreifen, warum man nicht endlich bereit ist, auch zu akzeptieren, daß Mitglieder der Raumschiffbesatzung an verschiedenen und weit auseinanderliegenden Plätzen auf unserem Erdball sowohl als Lehrmeister wie auch als Überbringer hochentwickelter Werkzeuge tätig geworden sein können. Die ganz Klugen mögen weiterhin meine Theorie anzweifeln, in jedem Fall müssen sie zugeben, daß es so aussieht, als ob es für die ursprünglichen Schöpfer der Osterinsel-Statuen ein Kinderspiel war, die Steinkolosse aus dem harten Felsengestein zu schneiden. Das alte Argument – fremde Kosmonauten hätten überhaupt kein Interesse an solchen Tätigkeiten gehabt haben können – sticht bei mir nicht. Sie hatten ein geradezu lebenswichtiges Interesse daran, unvergängliche Steinmonumente zu schaffen oder erschaffen zu lassen.

Bisher erfolgten keine Tiefengrabungen. Vielleicht fänden sich in tieferen Bodenschichten Relikte, die eine wesentlich frühere Datierung erlaubten.

Die Amerikaner bauen einen Flugplatz, sie heben den Boden für eine Betonpiste aus. Gezielte Grabungen aber habe ich weder sehen können, noch habe ich von solchen

47

Plänen etwas gehört. Die Insulaner gehen unbekümmert – warum auch nicht? – ihren Beschäftigungen nach. Touristen, die sich herbemühen, wundern sich über das, was sie zu sehen bekommen, und machen Erinnerungsfotos fürs Familienalbum. Wichtige archäologische Forschungen, die die Rätsel klären könnten, finden nicht statt.

Das Geheimnis der roten Hüte

Die Moais – so nennen die Insulaner die Statuen – trugen bekanntlich einst auf ihren Köpfen in schwindelnder Höhe rote Hüte, deren Material in einem anderen Steinbruch gebrochen wurde als das für Köpfe und Körper. Ich habe mir den »Hüte-Steinbruch« angesehen. Im Vergleich zu dem Steinbruch im Krater Rano Raraku ist das eine Kinderspiel-Kiesgrube. Für die Herstellung der großen roten Hüte dürfte der Steinbruch eine ziemlich enge, nur allzu enge Werkstatt gewesen sein. Mich machten auch die roten Hüte selbst, die brüchig und porös sind, skeptisch.

Wurden sie überhaupt hier gebrochen und bearbeitet?

Ich neige eher zu der Annahme, daß die roten Hüte aus Kies und einem Gemisch von roter Erde gegossen worden sind. Manche Hüte sind inwendig hohl. Wollte man dadurch Gewicht einsparen, um den Transport zu erleichtern? Wer die vernünftig erscheinende Herstellungsmethode der Hüte durch einen Kies-Erde-Guß akzeptiert, der sieht an Ort und Stelle dann auch zugleich die rätselhafte Transportfrage

48

gelöst: Von der Kiesgrube aus mußten die runden Hüte lediglich zu den in allen Fällen niedriger gelegenen Standorten der Statuen gerollt werden.

Als wir über diese Möglichkeit diskutierten, meinte Bürgermeister Ropo, daß die Hüte bei ihrer Fertigstellung in der Kiesgrube beträchtlich größer gewesen sein sollen. Beim Abrollen seien sie quasi abradiert worden ... Das ist möglich. Aber auch heute haben die Hüte mit einem Umfang von 7,60 m und einer Höhe von 2,18 m immer noch eine respektable Kopfweite. Solche Kopfbedeckungen ließen sich kaum mit einem fröhlichen »Grüß Gott!« auf das 10 m hoch über dem Erdboden ragende Haupt setzen.

Weshalb aber setzte man den seltsamen Statuen überhaupt diese roten Hüte auf? Bisher fand ich dafür in der gesamten Osterinsel-Literatur keine überzeugende Erklärung. Deshalb stellen sich mir folgende Fragen:

Hatten die Insulaner die »Götter« mit Helmen gesehen und in bildhafter Erinnerung behalten?

Schienen ihnen aus diesem Grunde die Statuen ohne die Hut-Helme nicht komplett?

Sollen sie das gleiche aussagen, was »Helme« und »Heiligenscheine« an prähistorischen Fels- und Höhlenwänden in aller Welt ausdrücken?

Als die ersten Weißen die Osterinsel betraten, hingen um die Hälse der Moais noch beschriftete Holztäfelchen. Aber

49

schon die ersten Neugierigen fanden keinen Insulaner mehr, der die Schrift zu lesen verstand. Die wenigen noch vorhandenen Holztäfelchen gaben bisher ihre Geheimnisse nicht preis. Trotzdem sind sie ein Beweis dafür, daß die alten Rapanui-Leute Kenntnis einer Schrift hatten, die – das sei hier am Rande vermerkt – der chinesischen Schrift erstaunlich ähnlich ist. Die Generationen nach dem »Götterbesuch« haben das Erlernte wohl wieder vergessen . . .

Schriftzeichen und undeutbare Symbole stehen auch auf den Petroglyphen, auf diesen großen beschrifteten und bezeichneten Steinplatten, die wie Teppiche am Strande der Insel ausgebreitet liegen. Manche dieser abgerissenen und zerklüfteten Platten haben die Fläche von 20 Quadratmetern. Sie liegen überall dort, wo der Boden leidlich eben ist. Auf diesen Steinteppichen sieht man Fische, undefinierbar-embryonale Wesen, Sonnensymbole, Kugeln und Sterne.

Um uns die Zeichnungen deutlicher zu machen, zeichnete Bürgermeister Ropo die Linien mit Kreide nach. Ich fragte ihn, ob irgendwer die Zeichen zu deuten wisse.

Nein, sagte er, schon sein Vater und sein Großvater hätten ihm nichts mehr darüber sagen können. Er selbst vermute, daß die Petroglyphen astronomische Angaben enthielten. Auch alle Tempel der Insel seien nach der Sonne und den Gestirnen ausgerichtet gewesen.

50

51

52

Das Osterei

Schließlich bekam der Exkurs auf die Osterinsel noch eine besondere Pointe! Bürgermeister Ropo führte uns an den Strand und zeigte uns ein in seinen Proportionen erstaunliches Steinei. Während wir um das steinerne Relikt herumgingen, erklärte er uns, die Überlieferung der Rapanui-Leute besage, dieses Ei habe ursprünglich im Zentrum des Sonnentempels gelegen, denn die »Götter« seien aus einem Ei zu ihnen gekommen . . . (Am Osterfest 1722 entdeckt, ist die Osterinsel ja geradezu verpflichtet, ein Osterei als Überraschung zu präsentieren.) Ich nahm diese Auskunft dankbar in meine Sammlung von seltsamen Steineiern rund um die Erde auf.

Wenige Meter vom Heer der gestürzten Statuen entfernt aber verwittert das künstliche Steinei am Ufer der Insel. Nur eine aufgemalte weiße Katalognummer unterscheidet das »Götterei« vom Steinsalat des Strandes.

Tiahuanaco, in der Nacht der Menschen erbaut

Unwillkürlich drängen sich einem Zusammenhänge zwischen der Osterinsel und Tiahuanaco auf! Dort wie hier finden wir Steinriesen, die zum selben Stil gehören. Die hochmütigen Gesichter mit ihrem stoischen Gesichtsausdruck passen zu den Figuren – hier wie dort.

Als Francisco Pizarro anno 1532 die Inkas über Tiahuanaco befragte, sagten sie ihm, daß kein Mensch diese Stadt anders als in Ruinen gesehen hätte, denn Tiahuanaco

53

sei noch in der ›Nacht der Menschen‹ erbaut worden. Überlieferungen bezeichnen die Osterinsel als »Nabel der Welt«. Zwischen Tiahuanaco und der Osterinsel liegen mehr als 5000 Kilometer. Wie kann da eine Kultur überhaupt von der anderen inspiriert worden sein?

Vielleicht kann uns hier die prä-inkaische Mythologie einen Hinweis geben: in ihr war der alte Schöpfer-Gott Viracocha eine uralte und elementare Gottheit. Überlieferungen zufolge hat Viracocha die Welt erschaffen, als sie noch dunkel und ohne Sonne war; er hat ein Geschlecht von Riesen aus Stein gemeißelt, und als ihm diese mißfielen, versenkte er sie in einer großen Flut; danach veranlaßte er, daß über dem Titicacasee Sonne und Mond aufgingen, damit Licht auf der Erde war. Ja, und dann – man lese es genau! – habe er in Tiahuanaco Tonfiguren von Mensch und Tier geformt und ihnen Leben eingehaucht; fortan habe er diese von ihm geschaffenen Lebewesen in Sprache, Gebräuchen und Künsten unterwiesen, um schließlich einige von ihnen auf verschiedene Kontinente zu fliegen, die sie künftig bewohnen sollten. Nach diesem Werk sei der

54 Karte Tiahuanaco

Gott Viracocha mit zwei Gehilfen in viele Länder gereist, um zu überprüfen, wie seine Anordnungen befolgt würden und zu welchen Resultaten sie führten. In der Verkleidung eines alten Mannes sei Viracocha die Anden hinauf und die Küsten entlang gewandert, und manchmal sei er auch da und dort böse empfangen worden. Einmal, in Cacha, habe er sich über den Empfang so geärgert, daß er voller Wut einen Felsen anzündete, der das ganze Land zu verbrennen begann. Da habe das undankbare Volk ihn um Verzeihung gebeten, worauf er mit einer einzigen Gebärde die Flammen gelöscht habe. Viracocha sei weitergereist, habe Anweisungen und Ratschläge gegeben, und manche Tempel seien ihm in der Folge errichtet worden. In der Küstenprovinz Manta habe er schließlich Abschied genommen und sei, auf den Wellen reitend, über den Ozean verschwunden, aber er habe wiederkommen wollen . . .

Die spanischen Konquistadoren, die Süd- und Zentralamerika eroberten, stießen überall auf die Sagen von Viracocha. Noch nie hatten sie von riesigen weißen Männern gehört, die irgendwo vom Himmel gekommen waren . . . Voller Staunen erfuhren sie von einer Rasse von Sonnensöhnen, die die Menschen einst in allerlei Künsten unterwiesen und wieder verschwanden. Und in allen Legenden, die die Spanier hörten, gab es die Versicherung, daß die Sonnensöhne wiederkommen würden.

Am Bahndamm beginnen die Rätsel

Zweimal war ich zu gründlichen Recherchen in Tiahuanaco. Zuletzt erreichte ich die kleine Ortschaft in 4000 m Höhe auf der bolivianischen Hochebene aus Cuzco, Peru, kommend, nach eintägiger Schiffs- und Bahnreise. Der kleine Bahnhof wäre sicher kaum frequentiert, wenn nicht der Ort durch seine steinernen Rätsel zu Ruf gelangt wäre. Gleich beim Bahnhof liegt das Museum, fünf Meter vom Bahndamm entfernt stellen sich unübersehbare Rätsel: sauber polierte Steine, rechteckig, mit schnurgeraden Rillen in Fingerdicke, so fugenlos gearbeitet, als habe jedes Stück ein Pendant, in das es passen müsse. Arbeitete man in einem Baukastensystem? Nach welchen Plänen?

Die Rillen laufen stets im rechten Winkel zur Oberfläche; an Objekten, die die Rillen rings um den Stein zeigen, ist nichts zu deuteln, wo aber rechteckige Stücke aus dem Stein

»gezwickt« sind und die Rillen parallel zur Oberfläche verlaufen, wird es kurios. Mit keinem Werkzeug, das prä-inkaischen Kulturen zugestanden wird, konnten diese Rillen gefertigt werden. Hier ist gefräst worden. Aber wie? Selbst eine moderne Nutenfräsmaschine könnte solche Rillen allenfalls mit sehr kleinen rotierenden Fräsen hoher Touren hervorbringen. Auch die Monolithen des ehemaligen Tiahuanaco zeigen gleiche Rillen, die von oben nach unten verlaufen und offensichtlich den Zweck erfüllten, jeweils mit Gegenstücken ineinandergefügt zu werden.

In einem rekonstruierten Tempel haben emsige Restauratoren zwischen die Monolithen rechteckige Steine aufgeschichtet, die nun eine Mauer ergeben. Durch diese Einschübe sind die Rillen in den Monolithen verdeckt, ein wesentliches Indiz des echten technischen Tiahuanaco ist verschwunden. So löst man keine Fragen!

Ich habe viele Werke studiert und dabei über Tiahuanaco erstaunliche Dinge erfahren. Alle Darstellungen aber werden durch den Augenschein übertroffen. Auch habe ich manches über die merkwürdigen »Wasserleitungen« gelesen, die man in Tiahuanaco gefunden hat. Ihnen galt bei meiner letzten Reise auf das bolivianische Hochplateau mein besonderes Interesse.

Die »Wasserleitungen«

Nun stand ich also zum zweiten Mal in Tiahuanaco, 4000 m über dem Meer. Ich hatte die »Wasserleitungen« bei meinem ersten Besuch zu wenig beachtet. Diesmal wollte ich das Versäumte nachholen.

Die ersten bemerkenswerten Stücke dieser Halbröhren fand ich in der Mauer eines rekonstruierten Tempels. Wir haben diesen »Einbau« eingehend betrachtet: Er war willkürlich erfolgt. Die Halbröhre saß an dieser Stelle ganz sinnlos in der Wand. Dekorativ vielleicht, für Touristen zurechtgemacht.

Als ich die »Wasserleitungen« an anderen Stellen anfassen konnte, fand ich bestätigt, was ich über sie gelesen hatte: Sie haben eine absolut moderne Form mit glattem Abriß, mit polierten Innen- und Außenflächen, mit exakten Kanten. Die Halbröhren sind mit Rillen und Kanten passend aufeinander zugeschnitten. Sie lassen sich nach dem Baukastensystem zusammensetzen.

Ist man schon verblüfft über die technisch-handwerkliche Perfektion dieser Arbeiten, die Archäologen offenbar prä-inkaischen Stämmen zutrauen, dann wird man nachgerade fassungslos, wenn man sieht, daß die bislang als »Wasserleitungen« katalogisierten Funde als Doppelröhren existieren! EINE Leitung wäre schon ein Meisterstück – nun aber gar aus einem Stück gearbeitete DOPPELröhren! Und zwar Doppelröhren mit tadellos geschliffenen Eckstücken!

Wie läßt sich aber erklären, daß man nur die Oberteile der Röhren fand?

Bei »Wasserleitungen« könnte man doch allenfalls auf die Oberteile, nie aber auf die Unterteile verzichten!

Dienten diese steinernen Röhren überhaupt als Wasserleitungen?

Vielleicht gibt es eine ganz andere, freilich utopisch anmutende Erklärung?

Überlieferte Legenden und vorhandene Steinzeichnungen lassen vermuten, daß die »Götter« in Tiahuanaco zu Beratungen zusammenkamen, noch ehe der Mensch geschaffen war. In unserer Sprache des Raumfahrtzeitalters heißt das: Fremde Astronauten schufen sich auf der Hochebene von Bolivien ihren ersten Stützpunkt. Sie verfügten über eine hochentwickelte Technik, wie wir heute über Laserstrahlen, Vibrationsfräsen, elektrische Geräte. Damit erstellten sie eine Reihe von nüchternen Zweckbau-

55 Tiahuanaco

ten. Waren – so gesehen – die »Wasserleitungen« nicht eher Schutzröhren für Energiekabel zwischen den einzelnen Gebäudekomplexen?

Lebewesen, die Röhren wie die in Tiahuanaco herzustellen imstande waren, müssen über hervorragende technische Fertigkeiten verfügt haben. Wesen solcher Intelligenzstufe wären nicht so töricht gewesen, Wasserleitungen mit doppelter Röhrenausführung anzufertigen, wenn sie in einem ungleich einfacheren Verfahren bei geringerem Arbeitsaufwand aus demselben Stein lediglich ein größeres Loch hätten bohren können, um die doppelte Wassermenge zu führen. Intelligente Wesen solcher Fähigkeiten hätten für den Transport von Wasser auch keine rechtwinklige Konstruktion gewählt, weil sie gewußt hätten, daß sich in den Winkeln Wasser und Schmutz stauen würden. Und natürlich hätten diese Techniker für den Transport von Wasser auch RöhrenUNTERteile hergestellt.

Das geheimnisumwitterte Tiahuanaco wurde nach Knochen- und Holzkohleresten archäologisch datiert: die Entstehung der Bauten wird um etwa 600 v. d. Z. vermutet. Ein ideales Datum! 592 v. d. Z. hatte der Prophet Hesekiel seine Begegnung mit einem Raumschiff. Ist es nicht denkbar, daß die Extraterrestrier in Tiahuanaco eine Basis errichteten? Die Bodenmannschaft blieb, wie vom

56 Tiahuanaco

57–60 Tiahuanaco-Wasserleitungen

58

59

60

NASA-Ingenieur Blumrich nachgewiesen, 20 Jahrc auf unserem Planeten. Baumaterial schleppten die Astronauten nicht heran, doch sie hatten Werkzeuge dabei, mit denen vorhandenes Material zweckmäßig bearbeitet werden konnte. Diese Interpretation könnte viele Rätsel lösen. Die Fremden zogen ab, zurück blieben die monolithischen Bauten. Die Aymaras – das indianische Kulturvolk, dem man die Bauten zuschreibt – funktionierten die Bauten für ihre Zwecke um. JETZT erst enstand ein Tempel, entstanden rechteckige Mauerstücke zwischen den Monolithen. Was heute rekonstruiert wird, ist lediglich die Vergangenheit der Aymaras, nicht die der ursprünglichen Erbauer, die unter Anleitung der Fremden Energiekabel in den Röhren verlegten.

Als in den dreißiger Jahren des 16. Jahrhunderts die spanischen Eroberer die Einheimischen nach den Erbauern von Tiahuanaco fragten, konnten diese ihnen keine Auskunft geben. Sie verwiesen auf die Sage, nach der Tiahuanaca der Ort war, an dem die Götter die Menschen erschaffen hatten. Ich vermute, daß dieselben »Götter« auch die Röhren schufen und daß sie sie nicht als Wasserleitungen benutzten.

Sind die Datierungen korrekt?

Bei allen historischen Funden bemühen sich Archäologen und Anthropologen um deren Datierung. Hat ein Fund seine Datierung, dann bekommt er seinen vorbestimmten Platz in dem System der bisherigen Forschung. Und freilich eine Katalognummer. Fürs Museum.

Die bisher exakteste Methode, deren sich die Wissenschaft bedient, ist die C-14-Methode. Bei ihrer Anwendung geht man davon aus, daß in unserer Atmosphäre das radioaktive Isotop des Kohlenstoffs (C) mit dem Atomgewicht 14 in gleichbleibenden Mengen vorhanden

61

ist. Dieses Kohlenstoff-Isotop wird von allen Pflanzen aufgenommen, so daß es Bäume, Wurzeln, Blätter, Gräser in gleichbleibenden Mengen enthalten. Alle lebenden Organismen aber nehmen in irgendeiner Form pflanzliche Stoffe auf, also enthalten auch Mensch und Tier im gleichen Mengenverhältnis C-14.

Nun haben die radioaktiven Substanzen eine bestimmte Zerfallszeit, sofern keine neuen radioaktiven Substanzen zugeführt werden. Diese Zerfallszeit beginnt bei Mensch und Tier mit dem Tode, bei Pflanzen mit dem Ernten oder Verbrennen.

Für das Kohlenstoff-Isotop C-14 ist eine Halbwertzeit von etwa 5600 Jahren ermittelt. Dies bedeutet, daß 5600 Jahre nach dem Ableben eines Organismus nur noch die Hälfte der ursprünglichen C-14-Menge aufzuspüren ist – nach 11 200 Jahren nur noch ein Viertel, nach 22 400 Jahren nur noch ein Achtel usw. Der C-14-Gehalt eines fossilen organischen Stoffes läßt sich, da die ursprüngliche Menge an C-14 in der Atmosphäre bekannt ist, in einem komplizierten Laborverfahren ermitteln. In Relation zum konstanten C-14-Gehalt der Atmosphäre läßt sich dann das Alter eines Knochens oder eines Stücks Holzkohle bestimmen.

Wenn man Gräser und Büsche an den Rändern der Autobahnen schneidet und verascht, dann täuscht die Asche ein Alter von vielen tausend Jahren vor. Warum? Die Pflanzen haben tagtäglich aus den Auspuffgasen vorbeifahrender Wagen viel Kohlenstoff aufgenommen; dieser Kohlenstoff stammt aus organischem Material (Erdöl), das vor Millionen Jahren aufgehört hat, C-14 aus der Atmosphäre aufzunehmen. So kann ein in einem Industrierevier geschlagener Baum den Jahresringen nach vielleicht nur 50 Jahre alt sein – Untersuchungen nach der C-14-Methode aber würden die Holzasche so weit zurückdatieren, daß der 50 Jahre alte Baum in weit, weit zurückliegenden Zeiten »angesiedelt« werden müßte.

Ich bezweifle deshalb die Genauigkeit und damit die Zuverlässigkeit dieser Methode. Die bisherigen Messungen gehen von der festen Annahme aus, daß das Mengenverhältnis eines C-14-Isotops in der Atmosphäre immer gleich ist und immer gleich war.

62

Wer aber weiß das?

Und was ist, wenn diese Voraussetzung auf einem Irrtum beruht? In »Erinnerungen an die Zukunft« habe ich auf alte Texte hingewiesen, die schilderten, daß die Götter fähig waren, ungeheure Hitze, wie nur Kernexplosionen sie hervorbringen, zu erzeugen, und überdies, daß sie mit Strahlenwaffen umgingen. Im Gilgamesch-Epos stirbt Enkidu, weil er »vom giftigen Hauch des Himmelstieres« berührt wurde. Im Mahabharata wird geschildert, wie sich die Krieger ins Wasser stürzten, um sich und ihre Rüstungen abzuwaschen, weil alles »vom tödlichen Hauch der Götter« belegt war.

Was wäre, wenn es sich hierbei wie auch bei der »Explosion« in der sibirischen Taiga am Morgen des 30. Juni 1908 tatsächlich um eine Atomexplosion gehandelt hat?

Wann und wo immer auch – einschließlich Hiroshima und aller Kernwaffenversuche im Bikini-Atoll, in der Sowjetunion, den USA, der Sahara und China – radioaktive Substanzen freigesetzt wurden, mußte auch das Gleichgewicht der radioaktiven Isotope C-14 gestört werden. Pflanzen, Menschen und Tiere hatten und haben dann mehr C-14 in den Zellen, als es die konstant angenommene Menge an C-14 in der Atmosphäre als Bezugsgröße besesssen hat oder besitzt. Diese These läßt sich wohl nicht bestreiten. Akzeptiert man sie, dann wären die sogenannten exakten wissenschaftlichen Datierungen in Frage zu stellen. Wir gehen bei unserer Theorie vom Besuch fremder Astronauten mit so großen Zeiträumen um, daß sich »kleine« Rechenfehler leicht einschleichen können, und so ein »kleiner« Rechenfehler kann dann ganz schnell 20 000 Jahre und mehr ausmachen!

Das ist ein Grund, der mich gegenüber weit zurückgehenden Datierungen skeptisch sein läßt. Nehmen wir den »Fall« Tiahuanaco: Falls dort Kosmonauten unseren Planeten nach Durchführung ihrer Aufgaben wieder verlassen haben, hinterließen sie jedenfalls den Archäologen und Anthropologen keine fossilen Erbstücke. Modern ausgerüstet, wärmten sie sich nicht an Holzkohlenfeuern, und ihre Knochen nahmen sie wieder mit. Sie hinterließen also überhaupt keine datierbaren Spuren! Knochen und

Holzkohlenreste, die an den vermutlichen Landeplätzen der Astronauten gefunden, analysiert und datiert werden, stammen demnach von Menschen, die sich Jahrtausende später in den Ruinen der Götterfestung niedergelassen haben. Ich halte es für einen Irrtum, anzunehmen, die Knochen, die ausgegraben wurden, stammten von den Erbauern von Tiahuanaco. Ich stelle neue Fragen, weil mir die alten Antworten nicht genügen.

Die Archäologie gibt es als wissenschaftliche Disziplin erst seit 200 Jahren. Seitdem sammeln ihre Vertreter mit bewunderungswürdiger Akribie Münzen, Tontäfelchen, Fragmente von Geräten, Scherben von Gefäßen, Figuren, Zeichnungen, Knochen und alles, was die Erde auf die Schaufel gibt. Sie ordnen die Funde säuberlich in ein System, das aber nur für rund 3500 Jahre eine RELATIVE Gültigkeit hat. Was weiter zurückliegt, bleibt hinter einem Schleier von Rätseln und Vermutungen verborgen. Niemand weiß es und niemand kann es deuten, was unsere Vorfahren zu technischen und architektonischen Spitzenleistungen befähigt hat. Man sagt, ein drängendes Verlangen nach den »Göttern« – der Wunsch, den »Göttern« zu gefallen – die ihnen von den »Göttern« auferlegten Pflichten zu erfüllen . . . das alles wären die treibenden Kräfte für die vielen Bauten gewesen.

Verlangen nach »Göttern«?

Nach welchen »Göttern«?

Von »Göttern« auferlegte Pflichten erfüllen?

Welche »Götter« legten denn Pflichten auf?

»Götter« müssen Erstaunliches leisten, sie müssen mehr können als andere Wesen. Erfundene »Götter«, reine Phantasiegestalten würden sich nicht lange im Bewußtsein der Menschheit gehalten haben. Man hätte sie bald wieder vergessen. Deshalb vertrete ich die Ansicht: »Götter«, von denen wir sprechen, müssen REALE Erscheinungen gewesen sein, die so klug und so mächtig waren, daß sie unseren Vorfahren einen so tiefen Eindruck machten und über viele Jahrhunderte hinweg die Gedanken- und Glaubenswelt der Menschen erfüllten.

Wer also zeigte sich den Urvölkern?

Wir sollten den Mut zu phantastischem Zweifel haben. Was Heraklit (um 500 v. Chr.) sagte, gilt leider heute noch:

»Durch ihre Unglaubhaftigkeit entzieht sich die Wahrheit dem Erkanntwerden.«

Die Einmannlöcher von Cajamarquilla

Östlich der peruanischen Hauptstadt Lima gibt es an den Berghängen von Cajamarquilla ein Ruinenfeld. Täglich vernichten dort gefräßige Bulldozer beim Straßenbau Zeugnisse menschlicher Vergangenheit, die bisher von der Forschung noch nicht in gebührendem Maße berücksichtigt worden sind.

Wir sind durch diese Wüstenei gestapft. Man mußte von niemandem auf eine Kuriosität aufmerksam gemacht werden, man stolperte über sie. In den Straßen gibt es Hunderte von Einmannlöchern, wie sie uns als Schutzlöcher, die sich der Vietcong gräbt, aus Illustrierten und Fernsehberichten bekannt sind. Ich wage nicht zu behaupten, daß auch diese Einmannlöcher in Cajamarquilla

63

einst zum Schutz der Bewohner vor Luftangriffen in den Boden gegraben wurden. Ich darf das gar nicht behaupten, weil es bekanntermaßen vor dem 20. Jahrhundert keine Angriffe aus der Luft gegeben haben soll!

Die Einmannlöcher von Cajamarquilla haben im Schnitt einen Durchmesser von 0,60 m und eine Bodentiefe von 1,70 m. In einer einzigen Straße zählte ich 209 (!) Löcher. Sie müssen – wozu sonst dieser Aufwand an Arbeit? – einen ganz praktischen und höchst wichtigen Zweck erfüllt haben.

Welche Erklärung wird uns für die vielen Hundert Einmannlöcher offeriert?

Getreidesilos?

Man sagt, diese Einmannlöcher seien Getreidesilos gewesen.

Angesichts der auf Körpermaße ausgehobenen Löcher ist diese Erklärung nicht ganz überzeugend. Man kann natürlich in solche Löcher Getreide einfüllen. Aber würde es nicht in der Bodenfeuchtigkeit und der entstehenden feuchten Wärme bald zu keimen oder gar zu faulen beginnen? Und wie soll das Getreide je wieder aus den engen Silos herausgeschaufelt werden? Wir machten die Nagelprobe.

In Ermangelung von Getreide füllten wir eines der Löcher mit Sand. Wir versuchten dann, ihn mit Händen und Schaufeln wieder aus der Erde zu schöpfen. Das obere Drittel machte nur wenig Mühe. Von der Mitte an aber arteten unsere Bemühungen in eine anstrengende Tätigkeit aus. Das letzte Drittel war eine einzige Tortur: Den Kopf nach unten hängend, taucht man in das Loch ein, schöpft eine Handvoll Sand, richtet sich auf und lädt sie am Rand ab. Dann aber erreicht man eine Tiefe, daß man die Hand nicht mehr am Kopf vorbeiführen kann, der Sand rieselt aus den Händen. Unsere Spaten legten wir schon bald beiseite, weil die Enge des Schachtes keine Hebelwirkung mehr zuließ. Schließlich banden wir kleine Eimerchen an Schnüre und ließen sie in die Tiefe hinab. Wollten wir sie mit dem Spaten füllen, kippte die Hälfte des Inhalts wieder aus. Wir ließen uns eine ganze Menge einfallen. Nach vielen Tricks und ganztägiger Arbeit hatten wir einen »Silo« bis auf einen Rest von 15 bis 20 cm geleert. Der Rest liegt vermutlich noch heute dort.

Seit man mir sagte, daß es sich bei den zahllosen Einmannlöchern um »Getreidesilos« handelte, bewegt mich die Frage, warum die urvorderen Familien von Cajamarquilla sich so ungeheure Mühen mit dem Aushub so enger Löcher machten? Warum legten sie nicht einen großen Familiensilo an?

Da Cajamarquilla ein gut durchorganisiertes Stadtgebilde gewesen sein soll, hätte doch sogar der Gedanke an einen großen und praktischen Gemeindesilo nahegelegen.

Sicher scheint mir, nach Untersuchung der örtlichen Gegebenheiten, die Erklärung keineswegs zu sein. Aber Silos – sagt man – MÜSSEN es gewesen sein . . .

In der feucht-heißen Hölle von Nan Madol

Die größte Inselgruppe Mikronesiens mit über 500 Inseln und einer Gesamtfläche von 1340 qkm sind die Karolinen.

Mit 504 qkm ist Ponape die größte der Karolinen-Inseln, dreimal so groß wie das Fürstentum Liechtenstein, mit dem sie etwa die gleiche Einwohnerzahl: 18 000, gemeinsam hat. Das Klima ist tropisch, der größere Teil von Ponape ist gebirgig und unbewohnbar. Rings um Ponape liegt ein Gürtel von kleinen Inseln und Inselchen und von Korallenriffen. Eine der winzigen Inseln, etwa so groß wie die Vatikanstadt mit 0,44 qkm, heißt – laut Atlas – Temuen.

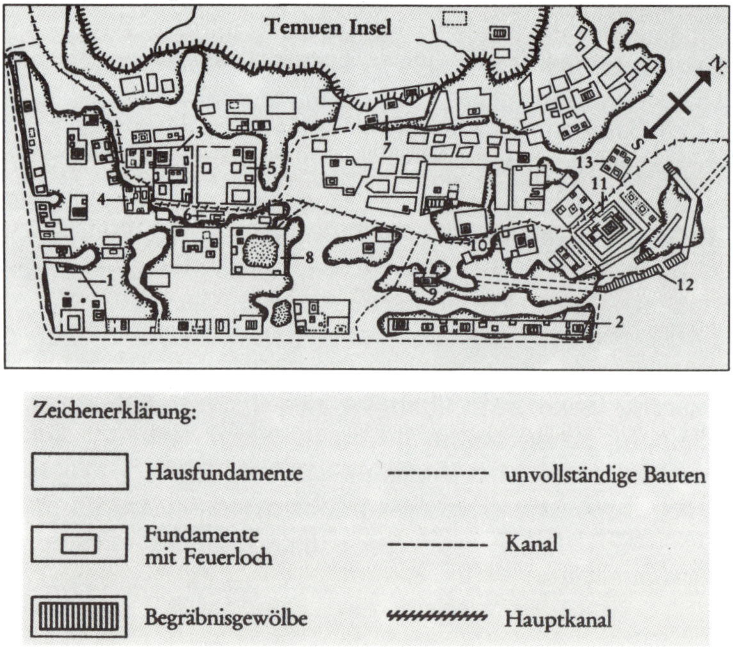

64

Auf Temuen liegen die gewaltigen Ruinen von Nan Madol, sie nehmen fast das ganze Eiland ein, geben ihm seine Bedeutung und seinen Ruf, so daß Temuen längst als Nan Madol in den Sprachgebrauch eingegangen ist. Die Ruinen von Nan Madol gibt es seit frühen Zeiten, die Entstehungszeit der vorzeitlichen Anlagen ist noch nicht datiert, die Herkunft ihrer Erbauer ist unbekannt.

Hier die historisch gesicherten Daten der Insel Ponape und ihrer Inselchensatelliten:

1595 Der Portugiese Pedro Fernandes de Quiros landet mit der »San Jeronimo«. Die ersten Weißen betreten die Insel . . . und sehen die Ruinen auf Nan Madol

1686 Die ganze Inselgruppe geht in spanischen Besitz über und wird nach dem König Karl II. KAROLINEN getauft

1826 Mit Überlebenden eines Schiffbruchs betritt der Ire James O'Conell die Insel, wird von den Ponapesen freundlich empfangen, heiratet eine Eingeborene

1838 Ab diesem Datum melden die Annalen der Insel verschiedene Besuche weißer Gäste

1851 Eingeborene massakrieren eine britische Schiffsbesatzung. Eine Strafexpedition richtet auf Ponape ein Blutbad an

1880 Missionare christlicher Konfessionen und Sekten fallen wie Heuschreckenschwärme ein, verbrennen Schrifttafeln der Frühgeschichte, verbieten überlieferte Volksbräuche

1899 Spanien verkauft die ponapesische Inselgruppe (nebst den Marianen und Palau-Inseln) an das Deutsche Reich

1910 Die Insulaner ermorden Missionare und Regierungsbeamte. Nur wenige Weiße entkommen dem Massaker

1911 Der deutsche Kreuzer »Emden« beschießt die Insel, Rebellen werden niedergemacht, ihre Anführer öffentlich gehängt

1919 Die Karolinen, samt Ponape, kommen unter japanische Mandatsverwaltung

1944 Während der Schlacht in der Südsee okkupieren die Amerikaner die Inselgruppe

1947 Die Inseln werden Treuhandgebiet der USA

Das sind die zweifelsfrei belegten historischen Daten von Ponape. Es steht also fest, daß die geheimnisumwitterten Ruinen auf Nan Madol lange, lange VOR dem ersten Besuch von Weißen anno 1595 existierten. Es ist nicht wahr, daß die Geschichte der Inselbewohner erst seit ihrer »Entdeckung« in die Legenden um Nan Madol eingegangen ist. Die Geschichte seit 1595 ist so gut wie lückenlos bekannt. Die Legenden um Nan Madol wissen viel mehr zu berichten als diese neuzeitlichen Fakten, sie sind also unendlich viel älter. Nur weil man keine überzeugende Erklärung für das Mysterium von Nan Madol anbieten kann, will man uns mit »Philologen-Latein« klug kommen.

Nachdem ich mehr als eine Woche in der feuchtheißen Hölle von Nan Madol mit Meßband, Fotoapparaten und Notizblock verbracht habe, kann ich über die bisherigen »Deutungen« – leider! – nur noch müde lächeln. Ich halte mich, weil ihr Inhalt plausibler ist, lieber an die Legenden.

Wir werden sehen, warum.

65

Als ich mit einer Boeing 727 der CONTINENTAL AIRLINES AIR MICRONESIA auf Ponape landete, ahnte ich nicht, in welche Strapazen, aber auch vor welche Überraschungen mich meine Neugier treiben würde.

Über das Hotel Kasehlia gechartert, fuhr ich mit einem kleinen Motorboot, nicht größer als ein Eingeborenenkanu, durch tropisch überwucherte Kanäle, die die vielen Inseln voneinander trennen. Es war drückend heiß und die Luft so feucht, daß man meinte, sie kaum noch einatmen zu können.

Eine einfache Rechnung

Mit meinen beiden eingeborenen Begleitern passierte ich viele Inselchen, und dann lag Nan Madol vor uns, eines unter vielen gleichen, das sich nur durch die seltsame Last, die es trägt, von allen anderen unterscheidet. Auf diesem tropischen Eiland liegt, nicht größer als ein Fußballstadion, das Pantheon, die kleine Basaltstadt, das sagenhafte Retiro vorzeitlicher Bewohner. Man steht abrupt vor diesen Zeugnissen der Frühgeschichte, man ist auf diese »Begegnung« nicht vorbereitet.

66

Die Grundrisse der Anlagen sind, wenn man sich ausreichend umgeschaut hat, im Gewirr des Ruinenfeldes deutlich erkennbar. Wie beim Mikado-Spiel sind zahllose Stäbe übereinandergelegt, geschichtet, geordnet. Es kann kein einfaches Spiel gewesen sein, das hier gespielt wurde, denn die Stäbe sind tonnenschwere Basaltstangen, Basaltklötze. Es handelt sich, sagt die bisherige Forschung, bei diesen Basaltstangen um erkaltete Lava. Mir kam das spanisch vor, als ich Meter um Meter feststellen mußte, daß die Lava ausschließlich sechs- oder achteckige Säulen, nach Maß, in etwa gleichen Längen erstarren ließ.

Da an der Nordküste von Ponape tatsächlich Säulenbasalt gewonnen wurde, bin ich bereit, über die dümmliche Erklärung der maßgerecht erstarrten Lavasäulen hinwegzusehen und zu unterstellen, dieses erstklassige und exakt bearbeitete Baumaterial wäre an der Nordküste gebrochen und bearbeitet worden. So weit – so schlecht, denn die durchschnittlich drei bis neun Meter langen und oft über zehn Tonnen schweren Blöcke müssen ja dann wohl von der Nordküste von Ponape durch das Labyrinth der Dschungelkanäle, an Dutzenden von gleich brauchbaren Inseln vorbei, nach Nan Madol transportiert worden sein. Ein Transport auf dem Landweg scheidet aus, denn den dichten Dschungel überfluten seit Urzeiten mehrmals am Tag Regengüsse, überdies ist Ponape eine gebirgige Insel. Akzeptiert man sogar noch, daß Straßen im Dschungel freigeschlagen wurden und daß es Transportmittel gab, die die Berge überwinden und sich durch den sumpfigen Morast wühlen konnten, dann stand die schwere Last zuletzt doch an der Südostecke der Insel, und man hätte sie dann auf Schiffe verladen müssen.

An Ort und Stelle erklärte man mir, der Transport zu Wasser sei wohl mit Flößen bewältigt worden – eine Auffassung, die der anderen widerspricht, die mir ein Gelehrter ernsthaft verkaufen wollte: die Ureinwohner hätten die Basaltkloben unter ihre Kanus gehängt, auf diese Weise das Gewicht verringert und so Stück für Stück nach Nan Madol gerudert.

Ich habe mir die Mühe gemacht, die Basaltblöcke einer Seite des Hauptbaus zu zählen. Bei einer Seitenlänge von 60 m addierte ich 1082 Säulen. Der Bau ist quadratisch, die

67

68

vier Außenwände zeigen 4782 Basaltelemente. Von einem Mathematiker ließ ich mir aus Breite und Höhe den Rauminhalt samt der für seine Auffüllung notwendigen Basaltsäulen errechnen: der Hauptbau »verschlang« etwa 32 000 Stück. Der Hauptbau ist aber nur ein Teil der Anlage.

Es gibt Kanäle, Gräben, Tunnels und eine 860 m lange Mauer, die an der höchsten Stelle 14,20 m mißt. Der rechteckige Hauptbezirk ist in Terrassen, auch aus erstklassigen Basaltquadern gebaut, abgestuft. Das von mir vermessene Haupthaus hat über 80 kleine Dependancen. Die Zahl 32 000 als Anhaltspunkt, liegt die Schätzung der allein in die 80 Bauwerke installierten Basaltsäulen mit rund 400 000 Stück eher zu niedrig als zu hoch. Falschen Erklärungen kommt man stets auf die Spur, wenn man eine rechnerische Nagelprobe macht. Wie zum Beispiel diese:

Zu Zeiten, als die Anlage von Nan Madol entstanden ist, gab es auf Ponape, von allen Forschern bestätigt, eine zum Stand von heute vergleichsweise geringe Einwohnerzahl. Die Arbeit im Steinbruch an der Nordküste war schwer, mühevoll, langwierig. Der Transport der bearbeiteten Werkstücke durch den Dschungel brauchte ein ganzes Heer kräftiger Männer, und auch die Zahl der Schauerleute, die die Blöcke unter die Kanus banden, war beträchtlich. Schließlich und endlich mußte ja auch eine Anzahl Insulaner

69

die Kokospalmen beernten, fischen und für den täglichen Unterhalt sorgen. Falls also je Tag vier mehrere Tonnen schwere Basaltsäulen die Südküste zum Abtransport nach Nan Madol erreicht haben, dann wäre das wohl, mit den gegebenen »technischen« Möglichkeiten, eine gigantische, bewunderungswürdige Leistung gewesen. Da es seinerzeit auf keinen Fall Gewerkschaften gegeben hat, unterstelle ich, daß volle 365 Tage gearbeitet und geschuftet wurde. Wären ganze 1460 Basaltblöcke pro Jahr auf Nan Madol angelandet. Wären 296 Jahre nötig gewesen, um nur das Material an die Baustelle heranzuschaffen!

Nein, so dumm sind menschliche Lebewesen zu keiner Zeit gewesen, daß sie sich solcher Tortur ohne Grund unterzogen hätten. Wenn schon Basaltsteinbrüche an der Nordküste von Ponape, warum hat man dann diese Anlage nicht auf der Hauptinsel errichtet? Warum baute man auf einem vom Steinbruch so weit entfernten Inselchen?

Gibt es keine überzeugende Erklärung?

Nan Madol ist keine »schöne« Stadt, ist es mit Gewißheit auch nie gewesen. Es gibt keine Reliefs, keine Skulpturen, keine Statuen oder gar Malereien. Es ist eine kalte, abweisende Architektur. Hart, roh, drohend sind Basaltbrocken aufeinandergetürmt. Das ist verwunderlich, weil die Südseeinsulaner ihre Paläste oder Festungen stets in verschwenderischer Weise mit Ornamenten schmückten:

70

Paläste und Festungen waren Plätze, an denen Könige geehrt oder Götter versöhnlich gestimmt werden sollten. Das spartanische Mauerwerk von Nan Madol schließt beide Möglichkeiten aus. – War es eine Verteidigungsanlage? Die Terrassen, die den Aufstieg zu den Bauten erleichtern, führen diesen Zweck ad absurdum: wann je wäre Feinden ein solches Angebot gemacht worden? Aber: die Terrassen geleiten zum Zentrum des Planes, zum »Brunnen«.

Ein Brunnen, der keiner ist

Dieser Brunnen ist kein Brunnen, es ist der Einstieg zum Anfang oder zum Ende eines Tunnels. Daß die Öffnung heute bis knapp zwei Meter unter dem Rand mit Wasser vollgelaufen ist, beweist nichts, denn auch die Anlagen von Nan Madol führen über den Inselrand hinaus und sind mit bloßen Augen unter der Wasseroberfläche zu sehen, bis sie sich im Meer verlaufen.

Was aber soll ein Tunnel auf der winzigen Insel? Wohin, woher führt er?

Zuerst las ich in Herbert Rittlingers Buch »Der maßlose Ozean« von dieser Merkwürdigkeit. Rittlinger, der die Südsee forschend bereiste, erfuhr auf Ponape, daß hier vor ungezählten Jahrtausenden der prachtglänzende Mittelpunkt eines ruhmvollen Reiches gewesen sei. Die Berichte von dem sagenhaften Reichtum hätten Perlenfischer und chinesische Handelsleute verlockt, heimlich den Meeresboden abzusuchen, und die Taucher wären allesamt mit unglaublichen Berichten aus der Tiefe gestiegen ... sie hätten auf dem Grund über wohlerhaltene, von Muscheln und Korallen überwucherte Straßen gehen können ... es gäbe »da unten« zahllose Steingewölbe, Säulen und Monolithen ... an deutlich erkennbaren Häuserresten würden behauene Steintafeln hängen.

Platinsärge?

Was die Perlenfischer nicht fanden, entdeckten japanische Taucher mit modernen Geräten und bestätigten mit ihren Funden, was die Legenden von Ponape überliefern: den großen Reichtum an Edelmetallen, an Perlen und Silberbarren. Im »Haus der Toten« (also dem Haupthaus der Anlage), weiß die Legende, ruhen die Leichname. Die japanischen Taucher berichteten, die Toten seien in wasserdichten PLATINsärgen beigesetzt. Tatsächlich

71

72

brachten die Taucher Tag für Tag Platinstücke mit an die Oberfläche! Tatsächlich wurden die Hauptausfuhrartikel der Insel – Kopra, Vanille, Sago, Perlmutter – durch PLATIN verdrängt! Diese Platinförderung, berichtet Rittlinger, hätten die Japaner betrieben, bis eines Tages zwei Taucher trotz moderner Geräte nicht wieder hochgekommen seien, dann sei der Krieg ausgebrochen und die Japaner hätten abziehen müssen. Er schließt seinen Bericht:

»Die Berichte der Eingeborenen, überwuchert von jahrhundertalten Legenden, sind wahrscheinlich übertrieben. Aber die Platinfunde auf einer Insel, deren Fels sonst kein Platin enthält, waren und bleiben eine höchst reale Tatsache.«

Das alles geschah um 1939.

Ich glaube nicht an die Metall- oder gar Platinsärge. Sechs- oder achteckige Basaltpfeiler, von Muscheln und Korallen überwuchert, lassen sich unter Wasser leicht mit der Form von Särgen verwechseln. Särge hin, Särge her. Tatsache bleibt, daß Japan seit seiner Mandatsherrschaft ab 1919 von Ponape aus Platin exportierte.

Woher stammten diese Platinmengen?

Mögen die Särge eine Täuschung gewesen sein, überzeugen mich doch die Taucherberichte von Häusern, Straßen und Steingewölben auf dem Meeresgrund, denn diese Bauten sieht man im klaren Wasser auf den Inselrand »zuwachsen« und erkennt deutlich, wie sie zum angeblichen Brunnen hinführen. Hier war, meine ich, mit großer Wahrscheinlichkeit der Einstieg in ein die Insel beherrschendes Tunnelsystem. Und: Nan Madol hat nichts Gemeinsames mit dem sagenhaften Atlantis, das – nach Plato – 9 000 v. d. Z. im Meer versank. HIER liegen die überirdischen Bauten dort, wo sie vor Urzeiten angelegt wurden, und ihre Fortsetzungen unter Wasser sind PLANMÄSSIGE Anlagen, die im Zuge der Bauarbeiten von Nan Madol entstanden. Hier gibt es Relikte wunderbarer Bauten, aber hier gibt es keine Wunder.

Was nerichten die überlieferten Legenden über die mysteriösen Ruinen von Nan Madol?

Die auf Ponape lebenden Forscher K. Masao Hadley, Pensile Lawrence und Carole Jencks haben Material gesammelt, ohne dem Inhalt eine mögliche Auslegung zu geben.

Der Hauptbau wird in der Legende als »Tempel der heiligen Taube« geführt. Noch vor drei Jahrhunderten wäre der Taubengott und Oberpriester Nanusunsap in einem Boot durch die Kanäle gerudert und ihm gegenüber habe stets eine Taube gesessen, der er ohne Unterlaß in die Augen habe schauen müssen: habe die Taube geblinzelt – und Tauben tun das ständig! – hätte der arme Oberpriester zurückblinzeln müssen. Eine drollige Vorstellung.

Ein Drache als Baumeister

Ursprünglich jedoch, melden die Legenden, wäre nicht die Taube das Symbol der Gottheit von Nan Madol gewesen, sondern ein feuerspeiender Drache. Um diesen ehemals heimischen Drachen ranken sich denn auch die Berichte von der Entstehungsgeschichte der Insel und der Bauten. Die Mutter des Drachen habe durch ihr gewaltiges Schnauben die Kanäle ausgehoben und auf diese Weise die Inselchen entstehen lassen – der Drache hätte einen Zauberer als Adjutanten gehabt, und dieser Drachen-Zauberer hätte einen Vers gewußt, mit dem er, dank der Kraft des Zauberspruches, die Basaltklötze von der großen Nachbarinsel herüberfliegen lassen konnte, um sie dann – mit einem anderen Vers – ohne einen Handgriff der Bewohner auf Nan Madol aufzuschichten.

Amüsiert habe ich mich über eine Interpretation der Drachen-Legende. Der Drache, sagen die Archäologen, sei eigentlich kein Drache, vielmehr ein Krokodil gewesen, das sich nach hierher verirrt und erhebliche Unruhe gestiftet habe. Krokodile gibt es in der Südsee etwa 3000 Meilen von der Insel entfernt. Mag sich irgendwann ein Krokodil verirrt haben – warum nicht? – dann gibt das immer noch keinen Grund dafür, daß eine einzige Panzerechse in die Legende einging, nicht aber die ungleich eindrucksvollere Entstehung der Bauten von Nan Madol! Ein Krokodil hinterläßt Spuren in der Volkslegende – Bauten aber, deren Rudimente heute noch staunenswert und unerklärbar sind, finden in den Legenden keine Beachtung? Das Krokodil baute doch wohl keine Terrassen, Häuser, Tunnels. Oder?

Selbstverständlich gibt es viel, viel mehr Legenden über Nan Madol als die von der Taube und vom Drachen. Der deutsche Ethnologe Paul Hambruch gab im zweiten Band seiner »Ergebnisse der Südsee-Expedition 1908 bis 1910« (Berlin 1936) eine gründliche Übersicht über Sagen, Mythen und Legenden der Karolinen. Das »District-Economic-Development-Office« in Ponape verkauft heute Touristen eine Broschüre mit Daten der Geschichte und Legenden für einen Dollar. Wenn ich hier vorerst nur die Drachen-Legende vorlege, hat das gute Gründe.

Ich tue es nicht, weil ich hier einen einmaligen Taufpaten und Kronzeugen für mein Götter-Konzept gefunden habe.

Auf allen Südsee-Inseln, die Ruinen alter Bauten vorweisen und ihre Vergangenheit in Mythen belegen können, gibt es die wilde Behauptung, große Steine seien durch die Luft an ihren Bestimmungsort geflogen. Das prominenteste, weil weltbekannte Muster dieser Legenden-Aussage ist die Osterinsel. In ihren Mythen tragen die Rapanui-Leute über alle Zeiten weg das Wissen, wonach die etwa 200 Riesenstatuen rund um die Inselküste »aus der Luft« und »von selbst« in ihre Positionen gegangen seien.

Drachen- und Tauben-Legenden gibt es überall, freilich in verschiedenen Fassungen. In der Fülle des weiteren

73 Uxmal

Legendenstoffes dominieren kriegerische Ereignisse, Abfolgen ehemals herrschender Königsgeschlechter, Hochzeiten und Morde wie auch verifizierbare historische Fakten jüngeren Datums. Dieser umfängliche Teil der Legenden geht von Tatsachen aus, er hat einen realen Kern. Das scheint mir nur logisch, denn auch die kühnste Phantasie braucht Anlässe, quasi Startrampen für kühne Gedanken. Menschliche Phantasie lehnt sich selbst dann, wenn es sich um scheinbare Utopie handelt, an Erlebtes oder mindestens im jeweiligen Stadium Denkbares an. Nun sind Drachen ein globales Element in Mythen und Legenden. Die frühesten Sagen der Chinesen kennen sie, wie sie bei den Mayas ihren selbstverständlichen Platz haben. Diese feuerspeienden Ungeheuer sind jedem alten Volk der Südseegemeinschaft vertraut, gelegentlich auch als lärmende, fliegende Schlangen. Alle aber beherrschen die fabelhafte Kunst, größte und schwerste Gegenstände über weite Entfernungen in vorbestimmter Ordnung an den Platz X befördern zu können. Welcher Baumeister unserer Tage möchte nicht gern Drache mit solchen Fähigkeiten sein?

Die phantasiebegabten Urväter erbauten Nan Madol.

74 Zu keiner Zeit konnten Schlangen fliegen, eine Binsenwahrheit. Aber, um nur zwei Beispiele aus weit voneinander entfernten geographischen Räumen zu geben, zeige ich eine fliegende Schlange vom Tempel in Uxmal, Mexiko, und aus dem Tal der Könige, Ägypten.

Nicht an einem Tag. Unter freundlicher Assistenz eines Mathematikers errechnete ich, daß dafür annähernd 300 Jahre notwendig waren. Über viele Generationen hin wurde mit Blut, Schweiß und Tränen geschuftet. Warum hat sich diese enorme Leistung der Insulaner nicht in der belegten Historie niedergeschlagen, markant eingezeichnet, wenn sie – wie die Archäologen behaupten – erst vor 500 Jahren erbracht wurde? Der »Beweis« für diese junge Datierung ist sehr, sehr mager: Vor ein paar Jahren wurde unter einem Basaltblock beim »Brunnen« ein Holzkohlenrest gefunden. Es wurde eine Zeitbestimmung nach der C-14-Methode vorgenommen, die ergab eine Datierung um 1300 n. d. Z.

Abgesehen von der – inzwischen vielfach attestierten – Ungenauigkeit der C-14-Methode, die ein konstantes Verhältnis des radioaktiven Isotops des Kohlenstoffs (C) mit dem Atomgewicht 14 in der Atmosphäre voraussetzt, ist es viel eher möglich, ja, sogar wahrscheinlich, daß Nachfahren auf den längst vorhandenen Basaltbauten ein Feuerchen anzündeten. Das sind doch keine ernstzunehmenden Feststellungen, das sind Tricks, die bluffen sollen, wenn man nicht weiter weiß ...

Kulturexport

Polynesien (griechisch: Vielinselland), die Inselgruppen des östlichen Ozeaniens, liegen in dem großen Dreieck zwischen Hawaii, den Osterinseln und Neuseeland. Die Ureinwohner aller polynesischen Inseln auf 43 700 qkm Festland haben Sagen und Legenden gemeinsam, sie haben gemeinsame Sprachstämme und – mit nur geringen Varianten – ein gemeinsames Äußeres. Und gemeinsame Götter!

Die Mehrzahl der Polynesien-Spezialisten, Archäologen, Anthropologen und Altphilologen, sind sich darin einig, daß Kultur und Sprache von Ostpolynesien aus verbreitet wurden. Dieser Version folgend, ging der Kultur- und Sprachenexport von der Gruppe der neun Cook-Inseln und ihren vielen Atollen aus, von der großen Insel Tahiti (1042 qkm) wie von der Gruppe der Tuamotu-Inseln mit ihren etwa 80 Atollen, aber auch von den Marquesa-Inseln und den Mangarewa-Inseln.

Ich wage nicht, diese wissenschaftlichen Resultate zu bekritteln, aber ich habe Fragen vorzubringen.

Wie haben die Ostpolynesier beim Kulturexport die gewaltigen Distanzen zwischen den Inseln zurückgelegt?

Da gibt es die Theorie, sie hätten sich mit ihren Kanus in die Strömungen des Meeres eingeschleust und dann treiben lassen. Treiben – wohin?

Seit einem halben Jahrhundert weiß man aus der Erforschung der Meeresströmungen sehr genau, in welchen Richtungen sich die großen, kräftigen Strömungen bewegen, welche Küsten sie berühren. So beweist die Karte der Meeresströmungen schlüssig, daß die ostpolynesischen Exporteure Neuseeland, die größte Insel im südlichen Pazifik, mit ihren primitiven Kanus gegen die Strömung hätten erreichen müssen.

Eine beliebte Erklärung für den kompaß- und motorlosen Verkehr ist die, daß die Seefahrer zwischen Ostpolynesien und Neuseeland solange in Nord- oder Südrichtung fuhren, bis sie sich östlich oder westlich von ihrem Ziel befanden: dann fädelten sich die cleveren Burschen haarscharf in die Strömung ein.

Ja, wenn die Urpolynesier moderne maritime Kenntnisse und technische Hilfen gehabt hätten! Was wußten sie denn von dem auf Punkt richtigen Breitengrad, von dem ab sie nach Ost oder West abbiegen mußten? Und woher kannten sie ihr Ziel? Wußten sie, daß und wo es andere Inseln gibt?

Wer unterstellt, die Urpolynesier hätten sich exakt der Strömung bedient – die gegen ihre Expeditionsrichtungen verliefen! der muß bereit sein anzuerkennen, daß ihnen Kenntnisse der Meeresströmungen geläufig waren. Falls Wissenschaftler bereit sind, diese notwendige Voraussetzung für eine erfolgreiche Navigation zwischen den Inseln zu akzeptieren, dann will ich mich gern der Strömungstheorie anschließen, muß aber zugleich die Frage stellen dürfen, woher sie dieses navigatorische Wissen hatten.

Es geht um den Kulturexport von Ost nach West über riesige Distanzen, die ich hier nach Angaben der internationalen Luftfahrtgesellschaften benenne:

Osterinsel–Tahiti	= 3700 km
Tahiti–Fidschi	= 4300 km
Fidschi–Australien	= 3000 km
Kalifornien–Hawaii	= 4000 km
Hawaii–Marshallinseln	= 3800 km

Hätte trotzdem der Zufall ein Floß oder ein Kanu an der Küste einer bis dato unbekannten Insel landen lassen, dann hätten die kühnen Seefahrer (gegen die Strömung!) nie wieder Verbindung mit ihrer alten Heimat bekommen, sie hätten nicht mal Kunde dorthin gelangen lassen können: »Land über!« Die tollkühnen Aquanauten hätten sich von der ZUFÄLLIG angelandeten Insel aus – wären sie noch mal in See gestochen – immer weiter vom Heimathafen entfernt. Die Heimkehr hätten die stärksten Männer in den Kanus nicht geschafft. Sie vollbrachten allerdings, der Wissenschaft zufolge, eine andere erstaunliche Leistung: sie hatten zwar keine Frauen mit von der Partie, versorgten die Inselchen aber nicht nur mit Kultur, sie zeugten auch

75 Auckland

Kinder, die sich dann fleißig vermehrten. Wie sie das wohl gemacht haben?

Die Ostpolynesier haben nach den Sternen navigiert!

»Wenn das ›Kreuz des Südens‹ im Herbst um Mitternacht am Horizont steht, müssen wir links steuern, um Bora-Bora zu erreichen.«

Woher wußten die Kulturbringer, wo Bora-Bora liegt?

War irgendwer vor ihnen auf den vielen hundert Inseln? Auf welche Weise bekamen die »Entdecker« von der Heimatinsel Meldungen, die zu solcher Positionsbestimmung nötig waren?

Heute weiß der Seemann (im Gegensatz zum vorgeschichtlichen Entdecker), daß sein Ziel existiert, wo es liegt

76 Eine Ritualmaske aus dem Museum Auckland, Neuseeland

und auf welcher Route er es findet. Den Urpolynesiern fehlten ALLE notwendigen Kenntnisse. Wenn sie eine Insel erreichten, legte sie ihnen ein glücklicher Zufall in den Weg.

Der Reichtum von Nan Madol

Die amerikanische Treuhandverwaltung bemüht sich, die Infrastruktur der Inseln zu verbessern, auf Ponape werden Straßen gebaut, ein Elektrizitätswerk ist schon in Betrieb, der Hafen ist in Ausbau, ein Radiosender berieselt Insel und Inselchen mit Musik. Aber das ist alles noch am Anfang, um so verwunderlicher, daß auf der armen Insel nahezu jede Eingeborenenfamilie stolze Autobesitzerin ist! In vielen Hütten, selbst in solchen, die noch keinen elektrischen Strom haben, stehen Musikboxen. Der Besitzer meines sogenannten Erstklasshotels betrieb deren drei, und sie waren nervtötenderweise fast immer gleichzeitig in Betrieb; die wenigen Gäste konnten sich an zwei Flipperkästen die Zeit vertreiben, und am Tag, als ich die Insel verließ, wurde ihm eine elektrische Rechenmaschine in sein Etablissement geliefert. Ich bin nicht hinter das Geheimnis dieses absurden Reichtums gekommen. Die Eingeborenen sind arm und rechtschaffen faul, sie sind auch an Geschäften nicht interessiert. Ich mußte alle Überredungskünste aufwenden, um überhaupt zwei Boys zu finden, die mich täglich nach Nan Madol hinausfuhren. Zwar sind Amerikaner fabelhafte Verkaufsgenies, aber sie wollen für ihre Lieferungen Geld sehen. Woher haben die Insulaner soviel Geld für so viele, meist nutzlose Sachen? Mir kamen immer wieder die japanischen Taucher in den Sinn, die Platinstücke vom Grund des Meeres holten . . .

Der versäumte Sakao-Rausch

Vielleicht habe ich eine Chance versäumt, im Moment einer vollkommenen Hellsichtigkeit hinter alle Geheimnisse zu kommen.

Am Tag vor meiner Abreise wurde ich von Eingeborenen in ihr Dorf eingeladen. Längst weiß ich, daß man solche Gesten der Gastfreundschaft nicht ausschlagen darf: nie kann man an den Ort zurückkehren, wenn man unhöflich war. Die älteste Frau des Klans begrüßte mich und führte mich durch einige Hütten zum Dorfplatz. Frauen und Mädchen hockten vor einem hohlen Baumstamm und begannen, als sie meiner ansichtig wurden, mit Stäben einen

Rhythmus, etwa im Tempo eines Blues, zu schlagen. Männer und Burschen traten in den Kreis und begannen zu stampfen, während sie, in der Drehung, sehr geschickt auf anders abgestimmte Holzstämme schlugen. Sie zogen mich in ihr zunächst friedliches Ringelreihn, aber es wurde fürchterlich, die Rhythmusgruppe der Damen legte an Tempo zu, die Luft war heiß und stickig, und ich mußte mitmachen, auf der Stelle hüpfen, im Kreise laufen und stampfen, nur den Holzspeer hat man mir erspart. Der Rock 'n' Roll der fünfziger Jahre war sanft wie ein Tango gegen unsere Darbietung.

Schlimmeres stand mir bevor.

Ich wurde in eine Hütte geführt, auf dem Boden lag ein großer flacher Stein, sechs Männer – und ich – wurden rundherum plaziert. Teens des Stammes brachten frische Wurzeln eines jungen Baumes (lat. piper methysticum).

Mit Lianenbüscheln wurden die Wurzeln oberflächlich gereinigt und auf den Stein gelegt. Die Männer griffen zu Steinfäustlingen und hämmerten im Takt auf die Wurzeln ein, etwa eine halbe Stunde lang. Aus den Wurzeln troff eine klebrige, braune breiige Masse. Die Teens brachten Pflanzenfasern und breiteten sie an den Rändern des Steines sorgfältig aus. Die routinierten Saftklopfer strichen nun den Brei auf die Fasern, und je zwei drehten die Fasern zu einem Strick: die üble Soße, die in Kokosschalen tropfte, war Sakao.

Ein unschuldiger Jüngling – die Riten gebieten, daß es ein unschuldiger Jüngling ist – kniete vor mir nieder und reichte mir, ohne mir in die Augen zu sehen – was streng verboten ist – die Schale. Was tut man nicht alles zur Völkerverständigung! Ich setzte die Schale an die Lippen, alle Augen starrten mich an, ich würgte einige Schlucke hinunter. Ich reichte die Schale meinem Nachbarn, der das grauenhafte Gesöff schlürfte wie edlen Champagner. Die Schale wurde aufgefüllt, und alle genossen das festliche Gelage, bis sie sich bald hinlegten und in einen tiefen seligen Schlaf fielen.*

Sakao wirkt wie eine Droge, macht aber nicht süchtig und auch kein Kopfweh beim Erwachen. Sakao soll, sagten mir Kenner, eine Wirkung hervorrufen wie LSD. Über LSD las

* Dasselbe Getränk heißt auf den Fidschi-Inseln »Yangona« und auf Tonga und Samoa »Kava«.

ich, daß es zu Momenten unerhörter, unvorstellbarer Klarsicht verhilft. Hätte ich eine größere Portion des ekligen Saftes geschluckt, wäre mir möglicherweise – unter den Eindrücken der letzten Tage stehend – jene Erleuchtung gekommen, die die Geheimnisse von Nan Madol schlagartig erklärt hätten. So muß ich denn meine Fragen an die zünftigen Gelehrten weiterreichen, die bisher ohne die rechte Klarsicht im trüben fischen.

Der Raumfahrer in Palenque

Während seiner Forschungsarbeiten von 1949 bis 1952 entdeckte der mexikanische Archäologe Alberto Ruz Lhuillier im »Tempel der Inschriften« in Palenque eine Grabkammer. Vom Vorraum des Tempels aus, der auf der höchsten Plattform einer Stufenpyramide liegt, führt eine steile, von Feuchtigkeit glitschige Treppe fast 25 m tief herab, zwei Meter unter die Erdoberfläche. Die Treppe war derart »kaschiert«, daß es sich wohl um einen geheimgehaltenen Abstieg handelte. Maße und Lage der Kammer entsprechen »magischen oder symbolischen Vorstellungen« (Marcel Brion). Drei Jahre brauchten Archäologen mit ihren Helfern, um diesen Weg von der Höhe in die Tiefe freizulegen.

Den Boden der Kammer bildet ein Monolith von 3,80 m Länge und 2,20 m Breite mit einem phantastischen Steinrelief, mir ist keine zweite Steinarbeit von solcher Schönheit und Akkuratesse bekannt. – Rings um das Rechteck sind Maya-Glyphen ziseliert, sie sind erst zum

77

78

79

kleinsten Teil entziffert. Die Steinplatte schmücken Glyphen, wie sie aus der Maya-Literatur und von Maya-Stelen her bekannt sind; da gibt es den Lebensbaum (oder das Lebenskreuz), einen Indianer mit der Maske des Erdengottes – Federschmuck auf dem Haupt, Jaderöhrchen und Schnüre und – last, but not least – den heiligen Quetzalvogel, eine zweiköpfige Schlange und symbolische Masken. Der Archäologe Paul Rivet, einer der besten Kenner des Objekts, meint, der Indianer sei auf dem Opferaltar sitzend dargestellt, und hinter seinem Sitz wären »stilisierte Barthaare des Wettergottes« eingraviert, Motive, wie sie in Maya-Städten wiederkehren. – Unter diesem edel bearbeiteten Monolithen fand man in einem purpurrot ausgemalten Sarg ein Skelett; auf dem Gesicht lag eine Goldmaske, neben dem Skelett waren einige Schmuckstücke aus Jade sowie rituelles Zubehör und Opfergaben deponiert . . .

Seit ich diese Grabplatte in Palenque sah, habe ich sie technisch interpretiert. Es ist unerheblich, ob die Platte als Quer- oder Längsbild betrachtet wird – der Eindruck von einem raumfahrenden Wesen verfolgt einen geradezu. Die besten mir bekannten Fotos von der Grabplatte, die hinter einem gesicherten Eisengitter liegt, machte die Crew des Films ERINNERUNGEN AN DIE ZUKUNFT. Nach achtmaligem Anlauf gestattete die Regierung eine halbstündige Arbeit mit Kamera und Scheinwerfern.

In ihrer Gesamtheit bildet die Grabplatte einen Rahmen, in dessen Mitte ein Wesen vornübergeneigt (wie ein Astronaut in der Kommandokapsel) sitzt. Dieses eigenartige Wesen trägt einen Helm, von dem doppelspurige Schläuche nach rückwärts verlaufen. Vor der Nase sitzt ein Sauerstoffgerät. Mit beiden Händen manipuliert der Vornübergeneigte an irgendwelchen Kontrollmechanismen: die obere Hand ist geöffnet, so, als ob das Wesen an einem direkt vor ihm liegenden Knopf eine Feineinstellung vornimmt; von der unteren Hand sind vier Finger zu erkennen, die vom Handrücken ausgehen; der kleine Finger ist gekrümmt. Sieht es nicht so aus, als ob das Wesen mit dieser Hand einen Hebel, dem Handgashebel der Motorräder ähnlich, bedient? – Die Ferse des linken Fußes ruht auf einem Pedal mit mehreren Stufen. – Dem

Betrachter der Palenque-Bilder wird auffallen, daß der »Indianer auf dem Opferaltar« recht modern gekleidet ist: direkt unterm Kinn, noch im Halsausschnitt sichtbar, eine Art von Rollkragenpullover – ein enganliegendes Anzugoberteil schließt sich an und endet an beiden Handgelenken in Stulpen. Um die Taille ein breiter Gurt mit einem Sicherheitsschloß, eine grobmaschige Hose, schließlich ein enges strumpfhosenartiges Beinkleid bis zu den Fußgelenken . . . und der Astronaut ist perfekt angezogen.

Die Apparatur, in der der Raumfahrer angespannt hockt, hat in meinen Augen diese technischen Merkmale:

VOR dem angeschnallten Astronauten liegen das Zentralaggregat für Sauerstoff, Energieversorgung und Kommunikation sowie die manuellen Bedienungshebel und die Geräte für Beobachtungen außerhalb des Raumfahrzeugs. Am Bug des Schiffes, also vor der Zentraleinheit, sind große Magnete erkennbar; sie sollen um die Raumschiffhülle ein Magnetfeld aufbauen, das bei hoher Geschwindigkeit den Aufprall von Partikeln im Weltraum abwehrt.

HINTER dem Astronauten ist eine Kernfusionseinheit zu sehen; schematisch sind zwei Atomkerne, wahrscheinlich Wasserstoff und Helium, dargestellt, die schließlich verschmelzen. Wesentlich erscheint mir, daß am Ende des Fahrzeugs – außerhalb des Rahmens – der Raketenrückstrahl stilisiert wurde. Neben diesen von mir technisch ausgelegten Zeichnungen gibt es tatsächlich immer wiederkehrende Maya-Glyphen auf der Grabplatte. Ich halte es für selbstverständlich, daß die Maya derart von ihrem »Himmelsboten« Botschaft gaben und auch dessen Geschichte in einer ihnen möglichen und bekannten Weise aufzeichneten.

Nach dem Aufenthalt eines außerirdischen Wesens hätten die Indianer den »natürlichen« Wunsch gehabt, so hohen Besuch samt dem Apparat in einem Relief zu verewigen. Abgesehen davon aber, daß die Steinmetze nicht über technische Kenntnisse verfügten, wäre es auch unmöglich gewesen, eine technisch so komplizierte Apparatur wie dieses Ein-Mann-Raumschiff vom bloßen Augenschein her in Stein zu meißeln. Baten sie die himmlischen Gäste um Beratung? Lieferten die Extraterrestrier den Maya-Künstlern eine einfache schematische

Zeichnung des Himmelsfahrzeugs? Dem Skeptiker, der mich fragt, warum denn die Außerirdischen Kenntnisse und Geheimnisse preisgegeben haben sollten, kann ich nur antworten: Sie taten es auch in diesem Fall, um späteren Generationen sichtbare Zeugnisse ihrer Anwesenheit zu hinterlassen.

Diese Spekulation akzeptiert, schließen vorhandene, teilweise entzifferte Glyphen die gleichzeitige technische Version nicht aus. Der definitive Beweis, daß es sich bei der Grabplatte um übliche Maya-Symbolik handelt, ist nicht zu führen. Aus der Literatur läßt sich nicht zwingend ableiten, daß das Relief KEINE technischen Elemente enthält.

Es hilft wenig weiter, wenn wir vor überholten Arbeitshypothesen strammstehen. Die Archäologie lehnt es ab, Wissen von der Raumfahrttechnik einzubeziehen. Drum scheint es mir intolerant zu sein, meine Version abzulehnen. Es sollte ein Patt gelten: die Grabplatte ist aus der Maya-Literatur nicht zufriedenstellend erklärbar, die technische Version denkbar.

80

81

82

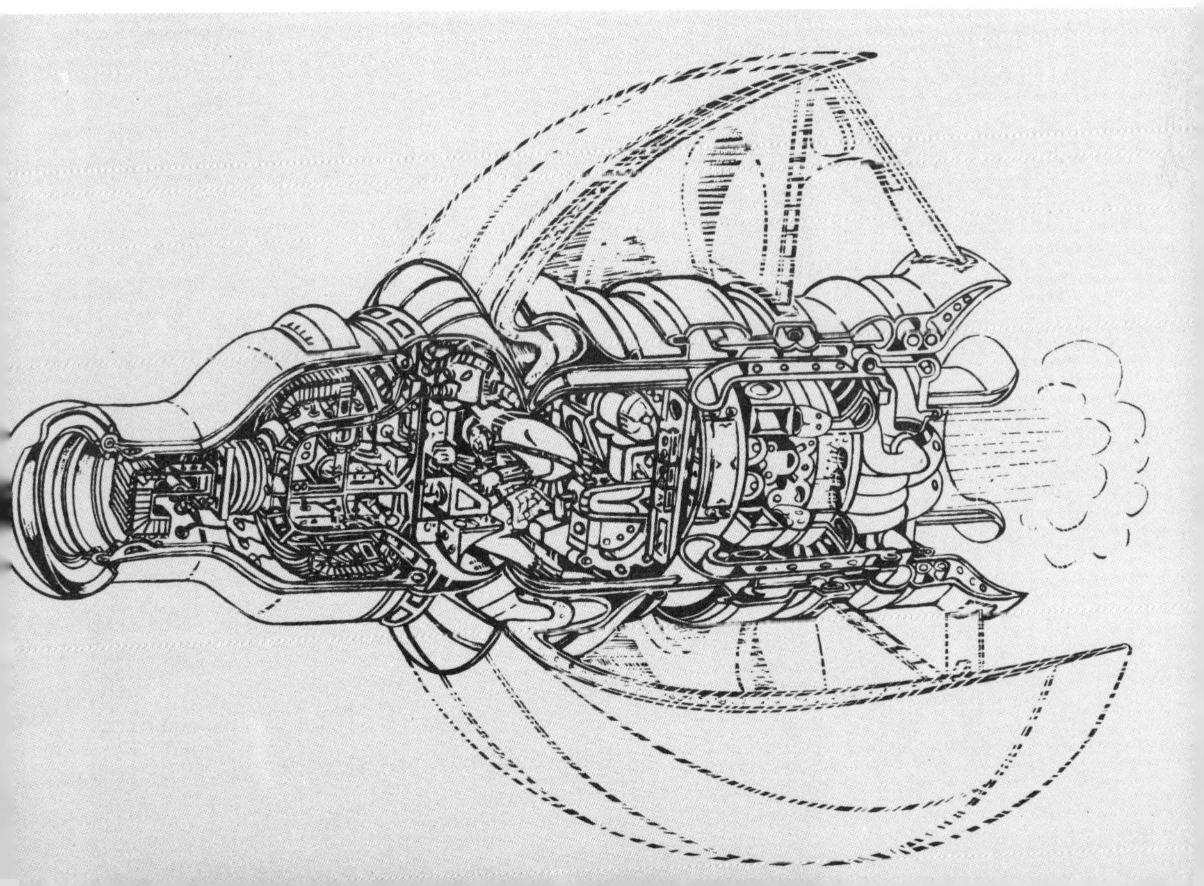

VII
RAUMSCHIFFE DER ZUKUNFT HABEN KUGELFORM

Alle bisher gebauten und auch in der Planung befindlichen Raumschiffe haben Stromlinie, sie sind bleistiftförmig. Die Konstruktionen müssen so sein, weil mit den heute verfügbaren Raketen und ihren immer noch relativ schwachen Antriebswerken nur Flugobjekte, die geringstmögliche Reibungsflächen bieten, die »Mauer« der Erdatmosphäre durchstoßen können. Ich bin aber überzeugt, daß Flugkörper der bisherigen Form für interstellaren Verkehr nicht ideal sind; dort, zwischen den Sternen, im luftleeren Raum, kann ein Raumschiff JEDE nur denkbare zweckmäßige Form haben. Das SKYLAB der NASA, das erste Himmelslabor, wirkte mit seinen sechs ausgefahrenen Sonnenzellenpaddeln plump wie eine gigantische Mülltonne mit Stelzen und Fühlern in alle Richtungen. Schon für das Mondlandefahrzeug LEM wäre die Bleistiftform offensichtlich nicht mehr notwendig gewesen. Der oben abgeflachte Kasten mit seinen vier Stelzenbeinen raste binnen Sekunden auf Kommando in die Umlaufbahn des Erdtrabanten, von Bleistiftform keine Rede mehr.

Zeigt sich nicht immer wieder, daß im schwerelosen Raum die Bleistiftform weder nötig noch ideal ist? Wenn das Raumschiff – das zum Unterschied von der Stufenrakete bereits kugelförmig ist – zum nahen Mond fliegt, muß es mehrmals um die eigene Querachse gedreht werden. Wie umständlich und risikovoll! Aus allen Raumflugberichten wissen wir, daß jeder Richtungswechsel ein höchst kompliziertes Steuerungsmanöver verlangt: In Millisekunden muß der Bordcomputer Abweichungen von der Flugbahn ermitteln und ebenso schnell die kleinen Steuerdüsen zur Kurskorrektur in Gang setzen. Eine einzige, ganz geringe Fehlsteuerung würde verheerende Folgen haben. Antriebsmaterial ist nur begrenzt verfügbar und würde bald verbraucht sein, die Steuerdüsen könnten die Kurskorrekturen nicht mehr ausführen, der Wiedereintritt des Raumfahrzeugs in die dicke Erdatmosphäre wäre unmöglich: es würde, bis es verglühte, steuerungslos im Weltall dahinfahren.

Die Freisetzung höherer Antriebsenergien ist der Schlüssel, der das Tor in die Konstruktionshallen für neue Raumfahrzeugtypen öffnet.

Der Zeitpunkt, an dem die Technik über jetzt noch unvorstellbare Energien verfügen wird, liegt durchaus nicht mehr so fern. Mit den derzeit verfügbaren Flüssigkeitstriebwerken wäre eine Reise von Stern zu Stern unmöglich, sie könnten die notwendigen Treibstoffreserven samt Raum für Mannschaften und Geräte nicht ins All transportieren. Drum werden Raumschiffe für interstellare Expeditionen nicht mit Flüssigkeits- oder Feststoffraketen gefahren

83 Stilisiertes Abbild eines kugelförmigen Raumfahrzeugs auf einem Zeremonialgerät (Anthropologisches Museum, Mexiko)

84 Die Stele von Santa Luca Cotzmalhuapa, Guatemala, übermittelt unten rechts eine Figur, die wie ein moderner Raumfahrer gekleidet ist

werden können. Atomare Triebwerke – etwa Kernfusionen von Wasserstoff zu Helium –, Triebwerke mittels Materienzerstrahlung oder Photonen werden vermutlich eines Tages zur Verfügung stehen. Sicher wird eine technische Realisierung in Form von Quanten elektromagnetischer Strahlung, Photonen genannt, möglich werden, die dann eine der Lichtgeschwindigkeit näherkommende Strahlgeschwindigkeit erreicht und für eine nahezu unbegrenzte Dauer Schub abgeben kann. – Dann wird man nicht mehr mit jedem Kilo Nutzlast geizen müssen, wie heute noch, da für jedes Kilogramm, das ein Fahrzeug mit auf die Mondreise nimmt, zusätzlich 5180 Kilogramm Treibstoff benötigt werden!

Wo keine atmosphärischen Bedingungen zu überwinden sind, werden reibungsmindernde Konstruktionen unnötig, sie sind ja wegen ihrer notwendigen Enge sogar hinderlich: Astronauten müssen sich durch schmale Luken und enge Röhren zwängen, bei derart begrenztem Raum müssen Instrumente und Versorgungssysteme über »Stockwerke« verteilt werden, und alle technischen Einrichtungen für den Raketenantrieb müssen sich »am Ende«, also »unten« befinden.

Heute Utopie – übermorgen Wirklichkeit

Ich bin kein Raketenkonstrukteur, aber es gibt ein paar Überlegungen, die wir alle anstellen können und die mir durchaus überzeugend erscheinen: Eine Kugel hat weder »vorn« noch »hinten«, weder »oben« noch »unten«, weder »links« noch »rechts«. Sie bietet in JEDER Lage und Richtung die gleiche Angriffsfläche. Für den Kosmos, der auch kein »oben« oder »unten«, kein »vorn« oder »hinten« kennt, wird die Kugel geradezu eine TRAUMFORM darstellen.

Unternehmen wir einen Rundgang durch eine heute noch wie eine Utopie anmutende Raumkugel. Seien wir dabei nicht kleinlich.

Denken wir uns eine Kugel mit einem Durchmesser von 500 Metern. Dieses Ungetüm steht auf gefederten, einziehbaren Spinnenbeinen. Das Innere ist – wie bei unseren Ozeanriesen – in Decks verschiedener Größen unterteilt. Um den Bauch des Riesenballs, um seinen »Äquator«, läuft ein massiver Ring, in dem 20 oder mehr

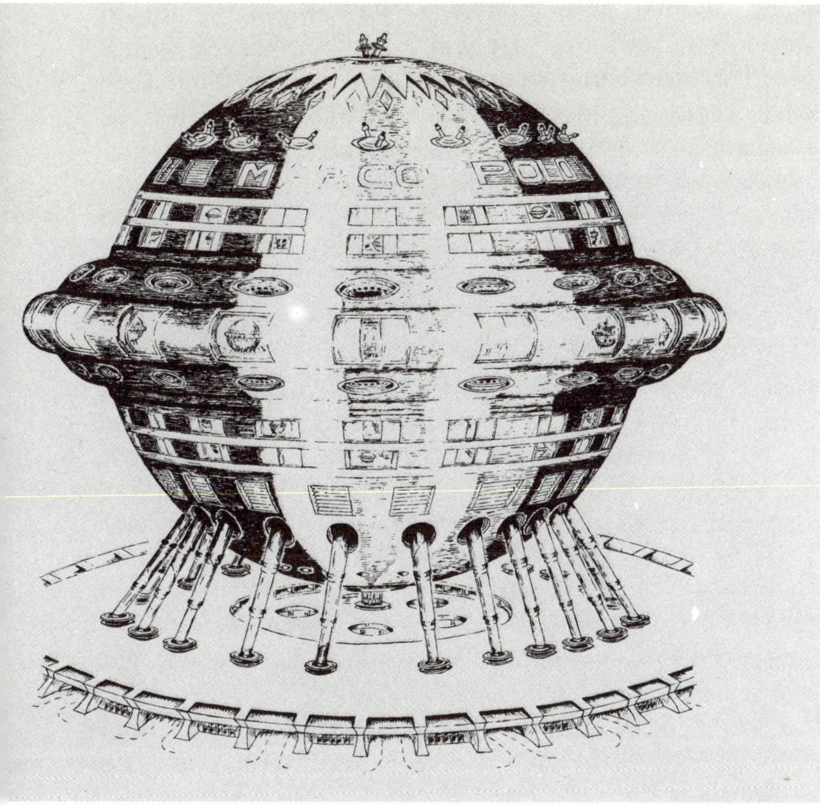

88

85 Diese Steinkugel (Durchmesser 2,16 Meter) steht als Zierde vor einem Gebäude in San José (Costa Rica).

Triebwerke installiert sind, die sich alle – und das ist ein simples technisches Raffinement – um 180 Grad schwenken lassen! Sie werden, wenn der Countdown bei Null angelangt ist, gebündelte Lichtwellen in millionenfacher Verstärkung ausstrahlen. Soll sich die kosmische Kugel von der Planetenoberfläche oder von einer in der Umlaufbahn stationierten Startfläche erheben, so schleudern die Triebwerke ihre Lichtsäulen zunächst »nach unten« gegen den Startplatz; sie geben der Kugel einen majestätischen Auftrieb. Ist sie im schwerelosen Bereich angelangt und bewegt sie sich auf Kurs zum Zielstern, dann werden nur noch ab und zu Triebwerke rund um den Äquator der Kugel zur Kurskorrektur gezündet. Eine Gefahr, daß die Kugel existenzgefährdenderweise aus der Bahn gerät, besteht nicht mehr, denn sie kann sich jeder Situation sofort »anpassen«. Überdies stellt sich nun ein Vorgang ein, der für die Astronauten außerordentlich angenehm sein wird: Die Kugel gerät in Eigenrotation. Dadurch wird in allen äußeren Räumen eine künstliche Gravitation geschaffen, die den Zustand der Schwerelosigkeit so sehr mindert, daß fast irdische Bedingungen entstehen. Fliegt man auch zu den Sternen, bleibt man doch ein den Gesetzen der alten Erde verhafteter Mensch!

Künstliche Schwerkraft

Woher auch immer die Astronauten kommen mögen, alle sind sie an die Schwerkraft ihrer Heimatwelt gewöhnt. Im Weltall aber gibt es keine Schwerkraft. Für Reisen über Jahre oder Jahrzehnte (Zeitdilatation!) in einem Himmelsschiff werden die Astronauten, die ja »normale« Weltraumarbeitstage verbringen sollen, Schwerkraft benötigen. Schwerkraft muß simuliert werden. Durch Rotation des Raumschiffes kann man sie herbeizwingen. Man erinnere sich an einen Heimweg vom Milchmann, wenn man als Kind die offene Milchkanne in eine höchstmögliche Drehgeschwindigkeit über Schultern und Waden in einem Kreis brachte. Kein Tropfen Milch schwappte über, obwohl die Flüssigkeit während des Schleuderns für Hundertstelsekunden senkrecht über dem Kopf stand; durch die schnelle Rotation klebte die Milch am Kannenboden, richtiger: an der »Decke«. Aus der Fliehkraft ergab sich Schwerkraft, ein Schwerefeld wurde simuliert, das gar nicht vorhanden war. –

86+87
Auf einem Wandgemälde im Kloster Desani, Jugoslawien, reist ein »Engel« in einem kugelförmigen Flugobjekt.

Es ist keine Hypothese festzustellen, daß man eine solche künstliche Schwerkraft auch in einem Raumschiff herstellen kann – es müßte allerdings Kugelform haben. In Drehbewegung versetzt, entsteht in den äußeren Räumen um den Äquator des Fahrzeugs eine simulierte, aber »echt« wirkende Gravitation. Endlich könnten Mannschaften ohne Magnetschuhe arbeiten, sie könnten liegend schlafen, sie müßten die Nahrung nicht wie Vögel aus der »Luft« auffangen. Der Boden der Mannschaftsräume läge nicht in Richtung Triebwerke, sondern horizontal zur Fahrtrichtung. Während des Starts sind die Astronauten in bekannter Weise angeschnallt: Rücken gegen die Triebwerke. Sind diese abgestellt, und das Raumschiff bewegt sich im freien Fall, wird es in eine Drehbewegung um die eigene Achse versetzt: künstliche Schwerkraft stellt sich ein. Logisch ist, daß Arbeits- und Aufenthaltsräume um den äußeren Ring der Achse liegen müßten, denn dort wäre das »heimatliche Gefühl« der Schwere am deutlichsten spürbar.

Raumschiffe mit monströsen Außenan- und -aufbauten sind reparaturanfällig. SKYLAB zeigte es uns in dramatischer Weise. Einige hundert Meter lange Antennen oder gar 2000 qm Sonnensegel, die weit hinausragen, haben während der Rotation um die eigene Achse eine größere Geschwindigkeit als das Zentrum des Schiffes. Bei plötzlichem Kurswechsel sind sie hochgefährdet. Nicht nur aus Gründen der herstellbaren Schwerkraft bietet sich für den widerstandslosen interstellaren Raum die Kugel als ideale Form an, meinetwegen auch eine abgeplattete Scheibe vom Typ UFO. Kugel und Scheibe können in Rotation versetzt werden. Innenarchitekten können die Räume um den »Äquator« nach bewährten arbeitsphysiologischen Mustern einrichten. Die gesamte Fläche der Raumschiffhülle kann, auch in Rotation, als Sonnenzelle für die Energieumwandlung dienen. Im All wäre Sonnenenergie zwar kaum zu erzeugen, aber der Verbrauch an Energie wäre – weil sich das Schiff zwischen den Sternen im freien Fall befindet – sehr, sehr gering. Für den Hausgebrauch, die geringste Sorge, würden vorhandene Aggregate, zum Beispiel ein Miniatomreaktor, ausreichend Strom liefern.

Wichtig ist zu erkennen, daß bei einer solchen Raumkugel Kurskorrekturen in alle Richtungen gefahrlos möglich sind.

Die in dem stählernen Gürtel rund um den Ball montierten Triebwerke erlauben ein blitzschnelles Ausweichen oder Ausscheren in JEDE Richtung. Billardspieler können sich davon leicht eine Vorstellung machen: Will man rechts ausweichen, bekommt die Kugel einen leichten Effet aus einer links montierten Steuerdüse und umgekehrt.

Kugelraumschiffe, wie sie vielleicht seit Jahrtausenden die Galaxis durchziehen, sind nur winzige Partikelchen in der Unendlichkeit des Alls. Mit annähernder Lichtgeschwindigkeit dahinrasend, empfinden jedoch die Astronauten dieses Tempo nur wie ein langsames Dahinschweben. In ihrem Fahrzeug scheint die Zeit stillzustehen.

Was aber ereignet sich in der »zeitlosen Zeit« im Innern der kosmischen Kugel? Nun, wenn Raumstationen dieser Größenordnung dereinst reisen, wird sich an Bord wohl ein durchaus normaler Routine-Alltag abspulen. Automaten versehen den Sicherungsdienst, Computer bewachen den Kurs, Astronauten gehen in Labors wissenschaftlichen Forschungsaufgaben nach, erdenken neue, noch kühnere Projekte, beobachten Gestirne und sinnen über die Nutzung fremder Planeten nach. Während die Kugel Millionen

89 Aztekische Kultscheibe aus Serpentin. Sonnengott oder theologisch überhöhte Darstellung eines Kosmonauten?

Kilometer in der Minute zurücklegt, reihen sich für die Besatzung Tage zu Wochen, Wochen zu Monaten, Monate zu Jahren. Und in Tiefkühlsarkophagen wartet eine Ersatzmannschaft auf ihre biologische Wiedererweckung in der Nähe des Zielortes.

Zu gleicher Zeit aber vergehen auf zahlreichen Planeten ganze Kulturen, sterben Generationen, werden neue geboren, denn auf unserem Planeten und anderen Gestirnen rast die Zeit nach »irdischen« Gesetzen dahin.

Ich will den Ausflug in die Utopie nicht übertreiben. Visionäre Zukunftsraumschiffe haben Science-fiction-Autoren oft genug mit letztem Pfiff beschrieben. Mein »Kugelbericht« sollte lediglich die Phantasie auf einen sehr ernsthaften Gedanken vorbereiten: Was wird, wenn wir die ersten Brocken der Menschheitsüberlieferung aus dieser »kosmischen Kugelsicht« betrachten?

90 Sumerische Rollsiegel, die ältesten Kleindenkmäler der Menschheit, zeigen in vielen Fällen fliegende Kugeln und fliegende Apparate.

Kugeln – rund um die Welt

Alte Texte und archäologische Funde rund um den Globus haben mich davon überzeugt, daß die ersten Raumfahrzeuge, die die Erde vor vielen tausend Jahren erreichten, Kugelform gehabt haben, und ich bin sicher, daß auch die Raumfahrzeuge der Zukunft (wieder) Kugelform haben werden.

Wir haben in der Schule gelernt, daß es am Anfang nur Himmel und Erde gab und daß die Erde wüst und leer war. Lediglich draußen in der Finsternis, so lehrte man uns, leuchtete ein Licht, und aus diesem Licht kam das Wort, das den Befehl für das Werden allen Lebens gab.

An der zeitlichen Abfolge dieser Genesis ist alles vollkommen logisch. Während der langen kosmischen Reise durch das All gab es freilich kein Licht, es war allerschwärzeste Nacht. Erst nach der Landung des kosmischen Vehikels auf dem Planeten »ward Licht«, und

91 Fliegende Objekte tauchen schon auf sumerischen Rollsiegeln, den ältesten Kleinstdenkmälern der Menschheit, auf (3000 v. Chr.). Hier ein Schiff mit drei Personen *über* dem Mond.
Die Archäologie sagt, es handle sich um Abstraktionen. Seit wann beginnt eine Kunst mit der Abstraktion?

nun erlebten die unbekannten Wesen Tag und Nacht, und am Zielort konnte – auf ein befehlendes Wort hin – das Leben beginnen und Intelligenz entstehen.

In nahezu allen bekannten Schöpfungslegenden wiederholt sich die Ur-Wahrheit, daß aus dem Licht das Wort kam. Auf den polynesischen Inseln gab es, lange Zeit bevor dort die ersten Weißen landeten, eine reiche mündliche Überlieferung. Ein auserwählter Kreis von Priestern wachte sorgsam darüber, daß kein Wort der alten philosophischen und astronomischen Weisheiten verändert wurde. Westliche Zivilisationen und christliche Missionierung aber überwucherten dieses reiche Wissen, das die ursprüngliche Bevölkerung besessen hatte. Im Jahre 1930 schickte das Bishop-Museum in Honolulu, das über die größte Polynesiensammlung der Welt verfügt, zwei Expeditionen in die Inselwelt. Man wollte jene Genealogie und jene Lieder sicherstellen, die die fragwürdigen Beglückungen westlicher Kolonisatoren überdauert hatten. Jahre später besuchte der schwedische Forscher Bengt Danielsson, der mit Thor Heyerdahl auf dem Kon-Tiki-Floß den Pazifik überquerte, zusammen mit seiner Frau einige Südseeinseln und zeichnete die im Bewußtsein der Insulaner noch lebendigen Überlieferungen auf.

Was Te-Jho-a-te-Pange berichtete

Auf der kleinen Insel Raroia der Tuamotu-Gruppe im Pazifischen Ozean, 450 Seemeilen nordöstlich von Tahiti, traf Danielsson einen alten Gelehrten, der sich Te-Jho-a-te-Pange nannte. Wie eine Grammophonplatte habe dieser Priester, berichtet Danielsson, die Geschichte seines Volkes heruntergeplappert. Sie ist verblüffend:

> »Im Anfang gab es nur den leeren Raum, weder Dunkel noch Helle, weder Land noch Meer, weder Sonne noch Himmel. Alles war eine große, schweigende Leere. Unbekannte Zeiten gingen dahin . . .«

Könnte der Bericht treffender sein? Muß uns ein »Primitiver« im Lendenschurz, der sich von Kokosnüssen und Fischen ernährt und keinerlei technisches Wissen besitzt, darüber aufklären, wie es im Weltall aussieht? Doch lassen wir Te-Jho-a-te-Pange wieder zu Wort kommen:

> »Dann begann die Leere sich zu bewegen und verwandelte sich in Po. Alles war noch dunkel, tiefes Dunkel, dann begann Po selbst zu kreisen . . .«

Hat man jetzt das Sonnensystem erreicht, ist man in den Bereich der Planetenbahnen gelangt (Leere begann sich zu bewegen)? Noch herrscht Dunkelheit. Eine Kugel – hier Po genannt – läßt sich ausmachen. Sie beginnt zu kreisen.

»... Neue, seltsame Kräfte waren am Werk.
Die Nacht verwandelte sich ...«

Eine treffende Schilderung: Jetzt wirkt die Anziehungskraft des Planeten (... neue, seltsame Kräfte ...). Man sinkt in die Atmosphäre. Es wird taghell.

»... der neue Stoff war wie Sand, der Sand wurde zum festen Boden, der emporwuchs. Schließlich offenbarte sich »Papa«, die Erdenmutter, und breitete sich aus und wurde zu einem großen Land ...«

Da war man also auf sicherem Boden, der sich weithin ausbreitet. Bevor man aber die Erdoberfläche, welche »emporwuchs« (dieser Eindruck entsteht, wenn man von oben darauf zufällt), erreicht hatte, mußte ein Stoff, der wie »Sand« war, durchquert werden. Ist damit die Lufthülle gemeint, welche an der Außenhülle des Raumschiffes ihre gewaltigen Reibungskräfte entfaltete? Te-Jho-a-te-Pange fährt fort:

»... Im Wasser waren Pflanzen, Tiere und Fische und vermehrten sich. Das einzige, was fehlte, war der Mensch. Da schuf Tangaloa den ›Tiki‹, der unser Ahnherr wurde ...«

Man sollte diesen Schöpfungsmythos nie mehr vergessen! Vielleicht tut es gut, ihn bald in unseren Schulen zu erzählen.

Popol Vuh, Schrift des Menscheitsmorgens

Einen anderen grandiosen Bericht überliefert das »Popol Vuh«. Dieses Buch, das zu den »großen Schriften des Menschheitsmorgens« (Cordan) gehört und den Charakter eines Geheimbuches besitzt, war die Heilige Schrift der Quiché-Indianer aus der großen Maya-Familie rund um den Atitlán-See im mittelamerikanischen Staat Guatemala.

Ihr umfangreicher Schöpfungsmythos behauptet, daß die Menschen nur zu einem Teil von dieser Erde stammen, daß »Götter« das »erste vernunftbegabte Wesen« schufen, alle mißlungenen Exemplare ihrer Schöpfung aber vernichteten und sich nach Erfüllung ihrer irdischen Aufgaben wieder in den Himmel erhoben, dorthin, wo des »Himmels Herz« ist, nämlich zu Dabavil, das heißt zu dem, »Der-im-Dunkeln-sieht«.

Hatte sich deshalb bei den Quiché-Indianern die Vorstellung von in Steinkugeln wohnenden Göttern eingeprägt, die aus dem Stein heraustreten können? Hat der Ballspielkult dieses Stammes, von dem das »Popol Vuh« berichtet, hierin seine Wurzeln? Das Ballspiel als kosmisch-magischer Ritus, als Symbol des Fluges der Gestirne?

Das »Etwas-Haus« der Chibchas

In der Reihe der Schöpfungsgeschichten, die meine These erhärten, ist ein weiterer Mythos – der der Chibcha (das heißt: Menschen) – geradezu ein Juwel. Die historische Heimat dieses Volkes, das die Spanier 1538 entdeckten, ist das ostkolumbische Kordillerenhochland.

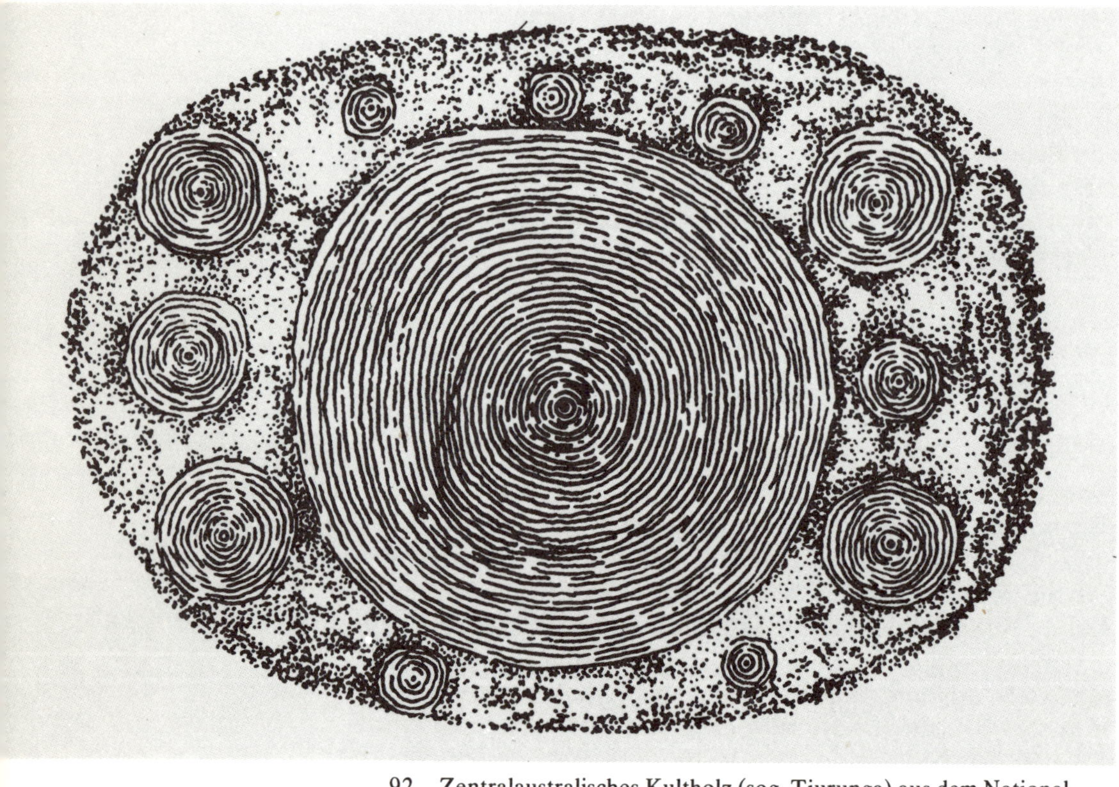

92 Zentralaustralisches Kultholz (sog. Tjurunga) aus dem National Museum of Victoria, Melbourne. Wiedergabe eines prähistorischen Weltbildes? Oder schematisierte Darstellung eines Planetensystems?

Der spanische Chronist Pedro Simon zeichnete in seinen »Noticias historiales de las conquistas de tierra firme en las Indias Occidentales« die Mythen der Chibchas auf:

»Es war Nacht. Noch gab es irgend etwas von der Welt. Das Licht war in einem großen ›Etwas-Haus‹ verschlossen und kam daraus hervor. Dieses ›Etwas-Haus‹ ist ›Chiminigagua‹, und es barg das Licht in sich, damit es herauskam. Im Scheine des Lichts begannen die Dinge zu werden . . .«

Ich sehe die Übersetzer und Mythen-Deuter, wie sie sich bei dem Wort »Etwas-Haus« kaum zu einer klaren These durchringen können. Wie gut aber, daß sie diesen nur schwer zu verstehenden Begriff stehen ließen und ihn nicht durch ein phantasievolles Synonym ersetzten. Vielleicht könnte man sonst die Tragweite dieser Überlieferung gar nicht mehr richtig deuten und seine volle Bedeutung begreifen. So aber können wir dieses »Etwas-Haus« an unseren heutigen Kenntnissen messen. Da die Chibchas noch nie zuvor ein Raumfahrzeug gesehen hatten, wußten sie freilich nicht, wie sie dieses »Etwas-Haus« benennen sollten. So umschrieben sie es mit den Wörtern, die ihnen geläufig waren: Da war so etwas wie ein Haus gelandet, und daraus traten die »Götter« hervor.

Die Überlieferungen der Inkas in Peru wissen, daß, noch ehe die Welt geschaffen war, ein Mann namens »Uiracocha« existiert habe (das ist Viracocha, der spätere Gott Quetzalcoatl), dessen kompletter Name Uiracocha Tachayachachic »Schöpfer der Weltdinge« bedeutet. Dieser Gott sei ursprünglich Mann und Weib zugleich gewesen. Er habe sich in Tiahuanaco niedergelassen und an dieser Stelle ein Geschlecht von Riesen geschaffen.

Hat der in Sinn und Bedeutung bisher unerklärte Monolith in Tiahuanaco, das herrliche Sonnentor, vielleicht einen direkten Bezug zur überlieferten Schöpfungsgeschichte? Und: Interpretiert man die Sage von dem »goldenen Ei«, das aus dem Kosmos kam und dessen Insassen mit der Erschaffung der Menschen begannen, zu willkürlich, wenn man sie als Realität, nämlich als authentischen Bericht über ein Raumfahrzeug in Kugelform von fremden Sternen wertet?

Dieses goldene oder blinkende Ei, das vom Himmel fiel, ist geradezu ein Leitmotiv in den überlieferten Entstehungsgeschichten der Menschheit.

Auf der Osterinsel werden die Götter als »Herren des Weltenraums« verehrt. Unter ihnen ist Makemake der Gott der »Bewohner der Luft«. Sein Symbol ist das Ei!

Kandschur und Tandschur

In Tibet gibt es zwei seltsame Bücher: Kandschur und Tandschur. Eigentlich kann man bei diesen Werken schon nicht mehr von »Büchern« sprechen, denn der Kandschur allein umfaßt 108 Folianten, die in neun großen Abteilungen 1083 Bücher zählen. Kandschur heißt »das übersetzte Wort Buddhas«; in ihm sind die heiligen Texte des Lamaismus gesammelt. Der Kandschur hat eine Bedeutung wie der Koran für den Islam. – Tandschur heißt »die übersetzte Lehre« und ist ein Kommentar von 225 Bänden zum Kandschur. Diese chinesischen Blockdrucke nehmen so viel Raum ein, daß sie in den Kellern mehrerer Dörfer, die in den tibetanischen Gebirgstälern versteckt liegen, aufbewahrt werden. Die Schriftabsätze sind in Holzblöcken von 1 m Breite, 10–20 cm Dicke und 15 cm Höhe eingeschnitzt. Da auf einer auf Pergament abgezogenen Seite dieser Folianten meistens acht Blöcke untergebracht sind, ist es begreiflich, daß das »Urmanuskript« in den Kellern ganzer Dörfer untergebracht werden mußte. Erst ein Hundertstel dieser Texte, deren Entstehungszeit nicht festliegt, ist übersetzt. – In diesen beiden geheimnisvollen Werken ist immer wieder die Rede von »Perlen am Himmel« und von durchsichtigen Kugeln, in denen die Götter hausen, um sich in großen Intervallen den Menschen zu zeigen. Gäbe es eine zielstrebige und koordinierte Forschung an Kandschur und Tandschur, würden wir vermutlich sehr, sehr viel über »Götter« und ihre ehemalige Tätigkeit auf der Erde erfahren . . .

Lied von der Schöpfung

Im indischen Raum gilt der Rigveda als das älteste Buch. Das »Lied von der Schöpfung«, das er berichtet, versetzt uns immer wieder in den Zustand der Schwerelosigkeit und Lautlosigkeit, die in der Unendlichkeit des Weltalls herrscht. Ich zitiere aus Paul Frischauers Buch »Es steht geschrieben«:

> »Weder Nichtsein noch Sein war damals. Nicht war der Luftraum noch der Himmel darüber. Was strich hin und her? Wo? In wessen Obhut?

Was war das Unergründliche? . . .
Weder Tod noch Unsterblichkeit war damals. Nicht gab es ein Anzeichen von Tag und Nacht. Es atmete nach seinem eigenen Gesetz ohne Windzug dieses Eine. Irgendein anderes als dieses war nicht vorhanden.
Am Anfang war Finsternis in Finsternis versteckt . . . Das Lebenskräftige, das von der Leere eingeschlossen war, das Eine, wurde durch die Macht eines heißen Dranges geboren . . .
Gab es denn ein Unten, gab es denn ein Oben? . . .
Wer weiß es gewiß, wer kann es hier verkünden, woher sie entstanden, woher diese Schöpfung kam?«

93 Stele des Naram-Sin, 2300 v. d. Z. – Zu allen Zeiten gab es nur eine Sonne. Zu was für einer zweiten Sonne am Firmament schauen die Betrachter empor?

Man muß es mit ganzem Bewußtsein zur Kenntnis nehmen daß das »Lebenskräftige von der Leere eingeschlossen« gewesen ist. Als Mensch des zwanzigsten Jahrhunderts kann man in diesem »Lied von der Schöpfung« kaum etwas anderes erkennen als einen Bericht von der Weltraumfahrt.

Welchen überzeugenden Grund aber gibt es dafür, daß im grauen Altertum die Völker rund um den Globus Schöpfungsgeschichten mit dem gleichen Kern erzählten, ohne voneinander jemals zu wissen?

Das alte chinesische Schrifttum überliefert uns in dem Buch Tao-te-king eine der schönsten Definitionen über den Ursprung von Kosmos, Leben und Erde:

»Der Sinn, den man ersinnen kann,
ist nicht der ewige Sinn.
Der Name, den man nennen kann,
ist nicht der ewige Name.
Jenseits des Nennbaren liegt der Anfang der Welt.
Diesseits des Nennbaren liegt die Geburt der Geschöpfe.«

Auch nach dieser Definition liegt der »Anfang der Welt« außerhalb unserer Sphären; diesseits, »diesseits des Nennbaren«, liegt nur die »Geburt der Geschöpfe«.

Welten-Ei!

Den mumifizierten Toten gaben die ägyptischen Priester Texte mit ins Grab, die Anweisungen für das künftige Verhalten im Jenseits enthielten. Diese Totenbücher waren sehr ausführlich; sie enthielten Ratschläge für alle denkbaren Situationen. Ziel der Direktiven war die Wiedervereinigung mit dem Urgott Ptah. Eines der ältesten Gebete in einem »Ägyptischen Totenbuch« lautet:

»O Welten-Ei, erhöre mich!
Ich bin Horus von Jahrmillionen!
Ich bin Herr und Meister der Throns.
Vom Übel erlöst, durchziehe ich die Zeiten
und Räume, die grenzenlos sind.«

Ich fühle mich immer ausgesprochen wohl in meiner Haut, wenn ich Textinterpretationen mit bildlichen Darstellungen oder, besser noch, mit handfesten Steinmetzarbeiten »belegen« kann. Kreise, Kugeln und Bälle gibt es auf Schritt und Tritt.

Kugeln, Kugeln, Kugeln

Im Tassili-Gebirge in der algerischen Sahara sind an vielen hundert Stellen der bemalten Felswände Gestalten in bizarren Anzügen zu sehen. Sie tragen Rundhelme und Antennen auf dem Kopf und scheinen schwerelos im Raum zu schweben. Hier sei vor allem auch die Tassilikugel erwähnt, die der Franzose Henri Lhote unter einem halbrunden Felsen entdeckte: In einer Gruppe von schwebenden Paaren – eine Frau zieht einen Mann hinter sich her – ist deutlich eine Kugel mit vier konzentrischen Kreisen zu sehen. Am oberen Kugelrand ist eine Luke

94 In der kosmologischen Schatzkammer von Maria Auxiliadore leuchtet eine massive Goldkugel. Die breite Krempe könnte sowohl eine Andockrampe für Zubringerschiffe wie auch den in Zellen unterteilten Speicherraum für Sonnenenergie darstellen. Der technisch-spekulativen Phantasie sind keine Grenzen gesetzt.

aufgeklappt, aus der eine vollkommen modern wirkende Fernsehantenne ausgefahren ist. Aus der rechten Kugelhälfte aber recken sich unübersehbar zwei Hände mit gespreizten Fingern. Fünf schwebende Figuren, die die Kugel begleiten, tragen Helme auf den Köpfen, hautenge Kappen, weiß mit roten Punkten oder rot mit weißen Tupfen. Es sind markante farbige Helme. Astronautenhelme?

Würde man heute Kindern den Auftrag geben, mit einer Handvoll Farbstifte den Mondflug aus ihrer Kenntnis der Dinge zu zeichnen, käme dabei vielleicht etwas heraus, was den Malereien im Tassili ganz ähnlich ist. Denn im Geisteszustand eines Kindes haben sich ja wahrscheinlich die »Wilden«, die diese Erinnerungen an den Besuch der »Götter« an die Felswände malten, befunden.

Die Tassili-Kugel rollte nicht als einziges Beweisstück über meinen Schreibtisch. Wer je in eine der nachstehend aufgeführten Gegenden kommt, möge einen Film in der Kamera bereit haben; er kann dann Kugeln und Kreise in rauhen Mengen fotografieren und über ihre Herkunft nachdenken. Die folgende Liste bringt freilich nur eine kleine Auswahl.

Kivik	Schweden, etwa 80 km südlich von Simrishamm. In dem berühmten Felsengrab, das in jedem Reiseführer einen Stern hat, finden sich viele einfache sowie mehrere vertikal getrennte Kreise als Göttersymbole
Tanum	Schweden, nördlich von Göteborg. Mehre fabelhafte Kugeln und von Strahlen umgebene Kreise
Val Camonica	Italien, in der Nähe von Brescia. Etwa 20 000 prähistorische Bilder, darunter zahllose strahlende Kreise und »Götter« mit Helmen
Fuencaliente	Spanien, 70 km nordöstlich von Cordoba. Viele Kreise und Kugeln mit und ohne Strahlenkranz
Santa Barbara	USA, 80 km nordwestlich von Los Angeles. Zum Teil ineinander verschlungene Kreise mit Strahlen

Inyo County USA, Ost-Kalifornien am China-Lake. Ringe, Sterne, Kugeln, mehrfarbige Strahlen, »Götter«gestalten,

Kreis- und Kugelsymbole finden sich, scheinbar strategisch verteilt, an unendlich vielen Orten der Welt.

Resümieren wir: Alle Kugeln und Kreise – ob in den Schöpfungsmythen, ob auf prähistorischen Zeichnungen oder auf späteren Reliefs oder Bildern – stellen »Gott« oder die »Gottheit« dar. Meist sind deren Strahlen erdwärts gerichtet. Ich meine, diese durchgängige Beobachtung sollte uns zum Nachdenken anregen . . .

Ich bin davon überzeugt, daß die überlieferten Kugeln und Göttereier nicht nur religiös-symbolische Bedeutung haben. Man sollte diese Zeichen endlich einmal auch unter anderem Gesichtswinkel ansehen.

Unsere bisherigen Denkmodelle können grundfalsch sein. Bislang fehlten uns die Voraussetzungen, das Erbe der »Götter« in den Zeugnissen und Dokumenten unserer Altvorderen voll und ganz zu erfassen. Aber heute, da der Mensch seinen Fuß bereits auf den Mond gesetzt hat, sollte er sich nicht mehr mit Erklärungen zufriedengeben, die in Jahrhunderten geprägt wurden, als das Weltbild noch fest gefügt war und der Mensch sich als »Krone« der Schöpfung fühlte!

Um dieser Betrachtung einen witzigen Abschluß zu geben, darf ich erwähnen, daß knapp 30 km von meinem Wohnort entfernt, in Carschenna über Thusis, auf dem Boden der Gemeinde Sils im Kanton Graubünden, prähistorische Funde auf einer Strecke von 400 Metern freigelegt wurden. Und was kam bisher an den Tag? Beschriftete Felswände und Platten mit mehreren Kugeln, Kreisen, Spiralen und Kreisen mit Strahlen . . . Warum eigentlich reise ich in der Welt herum, wenn die Beweise für meine Theorie direkt vor meiner Haustür liegen?

Von Strahlen umgebene Kugeln, Eier und Flügelkugeln existieren nicht nur an Höhlen- und Felswänden, auf antiken Steinreliefs oder Rollsiegeln. Plastisch, aus festem Gestein liegen sie an den verschiedensten Orten der Welt, meist wahllos verstreut und in unwirtlichem Gelände. In den USA beispielsweise fand man Kugeln in Tennessee, Arizona, Kalifornien und Ohio.

Professor Marcel Homet, Archäologe und Verfasser des berühmten Buches »Söhne der Sonne«, entdeckte im Jahre 1940 am oberen Rio Branco in Nordamazonas, Brasilien, ein riesiges Stein-Ei von 100 Metern Länge und 30 Metern Höhe. Auf diesem gewaltigen Klotz, dem man den Namen »Pedra Pintada« gegeben hat, fand Homet auf einer Fläche von etwa 600 Quadratmetern zahlreiche Schriftzeichen, Kreuze und Sonnensymbole. Der Archäologe versicherte mir gesprächsweise, es bestehe nicht der geringste Zweifel darüber, daß dieses Prachtexemplar keine Laune der Natur sei, sondern vielmehr die jahrzehntelange Steinmetzarbeit unzähliger Hände gewesen ist.

Kugelsensation in Costa Rica

Die eigentliche archäologische Kugelsensation aber harrt im kleinen zentralamerikanischen Staat Costa Rica ihrer Enträtselung. Dort liegen mitten im Dschungel und auf hohen Bergen, in Flußdeltas und auf Hügeln Hunderte, wenn nicht gar Tausende künstlicher Steinbälle herum. Deren Durchmesser betragen zwischen wenigen Zentimetern und zweieinhalb Metern. Die schwerste bisher ausgegrabene Kugel wiegt 16 Tonnen!

Ich hatte von dieser Sensation gehört und reiste deshalb für zehn Tage nach Costa Rica, einem typischen Entwicklungsland, das vom großen Touristenstrom bisher verschont blieb. Der Anschauungsunterricht, den ich mir verschaffen wollte, war denn auch alles andere als eine

Vergnügungsreise. Aber alle Strapazen wurden durch das, was ich zu sehen bekam, reich belohnt.

Die ersten Kugeln sah ich irgendwo im Flachland ohne ersichtlichen Grund herumliegen. Dann wieder fand ich mehrere Kugelgruppen auf dem Gipfel von Hügeln. Einige Exemplare lagen immer im Zentrum der Hügel-Längsachse. Ich watete durch den Schlamm eines Flusses und fand ganze Kugelherden in seltsamen, unverständlichen Gliederungen, denen aber eine bewußte Anordnung anzusehen war.

In der glühendheißen Diquis-Ebene liegen seit unbekannten Zeiten 45 Kugeln in der gleißenden Sonne. Sollen sie etwas sagen, das zu verstehen wir unfähig sind, unfähig waren?

Um meine Neugier zu befriedigen, die Kugeln bei Piedras Blancas südöstlich des Coto-River – ebenfalls in Costa Rica – zu sehen und zu fotografieren, brauchten wir für eine Strecke von nur 100 Kilometern mit einem Landrover einen vollen Tag. Immer wieder mußten wir Hindernisse aus dem Weg räumen, zu viert den Landrover anheben und um manche Kurven wuchten. Dann brachte uns der Wagen nicht mehr weiter. Bubu, ein Halbindio, der uns führte, lief eine Stunde lang vor uns her und räumte Getier aus dem Weg. Ohne seine Umsicht wären wir zweimal in Spinnennetze hineingelaufen, deren Ausmaße man sich einfach nicht vorstellen kann. Die ekelhaften Viecher sind durch ihren giftigen Biß lebensgefährlich.

95+96 Als ob sie aus dem Meer aufgestiegen wären, liegen diese Kugeln hier in der Moeraki-Bucht. Im Gegensatz zu den Phänomenen von Costa Rica sind diese Kugeln auf *natürliche* Weise entstanden – vor 135 Millionen Jahren, während der oberen Kreidezeit.

Endlich standen wir vor zwei gewaltigen Kugeln, jede größer als wir selbst, mitten im Urwald. Gerade weil die Kugeln bei Piedras Blancas tief im Dschungel liegen, hatte ich sie mit eigenen Augen sehen wollen. Es wird behauptet, diese Kugeln wären erst einige hundert Jahre alt. Wer wie ich einmal hier gestanden hat, kann das nicht glauben. Der Dschungel selbst ist uralt, die Kugeln müssen nach meiner Überzeugung hier gelegen haben, EHE die üppige Vegetation zu wuchern begann.

Wir können heute zwar mit dem Aufwand erheblicher technischer Mittel Abu Simbel an einen anderen Ort »verpflanzen«, aber es scheint mir fraglich, ob selbst wir solche Kugeln in einen Urwald so »deponieren« könnten, wie dies hier der Fall ist.

Ich habe noch mehr Kugeln in Costa Rica gesehen:

Im Golfo Dulce liegen 15 Riesenbälle in einer schnurgeraden Linie

Nördlich der Sierra Brunquera, in der Nähe des Städtchens Uvita, fand ich 12 Kugeln

Im schlammigen Bett des Esquina-Flusses hat man vier Kugeln freigelegt

Auf der Camaronal-Insel liegen zwei Bälle und mehrere Steinbälle auf den Gipfeln der Cordillera Brunquera im Gebiet des Rio Diquis.

Die meisten dieser rätselhaften Kugeln bestehen aus Granit oder Lava. Die genaue Zahl der einstmals vorhandenen Steinbälle wird kaum noch zu ermitteln sein. Viele Prachtstücke zieren heute Gärten und Parks oder öffentliche Gebäude. Da in einer alten Sage außerdem berichtet wird, in der Mitte der Kugeln sei Gold zu finden, wurden viele Kugeln mit Hammer und Meißel zertrümmert. Bemerkenswert ist, daß bei allen Fundstellen weit und breit kein Steinbruch zur Herstellung der Bälle existiert. Wie andernorts fehlt auch hier jede Spur, die uns zu den »Fabrikanten« zurückführen könnte.

Bei der Urbarmachung der Sümpfe und Wälder am Fuß der Cordillera Brunquera im Gebiet des Rio Diquis durch die United Fruit Company in den Jahren 1940 und 1941 entdeckte die Archäologin Doris Z. Stone viele künstliche Kugeln. Sie schrieb darüber einen ausführlichen Bericht, der mit der resignierenden Feststellung schließt:

97

»Die Kugeln von Costa Rica müssen zu den ungelösten megalithischen Rätseln der Welt gezählt werden.«

In der Tat wissen wir nicht, wer die Steinbälle schuf, wir wissen nicht, mit welchen Werkzeugen die Arbeit verrichtet wurde, wir wissen nicht, zu welchem Zweck die Bälle aus dem Granit herausgeschlagen wurden, und wir wissen nicht, wann das geschah. Alles, was die Archäologen heute zur Erklärung der Indian-Balls oder Sky-Balls, wie die Einheimischen die Kugeln nennen, sagen, ist spekulativ. Eine lokale Legende behauptet, jede Kugel repräsentiere die Sonne – eine Deutung, die sich akzeptieren ließe. Die Altertumsforscher lehnen diese Version aber ab, weil gerade in diesen Breitengraden die Sonne zu allen Zeiten als goldene Scheibe, Rad oder Diskus, nie aber als Kugel dargestellt worden sei – weder bei den Inkas noch Mayas oder Azteken.

Präzisionsarbeit

Eines ist wohl sicher: Ohne mechanische Hilfe können die Steinkugeln nicht entstanden sein. Sie sind von einer Perfektion, wie man sie nur wünschen kann – im wörtlichen Sinne kugelrund und mit glattgeschliffenen Oberflächen.

Archäologen, die die Kugeln Costa Ricas untersuchten, stellten fest, daß keine Kugel vom gegebenen Durchmesser auch nur die geringste Abweichung aufweist. Diese Exaktheit läßt vermuten, daß die Hersteller gute Kenntnisse der Geometrie und zweckmäßige technische Geräte zur Verfügung gehabt haben.

Hätten die Steinmetze zunächst das Rohmaterial in den Boden vergraben und dann die jeweils herausragende Stelle bearbeitet, hätten sich zwangsläufig Unebenheiten und Ungenauigkeit ergeben, weil die Abstände zu dem im Boden steckenden Teil nicht mehr kontrollierbar waren. Dieses primitive Verfahren scheidet völlig aus. Das Rohmaterial mußte auch von irgendwoher – weil es ja nahegelegene Steinbrüche nicht gibt – sehr mühevoll herantransportiert werden. Außerdem mußten die Steinblöcke aus Felsen herausgebrochen oder herausgeschnitten werden. Das Ergebnis meiner Überlegungen ist, daß viele Kräfte lange Zeit am Werk waren und daß sie über Werkzeuge verfügten, die erst eine so ausgezeichnete Bearbeitung ermöglichten.

Dies alles unterstellt, bleibt bis zuletzt unbegreiflich, warum die fertigen Kugeln an einen x-beliebigen Ort, etwa auf die Höhe einer Bergspitze, gerollt wurden. Was für eine absurde Idee und was für ein gigantischer Arbeitsaufwand! Es gibt allerdings eine Erklärung, die aber nur für sehr oberflächliche Reiseführer geeignet scheint: Die Riesenkugeln seien durch Flußbetten gewälzt worden! Wenn es nicht um eine für mich so ernste Frage ginge, würde ich über soviel Einfalt lachen. In den schlammigen – streckenweise auch kiesigen – Flußbetten wären die schwergewichtigen Kugeln einfach steckengeblieben, versackt!

Den Vertretern dieser Flußbett-Theorie kommt eine Tatsache, die sich in allen Zeitläufen nicht geändert haben kann, auf eine recht ärgerliche Weise in die Quere: Zwischen den Granitbergen, in denen das Material für einen Großteil der Kugeln gebrochen worden sein muß, und den Fundstellen der Kugeln im Diquis-Delta breitet sich nicht nur weit und mächtig der dampfende Dschungel aus – drei kleine Flüsse sind ganz beträchtliche Hindernisse für eine Materialtransport solchen Umfangs ohne Tieflader, Kräne und Spezialfrachtschiffe. Nicht genug mit diesen Barrieren: Von den Granitfelsen her gesehen liegen die meisten Kugeln auch noch auf dem anderen Ufer des Rio Diquis! Die Spediteure hätten das Material also auch noch über dieses Hindernis hinweg»zaubern« müssen. Ich habe bemerkt, daß die Archäologen immer dann, wenn sie gigantische Transportleistungen nicht erklären können, zu der sogenannten »Roll-Theorie« Zuflucht nehmen. Hier aber muß sie kläglich versagen, wenn man die Riesenkugeln auf den Gipfeln von Bergen sieht! Ein Fachmann hat mir gesagt, daß für die Herstellung eines Steinballs von 16 Tonnen Gewicht entsprechendes Rohmaterial von mindestens 24 Tonnen notwendig sei. Angesichts der zahllosen Kugeln ahnt man ungefähr, welche Rohmaterialmengen hier einst bewegt worden sind.

Kugeln unter Tabu

Ich hatte die Wunderwelt der Steinkugeln gesehen und mich von ihrer beunruhigenden Existenz überzeugt. Nun wollte ich versuchen, die Lösung dieses Rätsels zu finden. Wenn man aber die Costaricaner nach Herkunft und Bedeutung der Steinkugeln fragt, begegnet man Schweigen und Mißtrauen. Obwohl missioniert und durch ständige wirtschaftliche Kontakte mit dem Westen »aufgeklärt«, blieben die Einheimischen im Grunde ihres Wesens abergläubisch. Zwei Archäologen, die ich im Museo Nacional von San José befragte, erklärten, es handle sich bei den Kugelschöpfungen um einen Sternenkult, vielleicht auch um Kalenderdarstellungen, eventuell auch um religiöse oder magische Zeichen. Ich bohrte beharrlich weiter – weil mich diese Deutungen nicht befriedigten – mußte aber schließlich feststellen, daß für sie das Kugel-Mysterium immer noch unter einem mir unerfindlichen Tabu steht.

Da mir die zuständigen Archäologen nicht weiterhelfen konnten oder wollten, versuchte ich einige Indianer auszufragen. Durch den Umgang mit Eingeborenen in vielen Ländern geschult, spürte ich bald, daß sie irgend etwas fürchteten, sobald die Sprache auf die Kugeln kam. Es ist jedenfalls höchst erstaunlich, wenn diese Armen, die auf jeden Centimo scharf sind, sich auch gegen gutes Geld nicht bereit zeigten, mich auf einen knapp 600 Meter hohen Felsen mit drei Kugeln zu führen. Bubu war eine Ausnahme!

Ein Deutscher, der seit über vierzig Jahren in San José Besitzer der Pension »Anna« ist, gilt als der Mann, der das meiste Material über die Kugeln besitzt. Ich sprach lange mit ihm über das Geheimnis der Kugeln. Er kramte viele eindrucksvolle Bilder hervor, benahm sich aber dabei, als hätte er das Geheimnis eines vergrabenen Goldschatzes zu wahren. Er zeigte mir Aufstellungsskizzen, Gruppierungen von Kugeln, aber er weigerte sich, deren Lage genau anzugeben. Ich durfte seine Skizzen nicht einmal kopieren. »Nein, das geht nicht!« war seine stereotype Antwort.

Hätte ich es nicht vorher gewußt, wäre mir bei meinem Aufenthalt in Costa Rica klar geworden, daß es um die Steinkugeln ein Geheimnis gibt. Lösen konnte ich es nicht, wohl aber hat sich meine Vermutung gefestigt, daß die prähistorischen Kugeln – und alle ihre Darstellungen in Reliefs und an Höhlenwänden – in einem ursächlichen Zusammenhang mit dem Besuch fremder Intelligenzen stehen, von Intelligenzen, die in einer »Kugel« auf unserem Planeten gelandet sind. Sie wußten bereits und hatten es erprobt, daß die Kugel die zweckmäßigste Form für interstellare Raumflüge ist.

Rettung der Erdkugel

Ich weiß: Meine Kritiker sagen mir, es würde nie eine ausreichende Schubkraft geben, die kugelförmige Raumschiffe auf interstellare Reisen bringen könnte.

Um zu zeigen, wie wenig utopisch dieser Gedanke im Vergleich zu bereits laufenden wissenschaftlichen Diskussionen ist, muß ich von Danol Foreman, dem technischen Direktor des »Los Alamos Scientific Laboratory«, New Mexico, das zur Universität Kalifornien gehört, berichten. Foreman arbeitet für die Amerikanische Atomenergie-Kommission und beschäftigt sich insonderheit mit der Reaktorforschung für die Raumfahrt. Foreman behauptet, die Erde würde zu irgendeinem Zeitpunkt verglühen, und stellt die Frage, ob man die Erde vor dieser tödlichen Stunde in eine andere Galaxis bringen kann. »Die Energie für dieses ungeheure Vorhaben«, berichtet Walter Sullivan, »würde man aus der Kernverschmelzung gewinnen, wobei Seewasser als Quelle für den Brennstoff verwendet werden könnte.« Da jedoch der Vorrat an schwerem Wasserstoff im Ozean nicht ausreicht, schlug Foreman vor, Reaktionen zu nutzen, wie sie in der Sonne ablaufen: die Verschmelzung von vier Wasserstoffkernen zu einem Heliumkern.

Sullivan in seinem Buch SIGNALE AUS DEM ALL:

> »Foreman schlug vor, ein Viertel dieses Brennstoffs für das Entweichen aus dem Schwerefeld der Sonne vorzusehen, ein weiteres Viertel müßte bereitgehalten werden, um den Planeten in ein anderes Sonnensystem zu steuern, während die andere Hälfte für die Fortbewegung zwischen den Sternen und für Licht und Heizung während der Reise bleiben müßte.«

Nach Foremans Überzeugung könnte dieses Antriebssystem für die Erde acht Milliarden Jahre lang wirksam bleiben und es dem »Planeten vielleicht ermöglichen, seine Sonne zu überleben und Sonnensysteme zu erreichen, die 1300 Lichtjahre entfernt sind«.

Wohlgemerkt: Foreman ist kein Science-fiction-Autor, er führte seinen Dialog mit der Abteilung für Plasmaphysik der Amerikanischen Physikalischen Gesellschaft. Da mir technische Voraussetzungen und Kenntnisse fehlen, wäre MEINER Phantasie der Gedanke nicht entsprungen, die ganze Erde in ein anderes Sonnensystem zu transportieren! Seriöse Wissenschaftler aber, mit den Zukunftsmöglichkeiten der Technik vertraut, sprechen bereits über das für uns noch Undenkbare.

Um noch mal das Brennstoffproblem für interstellare Raketen anzusprechen, sei darauf verwiesen, daß der berühmte Weltraumbiologe Carl Sagan, USA, meint, es könne durch Aufnahme von Wasserstoff während der Fahrt gelöst werden, um ein interstellares Staustrahltriebwerk mit Energie zu versorgen. – Derart gigantische Raumschiffe müßten auf einer Parkbahn, auf einer Kreisumlaufbahn um den Startplaneten zusammengesetzt werden. Mit der Huckepackmethode würden die Teile der Riesenkonstruktion nacheinander in einen Orbit geschossen und ineinandergefügt. Damit entfiele von vornherein die technische Notwendigkeit einer Bleistiftform.

Die weite Reise zurück zu den Sternen wird eines Tages, eines gar nicht so fernen Tages, auch von unserem Planeten erfolgen, weil die Kugel die natürlichste aller geometrischen Formen für den Flug im All darstellt.

Suche nach neuen Energien

Etwas will nicht in mein Hirn! Politiker, Techniker und in ihrem Gefolge Zeitungen und TV-Stationen beklagen täglich die Energiemisere, in der sich die Welt befindet, seit sich die Scheichs ihrer Macht und ihres eines Tages zu Ende gehenden Ölreichtums bewußt wurden. Man müsse auf Energiequellen ausweichen, über die wir – noch – ausreichend verfügen, Kohle, Ölschiefer, Atomkraft. Wer

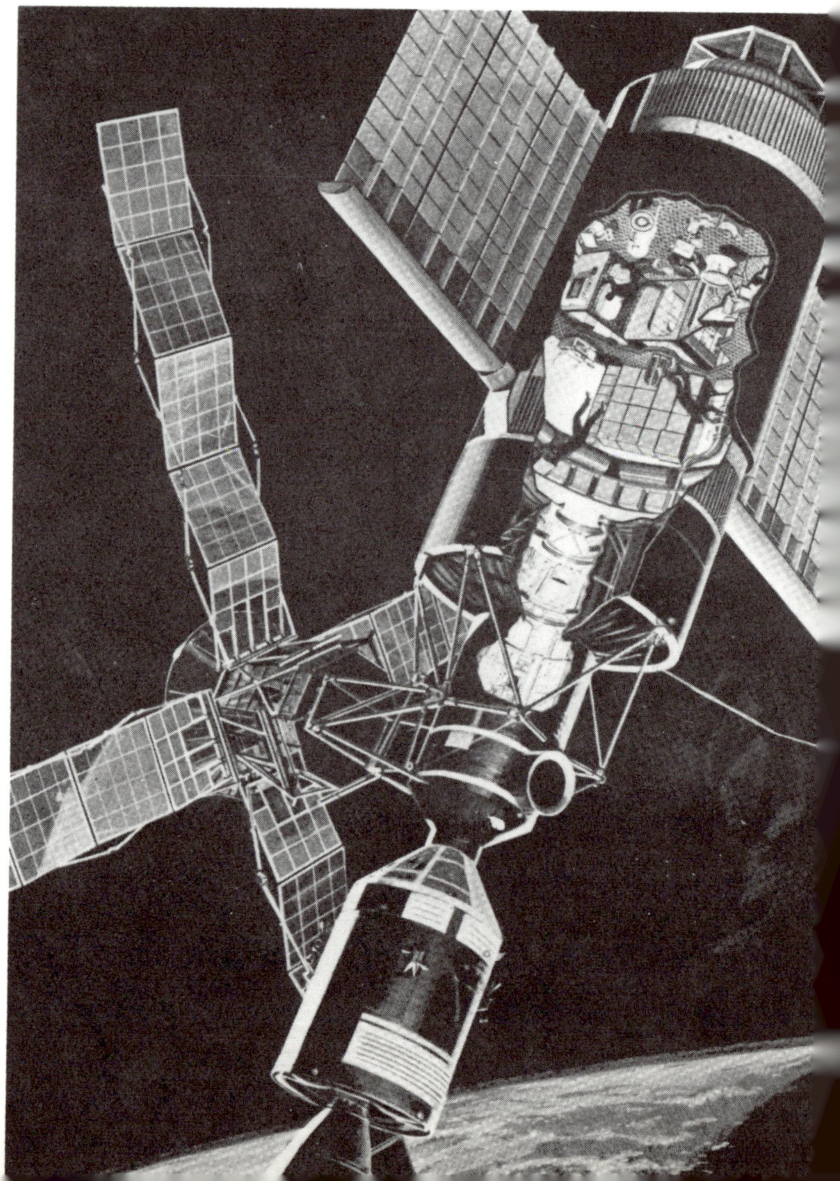

98 Skylab in der Erdumlaufbahn. Oben Aufenthalts- und Arbeitsräume mit den Sonnenzellenflächen. Unter der Werkstatt Luftschleuse und Kopplungstunnel. Links das Beobachtungssystem für die Sonne.

weiß es nicht, daß auch solche Vorkommen »endliche« Energiequellen sind?

Oft habe ich in Houston und Huntsville mit NASA-Männern gesprochen. Jedermann weiß, daß Präsident Kennedys Ziel, den Mond zu erreichen, VOR dem erhofftem Zeitpunkt realisiert wurde, ein Ziel, das durchaus utopisch war, als es gesetzt wurde.

Wie wurde es verwirklicht? Nur, und das muß man der schnellebigen Welt wohl alle paar Tage wieder unter die Nase halten, nur durch die Bündelung hochqualifizierter Techniker und Wissenschaftler zu einem Forschungsteam, wie es vor dem USA-Raumfahrtprogramm nie zustande kam und gearbeitet hat.

Törichte und dumme Kommentare zu den Mondflügen ließen die Meinung aufkommen, hier würde sinnlos Geld für unrentable Ziele ausgegeben, das man besser für Entwicklungsländer und soziales Engagement ausgeben sollte. Wie unendlich dumm! Allein die Abfallprodukte der Raumfahrt haben das Mondprogramm längst rentieren lassen.

Wenn aber schon neue, wirklich neue Energiequellen von unvorstellbarer Kraft gefunden werden müssen, wer denn braucht sie dringender als die interstellare Raumfahrt, die neue Energien finden MUSS, wenn sie ihre hochgesteckten Ziele verwirklichen will. Und das will sie! Sie braucht also völlig neue Energieformen, um sich – man verzeihe mir das alberne Modewort – »selbst zu bestätigen«.

Man schreit nach neuen Energien . . . und setzt das Team nicht ein, das sie finden MUSS!

Die Menschheit wird dermaleinst ob ihrer Borniertheit sehr schlechte Zensuren in ihrer Geschichte einstecken müssen. Klassenziel verfehlt. Grund: Dummheit und Kurzsichtigkeit.

VIII
AUS HEILIGEN SCHRIFTEN, MYTHEN, LEGENDEN UND ANDEREN QUELLEN

Was Moses weiß

Die Bibel steckt voller Geheimnisse und Widersprüche.

Ihre Genesis beginnt mit der Erschaffung der Erde, die geologisch exakt wiedergegeben ist. Woher jedoch wußte der Chronist, daß die Mineralien den Pflanzen und die Pflanzen den Tieren vorangingen?

»Lasset uns den Menschen machen nach unserem Bilde . . .« steht im 1. Buch Moses.

Warum spricht Gott im Plural? Warum sagt er »uns«, nicht »ich«, warum »unserem« und nicht »meinem«? Man darf unterstellen, daß der einzige Gott füglich in der Einzahl zu den Menschen sprechen würde, nicht im Plural.

> »Als aber die Menschen anfingen, sich auf der Erde zu mehren, und ihnen Töchter geboren wurden, sahen die Gottessöhne, daß die Töchter der Menschen schöne waren, und sie nahmen sie sich zu Weibern, welche sie nur wollten.« (Moses, 1. Buch, 6, 1, 2)

Wer kann Antwort auf die Frage geben, WELCHE Gottessöhne sich Erdenmädchen zu Weibern nahmen? Das alte Israel hatte doch nur einen einzigen, unantastbaren Gott. Woher kommen die »Gottessöhne«?

> »Zu jenen Zeiten – und auch nachmals noch –, als die Gottessöhne zu den Töchtern der Menschen sich gesellten und diese ihnen Kinder gebaren, waren die Riesen auf Erden. Das sind die Recken der Urzeit, die Hochberühmten.« (Moses, 1. Buch, 6, 4)

Da tauchen sie erneut auf, die Gottessöhne, die sich mit

den Menschen vermischen. Riesen tauchen immer und überall wieder auf: in der Mythologie von Ost und West, in den Sagen von Tiahuanaco und den Epen der Eskimos. »Riesen« geistern durch fast alle alten Bücher. Es MUSS sie also gegeben haben. Was waren das für Wesen, diese »Riesen«? Waren es unsere Vorfahren, die die gigantischen Bauten errichteten und die spielend die Monolithen herumschoben, oder waren es technisch versierte Raumfahrer von einem anderen Stern? Fest steht: Die Bibel spricht von »Riesen« und bezeichnet sie als »Gottessöhne«, und diese »Gottessöhne« mischen und vermehren sich mit den Töchtern der Menschen.

Sodom und Gomorrha

Moses übermittelt uns im 1. Buch 19, 1 einen sehr ausführlichen und im Detail sehr erregenden Bericht über die Katastrophe von Sodom und Gomorrha. Assoziieren wir unsere Kenntnisse zu den gegebenen Schilderungen, dann werden ganz und gar nicht abwegige Vorstellungen wach.

Da kamen also am Abend zwei Engel nach Sodom, als Vater Lot gerade am Stadttor von Sodom saß. Offenbar

99

erwartete Lot diese »Engel«, die sich bald als Männer zeigten, denn Lot erkannte sie sofort und lud sie gastfreundlich über Nacht in sein Haus ein. Die Lüstlinge der Stadt, erzählt die Bibel, wünschten den fremden Männern »beizuwohnen«. Die beiden Fremden konnten jedoch mit einer einzigen Gebärde die Sexuallust der einheimischen Playboys vertreiben: die Störenfriede waren erledigt.

Die »Engel« forderten – laut Moses 1.19, 12 ff. – Lot auf, seine frau, seine Söhne und Töchter und die Schwiegersöhne und Schwiegertöchter eilends und dringend aus der Stadt hinauszuführen, denn, so wußten sie zu warnen, die Stadt würde in aller Bälde vernichtet werden. Die Familie mochte dieser seltsamen Aufforderung nicht so recht trauen und hielt das Ganze für einen schlechten Scherz von Vater Lot. Nehmen wir Moses wörtlich:

> »Als nun die Morgenröte heraufkam, trieben die Engel Lot zur Eile an und sprachen: ›Auf, nimm dein Weib und deine beiden Töchter, die hier sind, daß du nicht weggerafft werdest durch die Schuld der Stadt.‹ Da er aber noch zögerte, ergriffen die beiden Männer ihn und sein Weib und seine beiden Töchter bei der Hand, weil der Herr ihn verschonen wollte, führten ihn hinaus und ließen ihn draußen vor der Stadt. Als sie dieselben hinausgeführt hatten, sprach der Engel: ›Rette dich! Es gilt dein Leben! Sieh nicht hinter dich und bleibe nirgends stehen im ganzen Umkreis! Ins Gebirge rette dich, daß du nicht weggerafft werdest! ... Schnell, rette dich dorthin, denn ich kann nichts tun, bis du dort hineingekommen bist.‹«

Unzweifelhaft ist nach dieser Berichterstattung, daß die beiden Fremden, die »Engel«, über eine den Bewohnern unbekannte technische Gewalt verfügten. Nachdenklich stimmt auch der suggestive Zwang, die Eile, mit denen die »Engel« die Familie Lot antrieben. Als Vater Lot zögerte, zerrten sie ihn an den Händen fort. Es muß um Minuten gegangen sein. Lot soll, so befehlen sie, ins Gebirge gehen und sich nicht umdrehen. Vater Lot allerdings scheint keinen unbegrenzten Respekt vor den »Engeln« gehabt zu haben, den er riskiert immer wieder Einwände: »... aber ins Gebirge kann ich mich nicht retten; es könnte das

Verderben mich ereilen, daß ich sterben müßte . . .« Wenig später gestehen die »Engel«, daß sie nichts für ihn tun können, wenn er ihrem Rat folgt.

Was geschah eigentlich in Sodom? Man kann sich nicht vorstellen, daß der allmächtige Gott an irgendeinen Zeitplan gebunden ist. Warum also diese Hast seiner »Engel«? Oder war die Vernichtung der Stadt doch von irgendeiner Macht auf die Minute festgelegt? Hatte das Countdown bereits begonnen und wußten die »Engel« davon? Dann freilich wäre der Termin für die Vernichtung der Stadt unaufschiebbar gewesen. Gab es keine einfachere Methode, die Familie Lot in Sicherheit zu bringen? Weshalb sollte sie unbedingt ins Gebirge gehen? Und warum, um alles in der Welt, sollte sie sich nicht einmal mehr umblicken dürfen?

Unziemliche Fragen in einer ernsten Sache, zugegeben. Doch seit 1945 in Japan die beiden ersten Atombomben abgeworfen wurden, wissen wir, welche Schäden sie anrichten und daß Lebewesen, die der direkten Strahlwirkung ausgesetzt sind, sterben oder unheilbar erkranken. Denken wir einmal schwarz auf weiß, Sodom und Gomorrha seien nach Plan, also willentlich, durch eine Kernexplosion zerstört worden. Vielleicht wollten – spekulieren wir weiter – die »Engel« ganz einfach spaltbares, gefährliches Material vernichten, mit Sicherheit aber eine ihnen unangenehme menschliche Brut ausrotten. Der Zeitpunkt der Vernichtung stand fest. Wer davonkommen sollte – wie die Familie Lot – mußte sich einige Kilometer vom Explosionszentrum entfernt im Gebirge aufhalten: die Felswände absorbieren selbstverständlich die harten, gefährlichen Strahlen. Ja, und – wer weiß es nicht? – Lots Weib drehte sich um und starrte genau in die Atomsonne. Niemand wundert es mehr, daß sie auf der Stelle tot zusammenbrach. »Der Herr aber ließ Schwefel und Feuer auf Sodom und Gomorrha regnen . . .«

Und so geht bei Moses (1.19, 27 ff.) der Katastrophenbericht zu Ende:

> »Am anderen Morgen in der Frühe machte sich Abraham auf an den Ort, wo er vor dem Herrn gestanden hatte, und schaute hinab auf Sodom und Gomorrha und auf das ganze umliegende Land. Da sah er den Qualm aufsteigen von dem Lande, wie Qualm von einem Schmelzofen.«

Wir mögen gläubig sein wie unsere Väter, bestimmt sind wir weniger leichtgläubig. Wir können uns bei bestem Willen keinen allmächtigen, allgegenwärtigen, allgütigen Gott vorstellen, der keine Zeitbegriffe kennt und zugleich nicht weiß, was geschehen wird. Gott schuf den Menschen, und er war mit seinem Werk zufrieden. Dennoch scheint ihn seine Tat später gereut zu haben, weil DERSELBE Schöpfer beschloß, den Menschen wieder zu vernichten. Uns aufgeklärten Kindern dieser Zeit fällt es auch schwer, an einen allgütigen Vater zu denken, der unter zahllosen anderen sogenannte Lieblingskinder bevorzugt, wie eben die Familie Lot. Das Alte Testament gibt eindringliche Schilderungen, in denen Gott allein oder seine »Engel« unter großem Lärm und starker Rauchentwicklung direkt vom Himmel herniederflogen.

Elektrische Konstruktion: Bundeslade

Im Buch der Bücher gibt es eine andere technische Erfindung, über die in diesem Zusammenhang zu berichten lohnt.

Im 2. Buch, 25, 10, berichtet Moses über die genauen

Anweisungen, die »Gott« zum Bau der Bundeslade gab. Die Richtlinien werden zentimetergenau angegeben, wie und wo Stäbe und Ringe anzubringen sind und aus welcher Legierung die Metalle zusammengesetzt sein sollen. Die Anweisungen zielten auf eine genaue Ausführung, wie der »Gott« sie zu haben wünschte: er ermahnte Moses mehrfach, keine Fehler zu machen.

> »Und sieh zu, daß du alles genau nach dem Vorbild machst, das dir auf dem Berg gezeigt werden soll ...« (2. Buch Moses, 25, 40)

»Gott« sagte dem Moses auch, daß er selbst mit ihm sprechen werde und zwar von der Deckplatte der Lade her. Niemand, schärfte er Moses ein, dürfte in die Nähe der Bundeslade kommen, und für deren Transport gab er genaue Vorschriften über die dabei zu tragende Kleidung wie das geeignete Schuhwerk. Trotz aller Sorgfalt gab es dann doch eine Panne (2. Buch Samuel, 6): Als David die

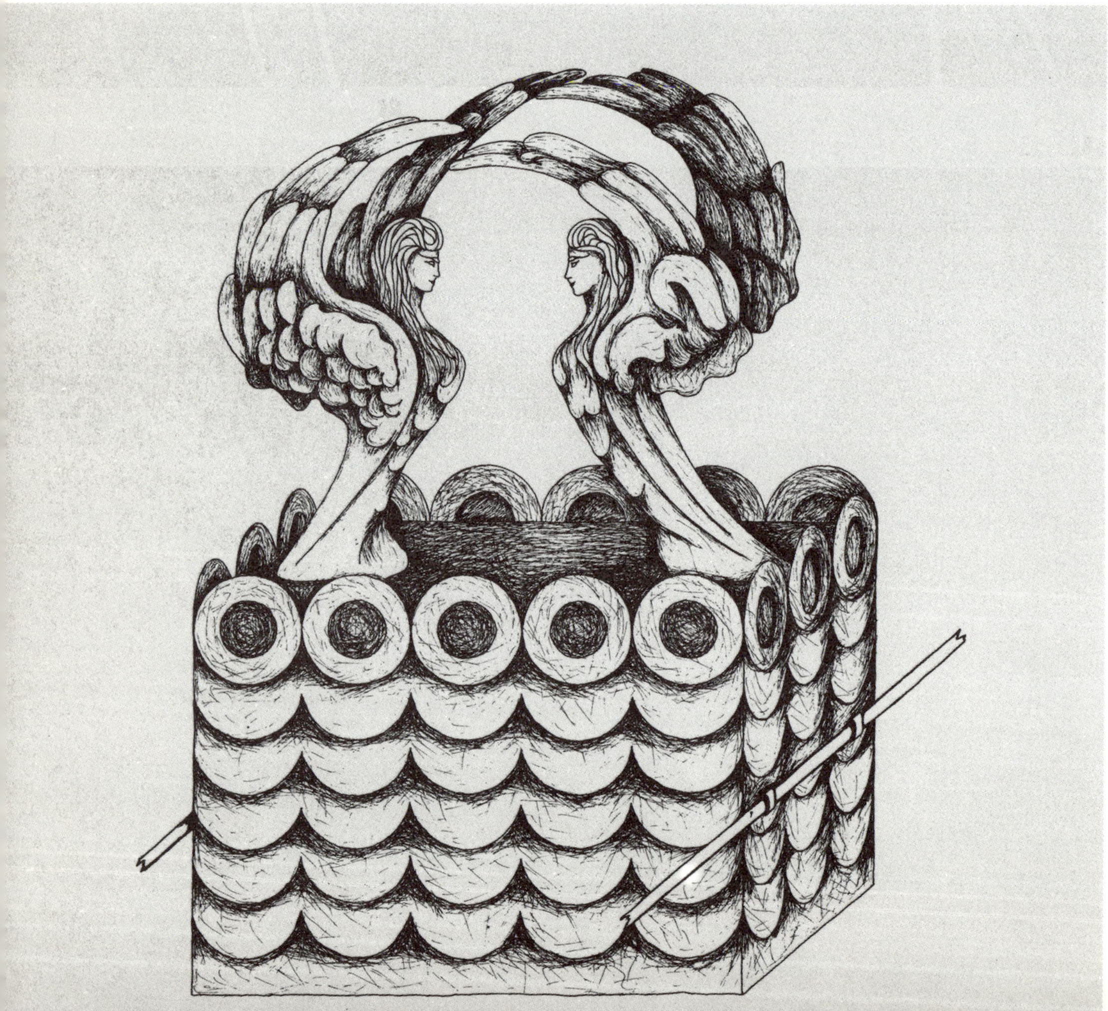

101

Bundeslade transportieren ließ, ging Ussa daneben her. Als vorbeiziehende Rinder die Bundeslade ausmachten, sie angriffen und umzustürzen drohten, griff Ussa mit der Hand an die Lade: wie vom Blitz getroffen, fiel er auf der Stelle tot um.

Fraglos muß die Bundeslade elektrisch geladen gewesen sein! Wenn man nämlich die von Moses überlieferten Anweisungen heute rekonstruiert, entsteht ein auf mehrere hundert Volt geladener Kondensator. Dieser wurde durch die Goldplatten gebildet, von denen die eine positiv und die andere negativ aufgeladen war. Wirkte nun noch einer der beiden Cheruben auf der Deckplatte als Magnet, dann war der Lautsprecher – vielleicht sogar eine Art von Gegensprechanlage zwischen Moses und dem Raumschiff – perfekt. Die Details der Konstruktion der Bundeslade sind in schönster Ausführlichkeit in der Bibel nachzulesen. Ohne Gedächtnisauffrischung ist uns in Erinnerung, daß die

102

Bundeslade oft von sprühenden Funken umgeben war und daß Moses – wann immer er Rat und Hilfe brauchte – sich dieses »Senders« bediente. Moses hörte die Stimme seines Herrn, aber er hat ihn nie zu Gesicht bekommen. Als er ihn einmal darum bat, sich ihm zu zeigen, antwortete sein »Gott«:

»Du kannst mein Angesicht nicht schauen, denn kein Mensch bleibt am Leben, der mich schaut. Und der Herr sprach: siehe, da ist Raum neben mir, tritt auf den Felsen. Wenn nun meine Herrlichkeit vorübergeht, will ich dich in eine Kluft des Felsens stellen, und meine Hand schützend über dich breiten, bis ich vorüber bin. Und wenn ich dann meine Hand weghebe, darfst du mir nachschauen, aber mein Angesicht kann niemand sehen!« (2. Buch Moses, 33, 20)

Warum zeigten sich die Götter nicht?

Es gibt verblüffende Duplizitäten. Im Gilgamesch-Epos, das von den Sumerern stammt und viel älter als die Bibel ist, steht auf der fünften Tafel seltsamerweise der gleiche Satz:

»Kein Sterblicher kommt auf den Berg, wo die Götter wohnen. Wer den Göttern ins Angesicht schaut, muß vergehen.«

In verschiedenen alten Büchern, die Teile der Menschheitsgeschichte überliefern, gibt es sehr ähnliche Schilderungen. Warum wollten sich die »Götter« nicht von Angesicht zu Angesicht zeigen? Warum ließen sie ihre Masken nicht fallen? Was fürchteten sie? Oder stammt die Schilderung im 2. Buch Moses gar aus dem Gilgamesch-Epos? Möglich ist auch das; schließlich soll Moses am ägyptischen Königshof erzogen worden sein. Vielleicht hatte er während dieser Jahre Zutritt zu den Bibliotheken oder bekam Kunde von alten Geheimnissen.

Vielleicht müssen wir auch unsere alttestamentarische Datierung in Frage stellen, weil manches dafür spricht, daß der viel später lebende David noch gegen Riesen mit sechs Fingern und sechs Zehen kämpfte (2. Buch Samuel, 21, 18–22). Bedenken muß man auch die Möglichkeit, daß alle die uralten Geschichten, Sagen und Berichte an einem Ort gesammelt und zusammengetragen wurden und später ein bißchen gemischt und kopiert durch die Länder wanderten.

Die Funde der vergangenen Jahre am Toten Meer

(Qumran-Texte) ergeben eine wertvolle erstaunliche Ergänzung zur biblischen Genesis. Wieder erzählt eine Reihe bisher unbekannter Schriften von Himmelswagen, von Söhnen des Himmels, von Rädern und vom Rauch, den die fliegenden Erscheinungen um sich verbreiteten. In der Moses-Apokalypse (Kapitel 33) blickte Eva zum Himmel auf und sah dort einen Lichtwagen heranfahren, der von vier glänzenden Adlern gezogen wurde. Kein irdisches Wesen hätte diese Herrlichkeit beschreiben können, heißt es bei Moses. Schließlich sei der Wagen zu Adam gefahren und zwischen den Rädern sei Rauch hervorgestoben. Diese Geschichte, am Rande notiert, sagt uns nicht viel Neues: immerhin aber wird bereits in Zusammenhang mit Adam und Eva zum erstenmal von Lichtwagen, Rädern und Rauch als herrlichen Erscheinungen gesprochen.

Das Kuckucksei in der Familie Methusalem

In der Lamech-Rolle wurde eine phantastische Begebenheit dechiffriert. Da die Rolle nur bruchstückhaft erhalten ist, fehlen im laufenden Text Sätze und ganze Absätze. Was übrig blieb ist allerdings wunderlich genug, um es zu berichten.

103

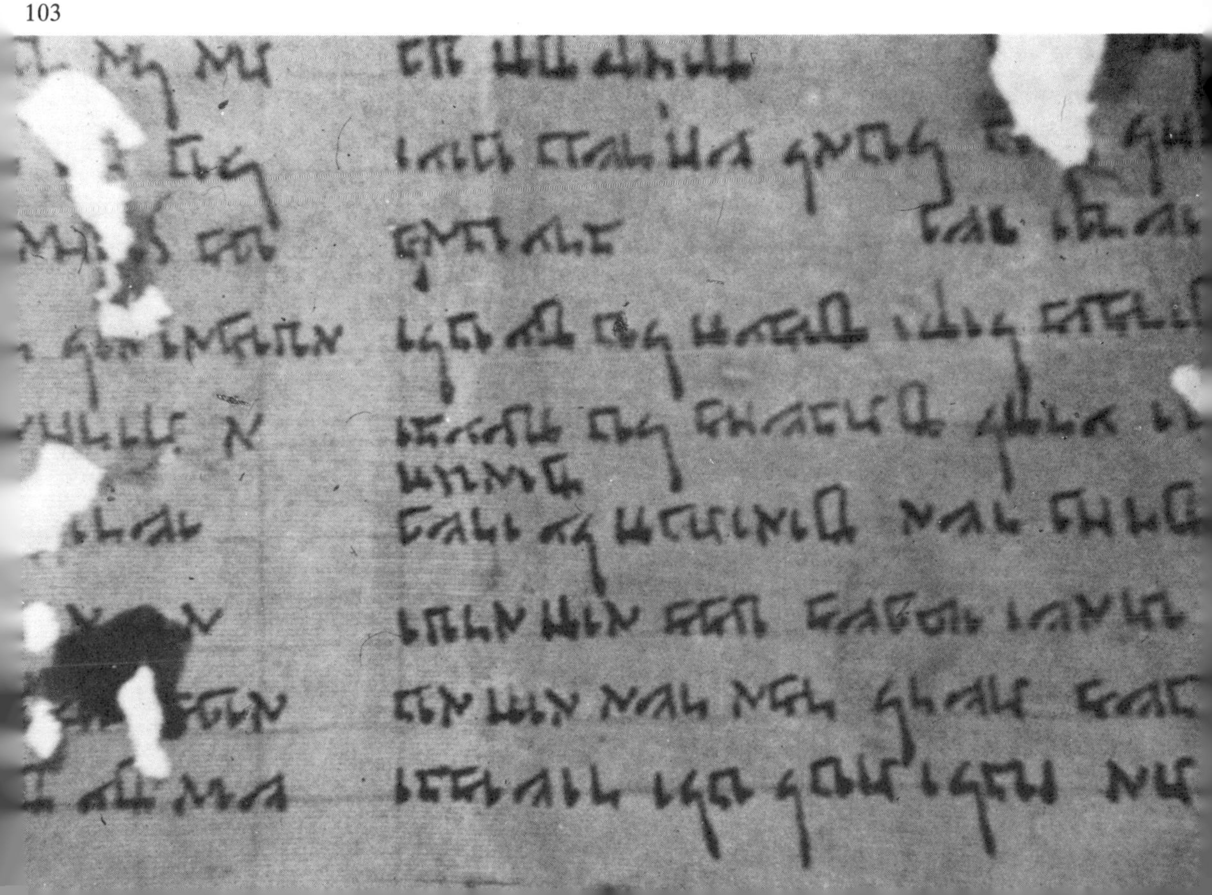

Diese Überlieferung weiß, daß eines schönen Tages Lamech, Noahs Vater, heimkam und mit der Anwesenheit eines Jungen überrascht wurde, der nach seinem Äußeren ganz und gar nicht in die Familie paßte. Lamech machte seinem Weibe Bat-Enosch heftige Vorwürfe und behauptete, dieses Kind stamme nicht von ihm. Nun beschwor Bat-Enosch bei allem was ihr heilig war, daß der Same von ihm, Vater Lamech, stamme – weder von einem Soldaten noch von einem Fremden noch von einem der »Söhne des Himmels«. (In Klammern vermerkt die Frage: Von was für einer Art von »Söhnen des Himmels« sprach Bat-Enosch eigentlich? Immerhin ereignete sich dieses Familiendrama vor der Sintflut!) Lamech glaubte jedenfalls den Beteuerungen seines Weibes nicht und machte sich, zutiefst beunruhigt, auf, seinen Vater Methusalem um Rat zu fragen. Angekommen, berichtete er die ihm so betrüblich scheinende Familienstory. Methusalem hört sich das alles an, denkt nach und macht sich seinerseits auf den Weg, den weisen Henoch zu befragen. Das Kuckucksei in der Familie brachte so viel Aufregung, daß der alte Herr sogar die Strapazen der weiten Reise auf sich nahm: es mußte Klarheit in die Herkunft des kleinen Jungen gebracht werden. Methusalem schilderte also, daß da in der Familie seines Sohnes ein Junge aufgetaucht wäre, der weniger wie ein Mensch, vielmehr wie ein Himmelssohn aussähe: die Augen, die Haare, die Haut, das ganze Wesen, nichts davon passe in die Familie.

Der kluge Henoch lauschte dem Bericht und schickte den alten Methusalem mit der außerordentlich beunruhigenden Nachricht auf den Rückweg, daß ein großes Strafgericht über die Erde und die Menschheit kommen und alles »Fleisch« vernichtet würde, weil es schmutzig und verderbt sei. Der kleine, fremde Junge aber, den die Familie beargwöhne, sei zum großen Stammvater der Nachkommenschaft jener bestimmt, die das große Weltgericht überleben würden; deshalb solle er seinem Sohn Lamech befehlen, das Kind auf den Namen NOAH zu taufen. Methusalem reiste zurück, informierte seinen Sohn Lamech über das, was ihnen allen bevorstand. Was blieb Lamech anderes zu tun, als das ungewöhnliche Kind als sein eigenes anzuerkennen und es künftig Noah zu nennen!

Erstaunlich an dieser Familiengeschichte ist die Mitteilung, daß schon Noahs Eltern über die zu erwartende Sintflut unterrichtet waren und daß sogar der Großvater Methusalem noch von dem gleichen Henoch, der bald darauf der Überlieferung zufolge in einem feurigen Himmelswagen für immer entrückte, auf das schreckliche Ereignis vorbereitet wurde.

Ein Buch, das wir nicht lesen sollen: Henoch

Die sittenrichterliche Tätigkeit der um 440 v. d. Z. in Rom eingesetzten Zensoren wurde von den religiösen Gemeinden der christlichen Frühzeit in wackere Tradition genommen. Die Redakteure der Bibel waren zugleich ihre Zensoren. Sie ließen nicht zu, daß alle vorliegenden Manuskripte ins Buch der Bücher aufgenommen wurden. Versierte Theologen wissen, daß es AUCH die Apokryphen (griechisch: verborgene Schriften) gibt, nicht in den Kanon aufgenommene jüdische oder christliche Zusatzschriften – daß es AUCH die Pseudepigraphen gibt, jüdische Schriften aus dem Jahrhundert vor und nach Christus, die zum Alten Testament gehören wollen, aber weder in die Bibel noch in den Kanon der apokryphen Schriften der katholischen Kirche aufgenommen wurden. Vermutlich waren sie den Bibelzensoren nicht »heilig« genug, um in unserem Alten Testament Raum zu bekommen.

Einer der uns vorenthaltenen Bibelteile ist das Buch Henoch (hebräisch: der Eingeweihte). Nach Moses einer der Urväter, vorsintflutlicher Patriarch, Sohn des Jared, steht er seit Jahrtausenden im Schatten seines Sohnes Methusalem (hebräisch: Mann des Wurfgeschosses), der angeblich 969 Jahre alt geworden sein soll. Nach seinem Erdendienst fuhr Prophet Henoch in einem feurigen Wagen in den Himmel. Gut, daß er seine Aufzeichnungen zurückließ, denn sie vermitteln tiefe Einblicke in die frühesten Geheimnisse der Astronomie, berichten von der Abkunft der Götter und wissen Details vom »Sündenfall«.

Das Buch Henoch soll ursprünglich in hebräischer oder aramäischer Sprache verfaßt worden sein, aber das Urmanuskript ist bis heute nicht gefunden worden. Wäre es nach dem Willen der Kirchenväter gegangen, hätte überhaupt niemand etwas von dem Buch Henoch erfahren. Tücke des Objekts: die abessinische Frühkirche hatte

Henochs Schrift in ihren Kanon aufgenommen! Die Nachricht erreichte Europa in der ersten Hälfte des 17. Jahrhunderts, doch erst 1773 nahm der britische Afrikafahrer J. Bruce ein Exemplar des Henoch-Buches mit nach England. In der Folgezeit kamen einige zweifelhafte Abschriften in lateinischer Sprache in Umlauf. 1855 wurde das Buch in Frankfurt erstmalig ins Deutsche übersetzt. Inzwischen sind auch Bruchstücke einer sehr frühen griechischen Niederschrift entdeckt worden. Beim Vergleich des äthiopischen mit dem griechischen Text ergab sich Übereinstimmung, so daß wir annehmen können, einen »echten Henoch« zu besitzen.

Das Geheimwissen des Propheten Henoch

Ich besitze eine Henoch-Übersetzung »Thübingen 1900«. Meines Wissens gibt es keine neuere Übersetzung. Das ist schade, denn die »Thübinger« ist kompliziert und verschachtelt. Die Übersetzer der Jahrhundertwende standen – man spürt es – so ratlos vor den astronomischen Zahlenreihen, den geschilderten (heute verständlichen) genetischen Manipulationen, daß sie zu jeweils zehn Henoch-Zeilen im Anhang mindestens die doppelte Zeilenzahl mit Erklärungen gaben und verschiedene Übersetzungsmöglichkeiten anboten.

Die Henoch-Kapitel 1–5 bringen Ankündigungen eines Weltgerichtes. Es wird behauptet, der himmlische Gott würde seine himmlische Wohnung verlassen, um mit den Heerscharen seiner Engel auf der Erde zu erscheinen. Die Kapitel 6–16 schildern den Fall der »abtrünnigen Engel«, sie nennen sogar die Namen jener Engel (= Raumfahrer), die sich entgegen dem Befehl ihres Gottes (= Raumschiffkommandant) mit den Töchtern der Menschen vereinigten. In den Kapiteln 17–36 werden Henochs Reisen in verschiedene Welten und zu fernen Himmelsgewölben beschrieben. Die Kapitel 37–71 enthalten sogenannte »Bildreden«, Gleichnisse aller Art, die dem Propheten von den Göttern erzählt wurden: Henoch erhielt den Auftrag, sie zu überliefern, denn die Menschen seiner Zeit vermochten die mitgeteilten technischen Zusammenhänge nicht zu verstehen, sie waren für eine zukünftige Zeit bestimmt. Die Kapitel 72–82 machen verblüffend präzise Angaben über Sonnen- und Mondumlaufbahnen, über

Schalttage, Sterne und die Himmelsmechanik, sie geben geographische Bestimmungen des Universums. – Die restlichen Kapitel enthalten Gespräche Henochs mit seinem Sohn Methusalem, dem er die kommende Sintflut ankündigt. Im Happy-End des Berichtes fährt Henoch in seinem »feurigen Wagen« zum Himmel.

Mit den folgenden wortwörtlichen Textauszügen möchte ich dazu beitragen, das uns von den Kirchenvätern vorenthaltene Buch Henoch bekanntzumachen, und als Enfant terrible undenkbarer »Exegesen« möchte ich mit Randbemerkungen neue Denkanstöße geben.

Henoch wörtlich

Kapitel 14:

»Sie trugen mich hinein in den Himmel. Ich trat ein, bis ich mich einer Mauer näherte, die aus Kristallsteinen gebaut und von feurigen Zungen umgeben war; und sie begann, mir Furcht einzujagen. Ich trat in die feurigen Zungen hinein und näherte mich einem großen, aus Kristallsteinen gebauten Haus. Die Wände jenes Hauses glichen einem mit Kristallsteinen getäfelten Fußboden, und sein Grund war von Kristall. Seine Decke war wie die Bahn der Sterne und Blitze, dazwischen feurige Cherube. Ein Feuermeer umgab seine Wände, und seine Türen brannten von Feuer.«

Ich denke, hier wurde Henoch ziemlich zweifelsfrei in einem Zubringerschiff von der Erde zum Mutterschiff, das sich in der Erdumlaufbahn bewegte, transportiert. Der Glanz der Metallhülle des Raumschiffs erschien ihm »wie aus Kristallsteinen gebaut«. Durch eine hitzeabweisende Panzerglasdecke konnte er Sterne und Sternschnuppen sehen und auch das Aufblitzen der Steuerdüsen kleinerer Raumschiffe beobachten. (»Seine Decke war wie die Bahn der Sterne und Blitze, dazwischen feurige Cherube.«) Auch sieht Henoch die grell leuchtende Raumschiffwand, jene Seite, die der Sonne zugewandt ist. Oder erstaunten ihn die blendendhellen Düsenausstöße abbremsender Raketen?

Fraglos hatte er Angst, in Feuer treten zu müssen. Um so verblüffter ist er Momente später, daß das Innere des »Hauses« dann »kalt wie Schnee« ist. Freilich, unser Reporter Henoch ahnte noch nichts von den Möglichkeiten des Druckausgleichs und von Air-Conditioning, Techniken, die die Fremden selbstverständlich beherrschten.

Kapitel 15:
»Und ich hörte die Stimme des Höchsten: ›Fürchte Dich nicht, Henoch. Du gerechter Mann und Schreiber der Gerechtigkeit ... geh hin und sprich zu den Wächtern des Himmels, die Dich gesandt haben, um für sie zu bitten. Ihr solltet eigentlich für die Menschen bitten, und nicht die Menschen für Euch!‹«

Es ist eindeutig: Hennoch steht nun vor dem Kommandanten, zu dem die »Wächter« ihn gebracht haben. Wer sind denn diese »Wächter«? Von diesen seltsamen Figuren spricht Hesekiel, sie tauchen auch im Gilgamesch-Epos auf, sie geistern ebenso durch die fragmentarischen Texte der Lamech-Rolle, jene mysteriösen Schriftrollen, die hoch über dem Toten Meer in Felsgrotten gefunden wurden. Darin schwört Lamechs Weib Bat-Enosch ihren Gatten, er möge glauben, daß sie auf ganz natürliche Weise schwanger geworden sei, sie habe wirklich nichts mit einem »Wächter des Himmels« gehabt. Nun figurieren diese Wächter auch in Henochs Bericht!

Der Kommandant macht dem Propheten gegenüber zwei nachdenkenswerte Bemerkungen: erstens redet er ihn als »Schreiber« an, rechnet ihn also zu der kleinen Kaste der damals des Schreibens Kundigen; zweitens sagt der Kommandant mit unverhohlenem Spott, eigentlich sollten die »Wächter« für die Menschen bitten, nicht aber die Menschen für die »Wächter«. Der Kommandant erklärt sogleich, was er meint:

»(Sage den Wächtern) ... warum habt Ihr den hohen, heiligen Himmel verlassen, bei den Weibern geschlafen, Euch mit Menschentöchtern verunreinigt, Euch Weiber genommen und wie die Erdenkinder getan und Riesensöhne gezeugt? Obwohl Ihr unsterblich wart, habt Ihr durch Blut der Weiber Euch befleckt und mit dem Blute des Fleisches Kinder gezeugt, nach dem Blute des Menschen begehrt und Fleisch und Blut hervorgebracht, wie jene tun, die sterblich und vergänglich sind.«

Vorsintflutliche Erkenntnisse

So war das also:

Im Vergleich mit den Erdbewohnern wurden die Weltraumfahrer viel älter, scheinbar unsterblich. Der Kommandant hatte offenbar lange vor der von Henoch beschriebenen Begegnung eine Crew seiner »Wächter« auf dem blauen Planeten abgesetzt, um danach für einen langen Zeitraum zu anderen Expeditionen aufzubrechen. Als er zurückkehrte, mußte er zu seinem Entsetzen feststellen, daß sich die »Wächter« mit Menschentöchtern eingelassen hatten. Dabei waren es selbstverständlich geschulte Leute mit allem praktischen und theoretischen Wissen für eine solche Unternehmung. Trotzdem paarten sie sich gegen Befehl! Falls die »Wächter« die Primitiven mit dem genetischen Code veränderten, wäre ein geschlechtlicher Kontakt – und den spricht der Kommandant eindeutig an – vielleicht schon in der zweiten Generation mutierter Erdbewohner möglich gewesen. Da die Extraterrestrier durch eine andere Konstitution und andere biologische Möglichkeiten ungleich älter wurden als die auf der Erde angetroffenen Wesen, konnten sie auch zwei, drei oder mehr Generationen ihrer Züchtung abwarten, ehe sie sich dem ältesten Freizeitspiel aller irdischen Lebewesen hingaben. Was dem Kommandanten so sehr mißfiel. Begreiflicherweise.

Kapitel 41:

»Ich sah die Räume der Sonne und des Mondes, von wo sie ausgehen und wohin sie zurückkehren. Dann sah ich ihre herrliche Wiederkehr, wie eines vor dem anderen Vortritt hat, ihre prächtige Bahn, wie sie die Bahn nicht überschreiten, ihrer Bahn nichts hinzufügen und auch nichts davon wegnehmen . . . Dann den unsichtbaren und sichtbaren Weg des Mondes, und er legt den Lauf seines Weges an jedem Ort bei Tag und Nacht zurück.«

Nikolaus Kopernikus schrieb sein Hauptwerk »Sechs Bücher über die Umläufe der Himmelskörper« 1534. Galileo Galilei entdeckte 1610 mit seinem selbstgebauten Fernrohr die Phasen der Venus und die Jupitermonde. Die Schriften beider Naturforscher wurden auf den Index gesetzt. – Johannes Kepler entdeckte 1609 die beiden Gesetze der Planetenbewegung, für die er als erster eine dynamische Erklärung gab: Er ging davon aus, daß die Bewegung der Planeten durch eine von der Sonne ausgehende Kraft verursacht wurde. – Alle diese Kenntnisse fehlten aber dem Vater Henoch!

Kapitel 43:

»Ich sah Blitze und die Sterne des Himmels, und wie sie

alle bei ihrem Namen genannt wurden und mit einem echten Maß gewogen wurden, nach ihrer Lichtstärke, nach der Weite ihrer Räume und nach dem Tag ihres Erscheinens.«

Tatsächlich klassifizieren Astronomen Sterne sowohl nach ihren Namen wie nach Größenordnungen (»mit einem echten Maß gewogen«) und Helligkeit (»nach ihrer Lichtstärke«), aber auch nach Standorten (»Weite der Räume«) und dem Tag der ersten Beobachtung (»Tag ihres Erscheinens«). – Woher denn sollte der vorsintflutliche Prophet diese Angaben haben, wenn nicht von fremden Kosmonauten?

Kapitel 60:

»Denn der Donner hat feste Gesetze für die Dauer des Schalls, die ihm bestimmt ist. Donner und Blitz sind niemals getrennt.«

Bekanntlich entsteht der Donner durch die plötzliche Ausdehnung der vom Blitz erhitzten Luft und breitet sich mit Schallgeschwindigkeit (333 m/sec) aus. Der Donner hat feste Gesetze »für die Dauer des Schalls«. Um wie vieles früher wären Naturgesetze entdeckt worden, wenn SOLCHE Texte nicht den Bibelzensoren mißfallen hätten!

Kapitel 69:

»Dies sind die Häupter ihrer Engel und die Namen ihrer Anführer über 100, 50 und 10. Der Name des Ersten ist Jequn; das ist derjenige, welcher die Kinder der Engel verführte, sie auf das Festland herabbrachte und durch die Menschentöchter lüstern machte. Der Zweite heißt Asbeel; dieser erteilte den Kindern der Engel böse Ratschläge, daß sie ihre Leiber durch Menschentöchter verunreinigten. Der Dritte heißt Gadreel; das ist derjenige, welcher den Menschenkindern allerhand todbringende Schläge zeigte. Auch zeigte er den Menschen die Mordinstrumente, den Panzer, den Schild, das Schlachtschwert und überhaupt allerhand Instrumente. Der Vierte heißt Penemue; dieser hat den Menschenkindern das Unterscheiden von bitter und böse gezeigt und ihnen alle Geheimnisse dieser Weisheit kundgetan. Er hat auch die Menschen das Schreiben mit Tinte und Papier gelehrt. Der Fünfte heißt Kasdeja; dieser hat die Menschenkinder allerhand Schläge der

Geister und Dämonen gelehrt, die Schläge des Embryos im Mutterleib, damit er abgehe, den Schlangenbiß, die Schläge durch die Mittagshitze und die Schläge der Seele.«

Henoch berichtet, was für ein Verderben die Extraterrestrier auf den Planeten brachten. Kinder wurden verführt. Menschenkinder lernten mörderische Waffen kennen. Hat Kasdeja sie auch in Abtreibungsmethoden unterwiesen (»Schläge des Embryos im Mutterleib, damit er abgehe«)? Hat er sie mit der Psychatrie vertraut gemacht (»Schläge der Seele«)?

Kapitel 72:

»An jenem Tage geht die Sonne aus jenem zweiten Tor auf und geht im Westen unter; sie kehrt nach Osten zurück und geht im dritten Tor 31 Morgen auf und geht im Westen des Himmels unter. An jenem Tage nimmt die Nacht ab und beträgt neun Teile, und der Tag beträgt neun Teile, und die Nacht gleicht sich mit dem Tag, und das Jahr beträgt genau 364 Tage. Die Länge des Tages und der Nacht und die Kürze des Tages und der Nacht, durch den Umlauf entsteht ihr Unterschied ... Das kleine Licht betreffend, das Mond heißt. In jedem Monat ist sein Licht den siebten Teil vom Lichte der Sonne, und in dieser Weise geht er auf ... Die eine Hälfte von ihm ragt $^1/_7$ hervor, und seine ganze übrige Scheibe ist leer und lichtlos, ausgenommen $^1/_7$ und $^1/_{14}$ von der Hälfte seines Lichts ...«

Auf Befehl des Kommandanten notierte Henoch die Angaben wörtlich, damit sie in späteren Zeiten verstanden werden. In dem astronomischen Kompendium wimmeln über viele Seiten komplizierte Bruch- und Potenzrechnungen, die sich auf ganz unbegreifliche Weise unseren Kenntnissen annähern.

Ehe Henoch mit den Göttern im Weltall entschwindet, hämmert er seinem Sohn ein:

Kapitel 82:

»Und nun, mein Sohn Methusalem, erzähle ich Dir dies alles und schreibe es für Dich auf; ich habe Dir alles enthüllt und Dir die Bücher, die alle diese Dinge betreffen, übergeben. Bewahre, mein Sohn Methusalem, die Bücher von Deines Vaters Hand und übergib sie den kommenden Generationen der Welt.«

Wie »heilig« der Überlieferungsauftrag gehalten wurde, bewiesen die Kirchenväter. Sorgten sie sich, die Wahrheit käme zu früh ans Licht?

Das Geheimwissen des Propheten Esra

Ganze magere zehn Kapitel blieben im Alten Testament der Bibel von den Schriften Esras übrig, das sogenannte »Buch Esra«. – Esra (hebräisch: die Hilfe) war jüdischer Priester und Schriftgelehrter. 458 v. d. Z. führte er die Juden aus der babylonischen Gefangenschaft in die Hauptstadt Jerusalem zurück. (Das Datum ist synchron mit den Angaben Hesekiels). Esra verpflichtete die jüdische Gemeinde auf die Thora, die fünf Bücher Mose, das Gesetz. Außer dem kanonischen, also anerkannten Buch Esra gibt es zwei apokryphe, nicht anerkannte Esra-Bücher und das »vierte« Buch Esra, das ursprünglich hebräisch verfaßt wurde, eine Apokalypse aus dem 1. Jahrhundert nach der Zeitwende. Von diesem vierten Buch Esra soll hier die Rede sein. Es fiel der rigorosen Zensur der Bibelkompositeure zum Opfer.

Im vierten Buch spricht Prophet Esra über religiöse Probleme der Juden und stellt schier futuristische Spekulationen an, um dann über sein eigentliches Thema, das Geheimwissen, zu berichten, zu dem nur ein auserwählter Kreis Wissender Zugang hatte.

Zuerst behauptet Esra, seine »Visionen« nächtens »im Bett« gehabt und sich während dieser Visionen mit »Gott« unterhalten zu haben. Setzt man auch bei dieser Lektüre eine moderne Brille auf die Nase, dann kommen einem doch arge Zweifel, ob das wirklich Visionen waren. Zu oft sind Visionen Sinnestäuschungen. Zu viele technische und mathematische Einzelheiten sind in die Visionen geraten: sie lassen sich nicht träumen. Daß er über wirkliche Vorgänge berichtete, »offenbart« Esra denn auch später in den letzten Kapiteln des uns vorenthaltenen vierten Buches. Oft, sagt er, ist er dem »Höchsten« begegnet; er war auch mit dessen »Engeln« zusammen, die ihm die Bücher diktierten.

»Versammle das Volk und sage ihnen, sie sollen Dich 40 Tage lang nicht suchen. Du aber mache Dir viele Schreibtafeln fertig, nimm zu Dir Saraja, Dabria, Selemia, Ethan und Asiel, diese fünf Männer, denn sie verstehen, schnell zu schreiben, und dann komm hierher . . . Wenn

> Du aber fertig bist, so sollst du das Eine veröffentlichen, das Andere aber den Weisen im Geheimen übergeben. Morgen um diese Zeit sollst Du mit Schreiben beginnen.
> ... So wurden in den 40 Tagen niedergeschrieben 94 Bücher. Als aber die 40 Tage voll waren, da sprach der Höchste zu mir: die 24 Bücher, die Du zuerst geschrieben hast, sollst Du veröffentlichen, den Würdigen und Unwürdigen zum Lesen; die letzten 70 Bücher aber sollst Du zurückhalten und NUR den Weisen Deines Volkes übergeben.«

Wieder also findet sich ein Beweis dafür, daß die sogenannten Götter (=Kosmonauten) ein klar definiertes Interesse daran hatten, späteren Generationen von ihrer Anwesenheit auf der Erde Kenntnis zu geben. Diese Crew stand offensichtlich unter Zeitdruck. Vielleicht war der Rückstart aus unvorhergesehenen technischen Gründen vorzeitig angesetzt worden. Warum sonst wurden gleich fünf Männer, die »schnell zu schreiben« verstanden, zum Diktat befohlen?

Alle, die glauben möchten, der Prophet habe doch mit dem großen, allwissenden Gott (und nicht mit Astronauten) gesprochen, sind leicht aus dem Text zu widerlegen: »Der Höchste« gibt Esra gegenüber unumwunden zu, daß er bestimmte Dinge selber nicht wisse:

> »Er antwortete mir und sprach: Die Zeichen, nach denen Du frägst, kann ich Dir zum Teil sagen; über Dein · Dein Leben aber kann ich Dir nichts sagen, ich weiß es selber nicht.«

Dialog mit dem Höchsten

Im Gespräch mit dem »Höchsten« ereifert sich Esra über die Ungerechtigkeiten dieser Welt. Wie in anderen heiligen Schriften verspricht der »Höchste« auch hier, daß er eines fernen Tages aus dem Himmel zurückkehren werde, um dann die »Gerechten und Weisen« mitzunehmen.

Zurückkehren – woher?

Es ist anzunehmen, daß die Heimatwelt der Außerirdischen einige Lichtjahre von unserem System entfernt war, weil der Kommandant (der Höchste) dem Propheten Andeutungen über die Zeitverschiebung bei interstellaren Flügen mit hoher Geschwindigkeit macht. Esra wundert sich, er versteht es (natürlich!) nicht und fragt den

»Höchsten«, ob er denn nicht alle Geschlechter der Vergangenheit, Gegenwart und Zukunft auf einmal hätte erschaffen können, damit alle an der »Heimkehr« teilnehmen könnten.

Es gibt da diesen Dialog:

Der Höchste: »Frage den Mutterschoß und sprich zu ihm: Wenn Du zehn Kinder bekommst, warum bekommst Du sie jedes zu seiner Zeit? Fordere ihn auf, zehn auf einmal zu zeugen.«

Esra: »Unmöglich kann er das, sondern nur jedes zu seiner Zeit.«

Der Höchste: »So habe auch ich die Erde zum Mutterschoß gemacht für die, welche, jedes zu seiner Zeit, von ihr empfangen werden. Ich habe in der Welt, welche ich erschuf, eine bestimmte Reihenfolge festgesetzt.«

Umweltverschmutzung

Esra denkt über diese zeitliche Konsequenzen nach; er will wissen, ob denn bei der Wiederkehr aus dem Himmel die Gestorbenen oder die Überlebenden die Glücklicheren sein. Der »Höchste« versichert lakonisch:

»Die Überbleibenden sind bei weitem seliger als die Gestorbenen.«

Die lapidare Antwort ist verständlich. Schon im »zweiten Gesicht« hatte der Kommandant dem Propheten gesagt, daß die Erde alt und bereits »über die Jugendkraft« hinaus sei. Unter den Gesetzen der Zeitverschiebung bei interstellaren Flügen hoher Geschwindigkeiten birgt die Antwort meines Erachtens kein Rätsel. Kommt der »Höchste« nach einigen Jahrtausenden zurück, dann kann unser Planet durch die Umweltverschmutzung und industrielle Zersiedelung unbewohnbar geworden sein; Überlebende inhalieren röchelnd letzte Sauerstoffreste. Kein Wunder, daß dann die Überlebenden, die der »Höchste« auf einen anderen Planeten deportieren will, bei weitem die »Seligeren« sind.

Der »Höchste« bestätigt Esra, daß ER es war, der mit Moses sprach und ihm auch Weisungen gab:

> »Damals habe ich ihn (Moses) ausgesandt, habe das Volk aus Ägypten geführt und es an den Berg Sinai gebracht. Daselbst behielt ich ihn (Moses) viele Tage bei mir, ich teilte ihm viel Wunderbares mit und zeigte ihm die Geheimnisse der Zeiten.«

Über das Geheimnis der Zeiten gibt es in vielen Schriften Hinweise. Daniel meint in Kapitel 7/25, in der Hand Gottes würde alles ». . . eine Zeit und zwei Zeiten und eine halbe Zeit«. – Im Psalm 90/4 wird der Höchste mit emphatischen Worten gelobt:

». . . denn tausend Jahre sind vor Dir wie der Tag, der gestern verging wie eine Nachtwache . . .«

So endet das vierte, uns vorenthaltene Buch Esra: »Damals ist Esra entrückt und an die Stätte seiner Genossen aufgenommen worden, nachdem er dies alles geschrieben. Er heißt der Schreiber der Wissenschaft des Höchsten.«

Moses: Wir sahen dort auch die Riesen

In einem Streitgespräch vor den Mikrophonen des Schweizer Rundfunks erklärte mir Frau Dr. Mottier, Archäologin der Universität Bern, Riesen hätte es nie gegeben, nirgends hätten fossile Funde bisher Rückschlüsse auf eine ehemalige Riesenrasse erlaubt.

Ganz anderer Meinung ist allerdings der ehemalige französische Delegierte der »Prähistorischen Gesellschaft«, Dr. Lovis Burkhalter, der 1950 in der »Revue du Musée de Beyrouth« schrieb:

»Wir wollen doch klarstellen, daß die Existenz von riesenhaften Menschenwesen in der Acheuléen-Epoche als eine wissenschaftliche gesicherte Tatsache betrachtet werden muß.«

Was stimmt nun eigentlich? Werkzeuge von überdimensionaler Größe wurden gefunden. Menschen normalen Wuchses konnten mit ihnen nicht hantieren.

Archäologen gruben bei Sasnych (6 km von Safita in Syrien) Faustkeile von 3,8 kg Gewicht aus dem Boden. Nicht von schlechten Eltern sind auch die in Ain Fritissa (Ostmarokko) gefundenen Faustkeile: 32 cm lang – 22 cm breit – 4,2 kg schwer. Gehen wir von der normalen Statur und Konstitution des Menschen aus, hätten Wesen, die mit so klobigen Geräten umgehen konnten, etwa 4 m groß gewesen sein müssen.

Außer Werkzeugfunden deuten mindestens drei wissenschaftlich anerkannte Funde auf die ehemalige Existenz von Riesen hin:

1. Der Riese von Java

2. Der Riese von Südchina
3. Der Riese von Südafrika (Transvaal).

Welche Vertreter welcher Rasse waren das?

Waren es fehlprogrammierte Produkte von Mutationen?

Waren es direkte Nachfahren riesenhafter fremder Kosmonauten?

Waren es nach dem Genetischen Code entstandene, besonders intelligente Wesen mit hohen technischen Kenntnissen?

Aus den fossilen Funden lassen sich keine Antworten auf meine Fragen finden. Die Funde sind zu lückenhaft, um Bausteine für eine echte Genealogie liefern zu können. Wird eine solche Genealogie überhaupt irgendwo auf unserer Erde systematisch erforscht? Ab und zu werden sensationelle Entdeckungen gemeldet, aber bei ihnen handelt es sich fast immer um Zufallsfunde.

Dokumente aber – und wir sollten die alten Quellen beim Wort nehmen – belegen eindeutig die ehemalige Existenz von Riesen. Moses berichtet im 1. Buch, Kapitel 6, Vers 4:

> »Zu jenen Zeiten und auch nachmals noch, als die Gottessöhne zu den Töchtern der Menschen sich gesellten, und diese ihnen Kinder gebaren, waren Riesen auf Erden. Da sind die Recken der Urzeit, die Hochberühmten . . .«

Eine anschauliche Schilderung bekommen wir im 4. Buch Mose, Kapitel 13, Vers 34:

> »Wir sahen dort auch die Riesen, die Enakiter aus dem Riesengeschlecht, und wir kamen uns vor wie Heuschrekken, und so erschienen wir auch ihnen.«

Das 5. Buch Mose, Kapitel 3, Vers 11 macht sogar Angaben, die eine ungefähre Schätzung der körperlichen Maße gestatten:

> »Denn allein der König Og von Basan war noch übrig von den Riesen. Und siehe, sein eisernes Bett ist allhierzu Rabba, neun Ellen lang und vier Ellen breit . . .«

(Die hebräische Elle ist fast 48,4 cm lang!)

Aber nicht nur die Fünf Bücher Mose sprechen klar und eindeutig von Riesen, auch die später entstandenen Bücher des Alten Testaments geben Schilderungen dieser Supermenschen. Ihre Autoren lebten zu verschiedenen Zeiten und an verschiedenen Orten, sie konnten sich also nicht

104

104 + 105
Zwei behelmte
»Gottheiten« (Anthropologisches Museum,
Mexiko City)

untereinander absprechen. Ebensowenig können die Riesen, wie Theologen zuweilen behaupten, nachträglich in die Texte hineingestrickt worden sein, um das »Böse« zu symbolisieren. Würden diese Apologeten die Texte genauer ansehen, dann müßten sie bemerken, daß Riesen stets bei der Bewältigung ganz praktischer Aufgaben – bei Kriegen und Einzelkämpfen etwa – in Erscheinung treten, nie aber bei der Erörterung von Moralbegriffen oder moralischem Verhalten.

Die Dokumentation von Riesen ist überdies nicht auf die Bibel beschränkt. Auch die Mayas und Inkas geben in ihren Mythen an, das erste vor der Sintflut von den »Göttern« geschaffene Geschlecht sei ein Geschlecht von Riesen gewesen. Zwei prominente Riesen nannten sie Atlan (Atlas) und Theitani (Titan).

Wie unsere »fliegenden Götter« geistern Riesen durch Sagen, Legenden und heilige Bücher. Die Riesen waren aber in keiner dieser Quellen den Göttern gleichgestellt. Ein wesentliches Handicap hielt sie auf der Erde zurück: Die Riesen konnten nicht fliegen! Lediglich dann, wenn ein Riese eindeutig als Abkomme eines »Gottes« definiert ist, wird er auf eine himmlische Reise mitgenommen. Insgesamt

106

zeigen sich die Riesen den »Göttern« gegenüber botmäßig und folgsam, verrichten deren Aufträge, bis sie schließlich gar als »dumme Geschöpfe« bezeichnet werden und ihre Spur sich in der Literatur verliert.

Ein so seriöser Forscher wie Professor Denis Saurat, Direktor des »Centre International d'Etudes Françaises« in Nizza, ging den Spuren der Riesen nach. Er bejaht eindeutig deren einstmalige Existenz, und selbst jene Forscher, die Zweifel hegen, stolpern früher oder später über Riesengräber, über Menhire, jene senkrecht aufgestellten, roh behauenen Felsblöcke, die bis zu 20 m hoch sind, über Dolmen, das sind aus dicken Steinen gebaute Grabkammern, oder andere megalithische Denkmäler und nicht zuletzt ganz einfach über die Unerklärbarkeit technischer Leistungen wie die Bearbeitung und den Transport gigantischer Steinbrocken.

Wie Moses und andere Propheten Raumschifflandungen schildern . . .

Die Bücher Moses, die mir schon so reichliches Anschauungsmaterial über die Fortbewegungsmittel der galaktischen Superwesen der Frühzeit lieferten, sind eine Fundgrube für meine Thesen – sofern man die Texte kühn und phantasievoll mit den Augen der Menschen des

106 + 107
Riesige Roboter-Steinköpfe im Olmekenpark von Villahermosa, Mexiko.

Raumfahrtzeitalters liest. Lassen wir also die »Götter« aus den Moses-Darstellungen herniederkommen! Vielleicht wissen sie auch Neues und Überraschendes zum Thema der Sodomie treibenden Urwesen ...

Im 2. Buch Mose, Kapitel 24, Vers 16 ff. steht geschrieben:

> »... Als nun der dritte Tag kam, und der Morgen war, erhob sich ein Donnern und Blitzen, und eine dicke Wolke auf dem Berg, und ein Ton von einer sehr starken Posaune. Das ganze Volk aber, das im Lager war, erschrak. Und Moses führte das Volk aus dem Lager Gott entgegen, und sie traten unten an den Berg.
>
> Der ganze Berg Sinai aber rauchte, darum, weil der Herr auf dem Berg herabfuhr mit Feuer, und sein Rauch ging auf wie der Rauch vom Ofen, daß der ganze Berg sehr bebte. Und der Posaunen Ton ward immer stärker ...«

2. Buch Mose, Kapitel 20, Vers 18:

> »... Und alles Volk sah den Donner und Blitz, hörte den Ton der Posaune, und sah den Berg rauchen. Da sie aber solches sahen, flohen sie und traten von ferne ...«

Wer glaubt heute noch daran, daß der große, unendlich mächtige Gott zu seiner Fortbewegung ein Fahrzeug benötigt, das raucht, blitzt, Beben verursacht und mit seinem Gefährt einen Höllenlärm macht – wie ein Düsenjäger bei Durchbrechen der Schallmauer? Gott ist überall gegenwärtig. Wie aber, so soll es doch sein, kann er seine »Kinder« hüten und beobachten, wenn er mit so spektakulärem Aufwand erscheint? Und warum erschreckt er seine »Kinder« so sehr, daß sie vor ihm davonlaufen? Immerhin gab er Moses den Befehl, das Volk vom Berg der Landung fernzuhalten. Das hört sich im 2. Buch Mose, Kapitel 19, Vers 23 bis 24 so an:

> »... Das Volk kann nicht auf den Berg Sinai steigen, denn du hast uns bezeuget und gesagt: mache ein Gehege um den Berg. Du und Aron sollen hinaufsteigen ... Aber die Priester und das Volk sollen nicht herbeibrechen ... daß ich sie nicht zerschmettere ...«

Ein Psalm Davids gibt eine besonders dramatische

Schilderung vom Erscheinen Gottes (Psalm 29, Vers 7 ff.).

»Die Stimme des Herrn sprüht Feuerflammen, die Stimme des Herrn wirbelt die Wüste empor, es erhebt vor dem Herrn die Wüste Kadesch, Eichen stürzen vor dem Herrn, kahl reißt sie die Wälder . . .«

Die leidenschaftliche Schilderung einer Raumschifflandung gibt Psalm 104, Vers 4:

» . . . Wolken sind deine Wagen, auf Flügeln des Windes fährst du dahin. Winde laufen vor dir her wie Herolde, Blitz und Feuer umgeben dich . . .«

Prophet Micha aber übertrumpft die Drastik der Darstellung im 1. Kapitel, Vers 3 bis 4:

» . . . Er wird herabfahren, und auf die Höhen der Erde treten, daß die Berge unter ihm schmelzen . . .«

Phantasie braucht Ausgangspositionen.

Was aber waren das für Positionen für die Berichterstatter des Alten Testaments? Beschrieben sie etwas, was sie gar nicht gesehen hatten?

Zu oft beschwören sie uns, zu glauben, daß alles genauso war, wie sie es schilderten. Und ICH glaube ihnen aufs Wort: SIE GABEN AUGENZEUGENBERICHTE ODER SELBSTGESCHAUTES WIEDER. Keine Phantasie konnte ihnen damals die Vorstellung von einem Gefährt eingeben, das Feuer sprüht, das die Wüste aufwirbelt, das die Berge unter sich schmelzen läßt . . . Wir Kinder des 20. Jahrhunderts, die die Berichte von Hiroshima gelesen haben, ahnen erst, was die Erscheinung Gottes in der Darstellung der Heiligen Schrift bedeuten könnte.

Moses und die Laserstrahlen

Es ist noch nicht lange her, da statteten Autoren utopischer Romane geheimnisvolle Mächte mit Strahlwaffen aus, die Löcher in Wände schneiden konnten, Waffen verglühen und Menschen verdampfen ließen.

Diese Strahlen gibt es heute. Sie sind jedem Kind als Laserstrahlen bekannt. Das ganze, wirklich große Geheimnis ist ein Gerät zur Verstärkung von Lichtstrahlen durch erzwungene Strahlungsemission eines Kristalls.

Die rasante technische Entwicklung löste die zuerst benutzten Rubine längst durch andere Festkörper, sogar durch Gasgemische ab, die kontinuierlich Licht aussenden.

Im Brennpunkt einer in den Laserstrahlen gestellten Linse entstehen so hohe Feldstärken, daß sogar hochschmelzende Metalle verdampfen. Die Nützlichkeit dieser auf mikroskopisch feine Punkte gerichteten Strahlen dienen inzwischen nicht nur zur Lichtverstärkung in astronomischen Fernrohren und zur ungestörten Leitung von Funkverbindungen, sie werden auch routinemäßig in Uhrenfabriken benutzt, um winzigste Löcher in hauchdünne Metallplättchen zu schießen. Bei Augenoperationen schweißt man damit die gelöste Netzhaut wieder an. Es ist kein Geheimnis mehr, daß in Ost und West an Laser-Gewehren und Laser-Kanonen experimentiert wird.

Ist die Idee von Laserstrahlen auch gar nicht mehr so neu?

Im zweiten Buch Mose, Kapitel 17, Vers 11–14, scheint mir der Text ziemlich eindeutig auf die Anwendung einer Laser-Waffe hinzudeuten:

> »Moses aber und Aron und Hur stiegen auf die Höhe des Hügels. So lange nun Moses seine Arme hochhielt, hatte Israel die Oberhand; wenn er aber seine Arme sinken ließ, hatte Amalek die Oberhand. Da jedoch die Arme Moses schwer wurden, nahmen sie einen Stein, und legten denselben unter ihn und er setzte sich darauf, während Aron und Hur seine Arme stützten, der eine auf dieser, der andere auf jener Seite. So blieben seine Arme fest, bis die Sonne unterging.«

108

Was ging hier vor?

In der Schlacht gegen die Amalekiter siegten die Israeliten nur so lange, wie Moses droben auf dem Berg die Arme hob. Nun konnten die erhobenen Arme des müden Schlachtenlenkers allein wenig nützen, und sie wurden auch nicht »gefährlicher«, wenn die Getreuen sie stützten. Ich nehme deshalb an, daß Moses einen kriegsentscheidenden, ziemlich schweren Gegenstand in den erhobenen Händen hielt. Auf seinem Feldherrnhügel hatte er die feindlichen Parteien im Blickfeld. Berührte er die Amalekiter mit seiner

108 + 109 In Tula, Mexiko, stehen die Götter auf einer Plattform. Die Legende berichtet denn auch, dies wäre der Ort gewesen, an dem die niedrigen Götter Kontakt mit den höheren Göttern gehabt hätten. Durch Schnüre gar hätten die Partner in Verbindung gestanden. Von den hohen Göttern hätten die niedrigen »Blitze« empfangen; schließlich wären sie ausgezogen, um die undankbaren Menschen zu bestrafen. In Cocha (Peru) seien die Götter derart böse gewesen, daß sie die Felsen, auf denen die Menschen lebten, durch ihre göttlichen Blitze zum Schmelzen gebracht hätten.

Strahlwaffe, dann siegten seine Leute, ließ er die Arme sinken (und damit zugleich die Strahlwaffe), dann attackierten die mit altmodischen Waffen kämpfenden Amalekiter erfolgreich. Diese meine Spekulation findet im gleichen Kapitel, Vers 9, eine kräftige Stütze, denn dort wird gesagt, Moses stände auf der Höhe des Hügels »mit dem Stabe Gottes« in der Hand! Ist es, so betrachtet, nicht logisch, daß die Schlacht sich gegen die Israeliten wendet, wenn Moses, müde geworden, die Strahlwaffe sinken läßt?

Legenden, Mythen und Heilige Schriften sind gar nicht so unerklärbar und voll unlösbarer Rätsel, wenn sie als reale Berichte von einstmals gewesenen Ereignissen genommen und mit dem technischen Verstand unserer Zeit begriffen werden.

110 + 111 Die Götterstatuen von Tula präsentieren stolze Köpfe, in denen runde Rillenaugen sitzen. Was aber ist das für ein steifer Ohrenschutz? Was tragen sie für Kästen auf der Brust? Trugen die Astronauten auf dem Mond nicht sehr ähnliche Aggregate vor sich her? Was halten sie in den Händen? Die Fachliteratur sagt, das wären »symbolische Schlüssel«. – Schlüssel – wozu? Mag doch die Legende recht behalten. Was anderes kann denn mit zwei Fingern umfaßt werden, wenn nicht Strahlwaffen, Lasergeräte, die durch Strahlungsemissionen die Felsen zum Schmelzen brachten. Ingenieure der Welt, vereinigt euch!

110

111

IX
GÖTTER UND MENSCHEN PAARTEN SICH GERN

In grauer Vorzeit muß es ein Zwitterwesen aus Mensch und Tier gegeben haben. Darüber lassen Literatur und Kunst der Frühzeit keinen Zweifel. Darstellungen von menschenköpfigen Flügelstieren, Meerjungfrauen, Skorpionmenschen, Vogelmenschen, Zentauren und mehrköpfigen Monstren sind uns allen bildhaft in Erinnerung. Alte Bücher behaupten, daß diese Zwitterwesen noch in historischer Zeit in Horden, Stämmen und sogar in der Großformation von Völkern zusammen gelebt haben. Sie berichten von gezüchteten Zwitterwesen, die als »Tempeltiere« ihr Dasein fristeten und verhätschelte Lieblinge der Bevölkerung gewesen zu sein scheinen. Die sumerischen Großkönige und später auch die Assyrer machten Jagd auf Menschentiere – möglicherweise zur puren Belustigung. Geheimnisvolle Texte spielen auf »Halbwesen« und »Mischwesen« an, deren merkwürdige Existenz sich allerdings immer wieder in die unkontrollierbaren Bereiche des Mythischen verflüchtigt.

Sexspiele im Altertum

Der ägyptische Bock geistert noch durch die Geschichten des im 12. Jahrhundert gegründeten Tempelordens. Er wird mit aufrechtem Gang, Menschenhaaren auf dem Haupt, Bockshufen, Bockshinterteil und starkem Phallus dargestellt. – Herodot (490–425 v. Chr.) spricht in seinen »Ägyptischen Geschichten« von seltsamen schwarzen Tauben, die »Menschentierweibchen« gewesen seien (II, 57). – Die im Mündungsgebiet des persischen Araxes

wohnenden Menschen sollen sich »mit Fischen gesellt« haben und – nach Herodot – Fischmenschen mit Schuppenhaut gewesen sein (I, 202). – In indischen Veden wird von Müttern berichtet, die »auf Händen laufen«. – Im Gilgamesch-Epos heißt es, daß Enkidu »von den Tieren entfremdet« werden mußte. – Bei der Hochzeit des Peirithoos vergreifen sich die Zentauren, halbtierische Wesen mit Pferdeleib und menschlichem Oberkörper, an den Frauen der Lapithen. – Dem stierköpfigen Minotaurus mußten sechs Jünglinge und sechs Jungfrauen »geopfert« werden. – Schließlich darf man wohl auch die lebenden Mägde des Hephaistos unter dem Aspekt geschlechtlicher Belustigung betrachten. – Es gibt für mich auch wenig Zweifel, daß der Tanz um das goldene Kalb der Höhepunkt einer Sexorgie gewesen ist.
Platon schreibt in seinem »Gastmahl«:

> »Ursprünglich gab es neben dem männlichen und dem weiblichen Geschlecht noch ein drittes. Dieser Mensch hatte vier Hände und vier Füße . . . groß war die Stärke dieser Menschen, ihr Sinn war verwegen, sie planten, den Himmel zu stürmen und sich an den Göttern zu vergreifen . . .«

Die Kabiren, auf Inschriften meist die »Großen Götter« betitelt, trieben einen geheimnisvollen Kult mit den Fruchtbarkeitsdämonen, der sich vom ägyptischen Altertum über die hellenistische Epoche noch bis in die Blütezeit der römischen Kultur fortsetzte. Da die Kabirenweihen geheim waren, konnte bis heute nicht genau ermittelt werden, was denn die Herrschaften für robuste Sexspiele miteinander trieben. Immerhin gilt es als sicher, daß an den Vergnügungen stets zwei weibliche und zwei männliche Kabiren sowie ein Tier teilnahmen: Es paarten sich nicht nur Männlein und Weiblein, das Tier hatte einen aktiven Part!

Vielleicht sollte man in diesem Zusammenhang auch die ägyptischen Apis-Stiere, die »heiligen Stiere von Memphis«, erwähnen. Sie wurden ihrer Fruchtbarkeit wegen mumifiziert – in drei Meter langen und vier Meter hohen Sarkophagen. Vor Jahren stand ich in diesen muffigen Grabkammern tief unter dem Wüstensand und fragte mich: Was haben diese fruchtbaren Stiere wohl zu Lebzeiten getan?

Tacitus (Annalen XV, 37) schildert eine abendliche Orgie im Hause des Tigellinus, bei der »unter Mitwirkung von Menschentieren gebuhlt« wurde. Wie lange die Perversitäten in Geheimbünden betrieben wurden, läßt sich nicht ermitteln.

Herodot scheint die Sache mitunter etwas peinlich gewesen zu sein; er schreibt sie mit der linken Hand weg (II, 46):

> »... Und es vermischte sich der Bock vor den Augen aller mit einem Weibe ...«

Der göttliche Pan wurde von antiken Künstlern mit Bocksfüßen und Ziegenkopf dargestellt. Auch das genierte Herodot (II, 46):

> »Warum sie ihn so darstellen, darüber soll man nicht reden ...«

Der jüdische Talmud berichtet, daß Eva von einer Schlange begattet wurde. Diese Vorstellung animierte viele Künstler. Auf Scherben, die in Nippur gefunden wurden, ist ein Weib mit gutentwickelten Brüsten und einem Schlangenschwanz konterfeit – eine Darstellung übrigens, die denjenigen von Sirenen, die sich schönen Jünglingen begehrlich machen, nicht unähnlich ist.

Die sündige Seite in unserer Urvergangenheit läßt sich, so peinlich sie ist, nicht wegretuschieren. Pornographie war zu allen Zeiten ein begehrtes Stimulans. Prähistorische Darstellungen sexueller Exzesse auf Tontäfelchen, Felswänden und Tierknochen sprechen für sich.

Auf den Reliefs des schwarzen Obelisken Salmanassars II. im Britischen Museum sind seltsame tiermenschliche Wesen er erkennen. – Im Louvre, im Museum von Bagdad und andernorts gibt es Darstellungen merkwürdiger tiermenschlicher Kreuzungen. – Auf der Insel Malta stehen große Steinfiguren von außergewöhnlicher Anatomie: Sie haben kugelförmige Oberschenkel und spitze Füße; geschlechtlich lassen sie sich überhaupt nicht definieren. – Auf assyrischen Kunstwerken sind Darstellungen von Halbmenschen keine Seltenheit. Die »Begleittexte« berichten von »gefangenen Menschentieren«, die von Kriegern gefesselt, entführt und als Tribute des Landes Musri an den Großkönig abgeliefert wurden. – Ein altsteinzeitlicher Knochen aus Le Mas-d'Azil (Frankreich) zeigt ein Zwitterwesen – halb Mensch, halb Affe –, dessen Phallus besonders attraktiv gewesen sein muß.

Nach heutigen biologischen Kenntnissen ist die Kreuzung Mensch–Tier unmöglich, weil die Chromosomenzahl der Partner nicht übereinstimmt. Diese Paarung ließe nie ein lebensfähiges Wesen entstehen. Aber wissen wir denn, nach welchem Genetischen Code die Chromosomenzahl der Mischwesen zusammengesetzt war?

Warum Mensch-Tier-Kult?

Der geschlechtliche Mensch-Tier-Kult, der im Altertum mit Vehemenz und Genuß geübt wurde, scheint mir wider besseres Wissen zelebriert worden zu sein. Kann das »bessere Wissen« von einer artgemäßen Paarung nicht nur und ausschließlich von fremden Intelligenzen gekommen sein?

Wurden die Erdbewohner, nachdem die »Götter« wieder abgereist waren, rückfällig?

Und kam diese Rückfälligkeit einer Sünde, der Erbsünde, gleich?

Fürchteten sie vielleicht deshalb den Tag, an dem die »Götter« wiederkehren würden? Das entwicklungshemmende Element der Urzeit war anscheinend die Tiervermischung. Aus einer solchen Sicht wird der »Sündenfall« nichts anderes als die hemmende rückläufige Entwicklung durch Vermengung mit bestialischem Blut. Die »Erbsünde« wird nur dadurch logisch, daß bei jeder Zeugung etwas vom ehemals Tierischen mitvererbt wird: das Bestialische im Menschen.

Was – um alles in der Welt – gäbe es denn sonst für eine »Sünde« zu vererben?

Die Sumerer kannten für das Universum nur einen Begriff: an-ki, was sich etwa mit »Himmel und Erde« übersetzen läßt. Ihre Mythen erzählen von »Göttern«, die mit Barken und Feuerschiffen am Himmel fuhren, von den Sternen herniederkamen, ihre Vorfahren befruchteten, um dann wieder zu den Sternen zurückzukehren. Das sumerische Pantheon, das Heiligtum der Götter, war mit einer Gruppe von Wesen »belebt«, die leidlich erkennbare menschliche Formen besaßen, aber übermenschlich, ja unsterblich gewesen zu sein scheinen. Nun aber reden die sumerischen Texte nicht in nebuloser Ungenauigkeit von ihren »Göttern«; sie sagen ganz klar, das Volk habe diese einst mit eigenen Augen gesehen. Ihre Weisen waren überzeugt, die »Götter«, die das Werk vollbrachten, gekannt zu haben. So läßt sich in sumerischen Texten nachlesen, wie alles geschehen ist: Die Götter brachten ihnen die Schrift bei, sie gaben ihnen Anweisungen für die Herstellung von Metall (die Übersetzung des sumerischen Wortes für »Metall« heißt »Himmelsmetall«) und unterwiesen sie im Anbau von Gerste. Für unseren Gedankengang ist es wichtig zu wissen, daß nach sumerischen Aufzeichnungen die ersten Menschen aus Kreuzungen von Göttern und Erdenkindern hervorgegangen sein sollen ...

Nach sumerischer Überlieferung kamen (mindestens) der Sonnengott Utu und die Venusgöttin Inanna aus dem Weltall. Das sumerische Wort für Rippe heißt ti; ti bedeutet zugleich auch »Leben schaffen«. Ninti ist denn auch der Name der sumerischen Göttin, die »Leben schafft«. Es wird überliefert, daß der Luftgott Enlil mehrere Menschen »schwängerte«. Eine Keilschrifttafel berichtet, daß Enlil seinen »Samen« in den Schoß von Meslamtaea ergoß:

> » ... Der Same deines Herrn, der leuchtende Same, ist in meinem Schoß; der Same Sins, der göttliche Name, ist in meinem Schoß ...«

Eine göttliche Vergewaltigung

Als die Menschen noch nicht erschaffen waren und in der Stadt Nippur nur Götter wohnten, vergewaltigte Enlil die entzückende Ninlil und schwängerte sie auf höheren Befehl. Das hübsche Erdenkind Ninlil weigerte sich zunächst, ausgerechnet von einem »Gott« befruchtet zu werden. Über die Furcht Ninlils vor dem Vergewaltigungsakt berichtet die Keilschrift aus Nippur:

> » ... Meine Vagina ist zu klein, sie versteht den Beischlaf nicht. Meine Lippen sind zu klein, sie verstehen nicht zu küssen ...«

Der göttliche Enlil überhörte Ninlils abwehrende Worte. Es war ein Beschluß der »Götter«, die widerliche Brut unreinen Lebens auf der Erde auszutilgen, und also ergoß Enlil sich in den Schoß der Ninlil. Auf einer von dem Sumerologen S. N. Kramer übersetzten Tafel lesen wir:

> » ... Um den Samen der Menschheit zu vertilgen, ist der

Beschluß des Rates der Götter ergangen. Nach den befehlenden Worten Ans und Enlils ... Ihre Herrschaft wird ein Ende nehmen ...«

Es ging also ganz klar darum, die Unreinen auszulöschen!

Auf einer weiteren Tafel steht:

»In jenen Tagen, in der Schöpfungskammer der Götter, in ihrem Hause Duku wurden Lahar und Aschman geformt ...

In jenen Tagen sagt Enki zu Enlil: ›Vater Enlil, Lahar und Aschman, sie, die im Duku erschaffen wurden, lassen wir sie aus dem Duku hinabsteigen.«

War die »Schöpfungskammer der Götter« mit dem »Duku« identisch? Und war der »Duku«, aus dem die Gefolgschaft »hinabsteigen« sollte, das Raumschiff der Götter? Bei so viel anschaulicher Darstellung liegt diese Vermutung greifbar nah!

Gelehrte der Universität Pennsylvania brachten 1889 von einer Expedition den ältesten, maßstabgetreuen Stadtplan der Welt mit heim, den Plan der Stadt Enlil-ki (=Nippur). In dieser Stadt des Luftgottes Enlil gab es ein »Tor der sexuell Unreinen«! Ich halte dieses »Tor« für eine Schutzmaßnahme der »Götter« nach getaner Arbeit: Nachdem sie eine neue Generation gezeugt hatten, wollten sie dem Rückfall zur Sodomie vorbeugen, indem sie den »neuen Menschen« von der immer noch verseuchten Umwelt absonderten. Eine Keilschrifttafel gibt sogar einen leisen Hinweis auf die Befruchtungsmethode der »Götter«, nämlich auf die Einpflanzung göttlichen Samens.

Künstliche Befruchtung im Alten Testament

Wir wollen auch prüfen, was das Alte Testament über die künstliche Befruchtung berichtet: »Gott« (oder die »Götter«) waren in ihrem Weltraumvehikel auf der Erde gelandet. Sie begannen ihr wichtigstes Werk: Sie befruchteten die Erdbewohner mit ihrem Samen. Alle für dieses Experiment »Auserwählten« sonderten sie von der bestialischen Mischwelt ab und bestimmten sie für den »Auszug in die Wüste«. Dort hatten sie ihre Geschöpfe sozusagen in Quarantäne. Sie schützten sie vor den Feinden und gaben ihnen Manna und Ambrosia, damit sie nicht verhungerten. Eine Generation lang mußten sie so »in der Wüste« ausharren. Das 2. Buch Mose, Kapitel 19, Vers 4 gibt Aufschluß:

»... Ihr habt gesehen, was ich an Ägypten getan habe, und wie ich euch auf Adlersflügeln (!) trug, und euch zu mir zog...«

Wenn es stimmt, daß die »Götter« über den Genetischen Code verfügten, erhellt sich das Dunkel um viele Texte, so auch um jene Stelle im 1. Buch Mose, Kapitel I, Vers 26 und 27:

»... Ich will mir den Menschen machen nach meinem eigenen Bilde, mir ähnlich ... und Gott schuf den Menschen nach seinem Bilde, nach Gottes Bilde schuf er ihn...«

Erst später wurde – wie schon erwähnt – aus dem Menschen ein Weib erschaffen, was Moses im 1. Buch, Kapitel 2, Vers 22 berichtet:

»... Gott der Herr baute ein Weib aus der Rippe, die er vom Menschen genommen hatte...«

Noah, Überlebender der Sintflut und Stammvater der Geschlechter, wurde von den »Göttern« in den Schoß von Bat-Enosch gelegt. Abrahams Weib Sara, die ihres hohen Alters wegen nicht mehr gebären konnte, wurde von »Gott« besucht und brachte den leuchtenden Sohn Isaak zur Welt. Kronzeuge Moses berichtet darüber im 1. Buch, Kapitel 21, Vers 1:

»... Gott aber nahm sich der Sara an und tat an ihr, wie er gesagt hatte. Sie wurde schwanger und gebar Abraham trotz ihres hohen Alters einen Sohn...«

Dem Propheten Jeremias (Kapitel 1, Vers 5) vertraute der »Herr« an:

»... Ich kannte dich, ehe ich dich bereitete im Leibe deiner Mutter. Ich wählte dich aus, ehe du von deiner Mutter geboren wurdest...«

Im Sinne einer Programmierung nach dem Genetischen Code ist dieses »Kennen vor der Geburt« eindeutig. Überhaupt scheinen mir viele alttestamentarische Berichte auf göttliche Befruchtungen hinzuweisen. Danach zeugten die »Götter« ein Stammgeschlecht, das die ihm übertragenen irdischen Aufgaben ausführen sollte. Moses spricht die Zukunftsaufgaben an (1. Buch, 15/6):

»... (an Abraham gewendet) Schau den Himmel, zähle die Sterne, kennst du die Zahl? So viele werden deine Nachkommen sein...«

Diese Nachkommen aber sollten – nach dem 3. Buch Mose, Kapitel 20, Vers 24 – ihre Art enthalten, denn:

»... Ich bin der Herr, der euch von den Völkern abgesondert hat ...«

Mit ihren Geschöpfen aber hatten die »Götter« ihre liebe Not, denn diese konnten von der alten Mensch-Tier-Verbindung nicht ablassen. So notiert Moses denn auch im 3. Buch, Kapitel 18, Vers 23 ff. Warnungen und Strafen für die Rückfälligen:

»... du sollst auch bei keinem Tier liegen, daß du mit ihm verunreinigt werdest. Kein Weib soll mit einem Tier zu schaffen haben, denn es ist ein Greuel.

Ihr sollt euch in keinem verunreinigen, denn in allem diesem haben sich verunreinigt die Fremden, die ich vor euch her will ausstoßen, und das Land dadurch verunreinigt ist, und ich will ihre Missetaten an ihnen heimsuchen, daß das Land seine Einwohner ausspeie. Darum haltet meine Satzungen und Rechte ...«

Die Strafen für den Sündenfall waren hart, mußten es auch sein, weil der Beischlaf mit Tieren offenbar an der Tagesordnung war. Aus dem von Moses im 3. Buch, Kapitel 20, Vers 15 bis 16 angekündigten Strafregister:

»... Wenn jemand beim Vieh liegt, so soll er des Todes sterben, und das Vieh soll man erwürgen. Wenn ein Weib sich zu einem Vieh tut, daß sie mit ihm zu schaffen hat, die sollst du töten und das Vieh auch.

Des Todes sollen sie sterben ...«

Erst das »auserwählte Volk« sollte von dieser Lustseuche befreit sein – nach einer 40 Jahre währenden Quarantäne in der Wüste. Danach würde die neue Generation vor tierischen Blutmischungen Ekel empfinden. So führten die »Götter« einen strengen, aber erfolgreichen Kampf gegen den Tiermenschen und für den höheren, von ihnen genetisch programmierten Menschen. Darum ließen sie auch nur die junge Generation ins »gelobte Land« zurückkehren. Dazu das 4. Buch Mose, Kapitel 14, Vers 29 und 30:

»... Eure Leiber sollen in dieser Wüste verfallen. Alle, die älter sind als 20 Jahre, die ihr aufbegehrt habt gegen mich, ihr sollt nicht in das Land kommen ...«

Aber auch für das Leben im »gelobten Land« galten – nach Josua, Kapitel 23, Vers 7 und 13 – die gleichen strengen Gesctze:

»... Mengt euch nicht unter die Völker, die in eurer Nähe wohnen...
Wenn ihr leben wollt, dann haltet daran fest... denn wenn ihr euch abkehren und den Völkern beimengen wollt, die um euch her wohnen, wenn ihr euch mit ihnen verschwägert, in ihnen aufgeht und sie in euch, dann werden sie euch zur Falle, zu Geißeln für eure Flanken, zu Stacheln...«

Nach dem Einzug ins »gelobte Land« waren Sitten und Gebräuche immer noch streng. Der Sodomie wurde erst durch neue Gesetze der »Götter« ein Ende gemacht.

Die »Götter« hinterließen der von ihnen mutierten Menschengruppe exakte hygienische Anweisungen, die im 3. Buch Mose, Kapitel 13, Vers 2 bis 4 wiedergegeben sind:

»... Wenn einem Menschen an der Haut seines Fleisches etwas aufgeht, oder Eiter weiß wird, als wollte es Aussatz werden an der Haut seines Fleisches, soll man ihn zum Priester Aron führen, oder zu seiner Söhne einem unter den Priestern. Und wenn der Priester das Mal an der Haut des Fleisches sieht, daß die Haare in Weiß verwandelt sind, und das Aussehen an der Stelle tiefer ist, als die übrige Haut des Fleisches, so ist's gewiß der Aussatz... Wenn aber etwas eiterweiß ist an der Haut des Fleisches, das übrige Aussehen aber nicht tiefer, als die andere Haut des Fleisches, und die Haare nicht in Weiß verwandelt sind, so soll der Priester denselben verschließen sieben Tage...«

»Götter«, fremde Intelligenzen, lehrten die neuen Menschen, Krankheiten zu diagnostizieren und – wie in diesem Fall – Kranke auf »Isolierstation« zu legen.

Moderne Anweisungen werden auch für eine totale und sorgfältige Desinfektion gegeben. Im Detail führt das 3. Buch Moses im Kapitel 15 diese Verhaltensvorschriften auf (Vers 4 bis 12):

»... Alles Lager, darauf er lieget, und alles, darauf er sitzet, wird unrein...
und wer sein Lager anrührt, der soll seine Kleider waschen und baden...
und wer sich setzt, da der Kranke gesessen ist, der soll seine Kleider waschen und sich baden... Wer sein Fleisch anrührt, der soll seine Kleider waschen und sich baden...

wenn der Kranke seinen Speichel wirft auf den, der rein ist, der soll seine Kleider waschen und sich baden ...
und der Sattel, darauf er reitet, wird unrein werden, und wer irgend etwas anrühret, das er unter sich gehabt hat, der wird unrein ... Wenn er ein irdenes Gefäß anrührt, das soll man zerbrechen ...«

Das sind hochmoderne hygienische Anweisungen. Wer aber konnte im Altertum diese Kenntnisse besitzen? Mit meiner Brille – Baujahr 1975 – gelesen stellen sich die Ereignisse so dar:

»Götter« kamen aus dem Kosmos.

»Götter« wählten eine Gruppe von Lebewesen aus und befruchteten sie.

»Götter« gaben der Gruppe, die ihr genetisches Material trug, Gesetze und Anweisungen für eine entwicklungsfähige Zivilisation.

»Götter« vernichteten rückfällig gewordene Wesen.

»Götter« schenkten der auserwählten Gruppe bedeutendes hygienisches, medizinisches und technisches Wissen.

»Götter« deponieren eine Schrift und Methoden zum Anbau von Gerste.

Ich ließ bei der Darstellung meiner Version mit Absicht die Chronologie außer acht. Die alttestamentarischen Texte sind Stufen im Aufbau einer Religion, sie spiegeln keine historisch gesicherten Zeitabläufe. Vergleiche mit dem Schrifttum anderer alter (und älterer) Völker lassen darauf schließen, daß die in den »Fünf Büchern Mose« und in den prophetischen Schriften mitgeteilten Ereignisse sich nicht in dem Zeitraum abgespielt haben können, in dem die Religionswissenschaftler sie angesiedelt haben. Das Alte Testament ist eine grandiose Sammlung von Gesetzen und praktischen zivilisatorischen Anweisungen, von Mythen und Teilen echter Geschichte. Diese Sammlung enthält eine Fülle ungelöster Rätsel. Jahrhundertelang schon mühen sich gläubige Leser redlich darum, sie zu lösen. Aber da gibt es zu viele Fakten, die sich mit der Vorstellung von dem allmächtigen, gütigen und allwissenden Gott nicht vereinbaren lassen.

Im Zentrum dieser Bemühungen steht die Frage: Wie ist es möglich, daß der allwissende Gott sich irren kann? Ist das ein allmächtiger Gott, der nach der Erschaffung des

Menschen zunächst feststellt, daß »sein Werk gut« ist, wenig später aber schon von Reue über seine Tat erfüllt wird?

Dazu im 1. Buch Mose, Kapitel 1, Vers 31:

»... Und Gott sah an Alles, was er gemacht hatte, und siehe da, es war sehr gut ...«

Dagegen im 1. Buch Mose, Kapitel 6, Vers 6:

»... Da reute es den Herrn, daß er den Menschen geschaffen hatte, und es bekümmerte ihn tief ...«

Der gleiche Gott, der den Menschen geschaffen hatte, beschloß, sein Werk wieder zu vernichten. Er tat es nicht nur einmal – er tat es oft. Warum?

Widerspruchsvoll scheint mir auch die Idee von der »Erbsünde« zu sein. Mußte der Gott, der den Menschen erschuf, nicht wissen, daß seine Geschöpfe sündigen würden? Wußte er es hingegen nicht, kann er dann der allwissende Gott sein?

Für den Sündenfall strafte Gott nicht nur Adam und Eva, sondern in einer umfassenden Sippenhaft die ganze unschuldige Nachkommenschaft. Aber die Kindeskinder hatten am Sündenfall weder teil, noch wußten sie überhaupt davon. Und in seinem Zorn wollte Gott durch das Opfer des Blutes eines Unschuldigen wieder versöhnt werden? Ich bezweifle, daß der unendlich gütige Gott Rachegefühle empfindet. Ich verstehe auch nicht, warum der allmächtige Gott seinen eigenen unschuldigen Sohn auf grausame Weise hinrichten ließ, um erst dann der ganzen Welt ihre Sünden zu verzeihen.

Es liegt mir fern, große Religionen durch solche Fragestellungen und Hinweise im wahrsten Sinne des Wortes »in Frage zu stellen«. Ich weise nur auf diese Widersprüche hin, weil ich überzeugt bin, daß der große Gott des Universums nichts, aber auch gar nichts gemein hat mit den »Göttern«, die durch Legenden, Mythen und Religionen geistern und die die Mutation vom Tier zum Mensch zustande brachten.

Bei dieser Fülle »literarischer« Belege fällt mir ein Satz von Michel Eyquem de Montaigne (1533–1592) ein, mit dem er eine Rede vor dem Kreis erlauchter Philosophen beschloß:

»Meine Herren, ich habe nur einen Strauß aus gepflückten Blumen gemacht und nichts hinzugefügt als den Faden, der sie verbindet.«

Da ich den Dingen auf den Grund gehe, erreichen mich beschwörende Worte, ich dürfe die Quellen doch nicht so wörtlich nehmen. Nun, 2000 Jahre lang waren unsere Väter gehalten, die Bibel wörtlich zu nehmen. Hätten sie Zweifel angemeldet, wäre ihnen das gar nicht gut bekommen. Heute darf über Probleme und Fragwürdiges gesprochen werden, und deshalb stelle ich Fragen.

X
DIE ÄLTESTEN FLUGBERICHTE

Um die Jahrhundertwende wurde im Hügel von Kujundschik ein aufsehenerregender Fund gemacht: auf zwölf Tontafeln eingekerbt, fand man ein Heldenepos von starker Ausdruckskraft; es gehörte zur Bibliothek des Assyrerkönigs Assurbanipal. Das Epos, gegen Ende des 2. Jahrtausends v. d. Z., war in Akkadisch geschrieben; inzwischen wurde ein zweites Exemplar gefunden, das auf den König Hamurabi zurückgeht.

Das Gilgamesch-Epos

Eindeutig steht fest, daß die Urfassung des Gilgamesch-Epos den Sumerern zu verdanken ist, diesem geheimnisvollen Volk, dessen Herkunft wir nicht kennen, das uns aber die erstaunlichen Zahlenreihen und eine großartige Astronomie hinterließ. Evident ist auch, daß der rote Faden im Gilgamesch-Epos parallel zur Genesis der Bibel verläuft.

Auf der ersten Tontafel der Funde von Kujundschik wird berichtet, daß der siegreiche Held Gilgamesch die Mauer um Uruk gebaut hat. Man liest, daß der »Himmelsgott« in einem erhabenen Haus wohnte, das über Kornspeicher verfügte, und daß auf den Stadtmauern Wächter standen. Es ist zu erfahren, daß Gilgamesch eine Mischung von »Gott« und Mensch war: zu zwei Drittel »Gott«, zu einem Drittel Mensch. Pilger, die nach Uruk kamen, sahen das Bild seines Leibes in Staunen und Furcht, weil sie nie zuvor etwas Ähnliches an Schönheit und Kraft gesehen hatten. Wieder also steht am Beginn des Berichtes der Gedanke einer Befruchtung von »Gott« und Mensch.

Die zweite Tafel weiß zu melden, wie eine weitere Gestalt

– Enkidu – von der Himmelsgöttin Aruru geschaffen wird. Enkidu wird sehr genau beschrieben: er sei am ganzen Körper behaart, er wisse nichts von Land und Leuten, er sei mit Fellen bekleidet, esse Kräuter des Feldes und trinke mit dem Vieh an gemeinsamer Tränke, auch tummle er sich in der Flut mit dem Gewimmel des Wassers.

Als Gilgamesch, der König der Stadt Uruk, von diesem wenig attraktiven Wesen hört, regt er an, man solle dem Primitiven eine schöne Frau geben, damit er von dem Vieh entfremdet werde. Enkidu, der Primitive, fällt (ob mit Vergnügen, wird nicht berichtet) auf den Trick des Königs herein und verbringt sechs Tage und sechs Nächte mit einer halbgöttlichen Schönheit. – Diese kleine königliche Kuppelei gibt zu denken: in einer barbarischen Welt liegt der Gedanke an eine Kreuzung zwischen Halbgott und Halbtier doch nicht so nahe.

Und die dritte Tafel weiß nun wieder von einer Wolke aus Staub, die aus der Ferne kam, zu berichten: der Himmel habe gebrüllt, die Erde gebebt, und schließlich sei der »Sonnengott« gekommen und habe Enkidu mit mächtigen Flügeln und Krallen gepackt. Man liest mit Erstaunen, daß es wie Bleischwere auf Enkidus Körper gelegen habe und daß ihm das Gewicht seines Körpers wie das Gewicht eines Felsens vorgekommen sei.

Billigen wir den alten Erzählern nicht weniger Phantasie zu, als wir sie aufzubringen vermögen – und ziehen wir auch noch die Zutaten der Übersetzer und Kopisten ab, dann bleibt doch die Utopie des Berichts übrig: woher sollten und

112 Sumerische Darstellung von Gilgamesch, der zum Himmel getragen wird.

konnten die alten Chronisten wissen, daß die Last des Körpers bei einer gewissen Beschleunigung schwer wie Blei wird? UNS sind die Gravitations- und Beschleunigungskräfte bekannt. Wenn ein Astronaut bei seinem Start mit mehreren gravos in seinen Sitz gepreßt wird, dann ist das vorausberechnet.

Welche Phantasie aber gab den alten Chronisten diesen Gedanken ein?

Die fünfte Tafel berichtet, wie sich Gilgamesch und Enkidu auf den Weg machen, den Wohnsitz der »Götter« gemeinsam zu besuchen. Von weitem schon habe der Turm, in dem die Göttin Irinis lebte, gestrahlt. Pfeile und Wurfgeschosse, die sie als vorsichtige Wanderer auf die Wächter schleuderten, seien wirkungslos abgeprallt. Und als sie das Gehege der »Götter« erreichten, dröhnte ihnen eine Stimme entgegen:

113 Geflügelte sumerische Gottheiten

»Kehrt um! Kein Sterblicher kommt auf den heiligen Berg, wo die Götter wohnen! Wer den Göttern ins Angesicht schaut, muß vergehen.«

»Du kannst mein Angesicht nicht schauen, denn kein Mensch bleibt am Leben, der mich schaut . . .«

heißt es bei Moses im 2. Buch.

Der erste Augenzeugenbericht von einer Raumfahrt

Auf der siebenten Tafel steht der erste Augenzeugenbericht einer Raumfahrt, von Enkidu mitgeteilt: vier Stunden sei er in den ehernen Krallen eines Adlers geflogen. Und dies ist der Bericht im Wortlaut:

»Er sprach zu mir:
›Schau hinunter aufs Land! Wie sieht es aus?
Blick auf das Meer! Wie erscheint es Dir?‹
Und das Land war wie ein Berg und das Meer wie ein kleines Gewässer.
Und wieder flog er höher, vier Stunden hinauf, und sprach zu mir:
›Schau hinunter aufs Land! Wie sieht es aus?
Blick auf das Meer! Wie erscheint es Dir?‹
Und die Erde war wie ein Garten und das Meer wie der Wasserlauf eines Gärtners.
Und wieder vier Stunden flog er höher und sprach:
›Schau hinunter aufs Land! Wie sieht es aus? Blick auf das Meer! Wie erscheint es Dir?‹ Und das Land sah aus wie ein Mehlbrei und das Meer wie ein Wassertrog.«

Hier MUSS irgendein Wesen den Erdball aus großer Höhe gesehen haben! Zu genau ist der Bericht, als daß er reines Produkt der Phantasie sein könnte! Wer hätte berichten können, daß das Land wie ein Mehlbrei, das Meer wie ein Wassertrog ausgesehen habe, wenn noch nicht die geringste Vorstellung der Erdkugel »von oben« bestanden hat? Denn tatsächlich sieht die Erde aus beträchtlicher Höhe wie ein Puzzlespiel aus Mehlbrei und Wassertrögen aus.

Wenn auf der gleichen Tafel berichtet wird, daß eine Tür wie ein lebender Mensch sprach, ist diese seltsame Erscheinung für uns ohne Nachdenken als Lautsprecher identifiziert. Und auf der achten Tafel stirbt derselbe Enkidu, der die Erde aus ziemlicher Höhe gesehen haben muß, an einer geheimnisvollen Krankheit, so geheimnisvoll, daß Gilgamesch fragt, ob ihn vielleicht der »giftige Hauch eines Himmelstieres« getroffen habe. Woher wohl nahm Gilgamesch seine Ahnung, daß der giftige Hauch eines Himmelstieres eine tödliche und unheilbare Krankheit hervorrufen könnte?

Die neunte Tafel schildert, wie Gilgamesch den Tod seines Freundes Enkidu beweint und wie er beschließt, eine weite Reise zu den Göttern zu unternehmen, weil ihn der Gedanke nicht mehr losläßt, er könnte an derselben Krankheit wie Enkidu sterben. Im Tafelbericht steht, daß Gilgamesch zu zwei Bergen kam, die den Himmel trugen, und daß sich zwischen diesen Bergen das Sonnentor wölbte. Vor dem Sonnentor begegnete er Riesen, die ihn nach längerem Gespräch passieren ließen, weil er ja selbst zu zwei Drittel Gott sei. Schließlich fand Gilgamesch den Park der Götter, hinter dem sich das unendliche Meer weitete.

114 Satellitenaufnahme über der Sinai-Halbinsel

Zweimal warnten die Götter Gilgamesch auf seinem Weg:

> »Gilgamesch, wohin läufst du? Das Leben, das du suchst, wirst du nicht finden. Als die Götter den Menschen erschufen, bestimmten sie den Tod für die Menschen, das Leben behielten sie für sich selbst.«

Gilgamesch ließ sich nicht warnen; auf jede Gefahr hin wollte er Utnapischtim erreichen, den Vater der Menschen. Utnapischtim aber lebte jenseits des großen Meeres; es führte kein Weg zu ihm und außer dem Sonnengott flog kein Schiff hinüber. Unter mannigfachen Gefahren überquerte Gilgamesch das Meer, so daß die elfte Tafel seine Begegnung mit Utnapischtim schildern kann.

Gilgamesch fand die Gestalt des Vaters der Menschen nicht größer und breiter als seine eigene, und er meinte, sie seien einander ähnlich gewesen wie ein Vater dem Sohn. Utnapischtim nun erzählte Gilgamesch seine Vergangenheit, merkwürdigerweise in der Ich-Form.

Zu unserer Verblüffung bekommen wir von Utnapischtim eine genaue Schilderung der Sintflut; er erzählt, daß die »Götter« ihn vor der kommenden großen Flut warnten und ihm den Auftrag gaben, eine Barke zu bauen, auf die er Frauen und Kinder, seine Verwandtschaft und Handwerker jedweder Kunst bergen sollte. Die Beschreibung des Unwetters, der Finsternis, der steigenden Fluten und der Verzweiflung der Menschen, die er nicht mitnehmen konnte, ist von einer heute noch packenden Erzählungskraft. Wir hören auch hier – ähnlich wie in der Bibel im Bericht Noahs – die Geschichte vom Raben und der Taube, die aufgelassen wurden, und wie schließlich, als die Wasser sanken, die Barke auf einem Berg anlandete.

Die Parallele vom Bericht über die Sintflut im Gilgamesch-Epos und in der Bibel ist unzweifelhaft, sie wird auch von keinem Forscher bestritten. Faszinierend an dieser Parallelität ist, daß wir es mit anderen Voraussetzungen und anderen »Göttern« zu tun haben.

Bibel-Bericht aus zweiter Hand?

Stammt der Sinflut-Bericht der Bibel aus zweiter Hand, dann weist die Ich-Form der Erzählung Utnapischtims darauf hin, daß im Gilgamesch-Epos ein Überlebender, ein Augenzeuge also, zu Wort kam.

Daß im alten Orient vor einigen tausend Jahren eine

Flutkatastrophe stattfand, ist eindeutig belegt. Altbabylonische Keilschrifttexte geben sehr genau an, wo Reste der Barke eigentlich zu finden sein müßten; an der Südseite des Ararat fand man drei Holzstücke, die vielleicht auf die Landestelle der Arche deuten. Im übrigen sind die Chancen, Reste eines Schiffes, das vornehmlich aus Holz gebaut war und das vor mehr als sechstausend Jahren eine Flut überstand, zu finden, außerordentlich gering.

Im Gilgamesch-Epos finden wir nicht nur allerfrüheste Berichte, wir finden darin auch utopische Schilderungen, die von keiner Intelligenz der Entstehungszeit der Tafeln erfunden sein können und wie sie ebensowenig Übersetzer und Kopisten der Jahrhunderte, die darüber hinweggingen, erdichtet haben können. Denn in den Schilderungen sind TATSACHEN verborgen, die, mit heutigen Augen gesehen, den Autoren des Gilgamesch-Epos bekannt gewesen sein müssen.

Kann eine neue Fragestellung ein wenig Licht in das Dunkel bringen? Ist es möglich, daß sich das Gilgamesch-Epos gar nicht im alten Orient, sondern im Raum Tiahuanaco ereignet hat? Ist es denkbar, daß Nachkommen des Gilgamesch aus Südamerika kamen und das Epos mitbrachten? Eine Bejahung der Fragen ergäbe immerhin eine Erklärung für die Erwähnung des Sonnentores, für die Überquerung des Meeres und zugleich für das plötzliche Auftauchen der Sumerer, denn alle Schöpfungen des späteren Babylon gehen bekanntlich auf die Sumerer zurück!

Zweifellos verfügte die ägyptische Hochkultur der Pharaonen über Bibliotheken, in denen die alten Geheimnisse aufbewahrt, gelehrt, gelernt und abgeschrieben wurden. Moses wuchs – wir sagten es schon – am ägyptischen Hof auf, sicherlich hatte er Zutritt zu den ehrwürdigen Bibliotheksräumen. Moses war ein gelehriger und gelehrter Herr, er soll ja auch fünf seiner Bücher ursprünglich selbst geschrieben haben, obwohl es bis heute ein ungelöstes Rätsel ist, in welcher Sprache er seine Bücher geschrieben haben könnte.

Setzen wir die Hypothese, das Gilgamesch-Epos wäre von den Sumerern über die Assyrer und Babylonier nach Ägypten gekommen und der junge Moses hätte es dort gefunden und für seine Zwecke adaptiert, dann wäre nicht die biblische, sondern die sumerische Sintflutgeschichte die echte ...

Älteste Flugsage der Welt

Im 18. Band des JAHRBUCH DES VEREINS DEUTSCHER INGENIEURE, Berlin, 1928, untersucht Professor Richard Hennig Texte ZUR VORGESCHICHTE DER LUFTFAHRT. Er bezeichnet die Etana-Legende als die »wohl älteste Flugsage der Welt«, die bis in die allerersten Anfänge der Geschichte zurückreichen müsse, weil sie bereits auf einem Siegelzylinder aus der Zeit zwischen 3000 und 2500 v. d. Z. bildlich dargestellt sei, während der Text in einer Keilschrift nur unvollständig erhalten blieb. Dieser Passus scheint dem Techniker besonders bemerkenswert:

> »Nicht auf des Adlers Rücken, sondern Brust an Brust an ihn geklammert, wird Etana emporgetragen zum Fixsternhimmel ... Sechsmal während des Auffluges macht der Adler Etana aufmerksam auf die immer mehr vor ihren Blicken zusammenschrumpfende Erde.«

Genaue Beschreibungen, bildliche Darstellungen als Produkte des Unbewußten? Hier, denke ich, sollten die Psychoanalytiker den Adepten ihrer Wissenschaft Halt gebieten, um selbst glaubwürdig zu bleiben.

Unsere Mythen- und Legendenforschung wie die Deutungen der Archäologie sind – soweit sie die Prähistorie betreffen – im Käfig vorgefaßter Ansichten eingesperrt. Die Augen sind blind, die Gedanken stumpf geworden.

Altägyptische Flugzeugmodelle

Der Wunsch, fliegen zu können, ist so alt wie die Menschheit. Um diese Sehnsucht rankten sich ganze Philosophien. Die erste Beziehung zu diesem Wunsch in der Praxis des Fliegens fand in einer altägyptischen Zeichenschrift ihren Niederschlag.

Es gibt drei Hieroglyphen, die ausdrücken: »Ich will fliegen.« Vor dieser ihrer eigenen Übersetzung standen die Ägyptologen ziemlich ratlos.

1898 wurde in einem Grab bei Sakkara ein Modell gefunden, dem man das Etikette »Vogel« umhängte und im Ägyptischen Museum, Kairo, unter diesem Stichwort katalogisierte. Dort stand es 50 Jahre lang unter der Nummer 6347 in einer Schar anderer altägyptischer

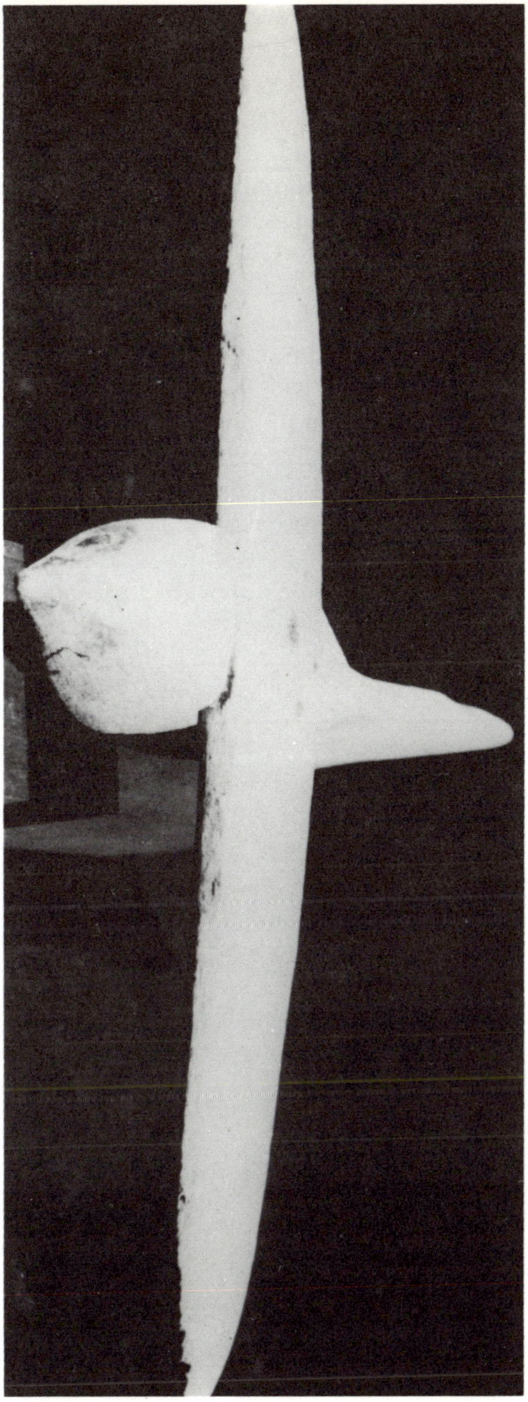

115

»Vögel«. Erst 1969 wurde dieser seltsame Vogel aus seinem Nest geholt: Ein Kuckucksei wurde entlarvt.

Dr. Khalil Messiha, der sich die Vögel ansah, stutzte. Im Gegensatz zu allen anderen Vögeln hatte Nr. 6347 nicht nur gerade Flügel, sondern auch eine hochgestellte Schwanzflosse. Dr. Messiha nahm sich des fremden Vogels an und fand ein feines Zeichen eingraviert: PA-DIEMEN, was in Altägyptisch heißt »Geschenk des Amon«. Wer war Amon? Amon war »Herr des Lufthauchs«, ging eine Symbiose mit dem Sonnengott Re ein und avancierte zum »Lichtgott«.

Heute steht unumstritten fest, daß Nr. 6347 ein Flugzeugmodell ist; es besteht aus Holz, wiegt 39,12 Gramm und ist in gutem Zustand. Die Spannweite hat 18 cm, die Flugzeugnase ist 3,2 cm lang, die ganze Länge beträgt 14 cm. Flugzeugspitze, Flügelenden wie der ganze Körper sind aerodynamisch ausgeformt. Außer einem symbolischen Auge und zwei kurzen Linien unter den Flügeln gibt es keine dekorativen Verzierungen, es hat auch

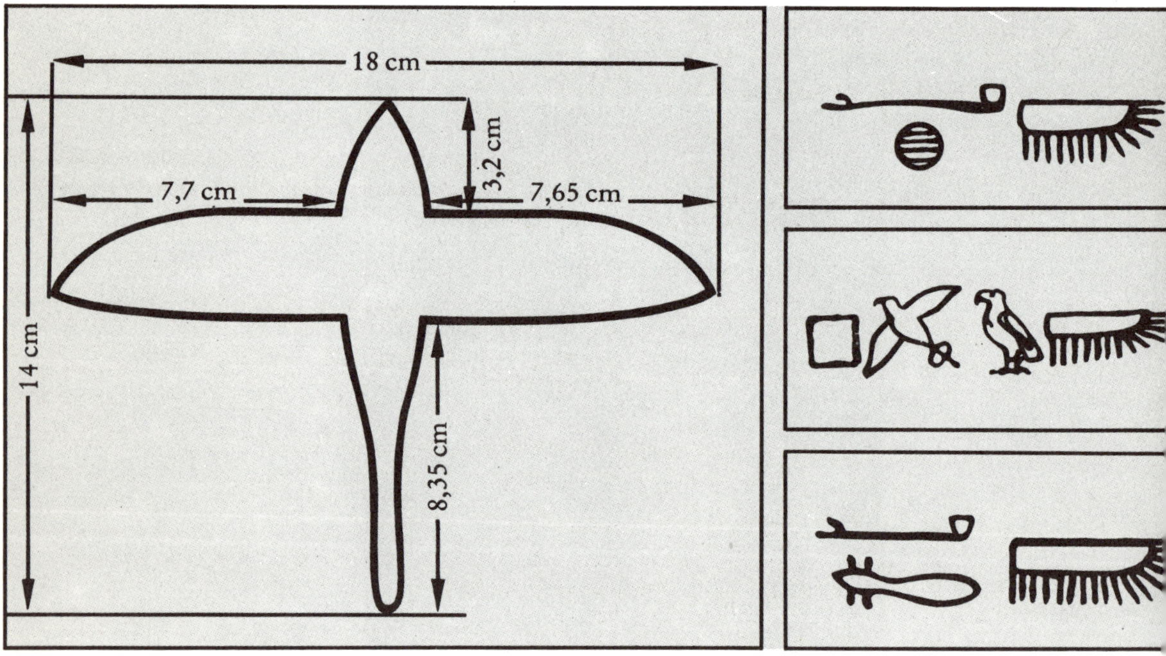

116 So sehen die drei altägyptischen Hieroglyphen aus, die den Wunsch ausdrücken: »Ich will fliegen«

keine (Lande-)Beine. Aeronautiker haben das Modell getestet und bezeichnen es als flugfähig und in seinen Proportionen als ideal.

Nach dieser sensationellen Entdeckung setzte der amtierende Kultusminister Mohammed Gamal El-Din Moukhtar eine technische Forschergruppe ein, die auch die anderen Vögel unter die Lupe nehmen sollte. Das am 23. Dezember 1971 berufene Team bestand aus: Dr. Henry Riad, Direktor des Ägyptischen Altertum-Museums – Dr. Abdul Quader Selim, delegierter Direktor des Ägyptischen Museums für Altertumsforschung – Dr. Hishmat Nessiha, Direktor des Departements für Altertümer und Kamal Naguib, Vorsitzender des Ägyptischen Flugverbandes.

Am 12. Januar 1972 wurde in der Halle des Ägyptischen Museums für Altertümer die erste Ausstellung altägyptischer Flugzeugmodelle eröffnet. Dr. Abdul Quade Hatem, Vertreter des Premierministers, und Luftfahrtminister Ahmed Moh präsentierten der Öffentlichkeit inzwischen 14 altägyptische Flugzeugmodelle.

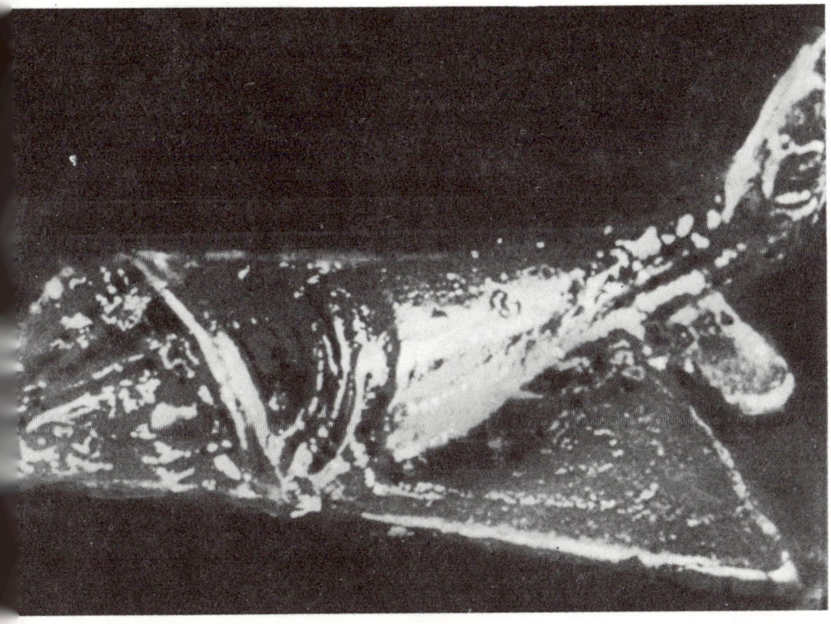

117/118 In der State Bank, Bogota, steht dieses goldene Flugzeugmodell. Archäologen machten daraus »religiösen Zierat«, bis sich das Aeronautical Institute, New York, des Modells annahm. Nach technischen Tests erwies sich seine Flugtauglichkeit.

XI
DAS GROSSE RÄTSEL: PYRAMIDEN

Das große Rätsel der Pyramiden

Nehmen wir brav das Wissen zur Kenntnis, wie es uns wohlpräpariert verabfolgt wird, dann stand das alte Ägypten plötzlich und ohne Übergang inmitten einer phantastischen Zivilisation. Große Städte und riesige Tempel, überdimensionale Statuen von großer Ausdruckskraft, von pompösen Figuren flankierte Prunkstraßen, perfekte Kanalisationsanlagen, in Fels gehauene Luxusgräber, Pyramiden von überwältigender Größe ... diese und viele wunderbare Dinge mehr schossen quasi aus dem Boden. Wirkliche Wunder in einem Land, das ohne erkennbare Vorgeschichte plötzliche solcher Leistungen fähig ist!

Nur im Nildelta und auf schmalen Streifen links und rechts des Stromes gab es fruchtbares Ackerland. Nun schätzen aber die Experten die Zahl der Einwohner zur Zeit des großen Pyramidenbaus auf 50 Millionen Menschen! (Eine Zahl übrigens, die in evidentem Widerspruch zu jenen 20 Millionen Menschen steht, die man der Gesamtbevölkerung der Welt anno 3000 vor Christus zugesteht!)

Bei solchen phantastischen Schätzungen kommt es auf ein paar Millionen Menschen mehr oder weniger nicht an: fest steht, daß sie alle verpflegt werden mußten. Es gab ja nicht nur ein Riesenheer von Bauarbeiten, Steinmetzen, Ingenieuren und Schiffsleuten, es gab nicht nur Hunderttausende Sklaven – es gab auch eine gut ausgerüstete Armee, einen wohllebenden zahlreichen Priesterstand, zahllose Händler, Bauern und Beamte und – nicht zuletzt – den aus dem Vollen lebenden Hofstaat. Haben sie alle, alle von den schmalen Erträgen der Landwirtschaft am Nildelta leben können?

Mammutbauten – ohne Technik?

Es wird uns gesagt, daß die Steinquadern für den Bau der Pyramiden auf Gleitrollen fortbewegt wurden, also doch wohl auf Holzrollen! Aber die wenigen Bäume, überwiegend Palmen, die damals (wie heute) in Ägypten wuchsen, wird man schwerlich gefällt und zu Gleitrollen verarbeitet haben, denn die Datteln der Palmen wurden dringend als Nahrungsmittel gebraucht, und Stämme und Wedel der Palmen waren die einzigen Schattenspender über ausgedörrtem Boden. Holzrollen aber müssen es ja gewesen sein, weil sonst der Bau der Pyramiden auch nicht die fadenscheinigste technische Erklärung fände. Hat man Holz importiert? Zum Holzimport aus fremden Ländern hätte es eine beträchtliche Flotte geben müssen und – in Alexandrien gelandet – hätte man das Holz den Nil aufwärts nach Kairo transportieren müssen. Da die Ägypter zur Zeit des großen Pyramidenbaus noch nicht über Pferd und Wagen verfügten, bestand aber keine andere Möglichkeit. Erst in der 17. Dynastie, etwa 1600 vor Christus, wurden Pferd und Wagen eingeführt. Ein Königreich für eine überzeugende Erklärung des Transports der Steinblöcke! Holzrollen, sagt man ja, seien nötig gewesen . . .

119

Um die Technik der Pyramidenbauer gibt es viele Rätsel und keine echten Lösungen.

Wie haben sie die Gräber in die Felsen gehauen? Welche Mittel hatten sie zur Verfügung, ein Labyrinth von Gängen und Räume anzulegen? Die Wände sind glatt und meistens mit einer Reliefmalerei geschmückt. Die Schächte laufen schräg in den Felsboden; sie haben sauber, nach bester Handwerkermanier gearbeitete Stufen, die in die tief gelegenen Grabkammern führen. Scharen von Touristen stehen staunend davor, aber keiner bekommt eine Erklärung für die rätselhafte Technik des Aushubs. Dabei steht eindeutig fest, daß die Ägypter diese ihre Stollenbaukunst seit frühester Zeit beherrschten, denn die alten Felsgräber sind genauso gearbeitet wie die jüngeren. Zwischen dem Grab des Teti aus der 6. Dynastie besteht kein Unterschied zum Grab des Ramses I. aus dem Neuen Reich, obwohl zwischen dem Bau der beiden Gräber mindestens 1000 Jahre liegen! Offenbar hat man zur alten, einmal gelernten Technik nichts Besseres mehr dazugelernt, vielmehr wurden die späteren Bauten immer mehr zu dürftigen Kopien ihrer alten Vorbilder.

Der Tourist, der auf einem Kamel namens »Bismarck« oder »Napoleon« – je nach landsmännischer Herkunft – westlich Kairo zur Cheopspyramide emporgeschaukelt wird, spürt in der Magengrube den seltsamen Kitzel, den Reliquien einer unfaßbaren Vergangenheit immer auslösen. Er hört, daß sich hier und dort ein Pharao eine Grabstätte bauen ließ. Und mit dieser frisch aufgewärmten Schulweisheit reitet er, nachdem er einige eindrucksvolle Fotos nahm, heimwärts. Besonders über die Cheopspyramide wurden sicher einige hundert unhaltbare, törichte Theorien aufgestellt. In dem 1864 erschienenen, 600 Seiten dicken Buch »Our Inheritance in the Great Pyramid« von Charles Piazzi Smyth lesen wir eine Menge haarsträubender Zusammenhänge zwischen der Pyramidenmasse und unserer Erdkugel.

Auch nach kritischster Prüfung bleiben immerhin einige Fakten, die uns nachdenklich stimmen sollten.

Nur Zufälle?

Es ist bekannt, daß die alten Ägypter einen regelrechten Sonnenkult betrieben: ihr Sonnengott Re fuhr mit Barken am Himmel. Pyramidentexte des Alten Reiches schildern sogar Himmelfahrten des Königs, die er freilich mit Hilfe der Götter und deren Barken ausführte. Auch die Götter und Könige der Ägypter hatten es mit dem Fliegen ...

Ist es eigentlich ein Zufall, daß die Höhe der Cheopspyramide – mit einer Milliarde multipliziert – annähernd der Distanz Erde/Sonne entspricht? Nämlich der Strecke von 149 504 000 km! Ist es ein Zufall, daß ein durch die Pyramide laufender Meridian Kontinente und Ozeane in zwei genau gleiche Hälften teilt? Ist es Zufall, daß der Umfang der Pyramide – geteilt durch die doppelte Höhe – die berühmte Ludolfsche Zahl Pi = 3,1416 1416 ergibt? Ist es Zufall, daß man Berechnungen über das Gewicht der Erde fand, und ist es auch Zufall, daß der felsige Boden, auf dem das Bauwerk steht, sorgfältig und genau nivelliert ist?

Es gibt nirgends einen Hinweis, warum der Erbauer der Cheopspyramide, der Pharao Khufu, justament jenen Felsen in der Wüste zum Ort des Bauwerks bestimmte. Es ist denkbar, daß es eine natürliche Felskluft gab, die er für den Kolossalbau ausnutzte, wie es auch eine, wenn auch nur dürftige, Erklärung sein mag, daß er von seinem Sommerpalast aus den Fortgang der Arbeiten beobachten wollte.

Beide Gründe sind wider jeden Verstand: einmal wäre es entschieden praktischer gewesen, die Baustelle näher an die östlichen Steinbrüche zu legen, um die Transportwege zu verkürzen, und zum andern läßt sich schwerlich denken, daß der Pharao vom Lärm, der auch damals schon Tag und Nacht die Baustelle erfüllte, Jahr um Jahr gestört werden wollte. Da so Vieles gegen die Bilderbucherklärungen für die Standortwahl spricht, darf mit Verlaub gefragt werden, ob vielleicht auch hier die »Götter« ein Wort mitredeten, und wenn auch nur durch die fordernden Überlieferungen der Priester. Läßt man eine solche Deutung zu, dann gibt es einen gewichtigen Beweis mehr für meine Theorie von der utopischen Vergangenheit der Menschheit. Die Pyramide teilt nämlich nicht nur Kontinente und Ozeane in zwei gleiche Hälften – sie liegt außerdem im Schwerpunkt der Kontinente! Wenn die hier notierten Tatsachen keine Zufälle sind – und es fällt ungemein schwer, an solche zu glauben –, dann wurde die Baustelle von Wesen bestimmt, die genau über die Kugelgestalt der Erde und die Verteilung von Kontinenten und Meeren Bescheid wußten. Wir dürfen hier an das Landkartenwerk des Piri Reis erinnern! Nicht alles kann durch Zufall oder mit Märchen erklärbar sein.

2 600 000 Steinquadern

Mit welcher Kraft, mit welchen »Maschinen«, mit welchem technischen Aufwand überhaupt wurde das Felsenterrain nivelliert? Auf welche Weise trieben die Baumeister die Stollen vor? Und womit haben sie sie erhellt? Weder hier noch in den Felsengräbern im Tal der Könige wurden Fackeln oder etwas Ähnliches benutzt; es gibt keine geschwärzten Decken oder Wände oder auch nur geringste Hinweise darauf, daß solche Spuren entfernt worden wären.

Wie und womit wurden die Riesenblöcke aus den Steinbrüchen gesägt? Wie wurden sie transportiert und millimetergenau aufeinandergefügt? Es gibt wieder ein Bündel von Erklärungen zur freien Wahl: schiefe Ebenen, Sandbahnen, auf denen die Steine geschoben wurden; Gerüste, Rampen, Aufschüttungen . . . Und natürlich die Arbeit von vielen hunderttausend ägyptischen Ameisen: Fellachen, Bauern, Handwerkern . . .

120

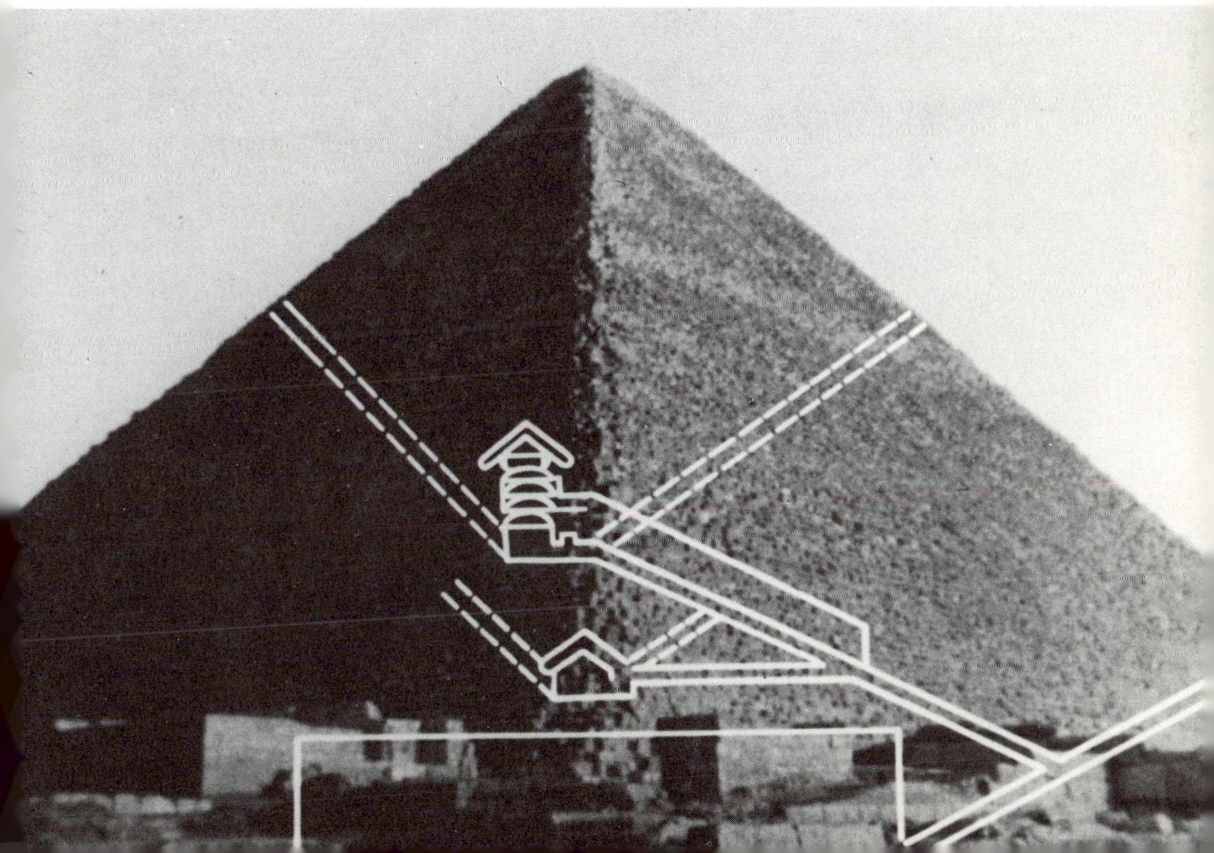

Keine dieser Erklärungen hält einer kritischen Betrachtung stand. Die große Pyramide ist (und bleibt?) sichtbarer Zeuge einer nie begriffenen Technik. Heute, im 20. Jahrhundert, könnte kein Architekt – und stünden ihm die technischen Hilfsmittel aller Kontinente zur Verfügung – die Cheopspyramide nachbauen!

2 600 000 riesige Blöcke wurden aus den Steinbrüchen geschnitten, geschliffen und transportiert und auf der Baustelle millimetergenau zusammengepaßt. Und tief drinnen in den Gängen wurden die Wände farbig bemalt!

Der Standort der Pyramide war eine Laune des Pharao . . .

Die unerreichten »klassischen« Maße der Pyramide sind dem Baumeister zufällig eingefallen . . .

Mehrere hunderttausend Arbeiter schoben und zogen auf (nicht vorhandenen) Gleitrollen mit (nicht vorhandenen) Seilen zwölf Tonnen schwere Blöcke eine Rampe hinauf . . .

Dieses Arbeitsheer lebte von (nicht vorhandenem) Getreide . . .

Es schlief in (nicht vorhandenen) Hütten, die der Pharao vor seinem Sommerpalast erbauen ließ . . .

Über einen (nicht vorhandenen) Lautsprecher wurden die Arbeiter mit einem ermunternden »Hau-ruck!« im Takt bewegt und derart der Zwölf-Tonnen-Block himmelwärts geschoben . . .

664 Baujahre?

Hätten die fleißigen Arbeiter je Tag die ungeheure Akkordleistung von zehn aufgetürmten Blöcken geschafft, dann hätten sie – folgt man dieser anekdotenreifen Erläuterung – in etwa 250 000 Tagen = 664 Jahren die rund 2,5 Millionen Steinklötze zur herrlichen Pyramide zusammengesetzt! Ja, und dies sei nicht vergessen: das Ganze entstand als Produkt der Laune eines exzentrischen Königs, der die Vollendung des von ihm inspirierten Bauwerks nicht erlebte. Schaurig schön und unendlich traurig.

Man muß wohl kein Wort darüber verlieren, daß diese ernsthaft angebotene Theorie lächerlich ist. Wer ist einfältig genug, zu glauben, daß die Pyramide nichts als das Grab eines Königs sein sollte? Wer will weiterhin die Übermittlung mathematischer und astronomischer Zeichen für reine Zufälle halten?

Unangefochten wird die große Pyramide heute dem Pharaonen Khufu als Inspirator und Bauherrn zugeschrieben. Warum? Weil sämtliche Inschriften und Täfelchen auf Khufu hinweisen. Daß die Pyramide nicht während der Dauer EINES Lebens entstanden sein kann, scheint überzeugend. Was aber wäre, wenn Khufu die Inschriften und Täfelchen, die seinen Ruhm bekunden sollten, fälschen ließ? Das ist eine im Altertum nicht unbeliebte Methode gewesen, wie viele Bauwerke zu erzählen wissen. Immer wenn ein diktatorischer Herrscher den Ruhm für sich allein wollte, ordnete er dieses Verfahren an. Wenn dem so wäre, dann gab es die Pyramide lange, ehe Khufu seine Visitenkarten anbringen ließ.

Erbaut vor der großen Flut

Unter der Chiffre »Akbar-Ezzeman MS« ist in der Bodleian-Bibliothek in Oxford ein Manuskript des koptischen Schriftstellers Abu'l Hassan Ma'sudi einzusehen. Darin heißt es:

> »Surid, ein König Ägyptens vor der großen Flut, ließ zwei Pyramiden bauen. Er befahl seinen Priestern, darin die Erkenntnisse der Wissenschaften und Weisheiten zu hinterlegen. In der großen Pyramide wurden die Angaben über die himmlischen Sphären und Figuren hinterlegt, welche die Sterne und Planeten, die Positionen und Zyklen, aber auch die Grundlagen der Mathematik und Geometrie darstellen. Damit diese für die Nachfahren, welche die Zeichen lesen können, für immer erhalten bleiben.«

Uns wird gesagt, König Djoser aus der 3. Dynastie habe etwa 2700 Jahre v. d. Z. mit dem Bau von Stufenpyramiden bei Sakkra begonnen. – Ist der Bau der Pyramiden falsch datiert? Sind sie ungleich älter, als die Archäologie annimmt? Solche Vermutungen haben eine Berechtigung. Nicht nur Abu'l Hassan Ma'sudi behauptet, die Pyramiden seien vor der großen Flut gebaut worden. Herodot (484–425 v. d. Z.), der älteste griechische Historiker, den Cicero (106–43 v. d. Z.) »Vater der Geschichtsschreibung« nennt, behauptet im zweiten Buch seiner »Histories Apodexis« (Darlegung der Erkundung) in den Kapiteln 141 und 142, die Priester von Theben hätten ihm versichert, daß das hohepriesterliche Amt seit 11 340 Jahren vom Vater auf den Sohn übertragen würde. Diese Aussage belegten die Priester dem Geschichtsschreiber Herodot, indem sie ihm 341 Kolossalstatuen zeigten, deren jede eine hohepriesterliche Generation repräsentierte, und – so versicherten die Gastgeber – vor 341 Generationen hätten die Götter unter den Menschen gelebt, danach allerdings sei kein Gott in Menschengestalt wieder erschienen. Tatsächlich ist bis heute der Zeitpunkt des Baus der großen Pyramiden nicht unumstößlich nachgewiesen.

Pyramidenwunder in unserer Zeit

Der Elektroniker Eric McLuhan, Sohn von Marshall McLuhan (Die Gutenberg-Galaxis), erklärte in Toronto, in den Pyramiden seien unbekannte Kräfte, wahrscheinlich Gravitationskräfte, heute noch wirksam. In seinem Haus in London (Ontario, Kanada) hat er eine rote Pyramide aus Plexiglas von 18 Zoll Höhe in den Maßstäben der klassischen Pyramide aufgestellt. Im Innern ist ein einfaches Gestell befestigt; darauf liegt, etwa in der Mitte, ein saftiges Rindssteak, daneben eine Rasierklinge. Das Steak liegt dort schon 20 Tage – aber es verwest und stinkt nicht; als er die Klinge deponierte, war sie stumpf vom Rasieren – nach zwei Wochen ist sie scharf. Mitarbeiter McLuhans haben auf diese einfache Weise im Laufe der Zeit einige 100 Eier und 60 Pfund Steak mumifiziert.

Die Forscher sagen, jeder könne es nachvollziehen, wenn man eine Pyramide in den Winkelbeziehungen zur großen Pyramide von Gizeh baue, die Höhe der Pyramide durch drei teile und die stumpfe Rasierklinge exakt in der Nord-Süd-Achse auf die Höhe des unteren Drittels lege. In Kanada sind Plexiglaspyramiden in richtigen Dimensionen im Handel erhältlich! (Evering Associates, 43 Eglinton Avenue East, Toronto.)

Die Universität Kairo baute mit amerikanischer Hilfe im Innern der Chephren-Pyramide einen hochempfindlichen Strahlendetektor ein, der an einen Computer angeschlossen wurde. Der Detektor sollte kosmische Partikel registrieren, der Computer sie aufzeichnen. Kosmische Partikel, die Hohlräume durchlaufen, erreichen das Ziel schneller als Strahlen, die Gemäuer durchdringen müssen. Der Computer lieferte irre Daten. 1972 wiederholte man den Versuch. Ergebnislos. Dr. Amr Gohed, Leiter des Experiments, sagte der TIMES:

»Wissenschaftlich ist die Sache unmöglich. Was im Innern der Pyramide vor sich geht, widerspricht allen bekannten Gesetzen der Physik und unserer Elektronik!«

Mumien aus grauer Vorzeit

Landläufig wird das geschichtskundige Alter Ägyptens auf etwa 6500 Jahre geschätzt. Warum logen dann die Priester den Reisenden Herodot so schamlos mit ihren 11 340 gezählten Jahren an? Und warum betonten sie so ausdrücklich, daß seit 341 Generationen keine Götter mehr unter ihnen geweilt hätten? Diese präzisen Zeitangaben, an den Statuten demonstriert, vollkommen unnütz, wenn nicht vor grauen Zeiten eben doch »Götter« unter den Menschen gelebt hätten!

Über das Wie, Warum und Wann des Pyramidenbaues wissen wir so gut wie nichts. Da steht ein knapp 150 Meter hoher und 31 200 000 Tonnen schwerer künstlicher Berg als Zeuge einer unbegreiflichen Arbeitsleistung, und dieses Denkmal soll nicht mehr sein als die Grabstätte eines extravaganten Königs! Das mag glauben, wer will . . .

Gleichermaßen unverständlich und bisher nicht überzeugend erklärt, starren uns wie ein magisches Geheimnis die Mumien aus grauester Vorzeit an. Verschiedene Völker beherrschten die Technik der Einbalsamierung von Leichen, und die Funde sprechen für die Annahme, daß die vorzeitlichen Wesen an die Wiederkehr in einem zweiten Leben glaubten, an eine körperliche Wiederkehr. Eine solche Deutung wäre akzeptabel, wenn der Glaube an eine körperliche Wiederkehr auch nur von ferne im Ideengut des Altertums unterzubringen wäre! Hätten unsere Vorvorfahren nur an eine geistige Wiederkehr gedacht, dann hätten sie den Verstorbenen kaum eine solche Pflege zuteil werden lassen. Die Funde in den ägyptischen Gräbern aber liefern Beispiel um Beispiel für die Präparierung auf eine KÖRPERLICHE Wiederkehr der einbalsamierten Leichen.

Was Augenschein und sichtbarer Beweis aussagen, ist so absurd nicht! Tatsächlich liefern Aufzeichnungen und Sagen Anhaltspunkte dafür, daß die »Götter« versprachen, von den Sternen zurückzukehren, um die gut erhaltenen Leiber zu neuem Leben zu erwecken. Drum wohl war die Versorgung der in den Grabkammern einbalsamierten

Leichen so praktisch und für ein diesseitiges Leben gedacht. Was hätten sie sonst mit Geld, mit Schmuck, mit ihren Lieblingsrequisiten anfangen sollen? Und da man ihnen sogar einen Teil ihrer Dienerschaft, fraglos bei lebendigem Leibe, mit ins Grab gab, war wohl die Fortsetzung des alten Lebens in einem neuen Leben mit all den Vorbereitungen gemeint. Die Gräber waren atombombensicher, ungeheuer dauerhaft und solide gebaut; sie konnten die Stürme aller Zeiten überdauern. Die mitgegebenen Werte waren absolut krisenfest, nämlich Gold und Edelsteine. Es geht hier nicht darum, die späteren Unsitten der Mumifizierungen zu erörtern. Hier geht es nur um die Frage: Wer hat den Heiden die Idee der körperlichen Wiedergeburt in den Kopf gesetzt? Und woher stammte der erste, kühne Gedanke, daß die Zellen des Körpers erhalten bleiben müssen, damit der Leichnam, an hundertmal gesichertem Ort aufbewahrt, nach Jahrtausenden zu neuem Leben erweckt werden kann?

Bisher wurde dieser geheimnisvolle Komplex der Wiedererweckung nur aus religiöser Sicht betrachtet. Kann sich der Pharao, der ganz gewiß mehr über Wesen und Sitten der »Götter« wußte als seine Untertanen, nicht DIESE, möglicherweise ganz irrwitzigen, Vorstellungen gemacht haben: ich muß mir eine Grabstätte schaffen, die jahrtausendelang nicht zerstört werden kann und die weithin sichtbar über dem Lande liegt? Die Götter versprachen, wiederzukommen und mich aufzuwecken . . . (oder Mediziner einer fernen Zukunft werden Möglichkeiten finden, mich wieder lebendig zu machen . . .).

Tiefgefroren in die Zukunft

Was ist im Raumfahrtzeitalter dazu zu sagen?

Der Physiker und Astronom Robert C. W. Ettinger deutet in seinem Buch »The Prospect of immortality« einen Weg an, wie wir Menschen des 20. Jahrhunderts uns so einfrieren lassen können, daß nach medizinischer, biologischer Sicht unsere Zellen billionenfach verlangsamt weiterleben. Mag dieser Gedanke einstweilen noch utopisch klingen, tatsächlich aber verfügt heute bereits jede große Klinik über eine »Knochenbank«, die jahrelang menschliche Knochen in tiefgefrorenem Zustand konserviert und bei Bedarf wiederverwendungsfähig macht. Frischblut – auch dies bereits allerorts praktiziert – kann bei minus 196 Grad unbegrenzte Zeit aufbewahrt werden, ja, und die Lagerfähigkeit lebender Zellen ist bei der Temperatur des flüssigen Stickstoffs nahezu unendlich. – Dachte der Pharao einen utopischen Gedanken, der in Bälde vor seiner Realisierung steht?

Man muß es zweimal lesen, um die Ungeheuerlichkeit dieses wissenschaftlichen Forschungsergebnisses zu begreifen: Biologen der Universität Oklahoma stellten im März 1963 fest, daß die Hautzellen der ägyptischen Prinzessin Mene lebensfähig waren! Und Prinzessin Mene ist seit mehreren tausend Jahren tot!

Es fanden sich vielerorts Mumien, die so vollständig und unversehrt erhalten sind, daß sie lebendig scheinen. Bei den Inkas überdauerten Gletschermumien die Zeiten, und theoretisch sind sie lebensfähig. Utopie? Im Sommer 1965 zeigte das russische Fernsehen zwei Hunde, die man eine Woche lang tiefgefroren hatte. Und am siebenten Tag taute man sie wieder auf, und siehe da: sie lebten munter wie zuvor!

Die Amerikaner, auch das ist kein Geheimnis, beschäftigen sich innerhalb ihres weitläufigen Raumfahrtprogramms ernsthaft mit dem Problem, wie man Astronauten der Zukunft für ihre lange Reisen zu fernen Sternen einzufrieren vermag . . .

Ein bißchen Unsterblichkeit

Professor Ettinger, heute noch verspottet, prophezeit eine ferne Zukunft, in der sich die Menschen weder verbrennen noch von den Würmern auffressen lassen werden – eine Zukunft, in der die Leichen, auf Tiefkühlfriedhöfen oder in Tiefkühlbunkern eingefroren den Tag erwarten, an dem eine fortgeschrittene Medizin ihre Todesursachen beheben und ihre Leichen damit zu neuem Leben bringen kann. Wer diese Gedanken zu Ende denkt, sieht die Schreckensvision einer Armee von tiefgekühlten Soldaten, die nach Bedarf im Kriegsfall aufgetaut werden. Wirklich schreckliche Visionen!

Was aber haben die Mumien mit unserer Hypothese von Raumfahrern im grauen Altertum zu tun? Zerre ich Indizien an den Haaren herbei?

Wir fragen: Woher haben die Alten gewußt, daß Körperzellen nach einer speziellen Behandlung, billionenfach verlangsamt, weiterleben?!

Wir fragen: Woher stammt die Idee der Unsterblichkeit, woher der Gedanke gar einer körperlichen Wiedererwekkung?

Die meisten alten Völker beherrschten die Fertigkeit der Mumifizierung, die Reichen unter ihnen praktizierten sie auch. Es geht hier nicht um diese vorweisbaren Tatsachen, es geht um die Lösung des Rätsels, woher die Idee einer Wiedererweckung, einer Wiederkehr ins Leben stammte. Ist die Idee einem König oder einem Stammesfürsten ganz zufällig gekommen oder hat ein hochmögender Herr vielleicht »Götter« beobachtet, die ihre Leichen nach einem komplizierten Verfahren behandelten und in einem bombensicheren Sarkophag aufhoben? Oder haben irgendwelche »Götter« einem aufgeweckten, intelligenten Königssohn ihre Kenntnisse, wie man – nach einer speziellen Behandlung – Leichen wiedererwecken kann, mitgeteilt?

Diese spekulative Motivation bedarf einer zeitgemäßen Begründung.

Die Menschheit wird in einigen hundert Jahren die Raumfahrt mit einer heute noch unausdenkbaren Perfektion beherrschen. Reisebüros werden Planetenreisen mit präzisen Abfahrt- und Rückreiseterminen in ihren Prospekten anbieten. Voraussetzung für diese Perfektion ist freilich, daß alle Wissenschaftszweige mit der Entwicklung Schritt halten. Elektronik und Kybernetik allein schaffen das Klassenziel nicht. Medizin und Biologie werden ihre Beiträge leisten, indem sie Wege ermitteln, die es ermöglichen, den Lebensprozeß des Menschen zu verlängern. Heute läuft auch dieser Teil der Raumforschung auf vollen Touren. Bestimmt in Rußland. Utopische Konsequenz: Hatten Raumfahrer in Vorzeiten bereits Kenntnisse, die wir neu gewinnen müssen? Kannte bereits eine fremde Intelligenz die Methoden, mit denen Körper zu behandeln waren, um sie in x-tausend Jahren wieder lebendig machen zu können? Vielleicht hatten die »Götter«, klug wie sie waren, ein Interesse daran, wenigstens einen Toten mit allem Wissen seiner Zeit »aufzubewahren«, damit er dereinst nach der Geschichte seiner Generation befragt werden konnte? Was wissen wir denn schon! Hat nicht möglicherweise eine solche Befragung durch wiedergekehrte »Götter« längst stattgefunden?

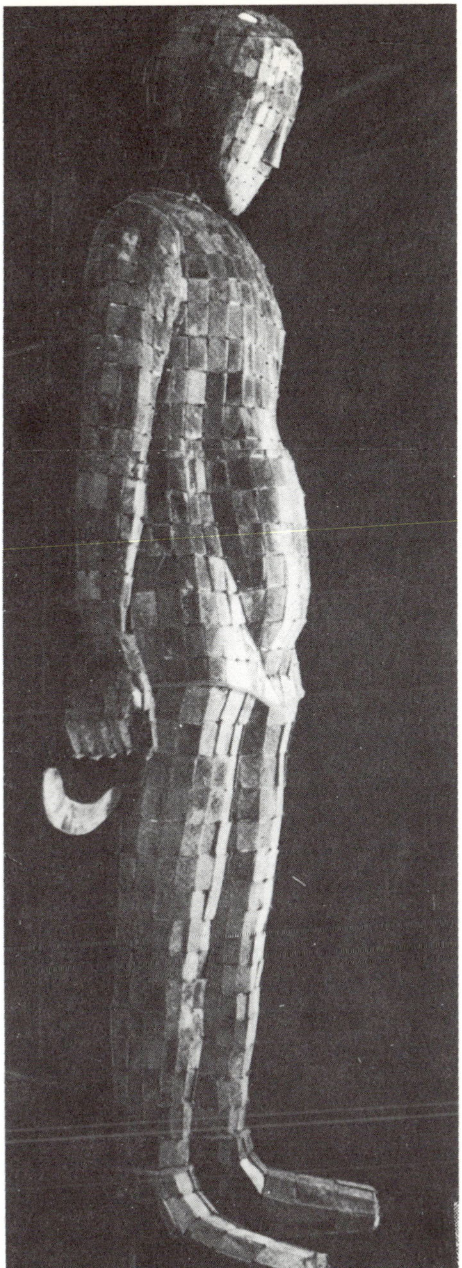

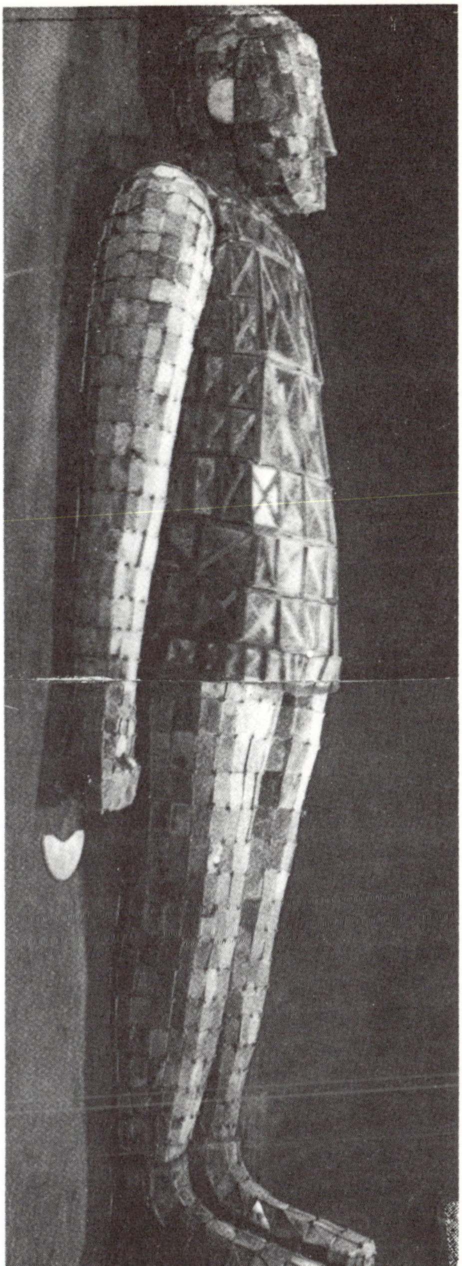

121+122 »Wie Astronauten in Raumanzügen steckten die Mumien eines Prinzenpaares in ihren Totengewändern aus Tausenden von Jadeplatten«, schrieb DIE ZEIT zu diesen vorchristlichen chinesischen Funden

Aus den ersten, ordnungsgemäß präparierten Mumien wurde im Laufe der Jahrhunderte eine Modesache. Plötzlich wollte jeder wiedererweckt werden; plötzlich meinte jedermann, er würde eines Tages zu neuem Leben kommen, wenn er nur das gleiche täte wie seine Vorfahren. Die Hohen Priester, die tatsächlich über ein Wissen von solchen Wiedererweckungen verfügten, trugen kräftig dazu bei, diesen Kult zu fördern, denn ihre Klasse machte ein gutes Geschäft damit.

Wir sprachen bereits von dem physisch unmöglichen Alter der sumerischen Könige oder der biblischen Gestalten. Wir stellten die Frage, ob es sich bei diesen Wesen um Raumfahrer gehandelt haben könnte, die ihr Alter durch die Zeitverschiebung bei interstellaren Flügen knapp unter der Lichtgeschwindigkeit nur relativ zu unserem Planeten verlängerten.

Läßt sich dem undenkbaren Alter der in den Schriften benannten Personen vielleicht auf die Spur kommen, wenn wir annehmen, daß diese Personen mumifiziert oder eingefroren wurden? Folgt man dieser Theorie, dann hätten die fremden Raumfahrer führende Persönlichkeiten des Altertums eingefroren – in künstlichen Tiefschlaf versetzt, wie Legenden berichten – und sie bei späteren Besuchen jeweils wieder aus dem Schubfach geholt, sie aufgetaut und sich mit ihnen unterhalten. Am Ende jedes Besuches wäre es Aufgabe der von den Raumfahrern instruierten und eingesetzten Priesterklasse gewesen, die Lebendig-Toten wieder zu präparieren und erneut in riesigen Tempeln zu behüten, bis eines Tages die »Götter« wiederkehrten.

Unmöglich? Lächerlich? Es sind meistens jene Leute, die sich so außerordentlich naturverbunden fühlen, die die albernsten Einwände vorbringen. Präsentiert die Natur nicht selbst eklatante Beispiele für diesen »Winterschlaf« und die Wiedererweckung?

Es gibt Fischarten, die, zu Stein und Bein gefroren, bei günstiger Temperatur wieder auftauen und quietschvergnügt im Wasser schwimmen. Blumen, Larven und Engerlinge bringen nicht nur einen biologischen Winterschlaf hinter sich – sie zeigen sich überdies im Frühjahr in schönem neuem Kleid.

Seien wir unser eigener advocatus diaboli: haben die

Ägypter die Möglichkeit der Mumifizierung der Natur abgeschaut? Wäre das der Fall, dann müßte es doch wohl einen Kult der Schmetterlinge oder der Maikäfer geben oder wenigstens eine Spur davon. Nichts gibt es in dieser Richtung! Es gibt in unterirdischen Gräbern Riesensarkophage mit mumifizierten Stieren, aber den Stieren können die Ägypter den Winterschlaf nicht abgeschaut haben.

Acht Kilometer von Heluan liegen mehr als 5000 Gräber verschiedener Größe, und alle stammen aus der Zeit der 1. und 2. Dynastie. Diese Gräber beweisen, daß die Kunst der Mumifizierung älter als 6000 Jahre ist.

Mumien für ein neues Leben

1953 entdeckte Professor Emery auf dem archaischen Friedhof von Nord-Sakkara ein großes Grab, das einem Pharao der 1. Dynastie (wahrscheinlich Uadjis) zugeschrieben wird. Außerhalb des Hauptgrabes lagen in drei Reihen 72 weitere Gräber, in denen die Leichen der Dienerschaft lagen, die ihren König in die neue Welt begleiten wollten. An den Körpern der 64 jungen Männer und 8 jungen Frauen ist keine Spur von Gewaltanwendung erkennbar. Warum haben sich diese 72 einmauern und umbringen lassen?

Der Glaube an ein zweites Leben im Jenseits ist die bekannteste und zugleich einfachste Erklärung für dieses Phänomen. Außer Schmuck und Gold gab man dem Pharao auch Getreide, Öl und Spezereien mit ins Grab – offenbar als Proviant fürs Jenseits gemeint. Außer von Grabschändern wurden die Gräber auch von späteren Pharaonen wieder geöffnet. Der Pharao fand dann im Grab eines Vorfahren die Vorräte wohlerhalten vor. Der Tote hatte sie also weder gegessen noch ins Jenseits mitgenommen. Und wenn die Gräber wieder geschlossen wurden, gab man neue Ware in die Gruft, schloß sie einbruchssicher und versiegelte sie mit vielen Fallen. Der Gedanke scheint naheliegend, daß man an eine Wiedererweckung in späterer Zukunft glaubte und nicht an ein sofortiges Wiedererwachen im Jenseits.

Auch in Sakkara wurde im Juni 1954 ein Grab entdeckt, das nicht ausgeraubt war, denn in der Grabkammer lag ein Kasten mit Juwelen und Gold. Der Sarkophag war, anstatt mit einem Deckel, mit einer Schiebeplatte verschließbar. Am 9. Juni öffnete Dr. Goneim den Sarkophag feierlich. Er enthielt nichts, gar nichts. Hat sich die Mumie aus dem Staub gemacht, ohne ihre Schätze mitzunehmen?

Der Russe Rodenko entdeckte 80 Kilometer von der Grenze der Äußeren Mongolei entfernt ein Grab, den sogenannten Kurgan V. Dieses Grab ist ein steinerner Hügel, der inwendig mit Holz verkleidet ist. Alle Grabkammern sind mit ewigem Eis ausgefüllt, wodurch der Grabinhalt unter den Konditionen der Tiefkühlung konserviert wurde. Eines dieser Gräber enthielt einen einbalsamierten Mann und eine gleichermaßen präparierte Frau; beide waren mit allen Dingen versorgt, die sie für ein späteres Leben benötigt hätten: Nahrungsmittel in Schalen, Kleider, Juwelen, Musikinstrumente. All dies tiefgefroren und gut erhalten, einschließlich der nackten Mumien!

Mit den Funden in der Mongolei lassen sich wohl kaum Motive für ein zweites, geistiges Leben begründen. Die in den dortigen Gräbern angewandte Tiefkühlung – denn um eine solche handelt es sich bei den mit Holz ausgeschlagenen und mit Eis gefüllten Gräbern – ist zu diesseitig und zu sehr für irdische Zwecke bestimmt. Warum, und diese Frage bedrängt mich immer wieder, meinten die Alten, daß von ihnen derart präparierte Leichen zu Bedingungen kämen, die eine Wiedererweckung möglich machen sollten. Das ist vorläufig ein Rätsel.

In dem chinesischen Dorf Wu-Chuan existiert ein rechteckiges Grab von 14 mal 12 Metern; darin liegen die Skelette von 17 Männern und 24 Frauen. Auch hier zeigt keines der Skelette Merkmale eines gewaltsamen Todes. – In den Anden gibt es Gletschergräber, in Sibirien Eisgräber, in China und im Raume Sumer und in Ägypten Gruppen- und Einzelgräber. Mumien fanden sich im hohen Norden wie in Südafrika. Und alle Toten waren auf eine Wiedererweckung in späterer Zeit hin sorgfältig vorbereitet und versorgt. Alle Leichen wurden mit dem für ein neues Leben Notwendigen ausgestattet, und alle Gräber waren so angelegt und gebaut, daß sie Jahrtausende überstehen konnten.

Ist alles nur Zufall? Sind das nur Einfälle, seltsame Einfälle allerdings, der Vorfahren? Oder gibt es ein uns unbekanntes, altes Versprechen körperlicher Wiederkehr? Wer kann es gegeben haben?

In Jericho wurden 10 000 Jahre alte Gräber freigelegt, und es wurden 8 000 Jahre alte Köpfe gefunden, die aus Gips modelliert sind. Auch das ist verwunderlich, denn dies Volk kannte angeblich die Fertigkeiten der Töpferei noch gar nicht. In einem andern Teil von Jericho entdeckte man ganze Reihen von runden Häusern: die Mauern sind am oberen Ende einwärts geneigt wie Kuppeldächer.

Das allmächtige Kohlenstoffisotop C-14 liefert hier Daten bis maximal 10 400 Jahre. Diese wissenschaftlich ermittelten Daten stimmen ziemlich genau mit den Daten überein, die die ägyptischen Priester übermittelten. Diese sagten, ihre Priestervorfahren hätten mehr als 11 000 Jahre ihren Dienst versehen.

Auch nur ein Zufall?

Erkläret mir, Graf Oerindur . . .

Einen besonders aparten Fund präsentieren prähistorische Steine in Lussac (Poitou, Frankreich): Zeichnungen von Menschen, die absolut modern gekleidet sind, mit Hüten, Jacken oder kurzen Hosen. Der Abbé Breuil designierte die Zeichnungen als authentisch, und seine Erklärung wirft die ganze mühsam gebündelte Prähistorie über den Haufen. Wer hat denn die Steine graviert? Wessen Phantasie reicht aus, sich einen mit Fellen bekleideten Höhlenbewohner vorzustellen, der Figuren des 20. Jahrhunderts an die Wände zeichnet?

In der Höhle von Lascaux in Südfrankreich wurden 1940 die großartigsten steinzeitlichen Malereien gefunden. Diese Gemäldegalerie prangt uns so frisch und plastisch und unversehrt entgegen, daß sich zwei Fragen unausweichlich aufdrängen: Wie wurde diese Höhle während der mühsamen Arbeit des steinzeitlichen Künstlers beleuchtet und warum wurden die Höhlenwände überhaupt mit diesen erstaunlichen Malereien versehen?

Leute, die diese Fragen für stupide halten, mögen mir dann diese Widersprüche erklären: Entweder waren die steinzeitlichen Höhlenbewohner primitiv wild, dann konnten sie nicht an Höhlenwänden die erstaunlichsten Gemälde produzieren. War der Wilde aber fähig, diese Gemälde anzufertigen, warum soll er dann nicht in der Lage gewesen sein, sich Wohnhütten als Unterschlupf zu bauen? Klügste Menschen gestehen dem Tier seit Jahrmillionen die

Fähigkeit zu, sich Nester und Unterschlupfe zu bauen. Es paßt aber offenbar nicht in das Denksystem, zu jener Zeit dem homo sapiens die gleiche Fertigkeit einzuräumen!

In der Wüste Gobi fand Professor Koslov tief unter den Ruinen von Khara-Khota ein Grab, das man auf etwa 12 000 Jahre vor Christus zurückschreibt. In einem Sarkophag liegen die Körper zweier reicher Menschen, und auf dem Sarkophag entdeckte man das Zeichen eines vertikal getrennten Kreises.

In den Subisbergen an der Westküste von Borneo wurde ein Netz kathedralenartig ausgebauter Höhlen gefunden; in den Höhlen deuten Kulturrückstände auf eine Bauzeit um 38 000 vor Christus hin. Unter diesen ungeheuerlichen Funden gibt es Gewebe von einer Reinheit und Zartheit, daß man sich bei bestem Willen nicht ausdenken kann, wie Wilde so etwas fertigbrachten! Fragen, Fragen, Fragen . . .

Das sind keine Spekulationen, diese Dinge sind in Fülle vorhanden: Höhlen, Gräber, Sarkophage, Mumien, alte Landkarten, verrückte Bauten immenser architektonischer und technischer Leistungen, Überlieferungen verschiedenster Provenienz, die in kein – erlaubtes – Schema passen wollen.

Die Pyramide von Cholula

Wenn ich auch betone, daß es nicht meine Absicht ist, die gelehrte Menschheitsgeschichte der letzten zweitausend Jahre in Frage zu stellen, glaube ich doch, daß griechische und römische Götter und auch die meisten Sagen- und Legendengestalten vom Atem einer sehr fernen realen Vergangenheit umgeben sind. Seit es Menschen gibt, leben uralte Überlieferungen in den Völkern fort. Auch modernere Kulturen liefern uns Indizien, die in die graue, unbekannte Vergangenheit deuten.

Ruinen in den Dschungeln von Guatemala und Yukatan halten jeden Vergleich mit den ägyptischen Kolossalbauten aus. Die Grundfläche der Pyramide von Cholula – hundert Kilometer südlich der Hauptstadt Mexikos – ist größer als jene der Cheopspyramide. – 50 Kilometer nördlich von Mexiko bedeckt das Pyramidenfeld von Teotihucan eine Fläche von fast 20 Quadratkilometern, und ALLE freigelegten Bauwerke sind nach den Sternen ausgerichtet. Der älteste Text über Teotihucan berichtet uns, daß hier die

123 Rekonstruktion der Pyramide von Cholula – Anthropologisches Museum, Mexiko City

124 So sieht die Pyramide heute aus

Götter zusammenkamen und über den Menschen Rat hielten, noch ehe es den homo sapiens überhaupt gab!

Heute ist bewiesen, daß alle Bauwerke in Chichén Itza, Tikal, Copan oder Palenque nach dem fabelhaften Kalender der Mayas ausgerichtet sind. Man baute eine Pyramide nicht, weil man sie brauchte, man baute Tempel nicht, weil man sie benötigte. Man baute Pyramiden und Tempel, weil der Kalender verlangte, alle 52 Jahre eine festgelegte Zahl von Stufen eines Bauwerks zu vollenden. Jeder Stein hat seinen Bezug zum Kalender, jedes vollendete Bauwerk ist astronomisch exakt ausgerichtet. Stolze Bauwerke, stolze Städte . . .

Wo sind die Mayas geblieben?

Was etwa 600 nach Christus geschah, ist platterdings unbegreiflich! Ein ganzes Volk verließ plötzlich und ohne Grund seine mühevoll und solide erbauten Städte mit den reichen Tempeln, kunstvollen Pyramiden, von Statuen eingesäumten Plätzen und den großzügigen Stadien. Der Dschungel fraß sich durch die Bauten und Straßen, zerbrach das Mauerwerk und produzierte eine ungeheure Ruinenlandschaft. Kein Einwohner kehrte je an die Orte zurück.

Man übertrage einmal dies Ereignis, diese enorme Völkerwanderung, auf das alte Ägypten: generationenlang baute man nach den Daten eines Kalenders Tempel, Pyramiden, Städte, Wasserspeicher und Straßen; wunderbare Skulpturen wurden mit primitiven Werkzeugen mühevoll aus Stein gehauen und an den Prunkbauten angebracht; als diese Arbeit von mehr als einem Jahrtausend beendet war, verließ man seinen Wohnort und zog in den unwirtlichen Norden. Ein solcher Vorgang, etwas näher an uns begreifbare Zeitläufe herangeholt, scheint undenkbar weil unsinnig.

Je unverständlicher ein Vorgang ist, um so zahlreicher aber sind Deutungsversuche und vage Erklärungen. Da bot sich zuerst die Version an, die Mayas könnten von fremden Eindringlingen vertrieben worden sein. Wer aber wäre den Mayas, die auf dem Höhepunkt ihrer Zivilisation und Kultur standen, gewachsen gewesen? Nirgends fand sich irgendeine Spur, die auf eine kriegerische Auseinandersetzung schließen lassen könnte. – Durchaus erwägenswert ist der Gedanke, daß ein starker Klimaumschwung die Völkerwanderung ausgelöst haben könnte. Auch diese Lesart findet keine Belege. Wie sollte sie auch, da der Weg der Mayas von dem Raum des Alten bis zu den Grenzen des Neuen Reiches nur runde 350 Kilometer Luftlinie mißt – eine Distanz, die für die Flucht vor einem katastrophalen Klimaumschwung nicht ausgereicht hätte. – Auch die Deutung, eine verheerende Epidemie hätte die Mayas in Bewegung gesetzt, verlangt eine ernsthafte Prüfung. Außer, daß diese Deutung als eine unter vielen angeboten wurde, hat sie nicht den geringsten Beweis für sich. – Gab es einen Streit der Generationen? Hat sich die junge gegen die alte aufgelehnt? Gab es einen Bürgerkrieg, eine Revolution? Stimmt man einer dieser Möglichkeiten zu, dann wäre evident, daß nur ein TEIL der Bevölkerung, nämlich der unterlegene, das Land verlassen hätte und der siegreiche an den alten Orten geblieben wäre. Untersuchungen an den Ausgrabungsstätten brachten nicht EINEN Hinweis, daß auch nur EIN Maya zurückgeblieben wäre! Das GANZE Volk wanderte plötzlich aus, es ließ seine Heiligtümer unbewacht im Dschungel zurück.

Ins Konzert der vielen Meinungen möchte ich eine neue Stimme bringen, eine These, die ebensowenig bewiesen ist, wie die anderen Deutungen bis heute keine Fakten für sich sprechen lassen können. So viel an Wahrscheinlichkeit, wie sie die anderen Erklärungen in sich haben, mute ich kühnerweise und überzeugtermaßen auch meinem Angebot zu:

Mayas auf meiner Spur

Die Vorfahren der Mayas hatten irgendwann zu einer sehr frühen Zeit den Besuch von »Göttern« (in denen wir Raumfahrer vermuten). Da eine Reihe von Indizien die Annahme stützen, sind vielleicht die Vorfahren der amerikanischen Kulturvölker aus dem alten Orient eingewandert. In der Welt der Mayas gab es aber streng gehütete, heilige Überlieferungen der Astronomie, der Mathematik und des Kalenders! Da die »Götter« ihr Wort gegeben hatten, eines Tages wiederzukommen, hüteten die Priester das überkommene Wissen: sie schufen eine neue, großartige Religion, die Religion des Kukulkan, der »Fliegenden Schlange«.

Der priesterlichen Überlieferung zufolge, wollten die

»Götter« zu dem Zeitpunkt wieder vom Himmel kommen, an dem die großen Bauwerke nach den Gesetzen des Kalenderzyklus fertiggestellt waren. Also spornten die Priester das Volk an, Tempel und Pyramiden nach diesem heiligen Rhythmus zu vollenden, weil das Jahr der Vollendung ein Freudenjahr werden sollte. Der Gott Kukulkan würde dann von den Sternen kommen, die Bauten in seinen Besitz nehmen und fortan wieder unter den Menschen leben.

Das Werk war vollendet, das Jahr der Wiederkehr des Gottes gekommen – doch nichts geschah! Das Volk sang, betete und wartete ein ganzes Jahr lang. Sklaven und Schmuck, Mais und Öl wurden erfolglos geopfert. Aber der Himmel blieb stumm und ohne Zeichen. Kein Himmelswagen erschien, man vernahm weder Rauschen noch fernes Donnern. Nichts, gar nichts geschah.

Geben wir dieser Hypothese eine Chance, dann muß die Enttäuschung der Priester und des Volkes fürchterlich gewesen sein: die Arbeit von Jahrhunderten war umsonst getan. Zweifel wurden wach. Steckte ein Fehler in den Berechnungen des Kalenders? Würden die »Götter« an einem anderen Ort herniederkommen? War man einem schrecklichen Irrtum erlegen?

Wir müssen wissen, daß das mystische Jahr der Mayas, in dem der Kalender begann, auf das Jahr 5 111 vor Christus zurückgeht. Beweise dafür liegen in den Schriften der Mayas vor. Akzeptiert man dieses Datum als erwiesen, dann lag nur eine Spanne von wenigen hundert Jahren bis zum Beginn der ägyptischen Kultur dazwischen. Dies legendäre Alter scheint echt zu sein, weil der so präzise Maya-Kalender es wiederholt feststellt. Ist dem so, dann machen mich nicht nur der Kalender und nicht nur die Völkerwanderung skeptisch.

Maya-Kalender, eine steinerne Treppe

Warum – setzen wir die Sequenz bisher unbeantworteter Fragen fort – bauten die Mayas ihre ältesten Städte im Dschungel, warum nicht an einem Fluß, warum nicht am Meer? Tikal beispielsweise liegt 175 Kilometer Luftlinie vom Golf von Honduras, 260 Kilometer nordwestlich der Bay von Campeche und 380 Luftkilometer nördlich des Pazifischen Ozeans. Den Mayas war der Umgang mit dem

125 Maya-Pyramide von Chichén Itza

126 Gesamtbild über Chichén Itza – im Vordergrund das Observatorium

Meer fraglos vertraut, erwiesen aus der gefundenen Fülle von Gegenständen, die aus den Korallen, Muscheln und Krustentieren gefertigt wurden. Warum also die »Flucht« in den Dschungel? Warum baute man Wasserreservoire, wenn man nahe beim Wasser hätte siedeln können? Allein in Tikal gibt es 13 Wasserspeicher mit einem Fassungsvermögen von 154 310 Kubikmetern. Warum mußte unbedingt hier und nicht an einem »logischer« gelegenen Ort gelebt, gebaut, gearbeitet werden?

Im Norden gründeten die enttäuschten Mayas nach ihrem großen Treck ein neues Reich. Und wieder entstanden nach den vorbestimmten Daten des Kalenders, Städte, Tempel und Pyramiden. Um eine Vorstellung von der Genauigkeit des Maya-Kalenders zu vermitteln, seien hier die Zeitperioden notiert:

20 kins	= 1 uinal oder 20 Tage
18 uinals	= 1 tun oder 360 Tage
20 tuns	= 1 katun oder 7200 Tage
20 katuns	= 1 baktun oder 144 000 Tage
20 baktuns	= 1 pictun oder 21 880 000 Tage
20 pictuns	= 1 calabtun oder 571 600 000 Tage
20 calabtuns	= 1 kinchiltun oder 121 521 000 000 Tage
20 kinchiltuns	= 1 alautun oder 232 040 000 000 Tage

Aber nicht nur die steingewordenen Treppen aus Kalenderdaten ragen über das grüne Dach des Dschungels – es wurden auch Observatorien errichtet!

Pyramiden und Observatorien

Das Observatorium von Chichén ist der erste und älteste Rundbau der Mayas. Selbst heute noch wirkt das restaurierte Bauwerk wie ein modernes Observatorium. Auf drei Terrassen erhebt sich der Rundbau weithin über den Dschungel; im Innern führt eine Wendeltreppe zum obersten Ausguck; in der Kuppel sind Luken und Öffnungen nach den Sternen ausgerichtet, so daß sich nachts ein eindrucksvolles Bild des gestirnten Himmels darbietet. Die Außenwände tragen Masken des Regengottes . . . und die Darstellung einer menschlichen Figur mit Flügeln.

Freilich ist das Interesse der Mayas an der Astronomie keine ausreichende Motivation für unsere Hypothese einer Korrespondenz mit Intelligenzen auf fremden Planeten. Die Fülle bisher unbeantworteter Fragen ist verwirrend: Woher kannten die Mays Uranus und Neptun? . . . warum sind die Ausgucke im Observatorium von Chichén nicht auf die hellsten Sterne ausgerichtet . . . was besagt die Steinzeichnung des raketenfahrenden Gottes in Palenque? . . . was für einen Sinn hatte der Maya-Kalender mit seinen Berechnungen für 400 Millionen Jahre? . . . woher nahmen sie die Kenntnisse für Berechnungen des Sonnen- und Venusjahres bis auf vier Kommastellen? . . . wer vermittelte die unfaßlichen astronomischen Kenntnisse? – Ist jedes Faktum für sich ein zufälliges Produkt des Maya-Geistes oder steckt hinter jedem Faktum und erst recht hinter allen Fakten vereint viel mehr, vielleicht eine grundstürzende Botschaft für eine von damals aus betrachtet fernste Zukunft?

Geben wir alle Tatsachen in ein Sieb und trennen großzügig die Spreu vom Weizen, dann bleiben so erschreckend viele Ungereimtheiten, so viele »Unmöglichkeiten« übrig, daß die Forschung eine rapide Initialzündung für große, neue Anstrengungen, die Vielzahl der Rätsel wenigstens teilweise zu lösen, bekommen müßte. Denn in unserer Zeit sollte sich die Forschung nicht mehr mit sogenannten »Unmöglichkeiten« zufrieden geben.

Ausnahmsweise keine Erklärung

Der Urmensch suchte die Götter stets auf den Bergen. Dort oben wollte er ihnen nahe sein, dort wollte er sie beobachten, ihre Ankunft erleben, ihr Verschwinden im Himmel registrieren. Gab es im flachen Land keine Berge, bauten sich unsere Vorfahren künstliche Berge. Was ist denn der Turm von Babylon anderes als ein Beobachtungsposten!? Sind nicht auch die Pyramiden Treppen, die näher an die Götter heranführen?

Ein Rätsel besonderer Art gibt die Pyramide bei Santa Cruz in Bolivien auf. Es handelt sich um einen ziemlich symmetrischen, wahrscheinlich künstlichen Berg. Von unten nach oben verlaufen in diesem Berg zwei Linien wie Abschußrampen, die in lichter Höhe jäh enden.

Die Indianer im Tal erzählen sich Legenden, die davon berichten, daß auf diesen beiden Linien ihre Götter mit »feurigen Pferden« zum Himmel aufgestiegen wären.

Eine archäologische Erklärung liegt hier ausnahmsweise nicht vor.

XII
AUF DEN SPUREN DER GÖTTER IN NEUSEELAND, POLYNESIEN, AUSTRALIEN, NORDAMERIKA, BRASILIEN, RUSSLAND, CHINA, PERU, CHILE UND EUROPA

Die Sage von König Kupe

Die intelligenten und kunstfertigen Ureinwohner Neuseelands, die Maori, kennen eine Sage, die zum Nachdenken anregt.

Danach gab es in frühen Zeiten den König Kupe, der in Begleitung zweier Töchter und zweier Vögel offenbar eine Art von wissenschaftlicher Expedition unternommen hat. Kupe entdeckte die Ostküste Neuseelands, ging an Land und schickte die beiden Vögel zur Erkundung aus. Der eine Vogel bekam den Auftrag, das Gefälle der Flüsse und die Meeresströmungen zu messen – der andere mußte Beeren und Pflanzen auf ihre Genießbarkeit hin analysieren. Der erste Vogel brach sich beim Messen eines Wasserfalls die Flügel – lahm, wie er war, konnte er nicht mehr fliegen. Der zweite Vogel, berichtet die Maori-Sage, habe eine so köstliche Beerenart gefunden, daß er es vorzog, den Rest seines Lebens im Wald zu verbringen: Kupe sah ihn nicht wieder. Deshalb, heißt es, habe König Kupe mit seinen Töchtern nicht in die Heimat zurückkehren können.

Warum eigentlich nicht?

Der König besaß doch noch sein Kanu, mit dem er die Expedition antrat. Beide Töchter, mutmaßlich sportive junge Damen, waren bei ihm. Trotzdem war die Heimreise nicht möglich. Brauchte er die klugen Vögel – die der Sage nach erheblich mehr konnten als Fliegen – zur Navigation?

Wie Neuseeland entstanden sein soll

Die Merkwürdigkeit dieser Sage wird von der ältesten Maori-Legende weit übertroffen, behauptet sie doch, Neuseeland sei von dem Gott Maaui aus den Fluten des Meeres gefischt worden!

Maaui habe, so die Legende, einen Fisch an der Angel gehabt, der Fisch habe wild gezappelt und um sich gebissen, da sei der Gott wütend geworden, habe den Fisch zerschnitten, zerhackt . . . und darum sei Neuseeland derart zerstückelt.

Heute noch bezeichnen Maoris, wie es ihre Vorfahren in der Legende überlieferten, die Nordinsel – Te Ika-a-Maaui – als den Fisch des Maaui, während die Südinsel (Stewart Island) ihnen als das Boot Gottes erschien. Die Mahia-Halbinsel – Te Matau-Maaui – ist der Angelhaken, das Wellington-Gebiet – Te Upoko-o-Te-Ika – der Kopf, die Nord-Auckland-Halbinsel – Te Hiku-o-Te-Ika – der Schwanz des Fisches.

Das ist eine nachdenkenswerte Geschichte. Als der Gott Maaui Land angelte, gab es noch keine Landkarten. Der Blick in einen Atlas aber bestätigt, wie genau diese Legende die Formen Neuseelands umreißt: da ist der rochenartige Fisch zu sehen, mit seinem geöffneten Maul im Süden, dem langen Schwanz im Norden, mit einer Seitenflosse am Angelhaken.

Die Legenden vom starken, streitsüchtigen Maaui sind von Insel zu Insel verschieden, immer aber erscheint er als Gestalt von unmenschlicher Kraft . . . und stets als der »Land-Fischer«.

Seit Menschengedenken sind die Polynesier selbst Fischer, sie haben »Meeresfrüchte« aller Art im Netz oder an der Angel gehabt, ganz gewiß haben sie auch in bombastischem Angler-Latein manche Schollen zu Haifischgröße aufgeplustert. Sie wußten aber zu allen Zeiten, daß man Land nicht angeln oder fischen konnte. Dennoch behaupten die Legenden auf allen Inseln: der Gott Maaui war der »Land-Fischer«.

Mit verwegenem Simsalabim machen wir aus dem Gott Maaui den mutigen Charles Lindbergh, der am 20. und 21. Mai 1927 in 33 Stunden die rund 6 000 km von New York nach Paris flog! Allein in der windigen einmotorigen Maschine, sah er unter sich nur Wasser, Wasser, Wasser.

Einundeinhalb Tage allein hoch über dem Wasser – ein Alptraum! Lindbergh sah tief unter sich einen dunklen Fleck, einen Punkt. Ein großer Fisch? Eine kleine Insel? Ein Schwarm Fische? Eine Inselgruppe? Langsam ging er mit dem Flugzeug in geringere Höhen, er erkannte die dunklen Flecke im Atlantik, es waren Inseln. Die Spannung des einsamen Fliegers löste sich: er hatte ein Fleckchen Land »gefischt«.

Sehr lustig, wird man mir sagen, aber die Polynesier in grauer Vorzeit haben doch die Kunst des Fliegens nicht beherrscht.

Ich bin der Überzeugung, daß die Urpolynesier mit an Sicherheit grenzender Wahrscheinlichkeit fliegen konnten.

Maskerade

Wer nicht mit sterilem Starrsinn vor allen Zeugnissen der Urgeschichte behauptet, es handle sich – nach Bedarf – jeweils um »Kulturmasken«, »Ritualkleider« oder »Ritualrequisiten« – wer fähig ist, mit heutigem Blick die Funde auf den polynesischen Inseln (und anderswo) zu interpretieren, der wird unschwer in den angeblichen Masken schlecht kopierte Einmann-Fluggeräte erkennen: die »Maske« wurde von oben her über den Kopf gestülpt, die herunterklappbaren (!) Flachhölzer waren nichts anderes als Flügel, man sieht die Löcher zum Einschlüpfen an den unteren Enden. Selbst die Arm- und Beinstützen, ja, das komplette Korsett, in das sich die Flieger zwängen mußten, sind über Jahrtausende den polynesischen Folklore-Künstlern eine Erinnerung geblieben. Freilich wußten und wissen sie längst nicht mehr, weshalb sie ihre Götter und Könige mit so komplizierten Apparaturen schmücken und ausstatten: fliegen kann damit seit Ewigkeiten kein Mensch mehr. In Urzeiten aber, nämlich damals, als Maaui die Insel »fischte«, konnten Spezialisten des Volkes mit diesen Apparaturen fliegen! Im Bishop-Museum in Honolulu stehen viele lange Gänge voll mit solchen Flugapparaten. Im Museum in Auckland reihen sich ähnliche Maschinen in großer Zahl aneinander. Diese, zugegeben, schlechten Kopien frühester Flugapparate werden denn auch prompt an allen Fundorten und in allen Museen, über einen Kamm geschoren, als »Ritualgeräte« deklariert.

Die vierflügeligen Wesen in Assur waren Ritualwesen.

Töpfereien, die technische Zeichnungen von Scheiben- und Kugelornamenten zeigen, waren Ritualgegenstände.

Der Raumfahrer auf der Grabplatte von Palenque war ein Indianer in ritueller Pose.

Die technisch anmutenden Geräte in den Händen der Statuen von Tula waren Ritualgegenstände.

Die deutlich erkennbaren Tornister und Schläuche (Versorgungssysteme) auf den Rücken der Maya-Priester waren rituelles Zubehör.

Und so werden denn freilich auch die Bastgestelle auf den polynesischen Inseln zu Ritualmasken.

Bei soviel Torheit fällt mir der Titel des Romans von Moscheh Y. Ben-Gavriel ein: »Kamele trinken auch aus trüben Brunnen«.

Die Polynesier haben nicht selbst den Schlüssel zur Kunst des Fliegens gefunden. Sie hatten Lehrmeister, die vor heute noch unbekannten Zeiten auf der Erde weilten; aber aus einer weit fortgeschrittenen Zivilisation kommend, waren technische Spielereien für sie, nehme ich an, ein

127 Das zeitgenössische Gegenstück zum Fluggerät der Südseeinsulaner: Rocket-Belts, wie sie von Amerikanern und Russen für Einmann-Kommandos verwendet werden. Unsere Kinder, die aus Holz und Stroh so ein Rocket-Belt basteln, schaffen also eine Ritualmaske!

Freizeithobby, und eine Erfindung waren die Rocket-Belts. Amerikaner und Russen setzen diese Einmann-Flugapparate, anfänglich für die Raumfahrt konstruiert, ein, um Einzelkommandos über Flüsse und Hügel ans Ziel zu bringen. Auch Einmann-Helikopter sind längst keine Hexerei mehr: Rotorenblätter werden mit dem Motor im Huckepackverfahren montiert, auf der Brust liegt ein Kästchen mit dem Bedienungsaggregat. Läßt man ein Kind so einen seltsamen Flieger, den es im Fernsehen beobachtete, aus Holz und Stroh basteln, kommt bestimmt eine »Ritualmaske« dabei heraus. Das Kind sieht darin »seinen« Flieger.

Nun ginge es selbst über das mir erlaubte Maß an Kühnheit hinaus zu behaupten, die frühesten Vorfahren der Polynesier hätten Lehrmeister von einer fremden, technisch fortgeschrittenen Zivilisation aus dem Kosmos gehabt ... wenn nicht die Legenden der Südseevölker genau das tun würden.

Südsee-Legenden

John White hat in seiner »Ancient History of the Maori«, New Zealand, 1887, mit Akribie Südsee-Legenden zusammengetragen. Als er 1880 seine Arbeit begann, wurden ihm viele vorzeitliche Geschichten noch aus erster Hand, von Priestern, berichtet. Schon die Themen des ersten Bandes deuten an, wo der Ursprung der Frühgeschichte zu suchen ist:

Stammbaum der Götter
Schöpfungsgeschichte
Krieg im Weltall
Schöpfung von Mann und Weib
Sintflut und Berichte über die Arche
Ehen zwischen Göttern und Menschen
Reisen zwischen der Erde und anderen Sternen
Nahrung, die vom Himmel fiel

Rongamai

Die Rongamai-Legende berichtet von Stammeskriegen. In Gefahr, überrannt zu werden, suchte der Stamm der Nga-Ti-Hau Schutz in einem befestigten Dorf. Als ihnen auch dort der übermächtige Gegner nachstellte, erbaten die Nga-Ti-Hau-Krieger Hilfe des Gottes Rongamai. Als die Sonne im Zenith stand, erschien der Gott:

»Seine Erscheinung war
wie ein leuchtender Stern,
wie eine Feuerflamme,
wie eine Sonne.«

Rongamai flog über den Dorfplatz und ließ sich fallen:

»Die Erde wurde aufgewühlt,
Staubwolken verhüllten den Blick,
der Lärm dröhnte wie Donner,
dann wie das Rauschen in einer Muschel.«

Die Stammeskrieger schöpften durch diesen Machtbeweis des Gottes neuen Mut und überrannten den verblüfften Gegner.

Tawhaki

In der Tawhaki-Legende steigt die Jungfrau Hapai vom siebenten Himmel auf die Erde herab, um dort die Nächte mit einem »schönen Menschen« zu verbringen. Dieser auserwählte Mensch weiß nichts von der Herkunft der Jungfrau; erst als sie von ihm geschwängert war, gab sie die »Wahrheit« preis: sie kam von einer fernen, ihm unbekannten Welt, wo sie den Rang einer Göttin hatte. Nun freilich keine Jungfrau mehr, bringt sie eine Tochter zur Welt und kehrt nach der Geburt ins Weltall zurück.

Die Vielfalt der Hilfsmittel, mit denen die geheimnisumwitterten Wesen ins Weltall zurückkehrten, ist verwirrend. Mal werden endlose Leitern benutzt, um auf Nimmerwiedersehen zu verschwinden, mal sind Türme vorhanden, die dem Start dienen, mal sind Spinnweben oder Weinranken kräftig genug, den Himmelwärtsreisenden einen Absprung zu bieten, aber sie lassen sich auch oftmals von Vögeln, vorzugsweise Drachen, tragen oder entern sich an Seilen ins Unendliche. Mögen die Startvarianten noch so unterschiedlich sein, ist vor jedem Aufstieg ein altes Weib da . . . das, am Boden hockend, Kartoffeln zählt! Es warnt die Wesen vor »Winden, die erdwärts blasen«, und dann wirft es Kartoffeln, eine nach der anderen ins Feuer, neun, acht, sieben, sechs, fünf . . . Das alte Weib veranstaltet wohl, wie im Space-Center, einen regelrechten Count-down.

Was polynesische Fischer erzählen

In der Polynesian Mythology, Wellington, New Zealand, o. J., steht eine Legende, die sich die polynesischen Fischer erzählten:

Der Krieger Uenuku ging am Rande eines Sees, als er in klarer Luft eine Nebelsäule am Strand schweben sah. Er nahm all seinen Mut zusammen und näherte sich der Erscheinung: er sah zwei bildhübsche Mädchen, die vom Himmel herabgestiegen waren, um im See zu baden. Von einer unbezwingbaren Kraft getrieben, ging er auf die Mädchen zu und begrüßte sie ehrfurchtsvoll. Entzückt von dem Anblick, bat er ein Mädchen, mit in sein Haus zu kommen, um seine Frau zu werden. Die Schöne antwortete:

»Ich liebe diese Welt.
Sie ist nicht kalt und leer wie
der hohe Raum dort oben.«

Merkwürdig, daß schlichte polynesische Fischer in der Legende etwas von einem kalten, leeren, hohen Raum »dort oben« zu berichten wissen, Land und Meer waren ihnen vertraut, aber . . . der hohe Raum dort oben?

Die gleiche Quelle überliefert einen geradezu grotesken legendären Bericht:

Rupe, der auch unter dem Namen Maui Mua auftritt, brach auf, um seine Schwester Hinaura zu suchen. Da er sie nicht finden konnte, holte er den Rat seines Vorfahren Rehua ein, der in dem Himmel an einem Ort, der sich Te Putahi Hui-o-Rehua nannte, lebte.

Rehua gürtete und maskierte sich und stieg zu den Himmeln auf.

Er gelangte an einen Ort, wo Menschen wohnten. Er fragte:

»Sind die Himmel über diesem Himmel bewohnt?«

»Ja, sie sind bewohnt«, antwortete man.

»Kann ich zu diesem Himmel gelangen?« fragte er.

»Nein, du wirst sie nicht erreichen können, da diese Himmel von Tane erbaut sind.«

Rupe kämpfte sich in den zweiten Himmel durch, und er fand wieder Menschen, die er neuerlich fragte:

»Sind die Himmel über diesem Himmel bewohnt?«

»Ja, aber du wirst sie nicht erreichen können, da sie von Tane erbaut wurden.«

Nochmals kämpfte sich Rupe aufwärts und findet wieder einen Ort, der bewohnt ist.

»Sind die Himmel über diesem Himmel bewohnt?«

»Ja, aber du wirst sie nicht erreichen, denn deine MASKE ist nicht von Tane.«

Rupe gibt nicht auf, mühsam und mit letzter Kraft erreicht er den zehnten Himmel, wo er Rehua (auch: Hinaura) fand.

Über diesen allmächtigen Tane weiß The Ancient History of the Maori, daß er der Gott der Wälder und der Tiere war.

In einer Legende wird erzählt, daß er das erste Weib erschuf und in einer anderen, daß Tane nach dem zweiten großen Krieg in den Himmeln die aufständischen Götter zwang, auf andere Welten in der Dunkelheit herniederzugehen, um für alle Ewigkeit in Zweifel zu leben. Tane stattete die in der Himmelsschlacht Besiegten mit all seinen Kenntnissen und Fertigkeiten für den Flug in die Verdammnis aus.

Muß man diesen Klartext noch erläutern? Muß man darauf hinweisen, daß für einen Flug ins Weltall Geräte und »Masken« notwendig sind? Muß man einer Generation, die alle Stadien der Mondflüge live durch Television miterlebte, sagen, daß ein Himmel nach dem anderen zu erobern ist? Daß dafür enorme Kenntnisse – ob NASA oder Tane – Voraussetzung sind?

Lebewesen aus Arqa

Ich möchte noch mal an das Hauptwerk der Kabbala, das Buch Sohar erinnern, in dem die Reportage des Rabbiners Simon Bar Jochai das Gespräch zwischen einem Erdenbürger und einem Gestrandeten aus der Welt Arqa festhält. Flüchtlinge, die eine Erdenkatastrophe überlebten, begegnen unter Führung des Rabbi Yossé einem Fremden, der plötzlich aus einer Felsspalte tritt. Yossé fragt den Fremden, von wo er komme. Der Fremde antwortet:

»Ich bin ein Bewohner Arqas.«

Der überraschte Rabbi erkundigt sich:

»Es gibt also Lebewesen auf Arqa?«

Der Fremde antwortet:

»Ja, als ich euch kommen sah, bin ich aus der Höhle gestiegen, um den Namen der Welt zu erfahren, auf der ich angekommen bin.«

Und er erzählte, daß in »seiner« Welt die Jahreszeiten anders wären als in »ihrem« Land, daß Saat und Ernte sich dort erst nach mehreren Jahren erneuern würden und daß die Bewohner von Arqa alle Welten besuchen und alle Sprachen sprechen.

Die Kabbala weiß von sieben verschiedenen Welten, aber auch, daß nur Arqa Sendboten auf die Erde delegierte.

Solche direkten, eindeutigen Hinweise auf andere Welten – andere Planeten stehen in den Legenden, ich kann es nicht ändern. Immer brav, immer mit den alten Exegesen, die zu nichts geführt haben, werden sie interpretiert. Ja, sagen die Exegeten, solche Legenden kann man nicht enträtseln, wenn man sich nicht in die Denkweisen der Vorvorderen versetzt. Tun sie das denn? Sie GLAUBEN, es zu tun. In Wirklichkeit läßt sich die Vorstellungswelt vorzeitlicher, zum Teil spurlos verschwundener Völker überhaupt nicht nachempfinden, man kann nur annehmen, so oder so MÜSSTEN sie wohl gedacht haben. Es ist eine Unterstellung. Jede Legendenbedeutung bleibt in der Denkweise der jeweiligen Gegenwart befangen und gefangen, aber auch das nur mit Einschränkungen: Die Scheuklappen fallen herunter, sobald subjektive Deutungen mit den Kenntnissen des Raumzeitalters versucht werden. Das aber darf nicht sein.

Weil es in der Frühgeschichte keine Fliegerei gab, kann es auch keinen Kontakt mit anderen Planeten gegeben haben. Basta. Wie aber zieht man sich wie der weiland so unternehmungslustige Freiherr von Münchhausen an den eigenen Haaren aus dem Sumpf des Unerklärbaren?

Man bemüht die Psychologie: es waren Wunschvorstellungen aus dem Unbewußten. Selbst mein Landsmann Carl Gustav Jung (1875–1961) muß mit seiner Lehre von der psychischen Energie, mit seiner Theorie von den Individuationen, vor allem aber mit seiner Philosophie vom Archetypus mit den urtümlichen, angeborenen Verhaltensweisen und Bildern herhalten. Die Welt ist wieder in Ordnung.

»Der Mensch hatte stets das Bedürfnis, es den Vögeln gleich zu tun.« Angeborene Verhaltensweisen? Urtümliche Bilder? Ich habe nichts gegen den Wunsch fliegen zu können, ich fliege selbst sehr gerne. Sollen doch unsere Urvorderen die gleiche Sehnsucht gehabt haben. Bitte. Gab ihnen denn das Unbewußte ganz konkrete Vorstellungen von Flugapparaten, ließ es sie präzise Angaben über nie gesehene Welten machen?

Unsere Mythen- und Legendenforschung wie die Deutungen der Archäologie sind – soweit sie die Prähistorie betreffen – im Käfig vorgefaßter Ansichten eingesperrt.

Die Wissenschaft, heißt es, könne phantastische Lösungen nicht akzeptieren, weil diese keinen empirischen, keinen belegbaren Unterbau hätten. Nun muten aber die »seriösen« Resultate von Tag zu Tag phantastischer an, während zu gleicher Zeit die verketzerten Phantasien einen realen Hintergrund bekommen. Drei Prämissen sind die Grundlage aller Forschung: Freiheit des Denkens – Gabe der Beobachtung – Sinn für Zusammenhänge. Ihrer darf sich auch der Laienforscher bedienen.

Fliegen wir noch einmal zurück in die Südsee!

Ein Maori-Gebet

Da geistert durch maorische Legenden der Gott Pourangahua, der von seinem legendären Sitz Hawaiki auf einem magischen Vogel nach Neuseeland flog. Hawaiki ist ein zusammengesetztes, aus dem Altindischen stammendes Wort und sinngemäß mit »von der Milchstraße« übersetzbar. Diesem Pourangahua wird das älteste Maori-Gebet zugeschrieben:

»Ich komme,
und eine unbekannte Erde
liegt unter meinen Füßen.
Ich komme,
und ein neuer Himmel dreht über mir.
Ich komme
auf diese Erde und sie ist
ein friedlicher Rastplatz
für mich.
O Geist des Planeten!
Bescheiden offenbart Dir der Fremde
sein Herz als Nahrung.«

Seltsam?

»Horatio,
es gibt mehr Ding' im Himmel und auf Erden,
als Eure Schulweisheit sich träumen läßt!«

Australien

Australien, kleinster Kontinent mit 7 686 010 qkm und nur 11,5 Millionen Einwohnern, wird für Prähistoriker immer interessanter. Seit junge australische Wissenschaftler begannen, die weiten Terrains mit Helikoptern und Landrovern zu durchforschen, treffen aus allen Richtungen Meldungen ein, die beweisen, daß der »geschichtslose Kontinent« eine sehr faszinierende Vergangenheit hat.

Die beiden jungen Leyland-Brüder aus New Castle drehten im Zentrum Australiens bei Alice Springs herrliche farbige Dokumentarfilme von Fels- und Höhlenmalereien der Ureinwohner. Wieder fanden sich die »internationalen Symbole« wie Kreis, Viereck, Sonne, Wellenlinie und natürlich (sage ich!) Gestalten in Astronautenanzügen mit Helmen.

In Arnhem-Land, westlich von Darwin, wurde ein mit einer Gestalt in plumpem Anzug und mit mächtigem Helm gravierter Monolith gefunden: er könnte ein Zwillingsbruder vom »Großen Marsgott« in der Sahara sein! – Aus Laura, North Queensland, kommt das Bild eines wie schwerelos fliegenden Menschen. – Etwa 10 km östlich von Alice Springs fand man auf den Felsen der Ndahla-Schlucht Zeichnungen von Göttergestalten mit riesigen Antennen auf den Köpfen. Dort auch entdeckte Robert Edwards in Fels gravierte Göttergesichter, die Schutzbrillen tragen. – Auf einem Steinblock von 1,40 m Länge und 93 cm Breite sind Linien eingraviert, die sich kreuzen oder parallel verlaufen, um abrupt zu enden. Spontan dachte ich an das

128 In Australien werden sozusagen am Fließband Petroglyphen der Ureinwohner im Astronauten-Habitus gefunden.

Liniennetz auf der Ebene von Nazca, Peru. Eine Gipskopie steht im Museum in Adelaide. – Steinzeichnungen mit den uns geläufigen Motiven wurden in Yarbiri Soak aufgespürt, sie müssen 20 000 Jahre alt sein, denn sie ziehen sich über Felsspalten hin, die durch Erosionen unterbrochen und ausgehöhlt sind. – Rex Gilroy, Direktor des Mount York Natural History-Museums in Mount Victoria, angesehener Archäologe, entdeckte im Mai 1970 den Fußabdruck eines Riesen mit 50 cm Länge und 18 cm Breite. 250 kg müßte das unbekannte Bürschchen gewogen haben, meint er. Im Museum ist ein Gipsabdruck des niedlichen Fußes mit dazu passenden Steinfäustlingen von 38 x 18 cm Umfang zu bewundern. Am 2. April 1973 schrieb mir Rex Gilroy:

»Ich habe beispielsweise in den blauen Bergen von New South Wales eine Reihe primitiver Felszeichnungen und Gravierungen gefunden, welche unter anderem fremde Figuren und unübliche Objekte wiedergeben, welche heute nur als Raumschiffe beschrieben werden können, die offenbar von den australischen Ureinwohnern – den Aborigines – gesehen wurden.«

129 In Nimingarra, Australien, entdeckte man an weitabgelegenen Steinquadern diese Figur in plumpem Astronautendreß – das Modell dafür muß rund um den Erdball zur Verfügung gestanden haben.

321

Moon City Stadt der Aborigines

Moon City, die Stadt der australischen Ureinwohner, liegt nördlich des Roper River in Arnhem-Land. Moon City, auch »geheime Stadt« genannt, ist wie eine Kopie von Sete Cidades. Ähnliche »Straßen« und flache polierte Wände mit abgeblätterten Schichten, der gleiche Eindruck von unheimlicher Hitze, die hier gewütet haben muß. Natürliche Erosion, sagen die Archäologen, aber rings um Moon City gibt es keine Spur von Erosionen. Die Legende weiß, daß hier der Sonnengott mit seinem Schiff vom Himmel ankam, daß sich der Erdengott in einem barbarischen Kampf gegen ihn wehrte, schließlich aber durch Hitze besiegt wurde. Einer der wenigen Besucher von Moon City, der Reporter Colin McCarthy, behauptet, hier stimme »Verschiedenes« nicht.

In den Geheimbezirk drang bisher nur die Ordensschwester Ruth vor, die die sieben Ältesten von Moon City vor 30 Jahren einluden. Sie erzählte, man habe sie in eine Höhle geführt, deren Wände mit Zeichnungen bedeckt gewesen seien. Als McCarthy herkam, gab es noch die Höhle und Reste von Zeichnungen, aber der Raum wirkte wie von Dynamit zerstört.

Die Aborigines beriefen sich auf einen Befehl von

»Gott«: die Schriften seien nach einer bestimmten Zeit zu zerstören. Sie pfropften die Höhle mit dem rundum wachsenden spröden, paraffinhaltigen Gras voll, zündeten es an und pumpten Luft in die Glut, der Fels begann zu glühen; sie schreckten ihn mit Wasser ab. Die »Erosion« ist zu besichtigen.

Bei den Hopi-Indianern

In Arizona und Neumexiko, USA, liegen die Jagdgründe der Hopi-Indianer aus der großen Pueblo-Gruppe. Es gibt heute noch rund 18 000 Hopis, deren Kunst der Baumwollweberei und Töpferei bis an die Zeitenwende zurückzuverfolgen ist. Trotz der sie bedrängenden Segnungen der Zivilisation haben die Hopi-Indianer in den Reservaten ihre uralten Riten und Bräuche sowie die mündlich überlieferten Legenden unverfälscht, ja, astrein bewahrt.

Der Stammeshäuptling des Jahres 195 hieß White Bear (weißer Bär). Er kann die meisten uralten Felszeichnungen noch »lesen«. So weiß White Bear, daß der Handballen mit fünf gespreizten Fingern neben Malereien bedeutet, daß der Stamm, der einst die Zeichnungen anlegte, noch im Besitz des ganzen Wissens der Überlieferungen gewesen ist. White Bear ist in der Lage, auf Anhieb weit voneinander entfernte Fels- und Höhlenzeichnungen, die er nie zuvor gesehen hat, zu deuten. Leider ist der Häuptling sehr schweigsam und – mit gutem Grund – sehr skeptisch dem weißen Mann gegenüber. – Die Petroglyphen in den Reservaten sind von merkwürdiger Struktur, manchmal sind ganze Felswände davon bedeckt. Im April 1975 stand White Bear vor der Kamera, die in den Jagdgründen der Hopis für meinen zweiten großen Dokumentarfilm filmte, was ich berichte. Es war nur für White Bear eine Premiere, und er war nicht leicht dazu zu bringen.

Was weiß die Legende der Hopi-Indianer zu berichten?

Die erste Welt, sagt sie, sei Toktela gewesen. (Toktela heißt in wörtlicher Übersetzung unendlicher Weltraum.) In der ersten Welt habe sich nur Taiowa, der Schöpfer, aufgehalten. Die Vorfahren hätten verschiedene Welten berührt, ehe sie auf unserem Planeten ihre Heimat fanden. Taiowa setzte ihnen als oberstes Gesetz den Befehl: »Du sollst nicht töten!« Traten (und treten) bei den Hopis im

Laufe der Zeiten irgendwelche Meinungsverschiedenheiten und Streitfälle auf, dann trennen sich die Gegner, wandern in entgegengesetzte Richtungen und suchen neue Jagdgründe. Jede Partei aber hielt sich an die überlieferten Gesetze und markierte auf den langen Märschen Felsen und Höhlen mit den immer gleichen Malereien.

In Book of the Hopi (The first revelation of the Hopi's historical and religious world-view of life) wird auch diese Legende berichtet:

In der frühen Zeit gab es einen Kampf um die Rote Stadt im Süden. Alle Stämme wurden, wohin sie auch zogen, von Kachinas begleitet. Wesen, von denen es heißt, sie seien nicht von der »vierten Welt«, der Erde, gewesen, ja, sie wären überhaupt keine Menschen gewesen, jedoch hätten sie sich stets als Beschützer und Berater der Stämme erwiesen und ihnen oft aus brenzligen Situationen mit übermenschlichen Kräften und Künsten herausgeholfen. So sei es auch in der Roten Stadt im Süden gewesen, als dort einige Hopi-Stämme plötzlich von allen Seiten her angegriffen worden seien. In Windeseile hätten die Kachinas Tunnel gebaut, durch die die Hopis ins Freie und ohne Blutvergießen hinter die Fronten der Angreifer fliehen

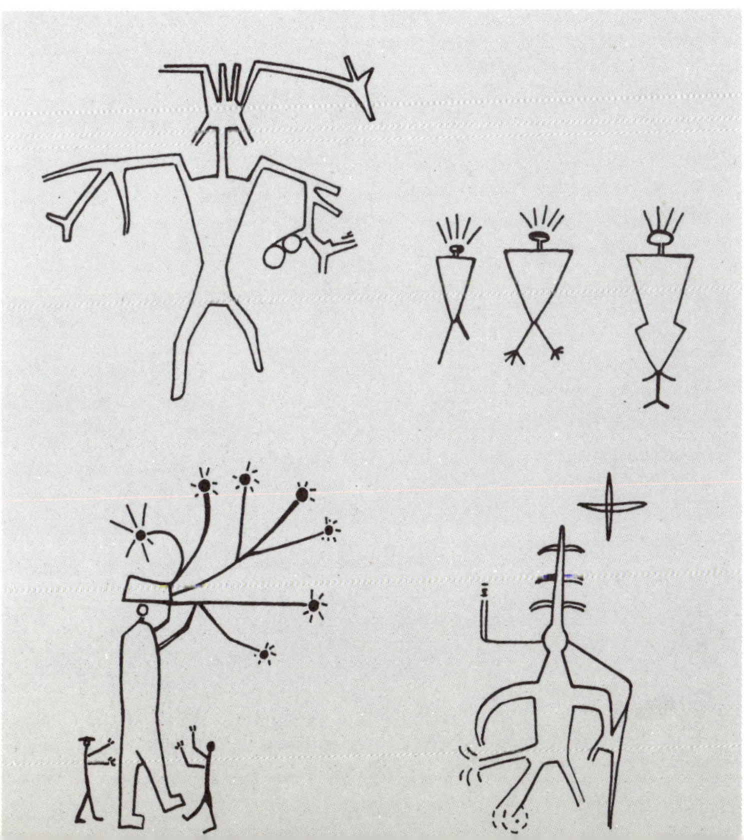

131 An den Felsen der Reservate sind Petroglyphen in großer Zahl zu sehen, aber oft schwer zugänglich. Von den exzerpierten vier Grundrissen ist der »Star-Blower«, der Sternbläser, besonders auffallend. Unschwer sind allerorts antennenähnliche Attribute zu erkennen.

konnten. Beim Abschied sagten die Kachinas den Stammeshäuptlingen:

»Wir bleiben, um die Stadt zu verteidigen. Die Zeit für unsere Reise nach unserem fernen Planeten ist noch nicht gekommen.«

Folgt man den Überlieferungen der Hopis, dann sind all die roten Felszeichnungen nichts anderes als früheste Mitteilungen mit genauen Anweisungen an Stammesgenossen, die irgendwann diese Landschaft passieren würden: hier wurde ein Tunnel gebaut . . . er führt in diese oder jene Richtung – wir hatten Kontakt mit Boten der Götter – wir haben technische Geräte an diesem oder jenem Ort vergraben . . .

Wilde Indios am Rio Paru

Zurückgekehrt, erwartete ich in Teresina voller Spannung ein Rendez-vous mit Felicitas Barreto, einer brasilianischen Indianerforscherin ersten Ranges. Ihr Buch »Danzas Indigenas del Brasil« mit den Schilderungen von Ritualtänzen verschiedener wildlebender Indiostämme hatte mich sehr beeindruckt, seit einigen Jahren korrespondierten wir, nun sollte ich sie kennenlernen.

Frau Barreto, seit 20 Jahren für die Zivilisation »verloren«, kam aus dem gottverlassenen Gebiet des

132 In TERESINA traf ich die renommierte Indianerforscherin FELICITAS BARRETO. Sie lebt seit 20 Jahren mit Indianern im Urwald am PARU.

oberen Rio Paru, von der brasilianisch-französisch-guayanischen Grenze. Bis Belem wurde sie von der brasilianischen Luftwaffe mitgenommen, Hin- und Rückflug Teresina hatte ich garantiert.

»Um Gottes Willen, was für ein Lärm in dieser Stadt! Können wir uns nicht in einer stillen Höhle verkriechen?!« sagte Frau Barreto, eine ältere Dame von drahtiger Gestalt. Ich erkundigte mich nach dem ruhigsten Zimmer im Hotel Nacional. – Vom Tonband nehme ich Gesprächsfetzen:

»Seit wann sind Sie nicht mehr in der Stadt gewesen?«

»Seit ziemlich genau zwanzig Monaten. Aber schon dieser eine Tag reicht mir wieder für sehr lange Zeit! Jetzt schon habe ich Heimweh nach meinen Indianern in den Urwäldern ...«

»Heimweh? Wonach?«

»Ganz einfach nach der Natur. Ich habe gelernt, stumm mit den Bäumen, den Steinen, mit den Tieren und Tautropfen zu reden. Bei den Indianern wird wenig gesprochen, aber wir verstehen uns alle.«

»Sie leben unter wilden Indianern. Warum bringt man Sie als Weiße nicht um?«

»Indianer sind anders als ihr Ruf, und dann bin ich eine Frau, und eine Frau ist wie eine Schlange ohne Gift, wie eine Waffe ohne Spitze. Meiner blonden Haare wegen nennen sie mich »bleicher Halbmond«. Alle Stämme wissen, daß es mich gibt, alle kennen mich unter diesem Namen, und wenn ich Stammesgebiete wechsele, werde ich überall sehr freundlich empfangen.«

»Wie sind Sie gedreßt? Tragen Sie Jeans?«

»Unsinn! Meistens laufe ich nackt rum oder mit einem Lendenschurz. Der Häuptling des Stammes, in dem ich jetzt lebe, hat mich eingeladen, seine dritte Frau zu werden ...«

»Um Gottes Willen! Sie haben doch nicht etwa Ihr Ja-Wort gegeben?«

»Noch nicht, aber es wäre schön, die dritte Frau des Häuptlings zu sein! Als dritte Frau hätte ich die wenigste Arbeit zu verrichten. Außerdem könnten wir zu dritt den Häuptling verprügeln ...«

»Wirklich?«

»Ja, warum nicht? Wenn ein Indianer mit seinen Frauen

nicht korrekt umgeht oder sie schikaniert, verprügeln ihn seine Frauen! Nachdem er seine Prügel bezogen hat, muß er aus dem Haus, an den Fluß gehen und sich dort in Hockestellung niedersetzen. Holt ihn bis zum Abend keine seiner Frauen ab, muß er diese und alle folgenden Nächte im Männerhaus verbringen und sich neue Frauen suchen. Vielleicht liegt es an diesen strengen Sitten, daß die Indianer wirkliche Gentlemen sind . . . Doch, das muß ich noch sagen, der Stamm läßt keinen im Stich, auch wenn er gemieden wird oder schwer krank ist. Ich wurde zweimal von giftigen Schlangen gebissen, für mehrere Tage hatte ich mein Gedächtnis verloren, da haben mich die Indianer gepflegt und mit Pflanzen, die sie kauten und dann auf die Wunden legten, geheilt . . .«
»Sie kennen meine Bücher. Was wissen die Indianer von der Idee, der Mensch stamme aus dem Weltall?«
»Lassen Sie mich mit einer Legende antworten, die sich der Stamm Kaiato erzählt. Dieser Stamm lebt am oberen Xingu im Staate Mato Grosso. Übrigens kennen alle Stämme diese oder eine ähnliche Legende . . .
Weit weg von hier, auf einem fremden Stern, saß ein Indianergericht zusammen, das beschloß, den Wohnort zu wechseln. Die Indianer begannen, ein Loch in den Boden zu graben, immer immer tiefer, bis sie auf der anderen Seite ihres Planeten herauskamen. Der Häuptling stürzte sich als erster in das Loch und kam nach einer langen kalten Nacht auf der Erde an, da aber wurde der Luftwiderstand so heftig, daß es den Häuptling in seine alte Heimat zurückschleuderte. Der Häuptling berichtete nun dem Stammesgericht von seinem Erlebnis, daß er eine schöne blaue Welt mit viel Wasser und vielen grünen Wäldern gesehen habe und daß er den Rat gäbe, alle Indianer sollten auf diese Welt gehen. Das Gericht beschloß, dem Rat des Häuptlings zu folgen und gab den Indianern den Befehl, aus Baumwollflocken lange Stricke zu drehen. An diesen Stricken ließen sie sich in das Loch gleiten, ganz langsam, damit sie nicht wieder von der Erde zurückgeschleudert würden. Da sie also langsam in die Atmosphäre der Erde eintauchten, gelang die große Wanderung, und seitdem leben sie auf der Erde. Am Anfang, erzählten die Kaiata, habe es durch den Strick

noch einen Kontakt mit der alten Heimat gegeben, doch den habe eines Tages ein böser Zauberer durchgeschnitten, und seitdem warten sie darauf, daß die Brüder und Schwestern aus der alten Heimat sie auf der Erde suchen und wiederfinden ...«

»Sprechen die Indianer noch von den Sternen?«

»Von den Sternen nicht, aber mit den Sternen! Oft sitzen sie stundenlang reglos im Kreis, halten sich wie in einer endlosen Kette an den Schultern, sie reden kein Wort. Fragt man nach solchen Sitzungen einen, der dabei war, was man eben getan hätte, bekommt man bestimmt keine Antwort, aber von den Frauen weiß ich, daß die Männer mit dem Himmel reden.«

»Sie beten also?«

»Nein, sie führen stumme Zwiegespräche mit irgendwem da oben!«

Frau Barreto hob die Schultern und deutete zur Zimmerdecke.

»Sagen Sie mir: gibt es bei den wilden Indianern noch Riten oder Ritualgegenstände, die auf irgendeine Beziehung zum Weltraum hindeuten?«

»O ja! Da sind die gefiederten Menschen, Indianer, die sich von Kopf bis Fuß mit Federn bekleben, um den Vögeln zu gleichen, die sich so leicht ins All erheben können. Und da gibt es die zahllosen Maskentypen, die sich, wenn man will, alle in Ihrem Sinne deuten lassen. Aus manchen Masken springen mehrfach gegabelte Äste – wie Ihre Antennen auf den Höhlenzeichnungen! Oft vermummen sich die Indios auch ganz in Stroh, um sich durch diese Maskerade ihren sagenhaften Urvätern ähnlich zu machen! Joao Americo Peret, einer unserer wesentlichen Indianerforscher, hat erst kürzlich einige Fotos veröffentlicht, die er bereits 1952 – also lange vor Gagarins erstem Weltraumflug! – von Kayapo-Indianern in Ritualkleidern des Stammes machte. Wenn man diese Bilder sieht, denkt man natürlich sofort an Astronauten. Die Kayapos – nicht zu verwechseln mit den Kaiatos! – leben im Süden des Staates Para am Rio Fresco ...«

Die Kayapo-Indianer

Joao Americo Peret stellte mir liebenswürdigerweise Fotos von Kayapos in ihren »Ritualgewändern« zur Verfügung.

Er machte sie in einem Indianerdorf am Rio Fresco, südlich von Para. Angesichts der wirklich verblüffenden Maskerade scheint es mir wichtig, noch mal ausdrücklich darauf hinzuweisen, daß Peret diese Aufnahmen bereits im Jahre 1952 machte, zu einem Zeitpunkt also, an dem uns allen (geschweige denn den wilden Indianern!) Kleidung und Ausrüstung von Astronauten noch kein vertrauter Anblick war. Juri Gagarin umkreiste am 12. 4. 1961 mit seinem Raumschiff Wostok 1 zum ersten Mal die Erde, und erst seit

133

diesem Ereignis sind uns Astronauten in ihren Anzügen vertraut wie die Kleiderpuppen in Schaufenstern!

Die Kayapos in ihren aus Stroh nachgebildeten Astronautenanzügen bedürfen keines Kommentars – außer dem Hinweis, daß diese »Ritualgewänder« von den Indianermännern dieses Stammes seit urdenklichen Zeiten, wie Peret ermittelte, bei festlichen Anlässen getragen werden.

Die Legende von Kayapo, die Joao Americo Peret

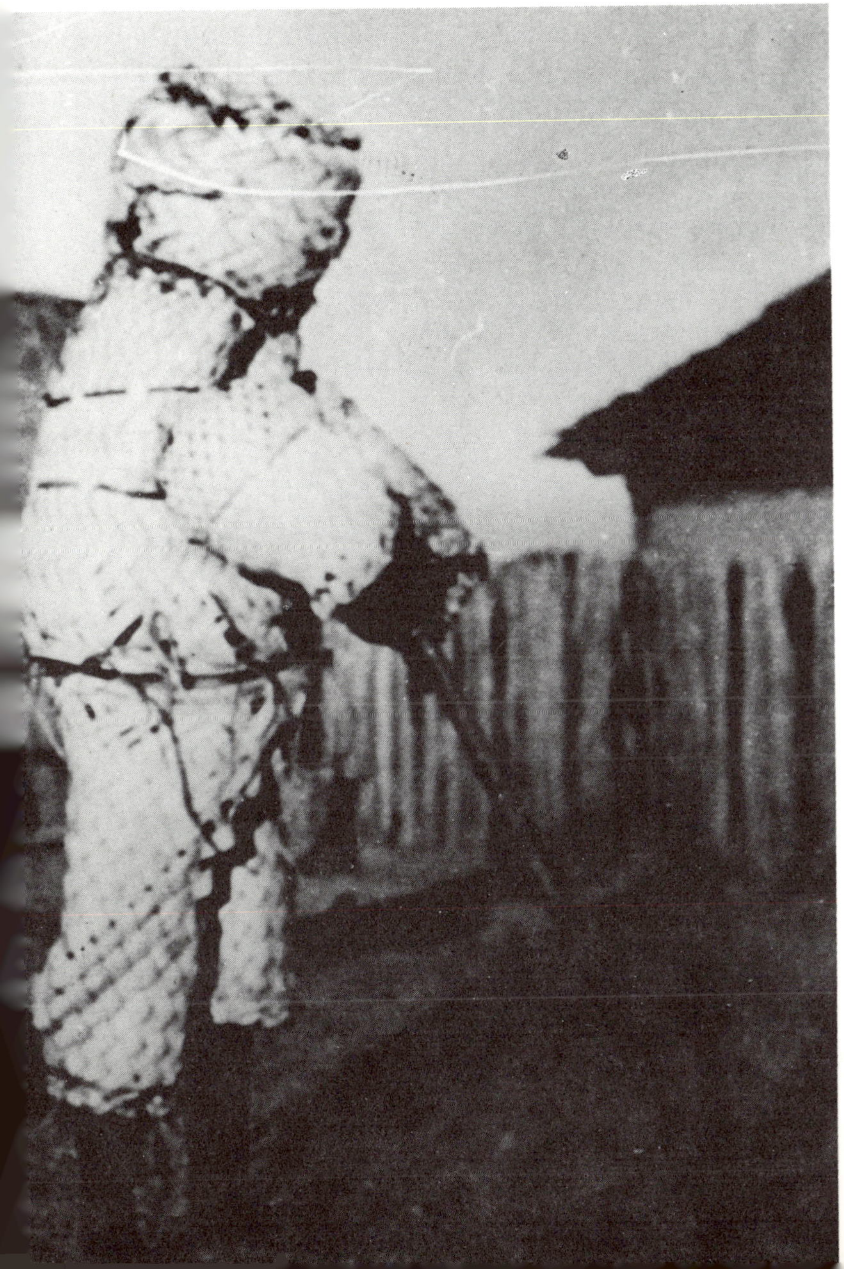

133 + 134 Diese Aufnahmen von KAYAPO-Indianern machte Dr. JOAO AMERICO PERET im Jahre 1952, als noch niemand ahnte, wie Astronauten gedreßt sind. Die Indianer tragen diese Ritualgewänder in Erinnerung an die Erscheinung des himmlischen Wesens BEP-KOROROTI.

übermittelt, bedarf ebensowenig einer Erläuterung. Peret hörte sie im Dorf Gorotire am Ufer des Fresco vom Indianer Kuben-Krankein, dem alten Ratgeber des Stammes, der den Titel Gway-Baba, der Weise, trägt. Und dies ist die Legende, die der Weise erzählte:

Kayapo-Legende

Unser Volk wohnte auf einer großen Savanne, weit von dieser Region entfernt, von wo aus man die Gebirgskette Pukato-Ti sehen konnte, deren Gipfel von einem Nebel der Ungewißheit umkreist waren, und diese Ungewißheit ist bis auf diesen Tag nicht entschleiert. Die Sonne, müde von ihrem weiten täglichen Spaziergang, legte sich auf den grünen Rasen hinter dem Buschwald, und Mem-Baba, der Erfinder aller Dinge, bedeckte mit seinem Mantel voll hängender Sterne den Himmel. Wenn ein Stern herabfällt, durchquert Memi-Keniti den Himmel und bringt ihn zum richtigen Ort zurück. Dafür sorgt Memi-Keniti, der ewige Wächter.

Eines Tages ist Bep-Kororoti, vom Gebirge Pukatoti kommend, zum ersten Mal ins Dorf gekommen. Er war mit einem Bo (das ist der Strohanzug auf den Bildern), der ihn vom Kopf bis zu den Füßen bedeckte, gekleidet. In der Hand trug er ein Kop, eine Donnerwaffe. Alle aus dem Dorf flüchteten voll Angst in den Busch, die Männer suchten Frauen und Kinder zu beschützen, und einige versuchten, den Eindringling zu bekämpfen, aber ihre Waffen waren zu schwach. Jedesmal, wenn sie mit ihren Waffen die Kleidung von Bep-Kororoti berührten, fielen sie in Staub zusammen. Der Krieger, der aus dem All gekommen war, mußte über die Zerbrechlichkeit derer, die ihn bekämpften, lachen. Um ihnen seine Kraft zu beweisen, hob er seinen Kop, deutete auf einen Baum oder einen Stein und vernichtete beide. Alle glaubten, daß Bep-Kororoti ihnen damit zeigen wollte, daß er nicht gekommen war, um Krieg mit ihnen zu machen. So ging das eine lange Zeit.

Es war ein großes Durcheinander. Die mutigsten Krieger des Stammes versuchten, Widerstand zu leisten, aber auch sie konnten sich zuletzt nur mit der Gegenwart von Bep-Kororoti abfinden, denn er belästigte sie nicht und niemanden. Seine Schönheit, sein strahlendes Weiß der Haut, seine Zärtlichkeit und allen zugewandte Liebe schlug allmählich alle in Bann und zog sie zu ihm hin. Alle bekamen ein Gefühl von Sicherheit, und so wurden sie Freunde.

Bep-Kororoti fand Gefallen daran, mit unseren Waffen umzugehen und zu lernen, wie er ein guter Jäger werden konnte. Schließlich brachte er es so weit, daß er besser wurde mit unseren Waffen als die Besten des Stammes und mutiger als die Mutigsten des Dorfes. Es dauerte nicht mehr lange, da wurde Bep-Kororoti als Krieger in den Stamm aufgenommen, und dann suchte ihn ein junges Mädchen als Gemahl aus und heiratete ihn. Sie bekamen Söhne und eine Tochter, die sie Nio-Pouti nannten.

Bep-Kororoti war klüger als alle, und darum begann er, die anderen in unbekannten Sachen zu unterrichten. Er leitete die Männer zum Bau seines Ng-Obi an, dieses Männerhaus, das heute alle unsere Dörfer haben. Darin erzählten die Männer den Jünglingen von ihren Abenteuern, und so lernten sie, wie man sich in Gefahren zu verhalten hat und wie man denken muß. Das Haus war in Wahrheit eine Schule, und Bep-Kororoti war ihr Lehrer.

Im Ng-Obi kam es zur Entwicklung von Handarbeiten, zur Verbesserung unserer Waffen, und nichts wurde, was wir nicht dem großen Krieger aus dem All verdankten. Er war es, der die »große Kammer« gründete, in der wir die Sorgen und Nöte unseres Stammes besprachen, und so kam eine bessere Organisation zustande, die für alle Arbeit und Leben erleichterte.

Oft leisteten die Jüngeren Widerstand und gingen nicht zum Ng-Obi. Dann zog Bep-Kororoti seinen Bo an und suchte die Jüngeren, sie konnten dann keinen Widerstand mehr leisten und kehrten schnell in das Ng-Obi zurück, weil sie nur dort sicheren Schutz hatten.

Wenn die Jagd schwierig war, holte Bep-Kororoti sein Kop und tötete die Tiere, ohne sie zu verletzen. Immer durfte der Jäger das beste Stück der Beute für sich nehmen, aber Bep-Kororoti, der nicht die Nahrung des Dorfes aß, nahm nur das Nötigste für die Ernährung seiner Familie. Seine Freunde waren damit nicht einverstanden, aber er änderte seine Haltung nicht.

Mit den Jahren änderte sich sein Verhalten. Er ging nicht mehr mit den anderen, er wollte in seiner Hütte bleiben. Wenn er die Hütte verließ, ging er immer auf die Berge von

Pukato-Ti, woher er gekommen war. Eines Tages aber folgte er dem Willen seines Geistes, den er nicht mehr bezwingen konnte, er verließ das Dorf. Er versammelte seine Familie, und nur Nio-Pouti war nicht dabei, denn sie war abwesend, und sein Aufbruch erfolgte in Eile. Die Tage vergingen, und Bep-Kororoti war nicht zu finden. Plötzlich aber erschien er wieder auf dem Dorfplatz, und er machte ein fürchterliches Kriegsgeschrei. Alle dachten, er wäre irre geworden, und alle wollten ihn beruhigen. Aber als Männer sich ihm nähern wollten, kam es zu einem fürchterlichen Kampf. Bep-Kororoti benutzte seine Waffen nicht, aber sein Körper zitterte und wer ihn berührte, fiel tot zu Boden. Reihenweise starben die Krieger.

Der Kampf dauerte Tage, denn die gefallenen Kriegergruppen konnten wieder aufstehen, und sie versuchten immer wieder, Bep-Kororoti zu bezwingen. Sie verfolgten ihn bis auf die Kämme des Gebirges. Da geschah etwas Ungeheures, das alle sprachlos werden ließ. Rückwärts ging Bep-Kororoti bis an den Rand des Pukato-Ti. Mit seinem Kop vernichtete er alles, was in seiner Nähe war. Bis er auf dem Gipfel der Gebirgskette war, waren Bäume und Sträucher zu Staub geworden. Dann aber gab es plötzlich einen gewaltigen Krach, der die ganze Region erschütterte, und Bep-Kororoti verschwand in der Luft, umkreist von flammenden Wolken, Rauch und Donner. Durch dieses Ereignis, das die Erde erschütterte, wurden die Wurzeln der Büsche aus dem Boden gerissen und die Wildfrüchte vernichtet, das Wild verschwand, so daß der Stamm anfing, Hunger zu leiden.

Nio-Pouti, die einen Krieger geheiratet und einen Sohn geboren hatte, wie man weiß, eine Tochter des himmlischen Bep-Kororoti, sagte ihrem Mann, daß sie wisse, wo man für das ganze Dorf Nahrung finden könnte, man müsse ihr aber ins Gebirge nach Pukato-Ti folgen. Auf das Drängen von Nio-Pouti faßte ihr Mann Mut und folgte ihr in die Region von Pukato-Ti. Dort suchte sie im Gebiet von Mem-Baba-Kent-Kre einen besonderen Baum und setzte sich auf dessen Äste, sie hatte dabei ihren Sohn auf dem Schoß. Ihren Mann bat sie, die Äste des Baumes so lange zu biegen, bis deren Spitzen den Boden berührten. In dem Augenblick, da diese Berührung zustande kam, ereignete sich eine große

Explosion, und Nio-Pouti verschwand zwischen Wolken, Rauch und Staub, Blitz und Donner.

Der Ehemann wartete einige Tage, war schon mutlos geworden und wollte vor Hunger sterben, als er einen Krach hörte und sah, daß der Baum wieder an der alten Stelle stand. Seine Überraschung war groß, seine Frau war wieder da und mit ihr Bep-Kororoti, und sie brachten große Körbe voll Nahrung mit, wie er sie nicht kannte und nie gesehen hatte. Nach einiger Zeit setzte sich der himmlische Mann wieder in den phantastischen Baum und befahl wiederum, die Äste auf den Erdboden zu biegen. Nach einer Explosion verschwand der Baum wieder in der Luft.

Nio-Pouti kehrte mit ihrem Mann ins Dorf zurück und gab einen Befehl von Bep-Kororoti bekannt: es sollten alle sofort umziehen und ihre Dörfer vor Mem-Baba-Kent-Kre errichten, dem Ort, an dem sie ihre Nahrung bekommen würden. Nio-Pouti sagte auch, daß man die Samen der Früchte und Gemüse und Sträucher aufbewahren müsse bis zur Regenzeit, um sie dann wieder in den Boden zu legen, damit sie neue Ernte bringen könnten. So kam bei uns die Landwirtschaft zustande . . .

Unser Volk zog zum Pukato-Ti und lebte dort in Frieden, die Hütten unserer Dörfer wurden zahlreicher, und man konnte sie von den Bergen her bis zum Horizont sehen . . .

Diese von dem Indianerforscher Joao Americo Peret übermittelte Kayapo-Legende ließ ich im Wortlaut aus dem Portugiesischen übertragen. So alt wie die Legende ist auch der Raumfahreranzug aus Stroh, den die Indianer in Erinnerung an die Erscheinung von Bep-Kororoti tragen.

Samstag, 18. Mai 1968 Gespräche in Moskau

Alexander Kassanzew, renommierter sowjetischer Schriftsteller, legte die drei Plastiken, deren Anblick mich zutiefst beeindruckt hatte, behutsam wieder in den Glaskasten zurück, der in seiner Moskauer Wohnung gegenüber dem Fenster steht. Es waren aus Bronze gegossene alte japanische Statuen, die Anzüge wie Raumfahrer zu tragen scheinen. Die größte dieser Statuen ist fast 60 cm hoch und hat einen Durchmesser von etwa 12 cm. Von den Schultern gehen enganliegende Bänder aus, die sich über der Brust kreuzen und dann zwischen den Oberschenkeln in Höhe des Gesäßes wieder vereinigen. Ein breiter mit Nieten besetzter

Gurt umschließt die Hüfte. Über den ganzen Anzug bis hinab zu den Knien sind taschenähnliche Ausbuchtungen angebracht. Der Helm ist durch Wulste und Bänder eng mit dem Rumpf verbunden. Skurril anmutende Aussparungen scheinen Öffnungen für eingebaute Atem- oder Hörgeräte zu sein. An der unteren Hälfte des Kopfes bemerkte ich noch zwei weitere Öffnungen.

Das Faszinierende an den Figuren sind aber zweifellos große Brillen mit schräg gestellten Linsen. Waffen entdeckte ich an ihnen nicht, es sei denn, man würde den kurzen Stab in der behandschuhten Linken als Waffe deuten. Mini-Laserstrahl«, Mini-Laser-Strahl«, könnte der Autor eines utopischen Romans sagen.

Voller Neugier fragte ich Kassanzew: »Woher stammen diese Plastiken? Von wem haben Sie sie?«

Unter seinem Bart versteckte sich ein spitzbübisches Lächeln:

»Noch vor dem Krieg, im Frühjahr 1939, schenkte sie mir ein japanischer Genosse. Die Figuren wurden bei Ausgrabungen auf der Insel Hondo in Japan gefunden. Man datiert sie weit vor unsere Zeitrechnung zurück. Die

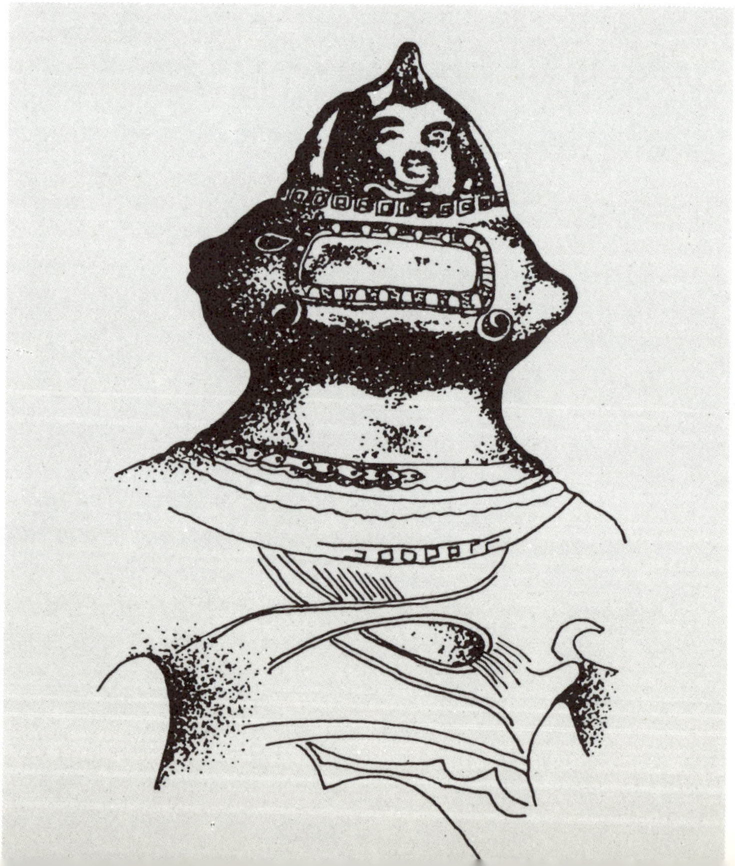

135 Die viele tausend Jahre alte Statuette eines behelmten »Gottes« mit eindeutigen Raumfahrermerkmalen.

136

136 + 137 Skulptur von Tokomai. Niemand weiß zu sagen, wann jemals in Japan solche Schneebrillen getragen wurden. Schuf der Künstler diese Statue als Abbild eines Raumfahrers, den er mit eigenen Augen gesehen hatte?

Gestalten haben auffallende, ja eindeutige Raumfahrermerkmale. Aber niemand vermag zu sagen, wieso und warum japanische Künstler ihre Kleinskulpturen mit solchen Anzügen ausstatteten. Eines scheint jedoch festzustehen, daß auch im frügeschichtlichen Japan weder ›Schneebrillen‹ noch Linsen dieser Art bekannt waren.«

Gleich danach fuhr mich Alexander Kassanzew mit seinem altersschwachen Auto über die wundervoll breiten Straßen der Metropole zum Sternberg-Institut der Moskauer Universität. Kassanzew hatte dort für mich ein Rendezvous mit Professor Josif Samuilovitsch Schklowskij, dem Direktor der Radio-Astronomischen Abteilung, arrangiert.

Man muß dieses Institut am Universitetskiprospekt 13 »erlebt« haben! Es summt wie in einem Bienenstock, es wimmelt wie in einem Ameisenstaat. Pulte und Tische der Studierenden stehen kreuz und quer durcheinander, wo eben nur Platz ist. Leere Konservendosen dienen als Aschenbecher. An den Wänden riesengroße astronomische Karten und davor diskutierende Studenten. In einer Ecke streiten Studierende über eine mathematische Formel, in der gegenüberliegenden hantieren andere mit einem komplizierten Meßgerät. Hier wird – man spürt es bis unter die Haut – Forschung als Teamarbeit betrieben.

Die Tür zum Arbeitszimmer von Professor Schklowskij war nur angelehnt. Der Arbeitsraum selbst hatte den seltsamen Mischgeruch von Büchern, Akten und Staub, der – wie ich es oft erlebt habe – Räumen eigen ist, in denen das Alte bewahrt und das Neue kritisch geprüft wird.

Roboter auf 1000jähriger Reise

Professor Schklowskij erhob sich hinter seinem wuchtigen, über und über mit bedrucktem und handgeschriebenem Papier bedeckten Schreibtisch und begrüßt mich mit einem mißtrauischen Lächeln: »Sie sind also der Schweizer!«

Es klang wie ein Vorwurf, als wollte der hagere Mann sagen: »Wie kann der Angehörige eines so friedlichen, ruhigen Landes seine Mitmenschen durch so schockierende Theorien aufschrecken?« So begann denn auch unsere in Englisch geführte Unterhaltung zunächst ziemlich reserviert. Ruhig, überlegen, manchmal nach den treffenden Vokabeln suchend, setzte der berühmte Mann – und er weiß, daß er berühmt ist – seine Marsmond-Hypothese auseinander. Er vermutet, daß die beiden Monde unseres Nachbarplaneten künstliche Satelliten sind. Während er mir seine Argumente für diese Theorie erklärte, flocht er dazwischen immer wieder bescheiden ein, daß das alles nur seine ganz private Meinung sei.

Nach einem gemeinsamen Mittagessen in der überfüllten Mensa legte Professor Schklowskij sein anerzogenes Mißtrauen etwas ab. Wir gerieten in eine lebhafte Debatte über die unmöglichen Möglichkeiten im Kosmos. Am Ende konnte ich mit Befriedigung feststellen, daß auch dieser führende Fachgelehrte der östlichen Welt die Möglichkeit eines früheren Besuches fremder Intelligenzen aus dem Kosmos nicht ausschließt. Er vermutet in einem Radius von 100 Lichtjahren Planeten, die intelligentes Leben besitzen.

»Aber diese Entfernungen, Herr Professor! Wie sollen diese unermeßlichen Distanzen zwischen den Sternen überbrückt werden?«

Spontan antwortete Schklowskij:

> »Darauf gibt es selbstverständlich keine schlüssige Antwort. Automaten beziehungsweise kybernetisch gesteuerte Stationen sind vor dem Kalender ›normaler‹ Lebensjahre, wie Sie wissen, gefeit. Was also sollte einen Roboter daran hindern, eine 1000jährige Reise unbeschadet durchzuhalten? Einige der von uns auf die Reise geschickten Satelliten werden ja auch noch funktionieren, wenn wir schon längst in der Grube liegen.«

Das ist die Meinung eines mit der Materie vertrauten Wissenschaftlers. Sie weist auf die technische Möglichkeit der Überbrückung unvorstellbarer Entfernungen hin. Sie erklärt allerdings auch noch nicht, wie und wodurch Intelligenzen derartige Zeiträume überleben können.

Der hilfsbereite Alexander Kassanzew hatte mit seinem alten Vehikel auf mich gewartet. Er war bei den Studenten gewesen. Er ist im Institut wie zu Haus. Nun wollte er mich zum Puschkin-Museum fahren, das hervorragende Sammlungen assyrischer, persischer, griechischer und römischer Kulturzeugnisse besitzt. Unterwegs sprachen wir von faszinierenden Forschungsergebnissen, die eigentlich unsere Archäologen zutiefst bewegen müßten. Während wir den Prounzenskaia Quai entlangfuhren, berichtete mir Kassanzew viele Einzelheiten jüngster Erkenntnisse, und ich gab

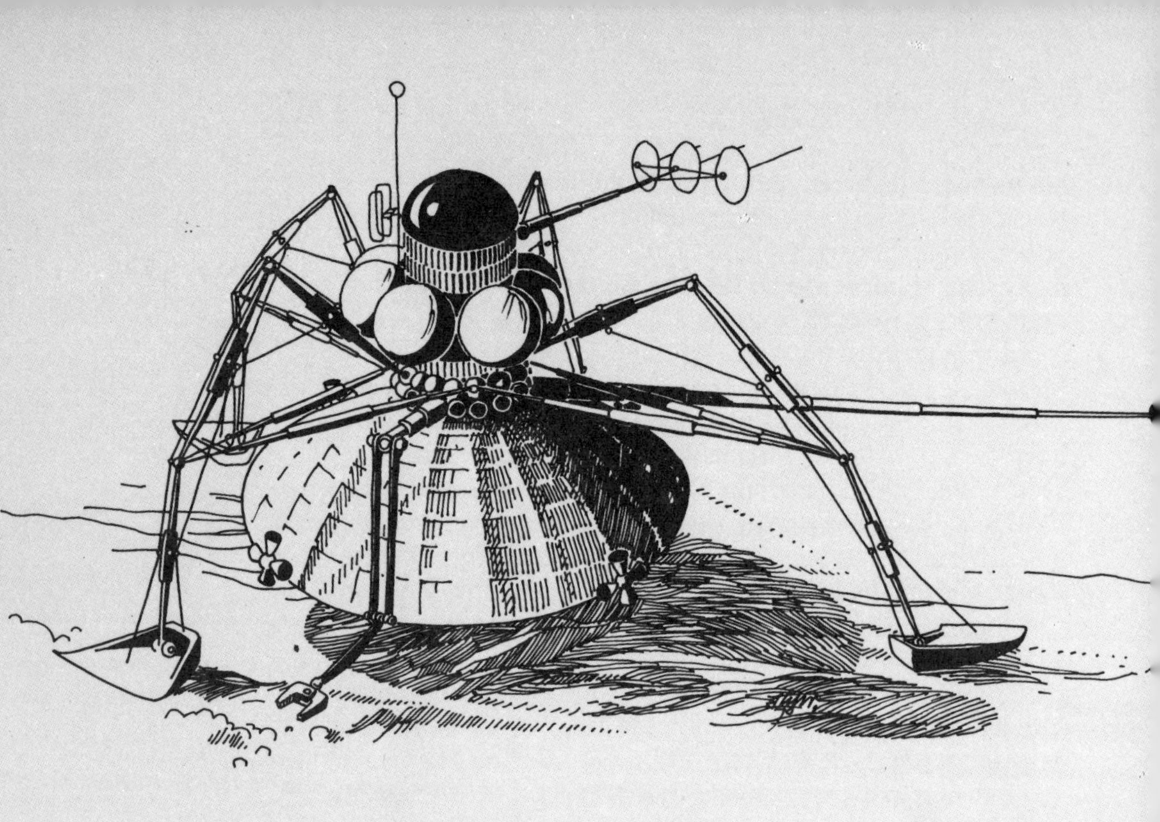

138 Wie der Kyborg aussehen könnte.

Wie der Kyborg konstruiert sein könnte

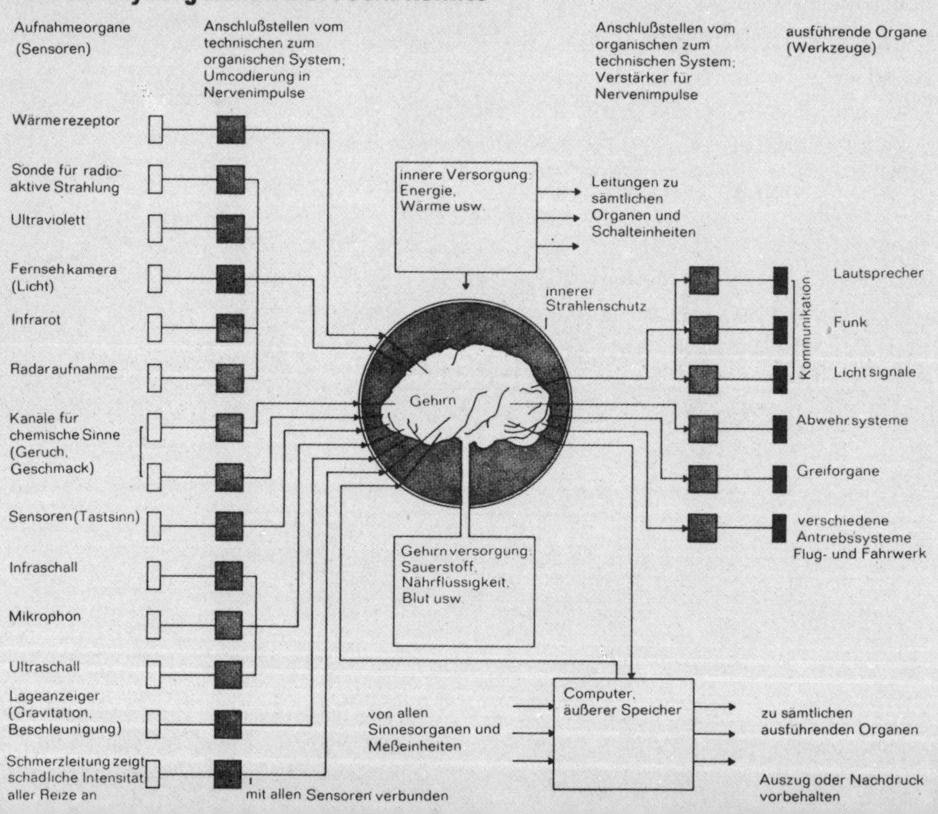

Stichworte in mein Mini-Diktiergerät. Wenn wir an Verkehrsampeln wie am Boulevard Zoubovski stoppten, ließ ich mir Namen und Orte deutlich buchstabieren. Das Magnetband meines Diktiergeräts trug mir so einen aufregenden Bericht heim, der Aufwand und Mühen der Reise reichlich lohnte.

Die Steinteller von Baian-Kara-Ula

Kassanzew berichtete vor allem von den merkwürdigen Funden im chinesischen Gebirgsmassiv Baian-Kara-Ula. Eine Geschichte, die wie ein Märchen anmutet.

Dies nun ist Kassanzews Bericht:

»Es war 1938, als der chinesische Archäologe Tschi Pu Tei in den Gebirgshöhlen von Baian-Kara-Ula im chinesisch-tibetanischen Grenzgebiet einige Reihengräber entdeckte. Er fand kleine Skelette von Wesen mit zierlichem Körperbau, die aber trotzdem ziemlich große Schädel besaßen. An den Wänden der Höhlen entdeckte er Felszeichnungen, die Wesen mit Rundhelmen darstellten. Auch die Gestirne, Sonne und Mond, waren in die Felsen geritzt und durch Bündel erbsengroßer Punkte verbunden. Tschi Pu Tei und seine Helfer konnten, und das ist das Sensationelle an diesem Fund, 716 Teller aus Granitgestein bergen, Teller, die 2 cm dick sind und unseren Langspielplatten sehr ähnlich sehen. Diese Steinteller haben in der Mitte ein Loch, von dem spiralartig eine doppelspurige Rillenschrift bis an den Rand des Tellers ausgeht.

Die chinesischen Archäologen wußten, daß in dieser verlassenen Gegend einst die Volksstämme der Dropa und Kham (Sikang) gelebt hatten. Und von diesen Bergstämmen sagen Anthropologen, daß sie von kleinem Wuchs gewesen waren und im Schnitt nur 1,30 m groß wurden ...«

»Und wie kommt es zu den großen Schädeln?«

»Genau diese Entdeckung war es, die alle bisherigen anthropologischen Klassifizierungen über den Haufen warf. Die großen breiten Schädel konnte man nicht auf die kleinen Skelette der Dropa und Kham pflanzen! Beim besten Willen nicht! Als Tschi Pu Tei dann 1940 seine Theorie veröffentlichte, erntete er nur Hohn. Tschi Pu Tei meinte nämlich, bei den Dropas und Khams müsse es sich um eine ausgestorbene Gebirgsaffenart gehandelt haben ...«

»Wie entstanden dann aber die Steinteller? Sollen die von Affen gemacht worden sein?«

»Natürlich nicht. Die wurden nach Ansicht Tschi Pu Teis erst von Angehörigen einer späteren Kultur in den Höhlen deponiert. Seine Theorie schien auf Anhieb wirklich ziemlich lächerlich. Wer hätte je schon von Reihen-Affen-Gräbern gehört?«

»Wie ging es weiter? Wurden die Funde im großen Archiv der ungeklärten anthropologisch-archäologischen Fälle abgelegt und vergessen?«

»Um ein Haar! Über 20 Jahre lang zerbrachen sich einige kluge Leute ihre Köpfe, um das Rätsel der Steinteller zu lösen. Erst 1962 konnte Professor Tsum Um Nui von der Akademie für Vorgeschichte in Peking einen Teil der Rillenschriften auf den Steinplatten entziffern ...«

»Und was stand darauf?«

Kassanzew wurde ernst:

»Die Geschichte, die entziffert wurde, war so haarsträubend, daß die Akademie für Prähistorische Forschung Tsum Um Nui zunächst jede Publikation seiner Arbeit untersagte.«

»Und dabei blieb es?«

»Tsum Um Nui ist ein zäher Bursche, er arbeitete hartnäckig weiter. Er konnte eindeutig beweisen, daß es sich bei den Rillenschriften keineswegs um einen perfiden Scherz irgendeines prähistorischen Schriftenkundigen handelt. Manchmal zeigen ja auch ernsthafte Wissenschaftler Humor ... In Zusammenarbeit mit Geologen wies er nach, daß die Steinteller einen hohen Gehalt an Kobalt und Metall haben. Physiker ermittelten, daß alle 716 Steinplatten einen hohen Vibrationsrhythmus besaßen, was darauf schließen läßt, daß sie irgendwann sehr hohen elektrischen Spannungen ausgesetzt gewesen sind ...«

Kassanzew bog vom Kropotkinskaia Quai nach links ab und fuhr an den Straßenrand der Volkhonka-Straße. Der Wagen hielt vor dem Puschkin-Museum. Ich stand so sehr unter dem Eindruck seines Berichts, daß ich am Straßenrand wartend die Fortsetzung hören wollte. Kassanzew aber zupfte mich am Ärmel und führte mich in das Haus. Wir setzten uns auf eine Bank zwischen den hohen Vitrinen.

»Bitte erzählen Sie weiter!«

»Tsum Um Nui hatte nun vier Wissenschaftler, die seine Theorie stützten. 1963 entschloß er sich, sie trotz der Bedenken der Akademie zu veröffentlichen. Ich habe gehört, daß die Publikation bei Ihnen im Westen zwar bekannt, aber nicht ernst genommen wurde. Auch bei uns befassen sich nur wenige mutige Gelehrte mit der Steinteller-Theorie. Unser Philologe Dr. Wjatscheslaw Saizew veröffentlichte gerade jetzt Auszüge aus dem Steinteller-Bericht in der Zeitschrift ›Sputnik‹. Der Gesamtbericht wird in der Pekinger Akademie und im Historischen Archiv von Taipeh in Formosa aufbewahrt.«

»Und was ist so brisant und schockierend an dem Steinteller-Bericht?«

»Aufregend und merkwürdig ist der Bericht nur für jene, die sich ungern mit neuen Perspektiven unserer Abkunft befassen. Der Steinteller-Bericht behauptet, daß von heute zurückgerechnet vor 12 000 Jahren eine Gruppe ihres Volkes auf den dritten Planeten dieses Systems verschlagen worden sei. Ihre Luftfahrzeuge – das ist eine genaue Übersetzung der Rillen-Hieroglyphen – hätten jedoch nicht mehr genug Kraft gehabt, diese Welt wieder zu verlassen. Sie wäre in dem weitab gelegenen und schwer zugänglichen Gebirge zerstört worden. Mittel und Möglichkeiten, neue Luftfahrzeuge zu bauen, hätte es nicht gegeben ...«

»Das steht alles auf den Steintellern?«

»Ja, und dann wird von diesen auf die Erde verschlagenen Wesen berichtet, sie hätten versucht, sich mit den Bewohnern des Gebirges gut zu stellen, aber man habe sie gejagt und getötet. Fast wörtlich schließt der Bericht: ›Frauen, Kinder und Männer versteckten sich bis zum Sonnenaufgang in den Höhlen. Dann glaubten sie den Zeichen und sahen, daß die anderen diesmal mit friedlichen Absichten gekommen waren ...‹ So etwa heißt es am Schluß.«

»Gibt es Ergänzungen, die den Steinteller-Bericht in seinem realen Gehalt bekräftigen?«

»Da sind die Reihengräber, die Felszeichnungen und die

Steinteller selbst. Da sind aber auch noch die chinesischen Sagen, die genau aus dem Raum Baian-Kara-Ula von kleinen spindeldürren gelben Wesen erzählten, die aus den Wolken herabgestiegen seien. Der Mythos behauptet ferner, daß die fremden Wesen ihrer Häßlichkeit wegen von den Dropas gemieden wurden, ja, daß sie von den Männern ›auf den flinken Wesen‹ getötet worden seien . . .«

»Warum, Kassanzew, wird diese faszinierende Geschichte nicht in der ganzen Welt erörtert? Ist sie überhaupt genügend bekannt?«

Mein Begleiter lächelte, legte seine Hand auf meinen Arm und sagte mit leiser Resignation:

»Hier in Moskau ist die Geschichte bekannt. Sie brauchen sich nur umzuhören. Aber in dieser Geschichte stecken zu viele Fakten, die sich in dem mühsam aufgebauten Zeitkalender von Archäologie und Anthropologie nicht auf Anhieb unterbringen lassen. Kapazitäten, die Wert auf Rang und Namen legen, müßten erhebliche Teile ihrer eigenen Hypothesen aufgeben, wenn sie von Baian-Kara-Ula ernsthaft Notiz nehmen wollten. Ist denn der Ausweg, zu schweigen oder diskret und überlegen zu lächeln, nicht sehr menschlich? Wenn anerkannte Wissenschaftler in enger Bruderschaft schweigen und lächeln, traut sich selbst der Kühnste nicht mehr an ein – zugegeben – heißes Thema heran!«

Ich bin noch zu jung, um resignieren zu können oder zu wollen. Ich glaube an die beunruhigende Kraft von Gedanken, die sich nicht totschweigen lassen.

Auf der Suche nach den Protokollen von Baian-Kara-Ula

Die Boeing der CI China Airlines war in Singapur mit einstündiger Verspätung gestartet und hatte bis zur Landung in Taipeh um 15.30 Uhr nur eine halbe Stunde aufgeholt. Für 17 Uhr war eine Verabredung mit dem Direktor des National Palace Museum, Herrn Chiang Fu-Tsung, arrangiert.

Ich stellte mein Gepäck im Ambassador an der Nanking East Road ab, winkte eine Taxe heran, setzte mich neben den freundlich lächelnden Fahrer und sagte: »To the National Palace Museum, please!« Der hagere, kleine Buddha neben mir lächelte mich an, aber ich hatte nicht den

Eindruck, daß er meinen Wunsch verstanden hatte; in allen mir zur Verfügung stehenden Sprachen beschrieb ich das Ziel seiner rasenden Fahrt; mein Buddha nickte mir voller Nachsicht milde zu, gab noch mehr Gas und stoppte vor dem Bahnhof. Mit der Flinkheit eines Wiesels öffnete er die Wagentür und deutete strahlend auf den Bahnhof, der zweifelsfrei nicht mein Museum war. Chinesisch, nur ein bißchen Chinesisch müßte man können!

Ich trat in die Halle . . . und eine Rakete von einem Licht ging mir auf: im Zentrum stand ein großer Ansichtskartenkiosk, der in Hunderten von Fotos alle sehenswürdigen Bauten für touristische Grüße aus Taipeh und Taiwan feilbot. Ich kaufte Ansichtskarten aller Ziele für die nächsten Tage. Mein Buddha nickte sehr ernst, als ich ihm den wunderschönen Museumsbau zeigte und fuhr die ganze Strecke zurück. Das Museum lag nahe beim Hotel.

Bei Herrn Chiang Fu-Tsung wird es keine Verständigungsschwierigkeiten geben, er spricht Deutsch, denn er studierte in Berlin.

Das wußte ich von Herrn Chi, der in Luzern das »Li-Tai-Peh« führt, das beste chinesische Restaurant, in dem ich je gegessen habe. Herr Chi stand die längste Zeit seines Lebens in diplomatischen Diensten von Tschiang Kaischek, ehe er sich entschloß, in der Schweiz Gastronom zu werden. Mein Bekannter Chi weiß, daß ich wie besessen von dem Wunsch bin, dem Geheimnis der Funde von Baian-Kara-Ula auf die Spur zu kommen.

Die in Moskau veröffentlichte Nachricht, der Gesamtbericht der Wissenschaftler über die Steinteller sei sowohl in der Pekinger Akademie wie im Historischen Archiv in Taipeh deponiert, war der Anlaß für meinen Flug nach Taiwan.

Durch ein Schreiben meines Bekannten Chi war ich für diesen naßkalten Januarnachmittag beim Direktor des Palace Museums angesagt, der das Meeting noch vor dem Start zu meiner neuerlichen Weltreise mit einem höflichen Brief bestätigt hatte.

Die Chance, im Palace Museum die Spur der Steinteller aufnehmen zu können, schien mir groß. Der kostbare Besitz mit seinen über 250 000 Katalognummern wurde in den letzten 60 Jahren mehrere Male aus Peking, seinem

Stammort, verlagert: 1913, während des Aufstandes der Kuomintang-Partei – 1918, während der Bürgerkriege – 1937, während des Krieges mit Japan, das Peking besetzte – 1947, als Mao Tse-tung mit der »Volksbefreiungsarmee« die Volksrepublik China begründete und Peking wieder zur Hauptstadt machte. Seit 1947 lagern die Kunstschätze in Taipeh.

Eine zierliche Visitenkarte, auf die Herr Chi mit feinem Pinsel Grüße und Empfehlungen an seinen Freund Chiang Fu-Tsung geschrieben hatte, ließ lächelnde Livrierte wortlos alle Türen bis zum Zimmer des Chefs öffnen. Der Direktor begrüßte mich in deutscher Sprache – nur als ich mich für meine Verspätung entschuldigte, wehrte er lächelnd mit einem langen chinesischen Satz ab.

»Sie sind ein Freund meines Freundes, Sie sind mein Freund. Seien Sie willkommen in China. Was darf ich für Sie tun?« sagte er; während wir auf einen niedrigen Tisch zugingen, sprach er laut – zu wem? – einen Befehl. Noch ehe wir richtig Platz genommen hatten, brachten Livrierte Tassen aus hauchdünnem Porzellan und eine zierliche Kanne mit Kräutertee. Der Direktor füllte die Tassen.

140 Mit dem Direktor des PALAST MUSEUMS, Herrn CHIANG FU-TSUNG, TAIPEH, führte ich mehrere aufschlußreiche und interessante Gespräche.

Ich fiel mit der Tür ins Haus, sagte, daß mich die Funde von Baian-Kara-Ula interessieren und daß ich hier in Taipeh den Untersuchungsbericht der Naturwissenschaftler über die Steinteller einsehen möchte. Eine kalte Dusche prasselte auf mich nieder, als Herr Chiang erklärte, daß dieser umfängliche Bericht die Odyssee des Museums nicht mitgemacht habe, daß er in der Pekinger Akademie, zu der er keinen Kontakt habe, aufbewahrt werde. Er sah mir meine grenzenlose Enttäuschung an, konnte mir aber zunächst auch mit seinen weiteren Mitteilungen nur geringen Trost geben.

»Ich bin über Ihre Bemühungen informiert. Sie graben sich in die Prähistorie der Völker ein. Ich kann Ihnen da nur mit unserem Urahn dienen, dem Sinanthropus, der im Tal von Chou-K'-Ou-Tien, 40 km südwestlich von Peking, erst im Jahre 1927 gefunden wurde. Dieser Sinanthropus Pekinensis, der Peking-Mensch, soll nach Meinung der Anthropologen dem Homo Heidelbergiensis ähnlich sein, auf jeden Fall aber der chinesischen Rasse, wie sie heute in 800 Millionen Exemplaren existiert. Der Peking-Mensch soll aus dem mittleren Pleistozän stammen, also etwa 400 000 Jahre alt sein. Danach gibt es keine eigentliche Prähistorie mehr.«

Erst aus dem dritten Jahrtausend v. d. Z., erklärte der Direktor, gebe es dann wieder Zeugnisse jungsteinzeitlicher Kulturen in Nordchina, die Yang-Schao-Kultur am Huangho: bemalte Bandkeramik. Um das zweite Jahrtausend v. d. Z. folge die Ma-Tschang-Kultur, die Schwarzkeramik-Kultur, die Stein- und Kupferkultur von Tsch'Eng-Tse-Ai von Schantung bis zum Beginn der Bronzezeit mit üppiger Ornamentik: T'Ao-Tie, dem Vielfraßkopf – Lei-Wen, mit seinen rechtwinklig gebrochenen Donnerdarstellungen. Vom 15. – 11. Jahrhundert gäbe es dann eine hochentwickelte Schrift mit über 2000 Wortzeichen in Bildern und Symbolen, die als Orakelinschriften entziffert wurden. Chinesische Herrscher aller Zeiten, »Söhne des Himmels«, hätten den Auftrag gehabt, für den geordneten Ablauf des Naturgeschehens zu sorgen.

»Soweit ich informiert bin, ich bin kein Prähistoriker, findet sich im Reich der Mitte nichts, was Ihre spezielle Phantasie beflügeln könnte, kein Steinfäustling, keine anderen primitiven Werkzeuge, ja, nicht einmal Spuren von Höhlenmalereien. Die ältesten beschrifteten Knochen wurden nach 3000 v. d. Z. datiert . . .«

»Was steht auf den Knochen?«

»Bisher konnten die Inschriften nicht entziffert werden.«

»Sonst gibt es nichts?«

»Eine einzige Vase, sie wurde in Anyang bei Honan ausgegraben. Sie konnte auf 2800 v. d. Z. datiert werden.«

»Verzeihen Sie, Herr Direktor, aber dieses alte chinesische Volk muß doch Zeugnisse seiner Vorgeschichte haben! Es muß doch eine Entwicklung aus vorgeschichtlicher in geschichtliche Zeit zu belegen sein. Gibt es keine mysteriösen Ruinen, keine zyklopischen Mauerreste?«

»Unsere chinesische Geschichte läßt sich lückenlos bis zum Kaiser Huang Ti zurückverfolgen, und der lebte 2698 v. d. Z. Damals schon, und das ist bewiesen, war der Kompaß bekannt. Also kann die Zeit nicht mit Huang Ti begonnen haben! Was vorher war, lieber Freund, das steht in den Sternen!«

»Wieso: in den Sternen?«

P'An Ku, der Erbauer des Universums

Gab es doch noch ein Bonbon für mich in diesem Gespräch? Es gab eines. Herr Chiang lächelte:

»Nun ja, da gibt es Legenden von fliegenden Drachen. Seit eh und je ist der Drache das chinesische Symbol für Göttlichkeit, für Unerreichbarkeit und Unbesiegbarkeit. P'An Ku heißt der Erbauer des chinesischen Universums in der Legende, er schuf die Erde aus Granitblöcken, die er fliegend aus dem All kommen ließ, er teilte die Wasser, und er stieß ein riesiges Loch in den Himmel, er halbierte den Himmel in die östliche und westliche Hemisphäre . . .«

»War das vielleicht ein himmlischer Regent, der in Raumschiffen am Firmament erschien?«

»Nein, mein Freund, von Raumschiffen weiß die Legende nichts, sie spricht immer nur von Drachen, aber sie bezeichnet P'An Ku als Bezwinger des Chaos im All, er schuf das Ying Yang, die Vorstellung von den dualen Kräften in der Natur. Yang steht für die männliche Kraft und den Himmel – Yin für die weibliche Schönheit und

141 Chinesische Federzeichnung vom Gott P'AN KU, legendärer Sohn des Chaos und Erbauer des chinesischen Universums: Er soll die Welt aus Granitbrocken erbaut haben, die aus dem Weltall heranflogen.

die Erde. Alles, was im Kosmos oder auf der Erde geschieht, wird einem der beiden Symbole, die tief in die kosmologische chinesische Philosophie eingegangen sind, zugeordnet.«

Jeder Herrscher, »Sohn des Himmels«, soll der Legende zufolge 18 000 Erdenjahre erlebt haben, und P'An Ku sorgte, diese Daten skeptisch akzeptierend, vor 2 229 000 Jahren für himmlische Ordnung. Vielleicht hat man sich bei diesen astronomischen Rückrechnungen um einige Jahre geirrt – was macht das schon bei einem solchen Stammbaum?

P'An Ku, dessen Legende über ganz China verbreitet sein soll, wird in verschiedenen Gegenden verschieden dargestellt, kaum verwunderlich bei der unendlichen Größe dieses Landes von 9 561 000 qkm Fläche! Mal ist er ein Wesen mit zwei Hörnern auf dem Kopf und einem Hammer in der rechten Hand – mal erscheint er als Drache, der die vier Elemente bezwingt – mal hält er die Sonne in der einen, den Mond in der anderen Hand – mal bearbeitet er, von einer Schlange beobachtet, Felswände.

Tatsächlich soll die P'An-Ku-Legende in China nicht so alt sein wie der kräftige Mann selbst: erst im sechsten Jahrhundert v. d. Z. sollen Reisende die Legende aus dem hinterindischen Königreich Siam (Thailand) mit nach China gebracht haben.

»Als ›Vater der Dinge‹ bezeichnet die chinesische Mythologie Yan Shih Tien-Tsun«, sagte der Direktor. »Es ist das Sein, das sich nicht ergründen läßt, der Anfang und das Ende aller Dinge, das Höchste und Unvorstellbare im Himmel. Er wird in späteren Zeiten auch Yü Ch'Ing genannt. Wenn Sie darüber schreiben, müssen Sie darauf hinweisen, daß Yü CH-Ing nicht mit dem mythischen Kaiser Yü verwechselt wird, der die große Flut, die Sintflut, bezwungen haben soll. – Kennen Sie die Legende von Yan Shih-Tien Wang?«

Ich kannte sie nicht. Der Direktor holte einen Band des »Dictionary of the Chinese Mythology« vom Bücherbord.

»Da, lesen Sie die Geschichte im Hotel! In dem Dictionary werden Sie einige für Ihre Betrachtungsweise faszinierende Geschichten finden wie beispielsweise die Legende der Göttin Chih Nü. Sie war die göttliche

Patronin der Weber. Ihr Vater schickte die junge Tochter zum Nachbarn, der am »Silberstrom des Himmels«, gemeint ist wohl die Milchstraße, Wache hielt. – Chih Nü wuchs heran und wurde sehr hübsch, Tage und Nächte verbrachte sie mit Spielen und Lachen, nie habe es im Himmel eine verrücktere und wildere Liebhaberin gegeben als Chih Nü. Der Sonnenkönig wurde des Treibens überdrüssig, und als sie von ihrem Wächter-Freund auch noch ein Kind gebar, befahl er dem feurigen Liebhaber, sich am anderen Ende des Silberstromes zu postieren, um dann die schöne Chih Nü nur noch einmal im Jahr, in der siebten Nacht des siebten Monats, wiederzusehen . . .«

»Die Story von den Königskindern, die nicht zueinander können!«

»Die Legende hat ein Happy-End für die Liebenden: Millionen glänzender Himmelsvögel reihten sich zu einer unendlichen Brücke über die Milchstraße aneinander. Chih Nü und der Wächter konnten sich treffen, wann immer sie wollten!«

»Wenn die glänzenden Himmelsvögel Raumschiffe waren, die zwischen den Planeten patroullierten, dann scheint es mir durchaus plausibel, daß die Liebenden nach Wunsch zusammenkamen.«

Herr Chang Fu-Tschung erhob sich:

»Sie sind wirklich ein Phantast! Aber Sie müssen ja nicht in Ehrfurcht vor Hergebrachtem erstarren. Vielleicht haben moderne Interpretationen von Mythen und Legenden eine Berechtigung, vielleicht führen sie uns weiter. Viel wissen wir noch nicht . . .«

Herr Marshall P. S. Wu, Chef der Ausgrabungsabteilung, war mir vom Direktor für die Dauer meines Aufenthaltes als bestinformierter Cicerone attachiert worden. Wenn auch in einem häufigen Wechsel jeweils nur Bruchteile der 250 000 Gegenstände im Museum ausgestellt werden, sind es immer noch so verwirrend viele, daß ich wohl meine »Funde« ohne Herrn Wu, der begriffen hatte, worauf es mir ankommt, kaum hätte sammeln können.

Bronzekrüge aus der Zeit der Shang-Dynastie (1766 – 1122 v. d. Z.) erinnern mich spontan an die andere Seite des Pazifiks: viel älter als die chinesischen Krüge, zeigen die Nazca-Keramiken, prä-inkaische Arbeiten, ganz ähnliche Ornamente: geometrische Linien, gegeneinander versetzte Quadrate, Spiralen

Axt aus Jade, kleine Kopie einer größeren Axt. In den grünlichen Stein ist das Göttersymbol des Drachens mit Feuerschweif eingraviert, das Firmament zieren Kugeln. Ich denke an gleiche Darstellungen auf assyrischen Zylindersiegeln

Altarschmuck für den Gottesdienst des Berg- und Wolkengottes steht, ganz im Sinne der Archäologen, unter einem rechteckigen Gegenstand aus dem Jahr 206 v. d. Z. Man sieht einen Berg, dominierender aber über ihm eine gewaltige Kugel mit einem Feuerschweif. Diese Kugel – über ihr drei geometrisch angeordnete Kügelchen – mit ihrer beherrschenden Größe steht in keiner vernünftigen Relation zu Sonne, Mond und Sternen. Altarschmuck? War das nicht zu Urzeiten ein Erinnerungsbild an eine unvergeßliche, unbegreifliche Erscheinung am Himmel?

Jade-Scheiben mit Durchmessern von 7 bis 16,5 cm. Sie haben in der Mitte ein Loch wie in Schallplatten. Mit

142a

einem Zapfen werden sie an einem Obelisken von 20 cm Höhe lotgerecht gehalten. Ich nehme den Archäologen ebensowenig ab, daß diese »Zeremonien«-Scheiben Symbole des Himmels für Macht und Stärke waren wie daß der Obelisk ein Phallussymbol gewesen wäre. Mich faszinierten die Jade-Scheiben, von denen mehrere die rundherum sauber »ausgefrästen« Winkel von Zahnrädern haben. Gibt es einen Zusammenhang zwischen diesen angeblichen Zeremonien-Scheiben und den Steintellern von Baian-Kara-Ula? Akzeptiert man jene Teller aus dem chinesisch-tibetanischen Grenzland als Modelle für diese Zeremonien-Scheiben, dann hebt sich

142a + 142b Die Jade-Scheiben haben in der Mitte ein Loch, oft rundherum ausgefräste Winkel von Zahnrädern. Sind sie nach Modellen gearbeitet?

der Schleier des Rätselhaften: nach einem Besuch von Astronauten im Raume Baian-Kara-Ula, die die Steinteller – vermutlich zur Nachrichtenübermittlung – fertigten, bildeten sich ehrfürchtige Priester ein, sie würden göttergefällige Werke tun oder selbst ein bißchen werden wie die entschwundenen enorm klugen Wesen, falls sie auch nur solche Scheiben produzieren würden, wie die Fremden sie benutzt hatten. So könnte sich der Kreis schließen, so könnten auch die Zahnradscheiben auf Umwegen zu Kulturrequisiten geworden sein.

Dr. Wjatscheslaw Saizew, der Wichtiges über die Steinteller publizierte, fand bei Fergana in Usbekistan, nahe der chinesischen Grenze, eine Felsmalerei; nicht nur, daß hier ein Wesen den Helm eines Astronauten trägt, nicht nur, daß Atmungsgeräte zu identifizieren sind – in den durch den Raumfahreranzug isolierten Händen hält es eine Platte, wie sie zu Hunderten in Baian-Kara-Ula gefunden wurde!

Wer erschoß den Bison in der Jungsteinzeit?

Der Geologe Thuinli Lynn erzählte mir von einer in der westlichen Welt unbekannten Entdeckung:

Im Juli 1961 stieß der Archäologe Tschi Pen-Lao, Professor für Altertumsforschung an der Universität Peking, im »Tal der Steine« bei Ausgrabungen auf Teile eines unterirdischen Höhlensystems. Westlich von Yoyang, an den Ausläufern des Honan-Gebirges, am Südufer des Tung-Ting-Sees, fand der Archäologe in 32 m Tiefe

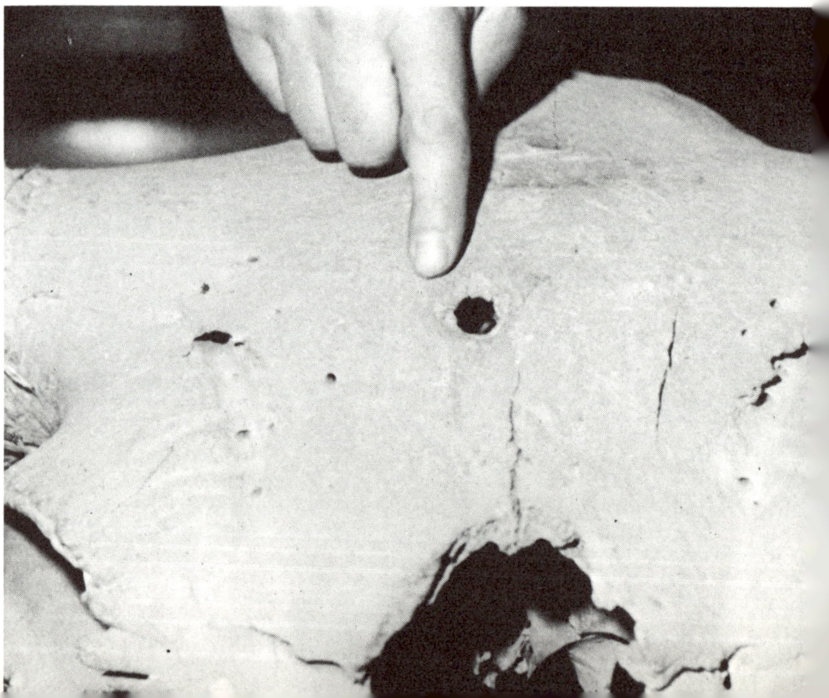

143 Diese Schädeldecke eines Bisons liegt im Anthropologischen Museum, Moskau. Deutlich sieht man ein Einschußloch. Der Fund ist 10000 Jahre alt. Wer besaß damals moderne Waffen?

Zugänge zu einem Labyrinth. Gänge wurden lokalisiert, die zweifelsfrei unter den See hinausführen. Die Höhlenwände sind glatt und glasiert. Wände einer Halle, Kreuzung mehrerer Gänge, sind von Zeichnungen übersät: sie stellen Tiere dar, die alle in eine Richtung fliehen, von Menschen getrieben, die »Blasrohre« an den Lippen haben. Über den fliehenden Tieren, und das ist für mich – außer der Tatsache des unterirdischen Tunnelsystems – der sensationelle Kern des Berichts, fliegt ein Schild, auf dem Menschen stehen, die gewehrähnliche Geräte in den Händen halten, mit denen sie auf die Tiere zielen. Die Menschen auf dem »fliegenden Schild«, berichtet Professor Tschi Pen-Lao, tragen moderne Jacken und lange Hosen. Die Datierung der Entstehungszeit des Tunnelsystems, meint Lynn, sei vielleicht inzwischen gelungen, doch kämen Nachrichten aus Rotchina nur spärlich und erheblich verzögert.

Der Bericht vom »fliegenden Schild« und den von oben herab auf fliehende Tiere zielenden Menschen erinnerte mich sofort an einen unvergessenen Eindruck, den ich 1968 aus dem Museum für Paläontologie, Moskau, mitnahm: dort liegt das Skelett eines Bisons, dessen Stirnplatte von einem glatten Durchschuß getroffen wurde.

Die Urheimat der Bisons war das russische Asien. Das Alter des Bison-Fossils wird in die Jungsteinzeit (8000 bis 2700 v. d. Z.) datiert, als man noch, wie es die Zeitbezeichnung ausdrückt, Waffen durch Steinschliff herstellte, und die modernste Waffenkreation jener Epoche war das Steinbeil. Ein Schlag mit dem Steinbeil hätte allenfalls die Stirnplatte zertrümmert, in keinem Fall ein Durchschußloch hervorgebracht.

In der Jungsteinzeit eine Feuerwaffe?

Der Kandelaber in der Bucht von Pisco

Als ich 1965 in Peru war, konnte ich den riesigen, 250 m hohen dreizackigen Kandelaber an der Küstenwand in der Bucht von Pisco nur auf eine Entfernung von etwa 2 km von der Meeresseite her betrachten. Für die Reise im Sommer 1968 hatten Hans Neuner und ich den Plan, an Land zu gehen, um wenigstens ein Stück einer Säule von der Sandschicht freizumachen und zu fotografieren.

Nach einem vergeblichen Versuch mit einem gemieteten Wagen, der immer wieder in den Sanddünen steckenblieb,

von Land aus den dreizackigen Kandelaber zu erreichen, überredeten wir einen Fischer, uns in die Bucht zu bringen. Gut zwei Stunden schaukelten wir in einer leichten Brise, bis der Fischer erklärte, nun könne er nicht näher an die Küste heran, weil sein Boot sonst Gefahr liefe, von den scharfen Unterwasserriffen aufgeschlitzt zu werden.

Es blieb uns keine Wahl, wir mußten in voller Montur und sogar mit Schuhen – der stechenden Fische wegen – ins Wasser gehen, um die restlichen 50 m an Land zu waten und zu schwimmen. Werkzeuge, Meßbänder, Kameras schoben wir, in Plastikbehälter verstaut, vor uns her. Als wir die ersten Küstenfelsen erreicht hatten, zogen wir unsere nassen Klamotten aus und stapften durch den heißen Wüstensand auf die Felswand zu.

Leider leihen wohlgesonnene Götter auch neugierigen Idealisten keine überirdischen Kräfte. Nach einigen Stunden emsiger Arbeit mußten wir einsehen, daß es über unsere Kraft ging, auch nur ein Stück des Dreizacks von der harten Sandschicht freizulegen.

Immerhin lohnten einige präzise Messungen und Feststellungen unsere Mühen: Die einzelnen Säulen des Dreizacks sind bis zu 3,80 m breit. Sie bestehen aus schneeweiß phosphoreszierenden Blöcken, die hart wie Granit sind. Ehe sie von Sand zugedeckt wurden, das heißt, solange sie von den Urbewohnern saubergehalten wurden, müssen diese Signale für »Götter« grell und leuchtend himmelwärts »gerufen« haben.

Es gibt Archäologen, die den Dreizack an der Felswand der Bucht von Pisco als eine für die Schiffahrt bestimmte Küstenmarkierung ansehen. Gegen diese These spricht, daß der Dreizack in einer Bucht liegt und für anfahrende Schiffe keineswegs von allen Seiten her gesehen werden kann. Dagegen spricht auch, daß eine Markierung von diesem Ausmaß für die Küstenschiffahrt übertrieben groß gewesen wäre, und die Existenz einer Hochseeschiffahrt in Urzeiten ist mindestens fragwürdig. Dagegen spricht aber vor allem, daß die Schöpfer ihren Dreizack HIMMELWÄRTS konstruierten. Es bleibt ferner zu fragen, wenn schon für irgendeine Art von Schiffahrt Navigationspunkte notwendig waren, warum nahm man dazu nicht die beiden Inseln, die in der Verlängerung der mittleren Säule des Dreizack weit draußen im Meer liegen? Da boten sich naturgegebene Orientierungshilfen an, die jedem Schiff, gleich von welcher Seite es die Bucht anlief, weithin sichtbar gewesen wären. Warum also eine Markierung, die sowohl aus nördlicher als auch aus südlicher Richtung kommende Seefahrer überhaupt nicht sehen konnten? Und warum ein Navigationszeichen, das himmelwärts weist? Daß es außer einer Sandwüste nichts, aber auch gar nichts gibt, was Seefahrer hätten locken können, und daß die Gewässer mit ihren scharfen Felsriffen für die Ankerung von Schiffen auch in Vorzeiten untauglich gewesen sein dürften, das sei – der Vollständigkeit halber – nur am Rande erwähnt.

Air Terminal Nazca

Für meine These der »himmelwärts« gerichteten Signale spricht noch eine andere Tatsache:

Nur 160 km Luftlinie von Pisco entfernt liegt die Ebene von Nazca mit ihren geheimnisvollen Bodenmarkierungen, die man erst Ende der dreißiger Jahre unseres Jahrhunderts entdeckt hat. Seither bereiten die geometrischen Liniensysteme, abstrakten Zeichnungen und wohlgeordneten Gesteinsbrocken auf dieser vollkommen planen Steinwüste, die sich über ein etwa 50 km langes Gebiet zwischen Palpa im Norden und Nazca im Süden erstreckt, den Archäologen Kopfzerbrechen. Mir vermitteln sie unzweifelhaft den Eindruck einer Flugplatzanlage.

Wer die Ebene überfliegt, dem leuchten – selbst aus großer Höhe noch einwandfrei erkennbar – helle Linienbahnen entgegen, die sich kilometerlang dahinziehen, teilweise parallel nebeneinander verlaufen, sich schließlich kreuzen oder zu trapezoiden, bis zu 800 m langen Flächen zusammenlaufen. Zwischen diesen schnurgeraden Bahnen sind die Konturen überdimensionaler Tierfiguren zu erkennen, deren größte in ihrer ganzen Ausdehnung etwa 250 m mißt.

Aus der Nähe betrachtet, erweisen sich die Linien als vertiefte Furchen, die den gelblich-weißen Untergrund der Pampa freilegen und sich gegen die krustenartige Oberschicht aus braunem Wüstensand und oxydierten Steinen scharf abheben. Maria Reiche, die sich seit 1946 um die Erhaltung, Vermessung und Deutung der Bodenzeichnungen bemüht und zunächst mit Meßband und Sextanten Planzeichnungen der Dreiecke, Vierecke, der schnurgeraden Linien und der vielen Tierfiguren anfertigte, fand später

145

heraus, warum der Boden oberhalb des Ingenio-Tales wie kaum ein anderer geeignet war, gut erkennbare Markierungen anzubringen, die die Jahrhunderte überdauern konnten:

Im Nazca-Gebiet regnet es nämlich im Jahresdurchschnitt nur 20 Minuten. Sonst herrscht ein trocken heißes Klima. Verwitterungen besorgt der sandtragende Wind, der auch alles lose Material, das auf der Oberfläche liegt, mit sich hinwegträgt und nur Geröll zurückläßt, das durch die großen Temperaturunterschiede immer mehr zerbirst. Darauf hat sich dann der sogenannte »Wüstenlack« gebildet, der nach Oxydation braun glänzt. Um die riesigen Zeichnungen auf dem hellen Untergrund aus feinem Anschwemmungsmaterial hervorzubringen, brauchten die Konstrukteure die dunklen Oberflächensteine also nur zu entfernen und den Boden auszuscharren.

Wer aber schuf diese »Scharrbilder« und warum in einem Ausmaß, daß man sich von ihnen nur aus großer Höhe –

146

etwa von einem Flugzeug aus – einen Gesamteindruck verschaffen kann?

Kannten die Erbauer bereits ein hochentwickeltes Winkelmessungssystem, mit dem sie ihre kleinen Entwürfe exakt ins Gigantische übertrugen?

Maria Reiche meint dazu:

> »Die Zeichner, die diese Vollkommenheit ihrer eigenen Schöpfungen nur von der Luft aus hätten erkennen können, müssen diese von vornherein in kleinerem Maßstab geplant und gezeichnet haben. Wie sie dann über große Entfernungen hin jedem Linienstück seinen richtigen Platz und seine Ausrichtung geben konnten, ist ein Rätsel, zu dessen Lösung man noch Jahre brauchen wird.«

Das Phänomen auf der Pampa von Nazca ist von der Wissenschaft bisher viel zuwenig beachtet worden. Zunächst glaubte man, bei den pfeilgeraden Linien handle es sich um alte Inkastraßen oder um Bewässerungskanäle.

147

Das sind sinnwidrige Deutungen! Warum sollen »Straßen« mitten in der Ebene beginnen und dann plötzlich wieder abbrechen? Warum sollen sich die Linien, wenn sie Straßen gewesen wären, in einem Koordinatensystem schneiden? Und warum sind sie nach der Windrose angelegt, da Straßen doch die Aufgabe haben, irdische Ziele, und zwar möglichst auf kürzestem Weg zu erreichen? Und warum sollen Bewässerungskanäle die Gestalt von Vögeln, Spinnen und Reptilien haben?

Auch Maria Reiche, die sich am längsten und intensivsten um die Enträtselung des Geheimnisses der Nazca-Ebene bemüht und darüber in ihrem Buch »Geheimnis der Wüste« berichtet hat, lehnt diese Interpretation ab. Sie hält es vielmehr für wahrscheinlich, daß diese Zeichnungen über ihre religiöse Bedeutung hinaus der Kalenderwissenschaft zugerechnet werden können. Nach ihrer Vermutung enthalten die Bodenmarkierungen Himmelsbeobachtungen, die auf unzerstörbare Weise der Nachwelt überliefert werden sollten. Doch fügte sie einschränkend hinzu:

148

»Es ist nicht absolut sicher, ob eine astronomische Ausdeutung aller Linien möglich ist, da es solche gibt (unter ihnen zahlreiche Nord-Süd-Linien), die keinem am Horizont innerhalb dieser Zeitepochen erscheinenden Stern entsprochen haben könnten. Falls aber Stellungen von Gestirnen nicht nur auf, sondern auch über dem Horizont aufgezeichnet werden sollten, würden die Anlegungsmöglichkeiten der Linien so groß sein, daß es außerordentlich schwierig sein würde, zu absolut beweisbaren Resultaten zu kommen.«

Ich weiß, daß Maria Reiche meine Deutung der geometrischen Zeichnungen von Nazca nicht teilt, da ihre bisherigen Versuchsergebnisse solche kühnen Schlüsse nicht rechtfertigen würden. Trotzdem sei es mir gestattet, meine Theorie zu erläutern:

In der Nähe des heutigen Städtchens Nazca landeten auf der menschenleeren Ebene irgendwann einmal fremde Intelligenzen und errichteten einen improvisierten Flug-

platz für ihre Raumfahrzeuge, die in Erdnähe operieren sollten. Auf dem idealen Gelände legten sie zwei Pisten an. Oder markierten sie die Landebahnen mit einem uns unbekannten Werkstoff? Die Kosmonauten erledigten – wieder einmal – ihre Aufträge und flogen auf ihren Planeten zurück.

Die präinkaischen Stämme aber, welche die ihnen so ungeheuer imponierenden fremden Wesen bei der Arbeit beobachtet hatten, wünschten sich sehnlichst die Rückkehr dieser »Götter«. Sie warteten Jahre, und als sich ihr Wunsch nicht erfüllte, begannen sie – so wie sie es bei den »Göttern« gesehen hatten – neue Linien in die Ebene zu bauen. So entstanden die Ergänzungen der beiden ersten Pisten.

Aber die »Götter« erschienen immer noch nicht. Was hatten sie falsch gemacht? Womit hatten sie die »Himmlischen« verärgert?

Ein Priester erinnerte sich, daß die »Götter« von den Sternen gekommen waren und gab den Rat, die lockenden

Linien nach den Sternen auszurichten. Die Arbeit begann aufs neue. Es entstanden die nach den Gestirnen ausgerichteten Bahnen.

Die »Götter« aber blieben aus.

Generationen waren inzwischen geboren worden und wieder gestorben. Die ursprünglichen, die ECHTEN Pisten der fremden Intelligenzen waren längst verfallen. Die nachwachsenden Indio-Geschlechter wußten nur noch durch mündliche Berichte von den »Göttern«, die einst vom Himmel hernieder gekommen waren. Die Priester machten aus den Tatsachenberichten heilige Überlieferungen und verlangten, daß man immer wieder neue Zeichen für die »Götter« errichtete, damit sie eines Tages wiederkehrten.

Da man mit der Linienzieherei keinen Erfolg gehabt hatte, begann man, große Tierfiguren auszuscharren. Zuerst stellte man Vögel aller Art dar, Vögel, die das Fliegen symbolisieren sollten – später gab ihnen die Phantasie Umrisse von Spinnen, Affen und Fischen.

151/15

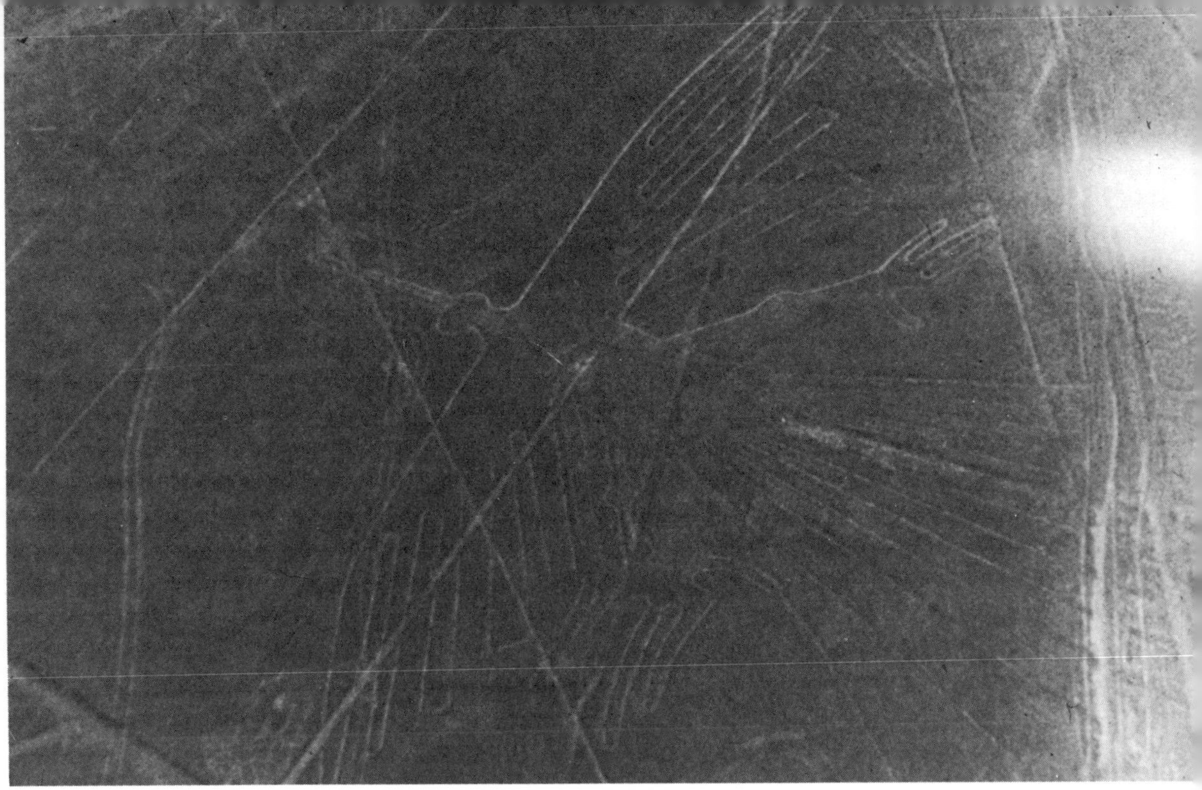

153

154

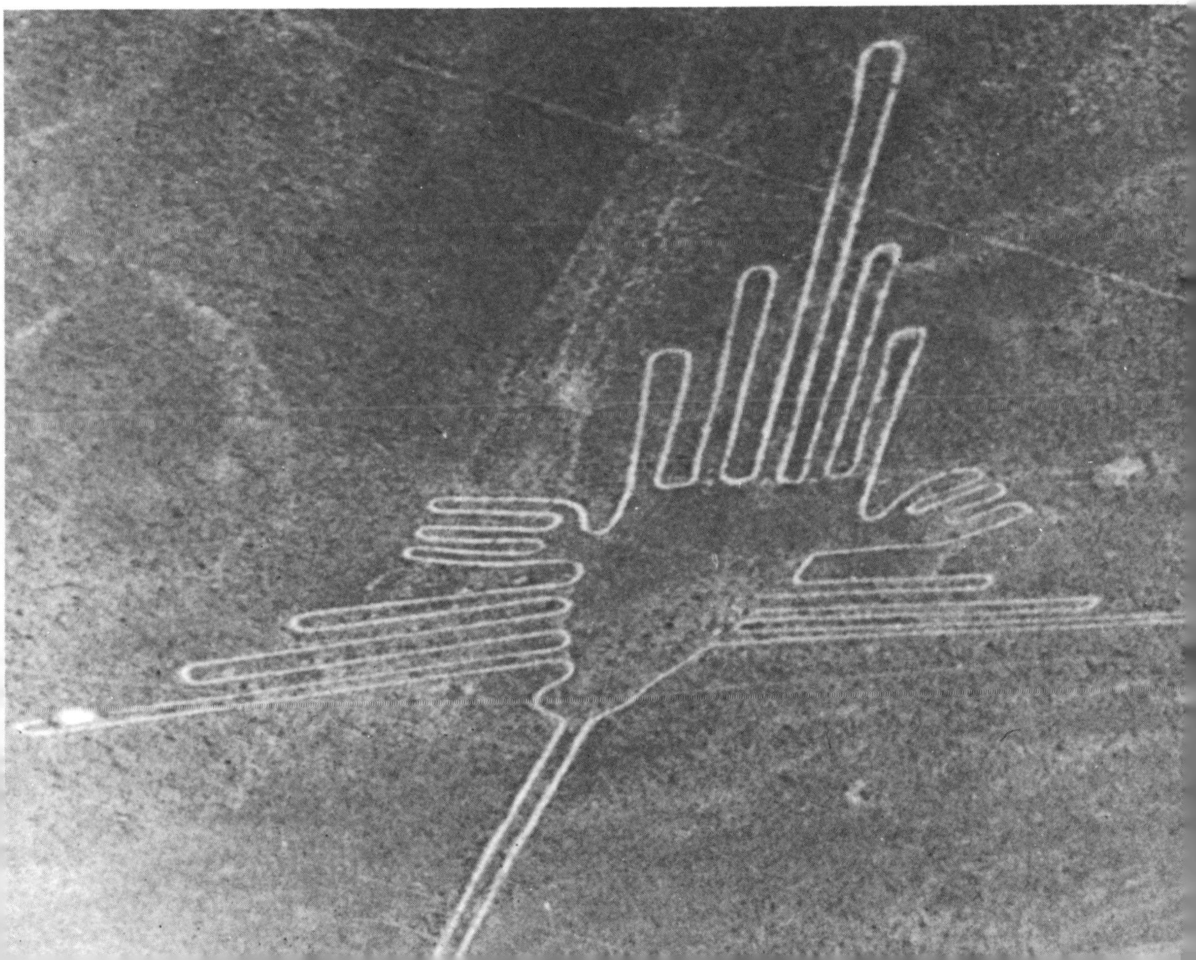

Zugegeben, das ist eine hypothetische Erklärung für die »Scharrbilder« von Nazca. Aber könnte es nicht ungefähr so abgelaufen sein? Ich habe es gesehen, und jeder kann es sehen: Nur aus großer Höhe sind die Koordinaten der Landebahnen und die Tiersymbole erkennbar.

Doch damit nicht genug. Rings um Nazca gibt es an den Felswänden Zeichnungen von Menschen, aus deren Köpfen Strahlen schießen – Heiligenscheinen christlicher Darstellungen ähnlich.

160 km Luftlinie von Pisco entfernt: Nazca! Plötzlich kam mir der Gedanke: Besteht etwa zwischen dem Dreizack der Bucht von Pisco, den Gebilden der Ebene von Nazca und dem Ruinenfeld auf der Hochebene von Tiahuanaco ein Zusammenhang?! Mit einer minimalen Abweichung sind sie auf einer geraden Luftlinie miteinander verbunden. Handelt

155

es sich aber bei der Ebene von Nazca um einen Flugplatz und bei dem Dreizack von Pisco um ein Landesignal, dann müßten auch südlich von Nazca Landemarkierungen zu finden sein, weil man kaum unterstellen kann, daß alle Astronauten von Norden, von Pisco her, einflogen.

Und in der Tat wurden in der Nähe der südperuanischen Stadt Mollendo – 400 km Luftlinie von Nazca – bis hin in die Wüsten und Gebirge der chilenischen Provinz Antofagasta große Markierungen an hohen Schrägwänden gefunden, deren Sinn und Zweck bisher nicht geklärt werden konnte. An manchen Stellen sind Rechtecke, Pfeile oder Leitern mit gebogenen Sprossen zu identifizieren, oder man sieht ganze Berghänge mit teils ornamental ausgefüllten Vierecken. Man findet entlang der bezeichneten Luftlinie an schroffen Felswänden auch Kreise mit nach innen gerichteten Strahlen, Ovale, die mit einem Schachbrett-Muster gefüllt sind, und an der schwer zugänglichen Felswand in der Wüste von Tarapacár einen gigantischen »Roboter«.

Roboter in der Wüste von Tarapacár

Über diese Entdeckung (750 km Luftlinie südlich von Nazca) berichtete die chilenische Zeitung El Mercurio am 26. August 1968 unter der Überschrift »Neue archäologische Entdeckung durch Aufnahmen aus dem Flugzeug«:

> »Einer Gruppe von Fachleuten ist es gelungen, aus der Luft eine neue archäologische Entdeckung zu machen. Als sie über die Wüste von Tarapacár flogen, die im äußersten Norden Chiles liegt, entdeckten sie eine in den Sand gezeichnete stilisierte Figur eines Mannes. Diese Figur ist etwa 100 m groß, und ihre Umrisse sind mit Steinen vulkanischen Ursprungs markiert. Sie befindet sich auf einer einsamen Anhöhe von etwa 200 m. . . . In wissenschaftlichen Kreisen ist man der Auffassung, das LUFTERKUNDIGUNGEN dieser Art zur Erforschung der Prähistorie von großer Bedeutung sind . . .«

Teilnehmer der Expedition schätzen also, daß dieser »Roboter« etwa 100 m groß ist. Sein Körper ist viereckig wie ein Kasten, seine Beine sind gerade, und auf dem dünnen Hals sitzt ein quadratischer Kopf, aus dem zwölf gleich lange, gerade Antennenstäbe herausragen. Sein linker Arm hängt nach unten, der rechte ist aufwärts angewinkelt. Von den Hüften ausgehend, sind am Körper bis zum Rumpfende rechts und links dreieckige Flugflossen angesetzt, Stummelflügeln der Überschalljäger ähnlich.

Diese Entdeckung verdanken wir Lautaro Nunez von der Universidad del Norte in Chile, ferner General Eduardo Iensen und dem Amerikaner Delbert Trou, die bei einem Flug über die Wüste die Bodenformationen genau beobachteten. Diese in der Tat sensationelle Entdeckung wurde bei einem weiteren Erkundungsflug von der Leiterin des Archäologischen Museums in Antofagasta, Frau Guacolda Boisset, in vollem Umfang bestätigt. Auf den Höhen von Pintados entdeckte man – und belegte man mit Luftaufnahmen – auf einer Strecke von 5 km eine Reihe weiterer stilisierter Figuren.

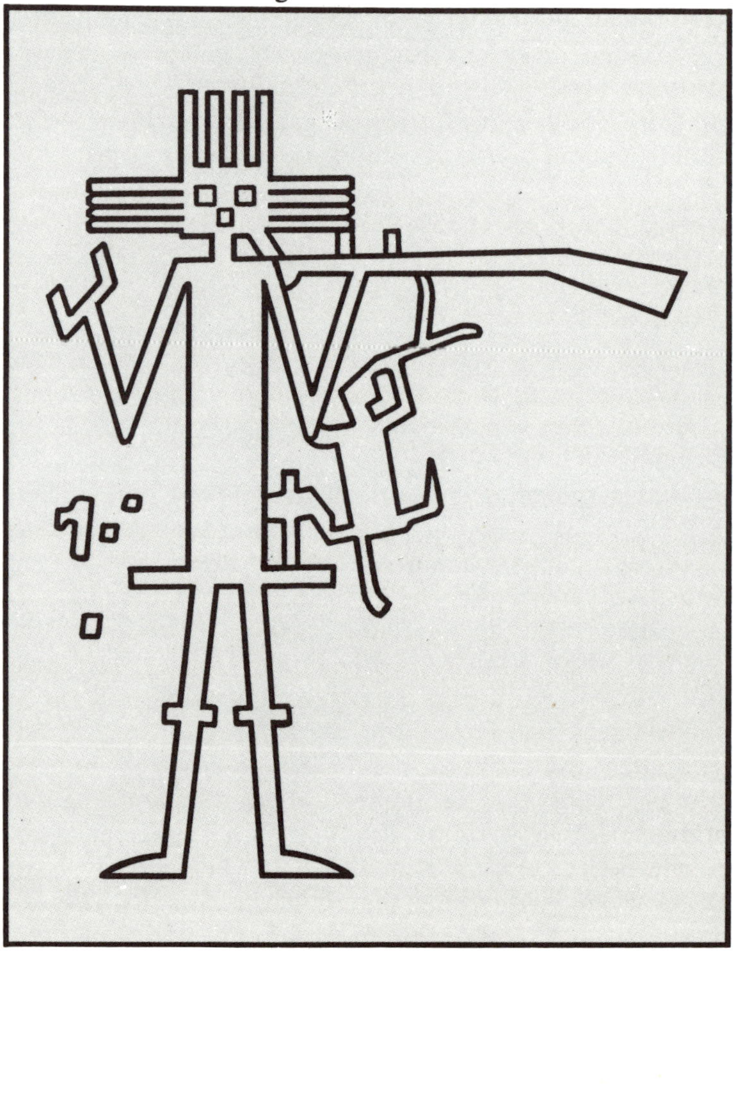

156

Im Sommer 1968 schrieb das Regierungsblatt »El Arauco«, Santiago:

»Chile braucht die Hilfe eines Mannes, der unsere chronische Neugier befriedigt, denn weder Gey noch Domeyko (Archäologen) haben jemals etwas über jene Plattform El Enladrillado gesagt, von der die einen behaupten, sie sei künstlich angelegt worden, und die anderen, daß sie das Werk von Lebewesen von anderen Planeten sei.«

Im August 1968 wurden Einzelheiten über die Entdeckungen auf der Hochebene von El Enladrillado bekannt. Die felsbedeckte Hochebene ist etwa 3 km lang und an der durch die Zeitläufe unzerstörten Stelle etwa 800 m breit. Dieses Terrain vermittelt den Eindruck eines Amphitheaters. Falls seine Erbauer Menschen gewesen sein sollten, müßten sie über die legendären »übermenschlichen« Kräfte verfügt haben! Die hier bewegten Felsblöcke sind rechteckig, 4 bis 5 Meter hoch und 7 bis 8 Meter lang. Hätten Riesen diese Stätte benutzt, müßten auch sie noch überdimensional groß gewesen sein. Die Steinsessel lassen auf eine Unterschenkellänge von knapp 4 Metern schließen. Keine Phantasie ist üppig genug, sich auszudenken, welche Sterblichen diese Steinblöcke zu einem Amphitheater zusammengefügt haben könnten. Die Zeitung La Manana/Talca, Chile, vom 11. 8. 1968 fragt denn auch:

»Könnte dieser Ort ein Landeplatz (für Götter) gewesen sein? Ohne Zweifel.«

Was kann man sich noch mehr wünschen.

Die Hochebene von El Enladrillado kann man nur zu Pferde erreichen. Drei Stunden reitet man von dem kleinen Ort Alto des Vilches bis zu dem lohnenden Ziel in 1 260 m Höhe. Die vulkanischen Blöcke, die man dort in großer Zahl findet, haben in der Mitte eine so glatte Oberfläche, daß sie nur durch sorgfältigste Bearbeitung entstanden sein können. Auch auf dieser Hochebene läßt sich deutlich eine teilweise unterbrochene Piste erkennen, die etwa 1 km lang und 60 m breit ist. In der Umgebung fand und findet man prähistorische Werkzeuge, mit denen – angeblich – die 233 geometrisch zugeschnittenen Felsblöcke von je etwa 10 000 kg Gewicht bearbeitet worden sein sollen. Es sind die Bausteine zum Amphitheater.

Die Zeitung Concepción/El Sur, Chile, hält in ihrem Bericht vom 25. 8. 1968 die Hochebene von El Enladrillado für »einen geheimnisvollen Ort«. Zu den westlichen Hügeln hin gibt es eine 100 m tiefe natürliche Höhle, in der Spuren menschlicher Arbeit feststellbar sind. Zur Zeit deutelt man, ob hier Steinzeitmenschen eine Ader aus Obsidian (eine glasige Ausbildungsform verschiedener junger Ergußsteine) freigelegt haben, um eine Probe ihrer industriellen Fertigkeiten in Form von metallhaltigen Werkzeugen zu hinterlassen. Ich kann hier nicht ganz folgen: Steinzeitmenschen werden wohl kaum METALL-haltige Werkzeuge besessen haben! Bei geologischen und archäologischen Untersuchungen fand man einen Monolithen, der 2 m aus dem Boden ragte. Als man ihn mit vielen Mühen umdrehte, zeigte er auf der anderen Seite verschiedene Gesichter! Ein Rätsel, das sich würdig in den Fragenkreis um die Osterinsel einfügt . . .

Noch eine Merkwürdigkeit verdient festgehalten zu werden: Inmitten der Hochebene stehen drei Felsblöcke von je 1 bis 1,50 m Durchmesser. Bei Messungen ermittelte man, daß zwei dieser Felsblöcke eine kompaßgenaue Linie von Norden nach Süden fixieren. Die Linie, die von den beiden Blöcken zu dem dritten verläuft, schneidet mit einer ganz geringfügigen Abweichung den Horizont etwa an dem Punkt, an dem die Sonne im Zenit des Sommers steht. Wieder muß man fragen, ob hier eine ausgelöschte Rasse Spuren erstaunlicher astronomischer Kenntnisse hinterließ – oder ob hier Vorfahren auf einen »höheren Auftrag« hin handelten.

Der Leiter der wissenschaftlichen Expedition, Humberto Sarnataro Bounaud, vertritt im El Mercurio, Santiago, vom 26. 8. 1968 den Standpunkt, daß hier eine vergangene, uns unbekannte »Kultur« am Werk gewesen sein muß, weil Eingeborene dieser Zone nie zu einer solchen Leistung fähig gewesen wären. Aber, meint Bounaud, man habe von der Hochebene als eines vortrefflichen Landeplatzes für alle möglichen Flugkörper bereits gewußt. Daher würden sich die geometrisch angeordneten 233 Felsblöcke erklären lassen, die himmelwärts gerichtete optische Zeichen gewesen sein könnten.

Wörtlich schreibt Bounaud:

> »Oder aber es war ganz einfach so, daß es sich um unbekannte Wesen handelt, die diesen Ort für ihre Zwecke benutzten?«

Aus zwei Gründen habe ich die Funde auf der Hochebene von El Enladrillado so ausführlich dargestellt: Einmal wurden sie in Europa nur einem verhältnismäßig kleinen Kreis von Interessierten bekannt – zum anderen passen sie hervorragend in meine These, daß mit den Markierungen in der Bucht von Pisco für die Kosmonauten eine Luftlinie begann, auf der Landeplätze bis in den hohen Norden Chiles angelegt waren. Wir sollten uns immer wieder vergegenwärtigen: Die Schöpfer uralter Kulturen sind verschwunden, aber die Spuren, die sie hinterließen, blicken uns immer noch fragend und herausfordernd an.

XIII
FELSMALEREIEN, MAYACODICES UND ROLLSIEGEL

Botschaften durch Felsmalereien

Professor Dr. Herbert Kühn, Mainz, schrieb:

> »Bevor die Menschheit die Schrift erfand, hat sie das, was sie dachte, was sie wünschte, was sie von der Gottheit erflehte, auf die Felsen gemalt. Diese Felsen haben die Ursprache der Menschheit erhalten bis heute.«

Und:

> »Das Überraschende der Bilder und das, was immer wieder für sie einnimmt, ist die Flüssigkeit der Formgebung, die Sicherheit der Strichführung, die Klarheit der Gestaltung, die Mächtigkeit der Anschauung und die gewandte Gruppierung der Größenverhältnisse.«

In diesen beiden grundsätzlichen Feststellungen stimme ich mit Professor Kühn, der 1923 mit seinem Buch »Die Kunst der Primitiven« als erster auf die Kunst der Naturvölker aufmerksam machte, überein. Mit seinen Erklärungen für den Sinngehalt der Felsbilder trennen sich unsere Wege.

Es wurden Felsbilder, Petroglyphen, Gravierungen und Reliefs auf felsigem Untergrund aus der Steinzeit entdeckt. Gerade bei uns in Mitteleuropa fand man Höhlenzeichnungen aus der Altsteinzeit, dem ältesten Abschnitt der Menschheitsgeschichte, der mit dem Auftreten des Menschen am Ende des Tertiärs beginnt und bis 10 000 v. d. Z. dauert. Im Freien blieben altsteinzeitliche Felsbilder als Reliefs erhalten, wie dort auch Malereien und Gravierungen fast nur aus der nachpaläolithischen Zeit zu finden sind.

Ostspanien, Südafrika und Sibirien besitzen die ältesten Felszeichnungen der Mittelsteinzeit. Zahlreicher sind die Funde aus der Jungsteinzeit, aus der Bronze- und Eisenzeit, die aber auch noch ins 2. und 1. Jahrtausend v. d. Z. zu datieren sind. Henri Lhote, der die Felsbilder der Sahara erforschte, ist überzeugt, daß die ältesten zwischen 8000 und 6000 v. d. Z. entstanden sind.

Gleiche Motive rund um die Welt

Geradezu ungeheuerliche vorzeitliche Darstellungen sind an nahezu unerreichbaren Orten zu finden – während der Eiszeit in entlegenen Höhlen, später auf den höchsten Graten der Berge, wo sich keine Menschen bewegten. Die steinzeitlichen Künstler werkelten und malten rings um den Globus.

Die Malereien sind – wie heute gemacht – mit Pinsel und Farbstift ausgeführt. Als Farben wurden Mineralien (Ocker, Braunstein, Feldspat) und Holzkohle genommen. Vor allem Rot, danach Schwarz und Weiß sind die häufigsten Farbtöne. Die Gravierungen wurden in der Steinzeit mit

157

Feuersteinwerkzeugen ausgeführt, geritzt oder gehämmert. Ob aber Malereien oder Gravierungen, immer und überall tauchen die gleichen »Motive« auf: Götter mit Heiligenscheinen und Helmen, mit Kleidung, die den Overalls heutiger Astronauten ähnlich ist, mit Attributen, in denen wir unschwer Antennen zu erkennen vermögen.

Wären es Einzelfälle in einem Radius von 2 000 oder 5 000 km, dann könnten es auch Zufälle sein, und man müßte es kommentarlos hinnehmen. Doch man findet die nämlichen Motive auf ALLEN Kontinenten, durch Ozeane getrennt, in Frankreich, Italien und Nordamerika, in Südrhodesien und in Peru, in Chile, Mexico, Brasilien und Australien, in Rußland und in der Sahara.

Mit Fleiß und Bedacht lese ich Erklärungen über Sinn und Bedeutung der Bilder. Die Erklärungen befriedigen weder meine Wißbegier noch meinen Verstand. Ich komme mir vor wie im Religionsunterricht, ich soll an Erklärungen GLAUBEN, weil sie nicht überzeugen können. Das muß man so sehen und verstehen, heißt es, denn anders darf man

158

es nicht interpretieren. Warum muß man? Warum darf man nicht anders?

»Zweifellos fand eine parallel laufende Entwicklung der verschiedenen paläolithischen, mesolithischen und neolithischen Stufen in Indien, Europa und Afrika statt . . .« schreibt Marcel Brion in »Die frühen Kulturen der Welt«. Zweifellos, aber wie?

Naturalisten und keine Vorbilder!

Man sagt, die vorzeitlichen Künstler wären Naturalisten gewesen. Kein Widerspruch. Tiere, die sie abbildeten, hätten sie auch gesehen. Woher aber haben dann die steinzeitlichen »Naturalisten«, die etwa in der Sahara ihr Atelier hatten, Vorlagen für Darstellungen schwebender Wesen in Raumfahreranzügen mit absolut modernen Verschlüssen, mit breiten Bändern an den Gelenken, genommen? Naturalisten gestalten der Natur nach, sie brauchen keine Phantasie.

Auch müßte man, heißt es, die Zeichnungen psychologisch betrachten: Die Höhlenmaler hätten Pilze gegessen, wären in einen Drogenrausch gefallen, und darin hätten sie irreale Vorstellungen gehabt. Ausgenüchtert, hätten sie dann die phantastischen Gestalten an die Wände gekritzelt. Ich fürchte, solche Erklärungen sind unhaltbarer als meine Spekulationen. Ich denke praktischer. Ich bemühe auch die Tiefenpsychologie nicht.

Ich sage mir: Wenn ein Höhlenbewohner, allenfalls mit Fellen bekleidet, Gestalten in unbekannten Anzügen und mit Helmen auf dem Kopf darstellt, dann muß er solche Wesen GESEHEN haben. Keine Droge – keine Phantasie – keine Männchen! Keine Vorbilder – kein Naturalismus!

Es heißt ferner, die Felsmalereien würden Ritualembleme und Jagdszenen darstellen. Eine achtbare Deutung, solange man andere Lösungen ausschließt. Die Behauptung, es gäbe für Prähistoriker keinen Grund, die ehemalige Anwesenheit von Extraterrestriern in der Entwicklungsgeschichte vorzusehen, ist schlicht unwissenschaftlich.

Ist das »wissenschaftlich«?

Jede Wissenschaft muß bestrebt sein, so nahe wie möglich an die Wahrheit heranzukommen. Das kann sie nur, wenn sie unsichere Positionen in Frage stellt und auch das anfänglich Undenkbare in ihre Untersuchungen einbezieht.

Man hält mir vor, daß ich »feststehende Tatsachen« aus dem Bereich der Prähistorie ignoriere. Was sind das für »Tatsachen«?

Jede neuentdeckte Felszeichnung wird so lange »gedeutet«, bis sie ins bewährte Schema paßt. Exakte Datierungen gibt es nicht, weil in Höhlen gefundene Knochen- oder Holzkohlenreste nichts aussagen, sie müssen nicht aus der Zeit der Höhlenmaler stammen. Bisherige Datierungen sind Vermutungen.

Im gleichen Augenblick, in dem Prähistoriker und Archäologen die Anwesenheit des nachgewiesenen Raumschiffes um 593 v. d. Z. (Hesekiel!) akzeptieren, erhellt sich das Dunkel, das über die weltweiten Felsmalereien mit den GLEICHartigen Motiven ausgebreitet ist! Fremde Kosmonauten hatten Kontakt mit den Menschen ihrer Epoche in aller Welt. SIE wurden von Steinzeitmenschen gesehen, beobachtet und dargestellt. Henri Lhote, der in einer wilden Kluft in der Sahara an einem Felsüberhang die fast sechs Meter hohe Figur eines Menschen entdeckte, schreibt:

> »Die Umrisse sind einfach und kunstlos, der runde Kopf, bei dem als einzige Besonderheit ein doppeltes Oval in der Mitte des Gesichts angedeutet ist, erinnert an das Bild, das wir uns gewöhnlich von Marsmenschen machen. Marsmenschen! . . . Sollten ›Marsmenschen‹ wirklich in die Sahara gekommen sein, dann nur vor Jahrtausenden, denn die Malereien der Rundköpfe im Tassili sind, soweit wir wissen, sehr alt.«

Die Maya-Codices

Die Halbinsel Yukatan liegt im nördlichen Zentralamerika zwischen dem Golf von Campeche und dem Karibischen Meer. Nach der Eroberung durch die Spanier veranstaltete der Bischof Seiner Allerchristlichsten Majestät Diego de Landa im Jahre 1672 in der Stadt Mani ein riesiges Autodafé: eine unbekannte Zahl von alten Maya-Handschriften wurde verbrannt, ein Stück unwiederbringlichen Kulturgutes. In seinem Buch »Relacion de las cosas de Yukatan« brüstet sich Bischof Landa im 41. Kapitel auch noch mit dieser ruchlosen Tat:

> »Wir fanden viele Bücher aus ihren Buchstaben und Zeichnungen, doch sie enthielten nichts, nur Aberglaube, Falschheiten und Böses. Deshalb verbrannten wir sie alle, was sie schwer bedauerten und ihnen offenbar sehr wehe tat.«

Eine Maya-Legende weiß zu berichten, daß es schon vor 10 000 Jahren eine in hoher Blüte stehende Kultur gab. Mag auch die Archäologie diese frühe Datierung durch ihre bisher spärlichen »Enthüllungen« in Frage stellen, messe ich doch solchen Fixierungen große Bedeutung zu, solange man nicht einmal erklären kann, woher das Volk der Maya kam und wo es hinging, denn: Die Maya-Städte, das ist bewiesen, wurden weder durch Kriege noch Naturkatastrophen zerstört, sie wurden von den Bewohnern verlassen. Spurlos verschwanden die Mayas. Warum gaben sie ihre herrlichen Städte, die in mächtigen Felsblöcken »auf Dauer« errichtet waren, auf? Sie waren keine Nomaden. Erwiesen ist, daß die sogenannte vorklassische Epoche bis ins zweite Jahrtausend v. d. Z. zurückreichte – aber, und das gibt man zu, das eigentliche Archaikum, das der vorklassischen Epoche vorausging, ist archäologisch nicht mehr zu erfassen. Mit größter Wahrscheinlichkeit standen all die heute fehlenden historischen Angaben in den Büchern, die Bischof de Landa verbrannte. Die Bücherverbrennung überdauerten lediglich drei Maya-Handschriften, die sogenannten Codices. Sie wurden aus der Rinde eines Feigenbaumes angefertigt und wie ein Leporello-Album gefaltet.

Fragmente, die Bände sprechen

Diese Fragmente sind nach ihren derzeitigen Aufbewahrungsorten benannt: »Codex Dresdensis«, »Codex Paris« und »Codex Madrid«, auch »Tro-Cortesianus« genannt.

Die in vergilbten Farben erhaltenen Glyphen sind erst zum geringsten Teil gedeutet. Einwandfrei entziffert wurden die Zahlenangaben eines genial einfachen Systems: es wird in Querstrichen, auf denen Punkte stehen, gerechnet. Ein Punkt entspricht der Zahl 1, drei Punkte der Zahl 3; die Zahl 5 wurde in einem Querstrich ausgedrückt, die Zahl 7 also mit einem Querstrich und zwei Punkten darüber. Die Zahl 17 stellt sich in drei Querstrichen und zwei aufgesetzten Punkten dar.

Den Mayas war sogar der Stellenwert und die Null bekannt. Sie hatten das Zwanziger- oder Vigesimalsystem. Sie multiplizierten mit 20. Wollten sie die Zahl 23 ausdrücken, dann kamen drei Punkte in die Einerstelle und ein Querstrich in die Zwanzigerstelle. Der Zwanziger-Querstrich war vom Fünfer-Querstrich leicht zu unterscheiden: die Zahlenstriche höherer Werte wurden in einem deutlichen Abstand über die Fünferstriche gezeichnet.

Unvorstellbar ist der Rang, den die Mayas mit ihrem Kalenderwesen erreichten. Fixpunkt ihrer Zeitrechnung ist ein Tag im Jahre 3113 vor unserer Zeitrechnung. Amerikanisten behaupten, dieses geheimnisvolle Jahr 3113 habe nichts mit der wirklichen Geschichte der Mayas zu tun, es habe lediglich einen »symbolischen Wert« wie etwa die jüdische Metapher »seit Erschaffung der Welt«. Wer kann das mit letzter Sicherheit behaupten, da wir nicht wissen, woher die Mayas kamen und wohin sie verschwanden?

Über dem Maya-Kalender ist viel geschrieben worden. Tatsache ist, daß er mit Jahreszyklen operierte, die sich nur alle 374 000 Jahre wiederholt haben sollen. Bauwerke sind nach dem Kalender ausgerichtet: für jeden Tag des Monats eine Stufe, für jeden Monat eine Plattform, und an der Spitze, am 365 Tag, erhebt sich der Tempel. Fast scheint es, als hätten die Mayas des Alten Reiches ihre Tempel nicht gebaut, weil heiliger Eifer sie antrieb, sondern weil der Kalender sie zu einer Soll-Erfüllung zwang.

In Chichén Itza stand das Observatorium der Astronomen: ein runder Bau über zwei mächtigen Terrassen, die weit über den Urwald hinausragten. Die Astronomen kannten die Umlaufbahn des Mondes mit vier Kommastellen genau, selbst das Venusjahr war ihnen bis auf drei Stellen nach dem Komma vertraut.

Die Maya-Ur-Götter kamen von den Sternen, kommunizierten mit den Sternen und kehrten, der Legende folgend, zu ihnen zurück. Im »Popol Vuh«, dem Schöpfungsmythos der Quiché-Maya-Stämme, wird berichtet, 400 himmlische Jünglinge wären nach Kämpfen und Entwürdigung unter den Menschen zu den Plejaden (Siebengestirn) zurückgekehrt. Der Gott Kukulkan entspricht vermutlich dem Gott Quetzalcoatl der Azteken: er wurde als gefiederte Schlange dargestellt und kam von den Sternen. Da den Mayas die Schlange tatsächlich als am Boden kriechendes Tier begegnete, ist schwer zu begreifen, weshalb sie in den Darstellungen fliegen konnte.

Maya-Bilderrätsel

Die noch vorhandenen Maya-Handschriften umfassen 208 Faltbuchseiten. Bei der Vielfalt der Zeichen, Figuren, Embleme und den sich daraus ergebenden Kombinationsmöglichkeiten ist es nicht verwunderlich, daß bis heute so wenig entziffert wurde. Die Zeichnungen auf Feigenbast, mit einer dünnen Kalkschicht als Farbunterlage, werden zwischen Glasplatten aufbewahrt.

Der Dresdener Codex hat 74 Schriftseiten und zeigt astronomische Berechnungen sowie Mond- und Venus-

160–165 Dies sind sechs von vielen, vielen Bildchen aus dem »Dresdener Codex« (Sächsische Landesbibliothek, Dresden), aber alle vermitteln mir den Eindruck technischer Darstellungen. Ich tippe nur an: astronautenmäßig gekleidete Wesen, technische Geräte, Rückenaggregate ... Und alle Bildchen haben Zahlenglyphen. Den Deutungen sind keine Grenzen gesetzt.

60

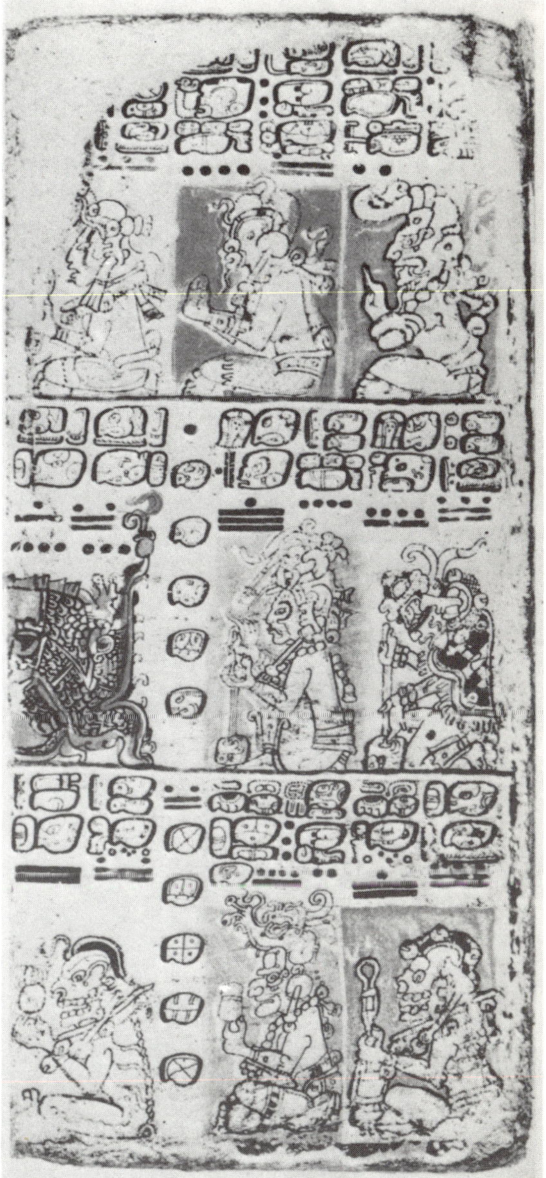

161

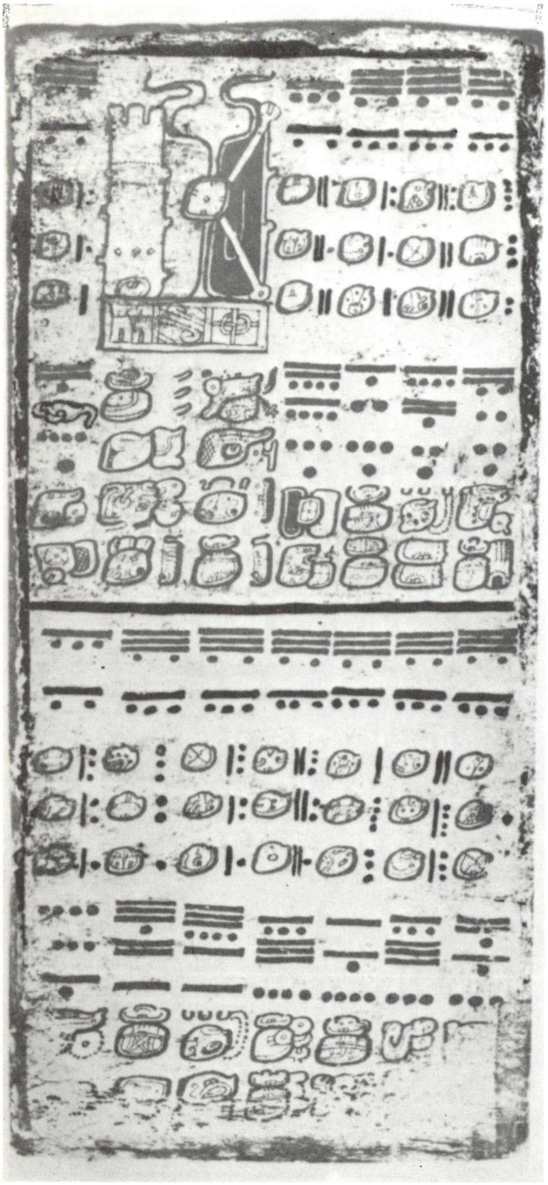

162

163

166–172 Die Darstellungen des »Madrider Codex« geben Wasser auf meine Mühle! Hier zeigen die Tableaus das ganze Arsenal von Raumfahrtzubehör wie Versorgungssysteme, Helme mit Sendeanlagen, einen Beobachter in einem Satelliten, Sauerstoffgeräte ... und wiederum exakte Zahlen. Nur ein minimaler Teil der Maya-Bildschriften wurde bisher entziffert, es ist viel Raum für meine Annahmen.

64

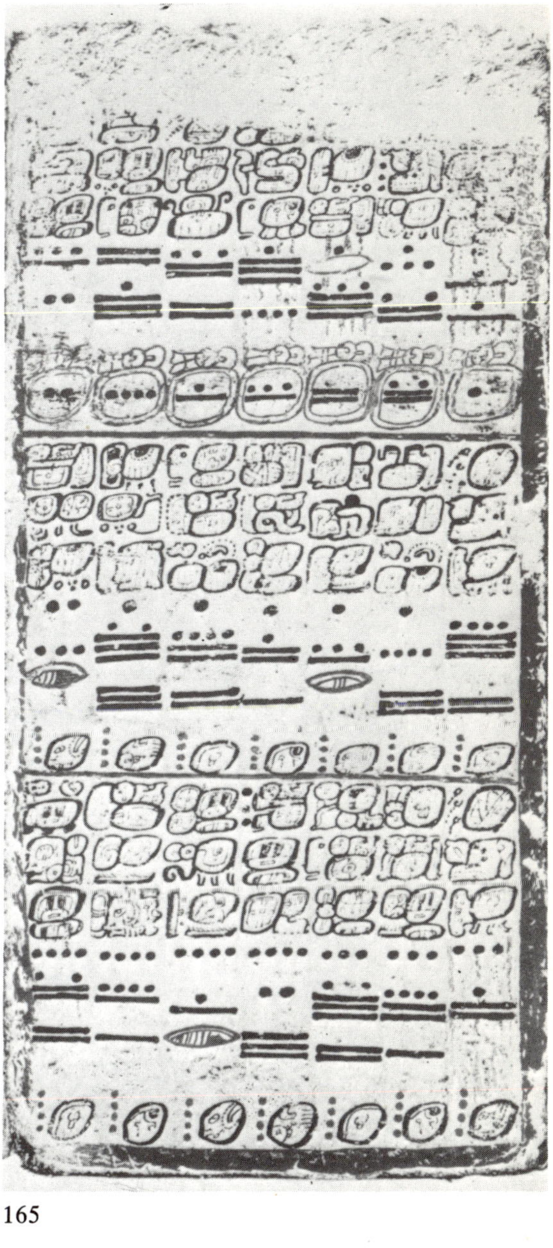

165

166

167

168

169

170

171

Umlauftabellen. Neben Ziffern taucht immer wieder ein reptilartiges Ungeheuer am Himmel auf, es steht mit dem Mond in Verbindung und speit gleichzeitig Wasser auf die Erde. Die Figuren tragen komplizierte Hüte und Masken, stecken oft in einer Art Taucheranzug. Beobachten wir die Maya-Priester bei Experimenten an Tieren? Undefinierbare Gestalten hantieren mit eigenartigen Geräten.

Den Pariser Codex kaufte die Nationalbibliothek 1832 aus Privatbesitz, er besteht aus gleichem Material und aus 22 stark beschädigten, farbig bemalten Seiten. Die Konservierung der Faltblätter wurde im vorigen Jahrhundert so unglücklich vorgenommen, daß von dem in eine Glaskassette eingekitteten Schatz nur zwei Seiten zu sehen sind. Gott sei Dank gibt es Nachbildungen aus dem Jahr 1887. Der Pariser Codex enthält vornehmlich kalendarische Prophezeiungen.

Der Madrider Codex liegt im Museo de America, umfaßt 112 bemalte Seiten, auf denen Götter in grotesk ritualen Stellungen zu sehen sind. Die Bilder insgesamt wie in ihren Details sind faszinierend. Was ist nicht schon alles hineininterpretiert worden! Rauchender Gott auf der Erdglyphe, Götter vor Speisegefäßen, Kasteiung durch Durchstechen der Zunge, Göttin mit Schlangenkopf am Webstuhl ... Der unbefangene Betrachter mag urteilen, was wirklich abgebildet wurde. Ich möchte annehmen, daß der Laie unbefangener kombiniert als der Maya-Spezialist.

Rollsiegel

Datierungen der sumerischen Geschichte sind bis zu mehreren hundert Jahren unsicher. Vermutlich kamen die Sumerer etwa 3300 v. d. Z. aus Zentralasien nach Mesopotamien.

Damals, als Europa noch in der Jungsteinzeit vor sich hindöste, entwickelten die Sumerer eine Schrift. Möglich, daß sie für die Güterverwaltung der Tempel besiegelte Akten und Rechnungen benötigten. Mit der handbetriebenen Töpferscheibe kam die Keramik auf, mit der Technik des Steindurchbohrens kamen Waffen auf den Markt.

Um 3000 v. d. Z. ließen sich die cleveren Sumerer die Kunst, Rollsiegel herzustellen, einfallen. Rollsiegel waren Stempel von einem bis zu sechs Zentimeter Länge, die, weil von hohem Wert, von den Besitzern meistens an einer Kette

173–178 Rollsiegel

174

175

176

177

178

um den Hals getragen wurden. Diese Siegel rollte man auf Tongefäßen ab, stempelte Urkunden oder quittierte mit ihnen Abgaben an die Tempel, die ja auch die Finanzämter jener Zeit waren.

Die cleveren Sumerer

Rollsiegel waren stets sehr kunstvoll ausgeführt; die ältesten dieser Funde zeigen mythologische Gestalten und Symbole. Vogelmenschen, Fabeltiere und Kugeln am Himmel waren bevorzugte Motive. Man sagt, diese Darstellungen seien Abstraktionen. Ich frage mich, ob die Sumerer ihre Kunst mit Abstraktionen begannen, weil Abstraktion doch als eine hohe Stufe der Kunst gilt. Gott Schamasch wurde mit brennenden Fackeln auf dem Rücken dargestellt, in der Hand hält er einen seltsamen Gegenstand, vor ihm flimmert ein Stern, von dem aus eine gerade Linie nach unten (zur Erde?) geht. Mit einem Fuß steht Schamasch auf einer Wolke, mit dem andern auf einem Gebirge, flankiert ist er von zwei merkwürdigen Säulen, auf denen kleine Tiere Wache halten.

Im Britischen Museum, London, wird ein Rollsiegel aufbewahrt, das man »Die Versuchung« taufte. Zwei bekleidete Gestalten sitzen sich gegenüber, einer wachsen antennenartige Hörner aus dem Kopf; zwischen beiden wächst ein stilisierter Baum mit Ästen, am Fuß des Stammes krümmt sich eine Schlange. Warum »Die Versuchung?« Hatten die Taufpaten die Versuchung im Paradies im Sinn? Ein sinnwidriger Bezug! Dieses Rollsiegel ist ja viel älter als das 1. Buch Moses! Ich bin so kühn, einen anderen »Sündenfall« zu sehen: ein Gott (=Astronaut) übermittelt einem Schüler Kenntnisse, vielleicht erläutert er, wie er mittels Hochfrequenzantenne stets erreichbar ist?

Im Buch sind Rollsiegel aus sumerischen und babylonischen Zeiten wiedergegeben, sie laden zum Nachdenken und Vergleichen ein.

XIV
»ES«

Wer oder was hat das Universum erschaffen?

Wer oder was hat die Sterne im All installiert?

Wer oder was bedient die »Schalthebel« im Weltenraum und macht sich einen Spaß daraus, Sterne zusammenprallen, Sonnen explodieren und ganze Galaxien ineinanderrasen zu lassen?

Wer oder was hat erstem Leben den »Odem eingehaucht«?

Wer oder was wollte, daß intelligentes Leben entsteht, das wir so wurden, wie wir sind?

Wenn alles, was ist, von dem einen und einzigen Gott geschaffen wurde, dann mußte dieser Gott gerecht, allmächtig und gut sein, denn alles ist Schöpfung nach seinem Willen.

Warum läßt dieser allmächtige Gott Kriege entstehen, Blut und Tränen fließen?

Warum läßt dieser gerechte Gott Mord an unschuldigen Kindern geschehen?

Wenn dieser weise Gott will, daß ihm alle Menschen »dienen«, wie die Religionen sagen, warum läßt er dann auf einem einzigen Planeten 20 000 Religionen und Sekten zu, die sich in seinem Namen in blutigen Auseinandersetzungen bekriegen?

Wie können im Namen dieses Gottes, der, wie die Religionen sagen, einst Mensch war und darum Menschen in ihrem Glück und in ihrer Not verstehen muß, Kriegsgeräte verfeindeter Parteien für den Sieg gesegnet werden? Dürfte der wissende Gott den Segen nicht nur der einen Partei angedeihen lassen, die tatsächlich in seinem Namen, Auftrag und Willen kämpft?

Warum dürfen Schurken und Schufte, Halsabschneider und falsche Richter des gleichen Glückes teilhaftig sein wie die guten Kreaturen unter Gottes Sonne?

Welchen Sinn hat dieser eine Gott intelligentem Leben überhaupt zugedacht?

Der Molekularbiologe Jacques Monod, Direktor des Pasteur-Instituts, Paris, und Nobelpreisträger von 1965, erregte und verstörte die gläubige Welt mit seinem Buch »Zufall und Notwendigkeit«, und selbst die atheistische Linke war über Monods Thesen empört, weil sie in ihnen eine philosophische Überhöhung biologischer Fakten zu einer Ersatzreligion vermutete.

Monod benennt in seinem Werk die drei Stufen, die alles Leben möglich machten:

1. Die Bildung der hauptsächlichen chemischen Bestandteile von Lebewesen auf der Erde: der Nukleotide und Aminosäuren. (Nukleotide sind Verbindungen von Phosphorsäure, Nukleinbasen und Kohlenhydrat, die besonders in den Zellkernen vorkommen. – Aminosäuren sind organische Säuren, die als Bausteine der Eiweiße Bedeutung haben.)
2. Auf der Basis dieser Stoffe die Bildung der ersten replikationsfähigen Makromoleküle (Makromoleküle bestehen aus 1000 und mehr Atomen).
3. Um diese unbegrenzt wiederholbaren Strukturen baut sich der teleonomische Apparat auf, ein System, das sich in sich selbst zusammenhält: es führt zur Urzelle.

Monod kennt die jüngsten Forschungen der Molekularbiologie und Genetik: Vor Milliarden Jahren traten in der Erdatmosphäre und Erdkruste bestimmte einfache Kohlenstoffverbindungen (wie Methan) auf, später bildeten sich Wasser und Ammoniak; aus diesen einfachen Verbindungen entstanden zahlreiche Substanzen, darunter Nukleotide und Aminosäuren, die schließlich in der präbiotischen Ursuppe den ersten Organismus, die erste Zelle und damit das erste Leben bildeten. Das war also zu einer Zeit, als chemische und physikalische Abläufe noch nicht an die

Gegenwart von Lebewesen gebunden waren. Der »kleine Rest« bis zur Entwicklung des homo sapiens tut sich in der Evolutionstheorie angeblich in einer friedlichen Entwicklung ohne revolutionären Eingriff.

Kern der Monodschen Thesen ist, daß sich das entscheidende Ereignis des Entstehens von Leben NUR EIN EINZIGES MAL abspielte. Monod:

> »Der Mensch weiß endlich, daß er allein ist in der gleichgültigen Unermeßlichkeit des Universums, aus dem er durch Zufall aufgetaucht ist. Über sein Schicksal und seine Pflicht wurde nirgends entschieden.«

Leben als Lotterietreffer der Natur?! Mögen die Gedanken des atheistischen Professors wissenschaftlich hervorragend fundiert sein, bleibt letztlich doch die entscheidende Frage unbeantwortet: Welche Urkraft stellte die chemische Substanzen für die Entstehung von Leben bereit? Woher also kamen die Zutaten für die Ursuppe, in der erstes Leben wie Fettaugen auf der Bouillon herumschwamm?

Natürlich aus der Atmosphäre, antwortet die Wissenschaft. Aber die Antwort reicht mir nicht. Als neugieriges Kind frage ich: Woher kam denn die Atmosphäre? – Aus der Hülle der sich abkühlenden Erde, mein Sohn. – Aha, und woher kam die Erde? – Die ist ein Teil der Sonne, mein Sohn. – Und die Sonne? –Die ist ein Teil der Milchstraße, mein Sohn. – Woher, bitte, kommt die Milchstraße? – Die ist ein Teil all der anderen Milchstraßen im Weltall, mein Sohn. – Und die Milchstraßen, woher kommen die? – Darüber gibt es nur Theorien, mein Sohn.

Big-Bang

Professor Georges Lemaître, Physiker und Mathematiker in Brüssel, führte eine phänomenale Idee von der Entstehung aller Welten in die mannigfachen Diskussionen ein. Vor Jahrmilliarden war alle Materie des Universums in einem Uratom verdichtet, eine schwere Materienmasse, deren Kohäsion sich zum Kern permanent zusammenpreßte; die ungeheuren Kräfte addierten und multiplizierten sich derart, daß der Materieklumpen explodierte; in viele, viele Milliarden Teile aufgesplittert, sammelten sich die Materiestücke in einer langen Konsolidierungszeit in unendlich vielen Galaxien.

Der russische Physiker George Gamow (1904), der über

Paris und London an die Universität Michigan kam, ist in der wissenschaftlichen Welt für seine griffigen Formulierungen bekannt; für die von der wissenschaftlichen Meinung derzeit als wahrscheinlichste Theorie von der Entstehung der Welten und damit allen Lebens akzeptierte Idee vom Ur-Knall führte Gamow den plausiblen Begriff von der Big-Bang-Explosion ins Schrifttum ein. Daß diese Art der Schöpfung mit einem großen Knall vonstatten ging, ist absolut glaubhaft. Big-Bang!

Die Big-Bang-Theorie hat gegenüber allen anderen Theorien den Vorzug, daß sie sich mit dem sogenannten Doppelereffekt »beweisen« läßt.

Der österreichische Physik-Professor Christian Doppler (1803–1853) entdeckte 1842 den bei allen Wellenvorgängen – Licht oder Schall – nach ihm benannten Effekt: »Der Dopplereffekt besteht in einer Änderung der Tonhöhe, wenn sich die Tonquelle oder der Beobachter bewegen. Vergrößert sich ihre gegenseitige Entfernung, wird der Ton tiefer, verringert sie sich, wird er höher. Diese Erscheinung ist zum Beispiel bei der Annäherung oder Entfernung einer pfeifenden Lokomotive zu beobachten. Bei Lichtstrahlen zeigt sich bei einer Bewegung der Lichtquelle gegen den Beobachter eine Verschiebung des Spektrums nach Blau zu, bei einer Bewegung vom Beobachter weg eine Verschiebung nach Rot zu.« – Mit dem Dopplereffekt läßt sich die Geschwindigkeit der Bewegung aller Sterne messen, weil nachgewiesen wurde, daß Sterne aller Galaxien gleiche chemische Bedingungen wie die Sterne unserer Milchstraße haben.

Auf der Basis dieses gesicherten Wissens entdeckte 1929 der Astrophysiker Edwin Powell Hubble (1889–1953) bei seinen Arbeiten über kosmische Nebel- und Sternensysteme am Mount-Wilson-Observatorium, daß mit zunehmender Entfernung von uns die Rotverschiebung der Galaxien zunimmt. Professor Hannes Alfvèn, Professor für Plasmaphysik an der Königlichen Technischen Hochschule in Stockholm: »Die Galaxien bewegen sich mit Geschwindigkeiten von uns weg, die proportional sind zu ihren Entfernungen von uns.« – Die Frequenz des Lichtes wird um ein Prozent kleiner, wenn sich die Lichtquelle mit einer Geschwindigkeit von einem Prozent der Lichtgeschwindigkeit (= fast 300 000 km/sec) von uns fortbewegt. Man mag sich einen bunten Kinderluftballon vorstellen, der noch nicht aufgeblasen ist. Tupft man in das faltige Gummietwas rote Punkte und bläst dann den Ballon auf, so entfernt sich jeder rote Tupfer vom nächsten und zwar in proportionaler Geschwindigkeit, weil ja jeder Punkt um so schneller und weiter von anderen wegrückt, je dicker der Ballon wird. Es ist klar, daß sich aus den Geschwindigkeitsdaten, die die Entfernung der Punkte voneinander ergeben sowie aus den Richtungen, in die sie sich bewegen, zurückrechnen läßt, wann alle Punkte in einem Zentrum zusammengelegen haben.

Nach dieser Methode der Rotverschiebung hat man das Alter des Universums errechnet und billigte ihm runde sechs bis zehn Milliarden Erdenjahre zu. Als man sich eben auf diese Rechnung geeinigt hatte, meldete sich Georges Abell, Leiter der Astronomischen Abteilung der Universität von Kalifornien, im November 1972 und sagte:

> »Irrtum, verehrte Herren! Nach 13jähriger Beobachtung von acht weit voneinander entfernten Galaxien kann ich beweisen, daß das Universum doppelt so alt ist wie bisher angenommen!«

Big-Bang!

Das Universum ist keine Dame, die man mit einer zu hohen Altersschätzung beleidigen könnte. Mir ist es ziemlich egal, ob sechs, zehn oder zwanzig Milliarden Jahre seit dem Ur-Knall vergangen sind. Das Alter sagt nichts über die Entstehung ersten Lebens aus! Wann immer wieder das Feuerwerk stattgefunden haben mag – VORHER muß etwas dagewesen sein. Die Explosion des Uratoms mag die Entstehung der Galaxien mit Abermilliarden Sternen erklären. Naturwissenschaftler aller Sparten, ja, auch Philosophen mögen immer tiefer in die Geheimnisse des Atoms als dem Anfang aller Dinge eindringen. Atheisten mögen immer vehementer die Existenz einer Kraft, die wir behelfsweise »Gott« nennen, negieren. Am Anfang stand eine Schöpfung.

Wenn die Materie aller Sterne aus dem Uratom stammt, ist es nur logisch, daß die Sterne in allen Galaxien aus dem gleichen Stoff gemacht sind, also aus den gleichen Elementen bestehen. Entweder läßt sich mit der

Rotverschiebung die Big-Bang-Theorie beweisen, dann war alle Materie ursprünglich in einem Klumpen geballt, oder es gab den Ur-Knall nicht, dann läßt sich auch aus der Rotverschiebung samt dem Dopplereffekt nichts herleiten.

Tatsächlich wurden gerade im Laufe der letzten Jahre mehr und mehr Aminosäuren und Komplexe molekularer Verbindungen in der exterristischen Materie nachgewiesen. Die Geologen Goesta Vollin und David B. Ericson von der Columbia-Universität, New York, veröffentlichten am 29. Oktober 1971 in »Nature«, daß es bei Laborversuchen gelungen ist, durch Bestrahlung eines Gemisches aus vier Stoffen, wie sie nachweislich im Weltall vorkommen, Aminosäuren als Reaktionsprodukte herzustellen. – Fast gleichzeitig gaben Forscher des Radioastronomischen Observatoriums Green Bank, West Virginia, bekannt, daß in der Gaswolke B_2 im Sternbild des Schützen eine Substanz festgestellt wurde, die alle Vorbedingungen für die Entstehung von Leben enthält. Es handelt sich um Cyano-Azethylen, die komplexeste chemische Verbindung, die bisher im interstellaren Raum nachgewiesen werden konnte. – Moleküle von Wasserstoff, Kohlenstoffmonoxyd, Ammoniak, Wasser, Wasserstoffzyanid, Formaldehyd, Ameisensäure, Methylalkohol und eine Reihe von Kohlenwasserstoffen wurden im Weltall wie Aminosäuren in Meteoriten und Mondgestein nachgewiesen. NASA-Wissenschaftler meldeten im Oktober 1971, daß sie in den Murchinson- und Murray-Meteoriten (nach den Fundorten in Südaustralien benannt) 17 (!) Aminosäuren – darunter solche, die sich als Proteinbausteine in allen irdischen Organismen befinden – nachweisen konnten. Die Universität von Miami entdeckte in Mondgestein, das die Apollo-XII-Besatzung von ihrem Ausflug mitbrachte, zwei freie proteinbildende Aminosäuren, Glyzin und Alanin. Im Januar 1975 gab das Max-Planck-Institut für Kernphysik, Heidelberg, bekannt, daß der Erdsatellit Helios während der Endphase seines Fluges Staubteilchen kreuzte, die vom Kometen Kohoutek wegströmten. Vielleicht gelingt es, wie die Forscher mitteilten, Urmaterie vom Anfang unseres Sonnensystems erstmals direkt zu untersuchen.

Eigentlich müßte der Mensch, der so ungern allein ist, sehr glücklich über alle wissenschaftlichen Beweise sein, die ihm die Gewißheit geben, daß er auch im Kosmos nicht allein ist, daß im Gegenteil dort vermutlich sehr viele kluge Spielgefährten darauf warten, daß er die hinterlassenen Spuren ihres einstmaligen Besuches aufnimmt. Denn dies ist nach dem gegenwärtigen Status der Erkenntnisse anzunehmen:

- Alle Materie des Universums war am Ursprung in einem Uratom vereinigt
- Chemische Voraussetzungen für Leben sind auf anderen Sternen unserer Galaxis vorhanden

Wo aber ist in diesem von der Wissenschaft errichteten großartigen Denkmodell noch Platz für den »lieben Gott«?

Die Personifizierung der Kraft, die vor dem Ur-Knall vorhanden gewesen sein muß, in dem Namen GOTT und die aus diesem Begriff durch die Katecheten unter die Gläubigen gebrachten Vorstellungen von dem gütigen alten Herrn verstellen den Blick.

Die urgewaltige Kraft, die vor dem Beginn allen Werdens bestand, war ein Neutrum, ES war vor dem Big-Bang existent. ES löste die große Zerstörung aus. ES ließ daraus alle Welten des Universums entstehen. ES, körperlose Urkraft, bestimmender Urbefehl, wurde Materie, und: ES kannte das Resultat der großen Explosion. ES wollte zur erlebten Erfahrung gelangen.

In zahlreichen Diskussionen habe ich diese meine Vorstellung an einem sehr vereinfachten Denkmodell zu erläutern versucht. Terrible simplificateur!

Man denke sich, schlug ich vor, einen Computer, der mit 100 Milliarden Denkeinheiten (= Bits in der Fachsprache) arbeitet. Dieser hätte, wie es Professor Michie von der Universität Edinburgh, der den Prototypdes ersten denkenden Computers entwickelte, formulierte, ein »persönliches Bewußtsein«.

Das persönliche Bewußtsein des Computers ist fest an die komplizierte Maschinerie mit ihren Milliarden Schaltstellen fixiert. Würde dieser Computer sich selbst in die Luft sprengen, wäre sein »persönliches Bewußtsein« zerstört – sofern der intelligente Computer nicht VOR der Explosion alle Milliarden Bits magnetisiert hätte. Die Explosion findet statt. 100 Milliarden Bits schießen, je nach Größe mit unterschiedlichen Geschwindigkeiten, in alle Richtungen.

Das anfänglich zentrierte Computer-Bewußtsein existiert nicht mehr, aber der clevere Selbstzerstörer hatte die Zukunft nach der Explosion programmiert: alle magnetischen Bits mit ihren Einzelinformationen werden irgendwann wieder am Zentrum der Explosion eintreffen. Jedes Bit bringt, zurückgekehrt, in das ursprüngliche »persönliche Bewußtsein« der großen Maschinerie einen neuen Faktor mit – die persönliche Erfahrung. – Vom Moment der Explosion bis zum Augenblick der Rückkehr »wußte« kein Bit, daß es winziges Teilchen eines größeren Bewußtseins war und nun auch wieder sein wird. Hätte sich ein einzelnes Bit mit seinem minimen Denkvermögen die Frage stellen können: »Was ist Sinn und Zweck meiner rasenden Fahrt?« oder: »Wer hat mich erschaffen, woher komme ich?«, hätte es keine Antwort gehabt. Trotzdem war es Anfang und Ende eines Aktes, einer Art von »Schöpfung« des Bewußtseins, vermehrt um den Faktor: Erfahrung.

Vielleicht kann dieser versimplifizierte Vergleich eine Hilfe sein, das Phänomen ES aufzuspüren: wir alle sind Bestandteile dieser Urkraft ES. Erst ganz am Ende, an Teilhard de Chardins (1881–1955) »Punkt Omega«, werden wir wieder wissen, daß wir in uns selbst Ursache und Ergebnis der Schöpfung vereinen.

Daß ES, Synonym für den Begriff GOTT, vor dem Ur-Knall existiert haben muß, scheint mir ein unwiderlegbarer Gedanke zu sein. Der Evangelist Johannes, der in seinen Offenbarungen beweist, daß er Zugang zu alten geheimen Texten hatte, beschrieb die Entstehung allen Seins:

> »Am Anfang war das Wort und das Wort war bei Gott, und Gott war das Wort. Dies war im Anfang bei Gott. Alle Dinge sind durch dasselbe geworden und ohne das Wort ist nichts geworden, das geworden ist.«

Das alles wäre logisch, wenn der Begriff GOTT nicht in zwei Jahrtausenden mit Vorstellungen befrachtet worden wäre, die es erlauben, Kindern und Wilden eine erzählbare Geschichte von der Schöpfung zu vermitteln, die aber verhindern, dem Geheimnis der Schöpfung auf den Grund zu kommen. Hat aber das Phänomen ES (Gott) beschlossen, sich in Materie umzuwandeln, dann ist ES die Schöpfung und selbst ein Produkt seiner Schöpfung. Wie sagt Professor D. L. Pieper von der Stanford-Universität?

»Panische Angst vor einem Fehler ist der Tod für jeden Fortschritt. Wahrheitsliebe ist sein Schutzbrief!«

Wie die Computer-Bits finden auch wir uns in einer Einheit wieder. Wir sind Teile, winzige Teile des ES, die zur unendlichen kosmologischen Gemeinschaft zurückfinden werden. Alle Besinnungen, alle Philosophien quälen sich um Antworten auf die Fragen »Warum?« und »Woher?« – »Wissen«, schreibt der Theologe Professor Puccetti,

»muß nicht unbedingt auf wissenschaftlichem Wege gewonnen werden, und tatsächlich ist keine sogenannte religiöse Wahrheit von Bedeutung je auf diese Weise erworben worden.«

An der Schwelle zum dritten Jahrtausend unserer Zeitrechnung ist die Welt in fünf große rivalisierende Religionen und Tausende fanatischer Sekten zersplittert.

Technik wird es mit größter Sicherheit möglich machen mit fremden Intelligenzen im Kosmos Verbindung aufzunehmen.

Wie stellen wir uns ihnen vor?

Als Katholiken? Als Protestanten? Als Alt-Lutheraner? Als Hussiten? Als Mormonen? Als Mohammedaner? Als Buddhisten? Als Hindus? Als Griechisch-Orthodoxe?

Wollen wir uns von einer fremden Intelligenz als geistig minderbemittelt ansehen lassen, weil wir am Samstag keinen Lichtschalter bedienen? (Orthodoxe Juden.) Weil wir magere Kühe und fette Ratten für heilig halten? (Hindus und verwandte Religionen.) Oder: weil wir unseren allmächtigen Gott auf grauenhafte Weise ans Kreuz nagelten?

Ich vermute, daß mit dem Schritt ins interstellare dritte Jahrtausend zwangsläufig das Ende der irdischen Vielgötterei kommen wird.

Mit der Annahme, daß wir alle Teile des gewaltigen ES sind, muß der eine Gott nicht mehr in unbegreiflicher Weise zugleich gut und böse sein, ist er nicht mehr für Leid und Freud, für Prüfungen und Fügungen verantwortlich. Wir selbst tragen die positiven und negativen Kräfte in uns, weil wir alle aus dem ES, das immer war, stammen.

Ich kann dieser Frage nach dem ES – oder hochgestochen der Frage nach Gott – nicht ausweichen, will es auch nicht, weil es meine Überzeugung ist, daß Religionen mit ihren unzähligen Göttern den Fortschritt hemmen. Wie oft waren Religionen und Sekten, jede von ihnen einem Gott verschworen, Anlaß für Kriege, Leid und Greuel! Und sie werden ohne bessere Einsicht Mitursache für das Ende der menschlichen Existenz sein.

Der Systemanalytiker Jay W. Forester vom Massachusetts Institute of Technology hat mit einem exakten mathematischen Modell die gründlichste Studie über die menschlichen Zuwachsraten und deren Folgen geliefert. »The limits of the growth« (Die Grenzen des Wachstums) heißt das Buch, in dem Professor Dennis Meadows im Mai 1972 anhand der Foresterschen Berechnungen die Weltöffentlichkeit mit den furchterregenden Zukunftsperspektiven konfrontierte. Täglich, stündlich wächst die Zahl der Menschen. Eine Menschenflut überschwemmt unseren Planeten. Alle Menschen brauchen Nahrung, Kleidung, Unterkunft. Alle verursachen Abfälle und Dreck, vermehren den Stickstoff. Mehr landwirtschaftliche Nutzflächen und mehr Rohstoffe werden benötigt, als unser Planet zur Verfügung hat. Wie die Metastasen einer krebsartigen Geschwulst wird die Erdoberfläche von Städten und Siedlungen überwuchert. Rodet man in der letzten Not Dschungel und Urwälder, erstickt die Menschheit sich selbst: sie vernichtet die Sauerstoffquellen. Das Lebenselixier: Wasser reicht nicht mehr, selbst wenn Ozeane und das polare Eisvolumen in die Rechnung eingesetzt werden. Noch vor dem Jahr 2100, mahnen die Wissenschaftler, wird die Erde zugrunde gehen.

Für dieses Problem gibt es nur eine Lösung: den sofortigen und rigorosen Geburtenstopp. Dem widersetzen sich die Gebieter großer und kleiner Religionsgemeinschaften wie in einer weltumspannenden Kartellabsprache. Jede Gemeinschaft zählt ihre Schäflein und mehr Schäflein bedeuten mehr Macht, selbst dann noch, wenn diese Macht sich in menschlichem Elend wahrhaftig nicht als gottgewollt darstellen kann. Was hier im Namen Gottes geschehen darf, ist Machtpolitik mit ärmsten Kreaturen, ist ein Verbrechen an der Menschheit. An Gottes Ebenbildern?

Müßte sich der Mensch nicht endlich als wesentlichen Teil des Kosmos begreifen? Von dieser Position aus käme er zu stimmigen Relationen seiner eigenen Bedeutung, er könnte sich seine Welt als Heimat bewahren und zugleich mutiger den Griff nach den Sternen wagen. Die Zukunft wird Weltraumfahrt – Besuche auf dem Mond waren nur ein ganz geringer Anfang – bringen, weil wir Rohstoffe und auch Raum brauchen werden. Weltraumfahrt aber wird mit einer an Sicherheit grenzenden Wahrscheinlichkeit auch die Begegnung mit dem »Herrn vom anderen Stern« bringen.

Diese Begegnung paßt nicht ins Konzept der 20 000 Religionen und Sekten. Das gläubige Schäflein, der MENSCH, muß die »Krone der Schöpfung« bleiben! Wie denn, was denn, wenn ganz ohne den göttlichen Schöpfungsakt auf anderen Planeten intelligente, uns weit überlegene Wesen existieren? Es ist so schwer, von vertrauten und liebgewordenen Märchen Abschied zu nehmen.

Auf eine luziferisch geschickte Weise müht »man« sich, diese Zukunftstechnik mit ihrem Ziel zu sabotieren. Vor den Resultaten der diesem Ziel zugewandten Forschungen warnt »man«. Die Infiltration dieser Gesinnung geht so sachte unter die Haut, daß manche kluge Kritiker von Raumfahrtplänen überhaupt nicht mehr bemerken, wer ihnen bei ihren Argumentationen die Feder führt ...

Was nun? Was tun?

Soll man Tempel sprengen, Kirchen schleifen?

Nie und nimmer.

Wo Menschen sich zusammenfinden und den Schöpfer preisen, empfinden sie eine wohltuende stärkende Gemeinsamkeit. Wie vom Ton einer Stimmgabel angerührt, schwingt gemeinsame Ahnung von etwas Großartigem im Raum. Tempel und Kirchen sind Orte der Besinnung, Räume des gemeinsamen Lobes für das Undefinierbare, für ES, das wir behelfsweise Gott zu nennen gelernt haben. Diese Versammlungsstätten sind notwendig. Der Rest aber ist überflüssig.

ÜBER ERICH VON DÄNIKEN

Wenn man vom Stadtzentrum Zürich aus, der Bahnhofstraße also, mit einem Taxi nach Bonstetten fährt, kostet das zu normalen Tageszeiten etwa 18 bis 20 Franken. Es ist eine Entfernung von 23 km. Wenn man zu Stoßzeiten, also morgens zwischen 7.30 und 8.30 Uhr (da bin ich noch nie gefahren, was sollte ich so früh bei Erich von Däniken anfangen?) und zwischen 16.30 und 18 Uhr fährt, kostet dieselbe Tour zwischen 35 und 42 Franken. Dann sind die Straßen bis zum Stadtrand und ein Stück drüber hinaus, Stoßstange an Stoßstange, verstopft, die Chauffeure schimpfen, werfen aber ab und zu einen zufriedenen Blick auf das tickende Taxameter. Ausfahrtstraßen und Außenbezirke sind so häßlich verbaut wie in allen Großstädten, wenn aber die Häuser anfangen, weniger dicht zu stehen, bemerkt man mit genüßlichem Vergnügen, daß hinter und zwischen den Betonungetümen, die sich Architekten in hypertrophen Phantasien einfallen ließen, ein Stückchen Schweiz erhalten geblieben ist.

Bonstetten über Zürich liegt am Auslauf des Albis, dem Gebirgszug westlich des Zürichsees, man fährt die Strecke Zürich–Zug. Passiert kleine Orte mit Bürgerhäusern, sogar einige Bauernhöfe haben sich der städtischen Elefantiasis widersetzen können. Felder und Wiesen sind da, durch herrlichen Wald windet sich eine Straße einen Berg hinauf, Taxifahrer sprechen sogar von einem Paß, drüben, wenn es wieder talwärts geht, wächst am andern Hang hier und da Wein. Man fährt plötzlich mit einem richtigen Urlaubsgefühl.

Bonstetten. Im Schachen. Da wohnen die Dänikens. Eine Reihe adretter Häuser und Häuschen, Gärten, Bäume, Blumen. In einem Winkel eine Fabrik von handlichen Ausmaßen. Wer hier die »Millionärsvilla« sucht, von der ein Massenblatt schrieb, wird keine finden. Man würde Dänikens Häuschen überhaupt nicht finden – es liegt 35 m abgerückt von der Straße –, wenn nicht Neptun, eine riesige, schöne, wohl zu recht oftmals preisgekrönte deutsche Dogge, Schulterhöhe 90 cm, hinterm Maschendraht stände, zwischen Tannen hervorlugend, die Erich vor drei Jahren hier höchsteigenhändig setzte. Neptun gehört zur Familie wie Luna, doch die kann man nicht sehen, sie ist weiß, 28 cm klein und eine freche Hochland-Terrierin von Geblüt. In Freiheit aufgewachsen, geriet sie nicht zur Hundedame.

Neptun und Luna gehören zur Familie von Däniken

Die »Millionärsvilla«

Hier also ist das Zuhause der Dänikens nach langen und manchmal abenteuerlichen Wanderjahren.

Das Haus, eher ein Häuschen mit 160 qm Wohnfläche, hat leichte Hanglage: das Erdgeschoß, der Keller (der aus zwei Gründen ungeheuer wichtig ist) liegt halb im Erdreich, halb über der Erde, man steigt elf Stufen hinauf, um eintreten zu können. Eine Tür, ab Schloßhöhe in kleine Fensterchen unterteilt, die mit einem Vorhang neugierige Blicke abwehren. – Das Entree ist klein, hat eine vielfrequentierte Kleiderablage (hier haben schon Hüte und Mäntel von Besuchern aus aller Welt gehangen), ein Klo und eine gepflegte, dicke Matratze mit buntem Bezug für Neptun, sie nimmt den meisten Platz ein; an den Wänden Mitbringsel des Hausherrn aus aller Herren Ländern, eine reizvoll-exotische Einstimmung. Rechts die Tür zur Küche, klein, hochmodern mit allen technisch bewährten Geräten, die Schränke sind aus Schiffsholz. – Ein offener Bogen, keine Tür, und man ist im all-round-Wohnraum. Dieser offene Bogen ist typisch für die Dänikens, es ist ein (welt-) offenes, gastliches, sehr gastliches Haus.

Den Raum dominiert ein großer Kamin, das Feuer in Hüfthöhe, weißes, mit Rohputz beworfenes Dach, die Einfassung aus alten Eichenbalken von einer stillgelegten Eisenbahntrasse. Der Einbau dieses Kamins war eine Überraschung für Erich bei der Rückkehr von seiner dreimonatigen Vortragsreise in Amerika, Ebet (so ihr Kosename), seine Frau, hatte sich ihn ausgedacht, sie ist eine Innenarchitektin mit gutem Geschmack und Sinn für Gemütlichkeit. – Rechts vom Kamin, in einem rechten Winkel, den die Fenster bilden, ein moderner weißer Eßtisch auf einem Stativfuß, rundherum sechs hochlehnige, supermoderne, bequeme weiße Stühle, die die Kommodität von Sesseln haben. Darauf ein roter, aus Weiden geflochtener großer Korb mit einem Gesteck bunter Bauernblumen aus dem oberbayrischen Tegernseer Tal, ich habe es Ebet am 5. Juli zum Geburtstag geschenkt.

Wenn einer so oft wie ich bei den Dänikens war, bleibt es ein Wunder, wenn man nicht nach einigen Tagen aus den Nähten platzt, aber es ist kein Wunder, daß der Hausherr zusehends rundlicher wird und gewiß eines Tages aus der Haut wachsen würde, wenn er nicht auf seinen strapaziösen

Reisen immer wieder erheblich Ballast abwerfen würde. Wo gibt's denn das auch noch mal, daß Hausfrau und Hausherr gleich exzellente und raffinierte Kochkünstler sind? Soweit ich es übersehen kann, gibt es, falls Erich daheim ist, eine dem »Jahr der Frau« angemessene Arbeitsteilung: wenn das Mahl fast fertig ist, ergeht der Ruf an den Hausherrn, der eilt in die Küche, nichts kann ihn daran hindern, und richtet die Soßen für die Salate. Was für Soßen! Und, ehe die Runde seßhaft wird, holt er auch noch die auf Viertelgrade richtig temperierten, zu den Gerichten passenden Getränke aus dem Keller (der aber noch eine zusätzliche, weit lebenswichtigere Bedeutung hat).

Wer das Glück hat, hier Gast sein zu dürfen, muß sich keine Gedanken darum machen, die Dänikens hätten sich seinetwegen in besondere Mühen gestürzt. Keine Sorge. Es wird einfach ein Gedeck dazugestellt, und wir sind stets bis zum Kragenknopf satt geworden. Gastfreundschaft und Großzügigkeit sind grenzenlos. Ich weiß, was ich da schreibe.

Retiro für lange Nächte

Links vom Kamin, den Raum zu zwei Dritteln einnehmend, eine große Sitzecke mit zwei Sofas (aus denen man nicht mehr aufstehen mag oder kann) und vier Sesseln um einen niedrigen, langen Tisch. An den Wänden Regale mit Büchern. An einer Wand, vier Meter lang, zwei Meter hoch, nur Bücher in fremdsprachigen Ausgaben, sie erklären jedem, warum dieser Gesprächspartner bekannt ist wie ein bunter Hund (der er auch ist!). Seine Bücher, in mehr Sprachen übersetzt, als auch ein einschlägig belasteter Etymologe hersagen könnte. Wer kennt schon, beispielsweise, vier indische Dialekte? Bei manchen Büchern habe ich nur an der Jahreszahl, die nach internationalem Copyright in arabischen Ziffern anzugeben ist, erkennen können, was hinten und was vorne ist. Sanskrit gehört wirklich nicht zur mitteleuropäischen Allgemeinbildung. Neugriechisch auch nicht. Fünf Bücher in je dreißig Übersetzungen, die Buchclubs in den jeweiligen Ländern dazugerechnet, das macht schon eine stattliche Bibliothek. Aber der vielseitig beschlagene Autor hat von der Archäologie bis zur Astronomie, von der Genetik bis zur Genechirurgie, von der Etymologie bis zur Energietechnik, von der Raumfahrt (freilich!) bis . . .

nun, bis zu allen Gebieten, in denen er kenntnisreicher Gast ist, eine Handbibliothek um sich versammelt, die in ihrer Art, vielleicht, kaum einen Vergleich hat. Die Regale führen vom all-round-Raum weiter in den Keller. Aber dahin kommen wir noch . . .

Diese Plauder-Trinkecke hat's in sich. Ich finde es bedauerlich bis nachlässig, daß Erich nicht, mindestens seit er hier wohnt, ein Gästebuch aufgelegt hat. Nur für Namen der Gäste plus Datum, ohne alberne Sprüche. Manche Kritiker würden verstummen oder vornehm erblassen, wenn sie wüßten, welche akkreditierten Wissenschaftler hier mit dem in der rauhen Öffentlichkeit oft so brutal Attackierten bei langen Disputen ihre Gläser mit Veuve Cliquot Rosé, erstklassigen Weinen oder einer der verfügbaren 17 Whiskysorten (der Hausherr war ja mal Barkeeper) ungezählte Male bis auf den Grund leerten, um in der Morgendämmerung bekehrt, voller Zweifel, mindestens aber mit Respekt vor dem Engagement dieses agilen Mannes heimzufahren. Der Hausherr argumentiert mit Fakten, die er, weltkundig, aus dem Ärmel schüttelt, und mit einem »drive«, mit dem sich nur ein von einer Idee Besessener in die Pfanne hauen kann. Er schont Psyche und Physis nicht. Ich halte ihn für einen der ganz wenigen echten Outsider, der in unseren Tagen in der Lage war, ein Weltgespräch in Gang zu setzen. Man sollte solche Leute unter Naturschutz stellen. Oder unter Denkmalsschutz. Jedenfalls unter einen Schirm, der verhütet, daß solche Originale verblühen. Ja, was meine Idee mit dem Gästebuch angeht, bekam ich von Erich eine Abfuhr: »Wer hier bei mir ist, soll reden, was er will, soll sein, wer er will, das geht niemanden was an.«

In dieser Ecke, einer Art von Bonstettener »Hyde Park Corner« (wo bekanntlich sonntags jedermann freiweg reden kann, was er auf dem Herzen hat), hat noch keiner Not gelitten, weder am Geiste noch am Körper. Keller und Küche sind nah, binnen Minuten stehen nächtens Holzbretter mit hauchdünnem, vom Hausherrn gehobeltem Bündner Fleisch, köstlicher Salami, Käsewürfeln und Scheiben knakkigen Bauernbrotes auf dem Tisch. Dazu selbstverständlich eine Pfeffermühle von der Größe einer Kniegeige. Askese jedweder Art wird hier zu keiner Stunde geduldet. Und wenn die Gäste, animiert und auch müde von einem runden

Abend und einer langen Nacht, gen Zürich fahren – für 18 Franken, denn nun sind die Straßen leer – geht der Hausherr, frisch, als käme er eben unter der morgendlichen Brause hervor, in den Keller . . .

Mit Diele, Küche und all-round-Wohnraum ist die »Millionärsvilla« freilich nicht komplett. Von der Diele aus führt eine halbmondige Treppe, zur kompletten Wendeltreppe reichte der Raum nicht aus, ins Obergeschoß. Geradeaus liegt Lelas Zimmer, hell, lustige Farben, eine Menagerie von Stofftieren und Puppen, an den Wänden poppige Poster; hier wohnt ein lustiges, gescheites, zwölf Jahre altes, sehr sportliches Mädchen, 159 cm groß, in einer Welt von heute, von behutsamen Eltern auf einer grundsoliden Spur von Tradition und abgeklärter Erfahrung geführt. Eine Tür daneben: das Gemach der Eltern, geräumig, gleichermaßen hell, voll guter Laune. Gegenüber das Bad. Man sollte den alten Spruch: »Sag mir, mit wem du umgehst, und ich sag dir, wer du bist« variieren in: »Zeig mir dein Bad, und ich sag dir, wer du bist.« – Wer hier den Tag beginnt, ist mein Freund. Für Erich beginnt der Tag hier mittags, so um zwölf herum, weil er erst gegen fünf aus dem Keller kam.

Dänikens Keller

Von der Diele kurvt eine halbmondige Treppe, Pendant zu der, die nach oben führt, in den Keller. Die Wände sind mit Vortragsplakaten tapeziert, sie dokumentieren im Vorbeigehen die Ambulanz des Vielgereisten. Am Treppenabsatz ein dicker Teppich (störender Geräusche wegen) und drei Türen. Eine geht in den Heizungsraum, eine in den Weinkeller, der nur eine »künstliche«, will sagen: gemauerte, Wand hat, die andere ist Erdreich, betonfester Lehmboden, das soll dem Wein gut bekommen; pfleglich assortierte Regale verdeutlichen aufs angenehmste Kennerschaft und Ordnungsliebe des Besitzers.

Die dritte Tür öffnet den Raum zu des Fleißigen eigenem, ureigenstem Reich. Der Keller – sein Büro. Von hier aus versteht man den Grundriß des Hauses, von hier aus begreift man, warum man elf Stufen hinaufsteigen mußte, um doch wieder nach unten absteigen zu müssen: die Fenster geben den Blick in den Garten frei, eine große Wiese, ein Zwinger, in den Neptun und Luna nur verbannt werden, wenn sie Besuchern ihre Zuneigung zu deutlich machen, der Gemü-

Copyright Schweizer Illustrierte

se- und Kräutergarten, den Ebet hegt, und viele Bäume, selbstgepflanzte, nein, um es haargenau zu nehmen, nicht nur selbstgepflanzte, denn da halfen auch mal Häftlinge aus dem Zuchthaus Regensdorf, das nicht weit weg ist, ein Ort, den der Autor übergenau kennt und heute noch gern besucht, den Ort Regensdorf, denn da gibt's oben auf dem Berg ein erstklassiges Restaurant mit weitem Blick in schönstes Schweizer Land. Durch eine breite Tür kommt man vom Büro aus auf die Terrasse, die, festgemauert, des Rotissiers liebstes Spielzeug feilhält: einen großen, offenen Grill, von dessen Produkten zügig, wenn auch nicht mühelos, durchaus 36 Gäste in exzellenter Weise versorgt werden, selbst wenn, wie am Sonntag, dem 1. Juni, aus heitrem Himmel ein unbotmäßiger Tropenregen auf die roten Markisen prasselt. Steaks gibt es, in Bündeln von Kräutern gegrillt, nach Wunsch blutig, halbdurch und »ganz«, dazu in Silberfolie knusprig gebratene dicke Kartoffeln, Salate mit Soßen à la Däniken, alles im Geschmack noch gehoben durch einen Schweizer Landwein, einem Fendant, der lustigerweise »Chemin de fer«, Eisenbahn, heißt. Die gutbesetzte Runde wird wohlversorgt mit leiblichen Genüssen und kriegt, während er serviert, auch solche Appetithappen mit:

»Man verlangt von mir vehement, daß ich Beweise dafür liefern soll, daß fremde Astronauten unseren Planeten besucht haben. Bisher ist niemand auf die Idee gekommen, mir zu beweisen, daß sie nicht da waren. Solange es keine endgültigen Beweise gibt, sollte ein faires Patt gelten, man sollte alles für möglich halten dürfen. Wenn man in ein Hotelzimmer kommt, und es liegt eine Haarnadel auf dem Teppich, dann kann wer behaupten, ich wäre eben mit einer Freundin im Zimmer gewesen, und wenn ich sage, die hat das Zimmermädchen verloren, kann niemand das Gegenteil beweisen. Es ist weder zu prognostizieren, ob eine Haarnadel gefunden wird, wo sie gefunden wird, und wem sie gehört oder gehört hat . . . und ob es überhaupt eine Haarnadel ist. Es könnte ja auch der Rest einer Prothese sein, an der ein Backenzahn befestigt war. Von mir verlangt man, daß ich alle Fragen zugleich beantworte. Ein bißchen viel auf einmal verlangt. War es eigentlich das Zimmermädchen?«

Die Werkstatt

Das Büro – 10,50 m lang, 5,50 m breit, 1,85 m hoch – hat rechter Hand ein Regal »Fotomaterial«. Da sind sieben Topkameras abgelegt, dazu eine 8-mm- und eine 16-mm-Filmkamera; in Einzelfächern das zugehörige unbelichtete Material, drunter die passenden Taschen, in denen die Technik mit einem Griff unterzubringen ist. Anschließend, unterm Fenster, eine kleine Sitzgruppe, zwei Sessel mit bäuerlichem Bezug, ein Eichentisch mit bunter Keramik, dahinter zwei Wände, die ich die »Hausapotheke« nenne: Dänikens Archiv.

Wenn ich von seiner Fachbibliothek mit der Einschränkung sprach, daß sie –vermutlich – ihresgleichen suche, so habe ich die Stirn, zu behaupten, daß es ein Kosmonautenarchiv dieses Umfangs mit dieser Präzision nicht ein zweites Mal gibt. Modernste Archivschränke, jeder mit 20 Schüben in der Höhe, sechs in der Breite, jeder Schub mit Buchstabenschildern und farbigen Ziffern, acht solcher Schränke über Eck nebeneinander. Dazu ein fahrbarer Set, in dem Archivkarten mit rund 10 000 Stichworten stecken. Der Zugriff ist nach Themen, Autorennamen und Daten möglich, alle Stichworte in der beneidenswert klaren Druckschrift von Dänikens Sekretär Willy Dünnenberger, der laufend Dänikens Zulieferungen ordnet. Bei der Arbeit mit diesem Archiv gibt's keine enttäuschenden Überraschungen: man findet, was man braucht. Ein Leben lang auf den Umgang mit Archiven aller Art getrimmt, kann ich sagen, daß ich kein besser geordnetes, praktikableres kenne.

Das liegt fraglos daran, daß Däniken ein stupend versierter Organisator ist, seiner Zeit, seiner Termine, seiner Reisen und – last, but not least – seiner Arbeit. Am 2. Januar eines Jahres sagt er nach einem Blick in seine Agenda, wo er am 17. Oktober sein und was er dann tun wird. Nach meiner Kenntnis ist er, von jedem Kalendertag ab gerechnet, 18 Monate im Voraus ausgebucht. Das hat er – mit seiner großen Musikalität – mit den international gefragten Opernsängern gemeinsam, den ausgefüllten Terminkatalog, die Reisen (allerdings nicht nur, bei weitem nicht, in die zivilisierten Hotelburgen der großen Städte), die weltweite Prominenz.

Bei aller Bürosachlichkeit läßt auch dieser Raum etwas von dem pfiffigen Humor des berühmtesten Schweizers der Gegenwart spüren: da kleben an Regalstangen Tickets von Flugplätzen (wo war er nicht?), Fahrscheine von Omnibussen, Eisenbahnfahrkarten, Billetts zu Museen, kuriose Belege aller Art, sofern sie bunt sind.

Ab etwa 10 Uhr abends sitzt Däniken hier, ungestört, bei konzentrierter Arbeit. Was er da Nacht für Nacht wegschafft oder zutage fördert, ist verblüffend und nur zu verstehen, wenn man beobachtet hat, wie er die Außenwelt abschalten kann, um ganz in seine monomane Welt einzutauchen. Er ist ein Besessener, einer, der es wissen will, einer, der seine Stunden und Tage rationell vergibt, weil er nicht mag, wenn ihm die Zeit durch die Finger rinnt. Er hat noch so viel vor, strebt Ziele an, die oft noch im Nebel liegen, eines Tages Konturen gewinnen, wie Blinkfeuer aufleuchten, und dann ist der VIP (der er bei allen Fluggesellschaften ist) auch schon auf dem Flughafen Kloten. Mit Kameras, kleinem Koffer, leichtestem Gepäck, doch einem kompakten Vorsatz hinter der Stirn. »Am liebsten schreibe ich über Dinge, die ich fotografiert, die ich angefaßt habe, die ich in ihrer Umgebung sah.« – Vielleicht erklärt dieser spontane Eifer, warum er Kollegen, die ihren Pflug durch gleiche oder ähnliche Äcker ziehen, so weit vorausgeeilt ist.

Sehen, fotografieren, anfassen. Die Arbeitsmethode ist unverändert. Mit Josef F. Blumrich, dem ehemaligen Chef der Sektion »Projektkonstruktion« der NASA, auf einer Expedition in Südamerika

Däniken ist viel, meistens über die Hälfte des Jahres, auf Reisen. Mir ist es immer rätselhaft, was er trotzdem alles gelesen hat und – immer am Ball – liest, stets up to date, was auf seinen Jagdgründen an wesentlicher Literatur auftaucht. Was in seine Welt reicht, ätzt sich förmlich in seine grauen Zellen ein, er weiß, wo »es« steht, in welchem Buch, auf welcher Seite, er muß nicht lange suchen, mit visuellem Gedächtnis versehen, greift er ins Buch und hat *die* Stelle. Abbildungen, Gegenstände, Landschaften entwickelt sein Verstand zu dauerhaften Lithographien. Was außerhalb seiner Welt liegt, verdrängt er, vergißt er leicht, sogar meistens.

Dänikens Erstling ERINNERUNGEN AN DIE ZUKUNFT entstand in einem Holzverschlag hinter dem Hotel Rosenhügel in Davos, der Nachfolger ZURÜCK ZU DEN STERNEN in einer Zelle des Untersuchungsgefängnisses Sennhof in Chur. Im Kellerbüro in Bonstetten wurden AUSSAAT UND KOSMOS und ERSCHEINUNGEN geschrieben, der Bildband MEINE WELT aus Hunderten von

Bildern gefiltert, ausgewählt, getextet, der Auswahlband (von mir besorgt) BESUCHER AUS DEM KOSMOS abgesegnet.

Der »reiche« von Däniken

Hier im Kellerbüro reift langsam der Plan zu dem Buch, das er 1977 auf den Weltmarkt bringen will. Für Vorbereitung und Durchführung dieses Projekts investiert er ein kleines Vermögen, runde 120 000 Franken. Wenn ich immer wieder lese, daß Däniken über große Reichtümer verfüge, wünschte ich von Herzen, daß es so wäre. Aber seine Investitionen lassen ihn nur gutbürgerlich-wohlhabend, nie »reich« werden. Reich zu werden, das ist für ihn auch kein Ziel. Er will seinen Vorstellungen mit »Beweisen« näherkommen. Deshalb ist es gut, nicht auf die Stutzlis (Franken) sehen zu müssen. Aber sonst? Leben und leben lassen. Für Ebet und Lela, was sie sich wünschen und was sie brauchen. Er selbst hat keine Wünsche, ich habe bisher keine entdeckt. Dem Bestsellerautor und Regenbogenpressemillionär ist Luxus verhaßt, er kleidet sich, wenn er sich (was selten passiert) stadtfein macht, wie ein Bankkaufmann an der Bahnhofstraße wochentäglich ins Büro geht. Er besitzt, Hand drauf, keinen Mantel, er könnte sich ein Dutzend leisten, aber: er vergißt Mäntel irgendwo, läßt sie in Lokalen hängen (und ist schon an einem andern Ort, wenn er's merkt) oder er verschenkt sie, wenn ihm (nordamerikanische Großstädte und südamerikanische Slums sind das richtige Pflaster dafür) ein armer Teufel über den Weg läuft. Er bestreitet dieses karitative Striptease, ich weiß aber von Leuten, die dabei waren, daß es so ist.

Der Mann, der aus diesem Kellerbüro zu Vorträgen an US-Universitäten startet, überm Teich in beliebten TV-Shows gefragter Gast ist, in Urwäldern auf die Pirsch nach Trophäen für seine Thesen geht, Ausgrabungen beobachtet, Seltsamkeiten auf unserer schrundigen Erdoberfläche mit seinen Fragen zu endlich bemerkten Rätseln macht, dieser Mann war eigentlich für einen anderen Lebensweg präpariert. Nach Umwegen hat er eine Spur aufgenommen, die er ohne Zickzack verfolgt.

Es liegt am verdrehten Lebensrhythmus des EvD, ein Kürzel, das sich weltweit einführte und das an seinem Schreibtisch entstand: EvD. Warum den Namen ausschreiben? Kostet nur Zeit, es liegt, wollte ich sagen, am verdrehten Lebensrhythmus, daß man bei der Schilderung der zwölf hellen Stunden des Tages zum Eindruck kommen kann, in diesem Kellerbüro würde wenig gearbeitet. Das *grand lever* gegen Mittag, Besucher am Nachmittag, Interviewer, Reportagen für den Funk, Aufnahmen fürs Fernsehen, es kann geschehen, daß sich die Konkurrenz die Türklinke in die Hand gibt. Er kann halt nicht »nein« sagen. Dann: Diktate aufs Magnetband zum täglich abgearbeiteten Poststapel, Dispute am Abend. Dieser seltsame 40jährige Mann arbeitet nur nachts. So ab zehn, bis die Sonne aufgeht. Da kommen keine Anrufe, mindestens nur selten, und dann nur aus Ländern – Australien, Kanada, USA –, in denen während der Schweizer Nacht Tag ist. Da hat uns mal ein Anruf aus Montreal, wir arbeiteten am Layout für den Bildband, den Rest der Nacht gekostet: der Rundfunk in Montreal hatte eine Diskussion, in die hinein Hörer per Telefonanruf Fragen stellen konnten, an wen sie wollten, und sie wollten Däniken. Die Telefonleitung war auf Sendung geschaltet, Däniken hörte die z. T. englischen, z. T. französischen Fragen und beantwortete sie vom Kellerbüro aus. Fast zwei Stunden dauerte das Telefonat, und die Sendung wäre weitergegangen, wenn in Montreal nicht auch Sendezeiten mitten im schönsten Fluß ein Ende setzen würden.

Däniken arbeitet an einem großen, übersichtlichen Schreibtisch, sitzt auf einem Drehstuhl, der ihn, nach Bedarf, in die richtige Position bringt, um das Mikrophon des Diktiergeräts ergreifen zu können. (Briefe werden postwendend derart beantwortet, die mehrsprachige Sekretärin, Frau Grossmann, hübsch, groß, mit langen Beinen, nimmt die Texte vom Band.) Mit einer 45-Grad-Wende dreht er sich an die IBM, in die er sich Merkzettel nach Quellenstudium, Beobachtungen tippt, Fragen und Hinweise für weitere Recherchen als Gedächtnisstüzen festhält. (Ein Maître de salle, bei dem er im »Ascot« in Zürich die ersten Schritte in gastronomische Bereiche tat, hatte ihm geraten: »Entweder alles notieren oder nichts notieren.« Er hat sich dafür entschieden, alles zu notieren.) – Mit einem 180-Grad-

Schwenk, nunmehr mit dem Rücken zum Schreibtisch, sitzt er an einem IBM-Automaten, dem gibt er Texte, die der Apparat auf Band nimmt, ein, die er in mehrfacher Ausführung braucht. Mit einer Karussellfahrt des Stuhls sitzt er wieder am Schreibtisch, hinter ihm tickert der Automat, meistens Briefe an wissenschaftliche Institute, denen er zum gleichen Komplex die gleichen Fragen stellt. Sicher ist sicher.

Die Wand hinter seinem Rücken hat die gleichen einfachen, weißen Stahlregale, die das Büro rundherum eingattern. Ordner, Reihe um Reihe, die wie alles hier penetrant ordentlich beschriftet sind, mit A-B-C-Markierungen, mit Themencodes, mit Daten in unterschiedlichen Farbgruppen, sie erleichtern auf einen Blick den schnellen »gebietsweisen« Zugriff. Am 1. 8. 1975 standen 85 Ordner in diesen Regalen. Sie wurden seit dem 17. Juli nicht berührt, denn da brach der Hausherr zu einer Wüstenexpedition auf, die in Kaschmir begann und die ihn in zwei Keilen nach Indien, dann nach Belutschistan, durch den Iran, den Irak, durch die Türkei und Griechenland und Jugoslawien zurück in die Schweiz führt. Weihnachten will er zu Haus sein. Da er alle Termine hält, wird er auch diesen halten.

Inzwischen wird im Kellerbüro tagsüber gearbeiet: Frau Grossmann schreibt die Tonbänder ab, die Däniken, wo er unterwegs einen Briefkasten auftreibt, vor Ort bespricht, und in vorbereiteten festen Kuverts expreß nach Bonstetten schickt. Wenn er dann ankommt, wiederholt sich, was ich nicht begreife: ohne sich auszuruhen, ohne sich in die MEZ wieder einzupendeln, arbeitet er weiter. Hans Selye, der amerikanische Arzt österreichischer Herkunft, der den Begriff »Streß« samt den dazugehörigen wissenschaftlichen Motivierungen in die Medizin einführte, schrieb mal, daß Streß nicht nur eine Gefahrensituation beschreibe, sondern daß es auch Menschen gäbe, für die Streß ein notwendiger Dauerzustand wäre. So ein Mensch muß Däniken sein.

Die von Däniken

Unter den übelriechenden Blasen, die in den letzten Jahren aufgelassen wurden, war auch die, der Däniken habe sich das »von« unberechtigt zugelegt. Wenn sich dieser Blasenmacher um ein bißchen Wahrheit bemüht hätte, wäre es ein leichtes Geschäft gewesen, in den Annalen der Stadt- und

Kantonalbibliothek Aarau festzustellen, daß das Geschlecht der von Dänikens bis auf das Jahr 1570 zurückzuverfolgen ist. Der Ort: Däniken, aus dem es stammt, liegt 7 km von Olten, südlich der Aare; und 4 km von Däniken entfernt, in Nieder-Erlinsbach, wurde unser Mann am 14. April 1935, am Palmsonntag, geboren, und wer hier mal ein Bier getrunken hat, für den wird der Weg zur Bilderbuchkarriere, wie man sie in Amerika bewundern und anerkennen würde, gegen die ein Mann in unseren Breiten aber mit harten Bandagen ankämpfen muß, erst recht erstaunlich. So viel Erfolg ist nicht statthaft, da muß man den Lack abkratzen, ein »von« Däniken? Ein weniger Robuster wäre längst geschlachtet worden, plattgedrückt wie eine lästige Eintagsfliege, aber er ist keine. Das ist der profunde Irrtum der Blasenmacher.

Bomben auf eine Schweizer Stadt

1941 übersiedelte die Familie nach Schaffhausen, die Schweizer Grenzstadt, die auch einen deutschen Bahnhof hat. In Schaffhausen besuchte Erich fünf Jahre die Primarschule. So nahe der deutschen Grenze, lernten auch die Schweizer das Gruseln, aber man rechnete nicht damit, daß auf hellerleuchtetes Schweizer Gebiet Bomben fallen würden. Am 1. April 1944 fielen sie, es gab 42 Tote. Angst und Trostlosigkeit, die die Erwachsenen beim Anblick des Trümmerfeldes befielen, erreichten Erich nicht. Für ihn und seine Kameraden, deren Anführer er war, war das Ereignis Anlaß zu Entdeckungen und abenteuerlichen Spielen, sie sammelten Bombensplitter wie Kostbarkeiten. An einem Februartag war außerdem Ungeheuerliches geschehen: Vor Erichs und anderer Kinder Augen machte ein US-Bomber eine Notlandung, acht Männer stiegen aus dem stahlblitzenden Ungeheuer, gingen stumm, wie Wesen aus einer anderen Welt, vorbei, meldeten sich bei den Schweizer Behörden.

Das erste Abenteuer

Mai 1945. Der Krieg ging zu Ende, Erich mußte seine Phantasie auf Frieden umstellen. Ihm und seinen Freunden hatte es die Schaffhausener Badeanstalt angetan, die, noch unbenutzt und kalt, die Unheimlichkeit leerer Bauten hatte. Erich kokelte mit seinem Freund Lothar, zuerst nur eine wärmende, kleine Glut, fing eine Ecke der Badeanstalt am

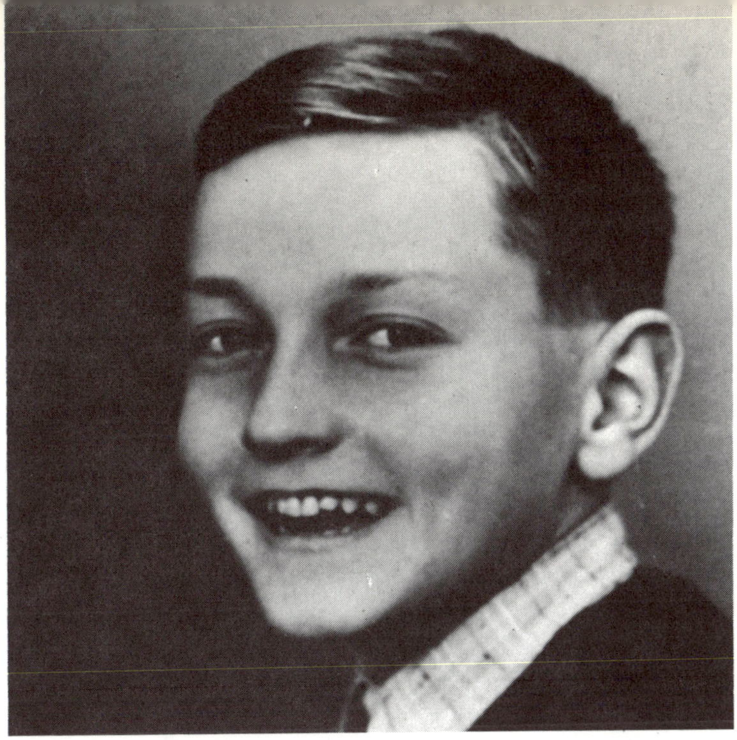

Der Zwölfjährige war phantasievoller Anführer seiner Kameraden, später passionierter »Jungfeldmeister« bei den Pfadfindern

Rhein Feuer, es entstand ein ausgewachsener Brand. »Aus Angst vor Strafe wegen eines von ihm mitverursachten Brandes ging er (EvD) mit einem gleichaltrigen Kameraden über die Grenze nach Deutschland und blieb ungefähr zehn Tage unauffindbar ...« hieß es 25 Jahre später in der Anklageschrift gegen den Autor von ERINNERUNGEN AN DIE ZUKUNFT.

Seltsam, es stimmt, und es stimmt nicht.

Freund Lothar war der Sohn eines deutschen Eisenbahners, der mit seiner Familie nahe beim deutschen Bahnhof in Schaffhausen lebte. Nur durch den Schienenstrang waren die Freunde voneinander getrennt. Seit Tagen lief der Freund mit verweinten Augen herum: in den Wirren der letzten Kriegstage war der Vater eines Abends nicht heimgekommen. Erich weinte mit Lothar, bis er zu der Ansicht kam, daß ein so großer Mann wie Lothars Vater nicht einfach verschwinden könne und daß Tränen hier überhaupt nicht helfen würden. Man müsse Lothars Vater suchen, wenn es andere nicht täten. So beschlossen, wurden tagelang heimlich Lebensmittel zur Wegzehrung in einem Korb versteckt. Als die Badeanstalt brannte, war das Signal zum

Aufbruch unübersehbar. Da Lothars Vater auf der Strecke Schaffhausen–Singen fuhr, lösten sie Fahrkarten bis zur Grenze, pirschten sich, Indianer auf dem Kriegspfad, durch die Wälder und gingen nachts über die grüne Grenze. In Singen gerieten sie hoffnungslos in den Wirbel des Kriegsendes, sie fragten sich durch, suchten die Spur des Eisenbahners, die nach Bad Triberg wies. Das Abenteuer war bald zu Ende: französische Soldaten fingen die Ausreißer ein und luden sie nach zeitgemäßem Brauch in einen Sammeltransport, der in ein Internierungslager ging. Wenige Tage später nahmen die Eltern Erich und Lothar in Empfang. Man muß versuchen, die Absurdität in den Verstand zu kriegen, daß sogar eine Kindergeschichte von Zehnjährigen Platz in der Anklageschrift fand. Wozu? Vermutlich um dem hohen Gericht einzubleuen, daß man es mit einem Tunichtgut zu tun habe, der schon als Zehnjähriger zu schlimmsten Befürchtungen Anlaß gab. Aber bis zum spektakulären Prozeß war noch ein weiter Weg.

Schüler in strengem Internat

Vom Frühjahr 1949 bis zum Herbst 1954 war Däniken Internatsschüler im berühmten College Saint-Michel in Fribourg, in dem Tradition groß geschrieben wurde, vielleicht stimuliert durch die Nachbarschaft der katholischen Staatsuniversität, die Weltruf genießt. Vater Otto von Däniken ließ sich die Erziehung seiner Söhne – mit Erich war auch Bruder Otto dort – eine schöne Stange Geld kosten: je 6000 Franken im Jahr, bis ihm wirtschaftliche Schwierigkeiten und Erichs Obstruktion die Lust zu dieser Investition in den Nachwuchs nahmen.

Der Aufenthalt in Fribourg war für Erich von Dänikens Entwicklung entscheidend. Einmal konnte er dort am Rande und unbewußt spüren, daß er Einfluß auf seine Kameraden auszuüben vermochte; er spielte Klavier und blies perfekt die Trompete, er gründete eine Jazzband. (Die Musikalität ist geblieben. Er kann ohne Musik nicht leben. Ich behaupte, daß man ihn mit einem ihm unbekannten Instrument in den Wald schicken kann, er kommt nach einer halben Stunde heraus und spielt es. Musik kribbelt ihm bis in die Fingerspitzen. Als er im Frühjahr '75 in Wien einen Vortrag gehalten hatte, ging er zur Entspannung in eine Jam Session. Plötzlich stand er auf der Bühne, hatte das Mikro in der Hand und sang die New-Orleans-Texte. Großer Beifall auch dafür.)

Das College Saint Michel in Fribourg wurde im 16. Jahrhundert gegründet, Tradition wird hier heute noch groß geschrieben. In diesem Gemäuer kamen dem gläubig erzogenen Erich die ersten Zweifel

Mit Mitschülern gründete der sehr musikalische Junge eine Jazzband, in der er die Trompete blies (1. Reihe rechts). Ohne Musik kann er auch heute nicht leben

Mit acht Jahren Gebißträger

Um eine besonders lustige, und, wie ich meine, charakteristische Geschichte erzählen zu können, muß ich nachtragen, warum schon der Achtjährige Gebißträger wurde. Das kam so: Am 11. Februar 1943 schlug in Schaffhausen binnen einer knappen Stunde das Wetter um, in den Nieselregen pfiff plötzlich ein beißend kalter Ostwind, die Straße war so glatt, daß die Leute sich nicht mehr auf den Beinen halten konnten. Für die Jungen war es höchstes Vergnügen, sie schlidderten auf dem spiegelblanken Gehsteig. Da knatterten zwei Topolinos, die Liliputaner unter den Fiats, um die Ecke, der erste kam ins Schleudern, schlingerte von einer Straßenseite auf die andere und prallte, nur Schritte von den Jungen entfernt, gegen eine Garagentür. Bruder Otto brachte sich vor dem zweiten Gefährt durch einen Sprung über die Mauer in Sicherheit. Erich blieb stehen, er wollte es (damals schon) genau sehen, was passieren würde, das Auto rutschte auf ihn zu, er machte einen Satz zur Seite, da sprang die Wagentür auf. Kein Zahn blieb im Oberkiefer, auch der Kieferknochen war gebrochen. Die spontane Angst vor dem Vater war größer als der Schmerz, er klaubte die Zähne von der Straße auf, pflückte auch die, die noch in den blutenden Backentaschen baumelten, und steckte sie in die Hosentasche. Die Haftpflichtversicherung zahlte zwar den Schaden, den der Zahnarzt wiedergutmachen konnte, aber seit dieser Zeit trägt er Gebiß und behauptet, daß das ein großes Glück wäre, denn diese Zähne könnten ihm im Urwald keinen Kummer mehr machen.

Wenn man dies weiß, begreift man, warum er wenige Tage nach Eintritt ins Internat für die Kameraden zu einem kleinen Helden wurde.

Papa!

§ 5 des Schulreglements lautete: »Die schriftlichen Arbeiten sind mit Sorgfalt auszuführen und zur festgesetzten Stunde abzuliefern.« – Kurz vor Beginn des Lateinunterrichts bemerkte Erichs Nebenmann, daß er das Heft mit den Hausaufgaben vergessen hatte, keine Zeit mehr, es aus dem Studiensaal zu holen, der Abbé stand schon da. Der Freund wurde blaß, auf solchen Versäumnissen standen ärgerliche Strafen. – Plötzlich hatte Erich den Mund voll Blut, es tropfte von den Lippen in die Hände, die er darunter hielt, mit effektvollen Gesten deutete er auf das Malheur. Erschrocken nickte der Abbé, als Erich zur Tür lief. Draußen spurtete er in den Studiensaal, schob das Aufgabenheft unter die Bluse, spülte im Zurücklaufen unter einem Wasserhahn den Mund aus und drückte das Gebiß wieder unter den Gaumen und war schon wieder im Klassenzimmer, schob unter der Bank dem Nachbarn das Heft zu. Was war geschehen? Erich hatte blitzschnell die Situation erkannt, heimlich das Gebiß aus dem Mund genommen und den Unterkiefer mit den eigenen Zähnen derart in den Oberkiefer gebissen, daß Blut zu fließen begann. Mit dieser dramatischen Hilfsaktion hatte er sich als zuverlässiger Freund etabliert und den Spitznamen »Papa« weg . . . weil er fürsorglicher wie ein solcher war.

Wie damals die Freunde zu ihm gingen, wenn sie Hilfe und Rat brauchten, so ist er als Vierzigjähriger eine Art von Notrufstelle geblieben. Es geht nun, manchmal, um ein beträchtlich höheres Engagement als das Herbeischaffen eines Schulheftes – doch geblieben ist die Spontaneität, auf jeden Fall und wenn es einen Weg gibt, zu helfen.

Ins offene Messer

In dieser Ecke aber lauern die permanenten Gefährdungen des Mannes Däniken. Er ist von einer ganz und gar unzeitgemäßen Treue gegenüber Menschen, die ihm etwas gelten. Er ist so modern im Denken, daß er mindestens mit einem Fuß bereits im Jahre 2000 steht, aber was seine Treue angeht, ist er altmodisch. Er kann sich auch einfach nicht vorstellen, daß ein Mensch, der ihm begegnet und etwas von ihm will, Hinterhältiges im Schilde führt, da läuft er ins offene Messer. Das passiert, leider, immer wieder, und wenn er sich, ganz konsterniert über erfahrene Unfairneß, schwört, nie wieder darauf reinzufallen, weiß ich inzwischen, daß das ein kurzlebiger Schwur ist. Bis zum nächsten Mal. Wer's drauf anlegt, kann ihn ausnehmen wie eine Weihnachtsgans. Wenn man im Zusammenhang mit eigentlich so rühmenswerten Eigenschaften von Fehlern sprechen muß, dann sind es seine parzivalische Gutgläubigkeit und seine Großzügigkeit. Aber vielleicht gehören diese Achillesfersen zu seinem Wesen, er wäre ja nicht der, der er ist, wenn er anders wäre.

Ich bin seit über vierzig Jahren mehr oder minder im journalistischen Geschäft. Ich weiß, daß es sich ungleich leichter schreibt, wenn man wen mies macht, als wenn man positiv über einen Prominenten schreibt. Das hat sicher ungeheuer komplizierte Gründe wie unter anderem den, daß die Leser – zum Teil – auch lieber zuschaun, wenn der Lack abgekratzt wird. Richtig, dem soll man's mal geben! Und der Journalist, der ein allzu flexibles Charakterkorsett trägt, liefert ziemlich bedenkenlos, was er mit Kußhand los wird, das Negative. Für solche Aktualitätenjäger ist dieser Däniken ein saftiges Wildbret. Aus langen Gesprächen werden – kein Platz! – Extrakte kompiliert, und so sehen denn auch – oft – Dänikeninterviews aus. Beispielsweise eines vor einiger Zeit im US-»PLAYBOY«. Aber darüber wird noch zu sprechen sein.

Ein Vertrauensbruch

Ich begehe jetzt einen Vertrauensbruch, weil Däniken nicht will, daß es wer erfährt. Da sein Vertrauen so oft im Negativen mißbraucht wurde, scheint es mir nur originell, es einmal im Positiven zu tun.

Als ich während der endlosen Zeit seiner Untersuchungshaft seine »Vergangenheit« für das Buch »Das seltsame Leben des Erich von Däniken« durchforschte, interessierte ich mich natürlich besonders für seine, angeblich in betrügerischer Absicht gemachten, Schulden, wie sie ihm das Gericht ankreidete. Abgesehen davon, daß er kein Fränkli Schulden mehr hatte, als er deswegen angeklagt wurde – die Honorare aus »Erinnerungen an die Zukunft« flossen bereits, der Verlag hatte einen erheblichen Vorschuß zur sofortigen Schuldentilgung gezahlt – damals fand ich bei seinem Anwalt einen Betrag von 2000 Franken in der Liste. Wofür? Der Anwalt wandt sich auf seinem Stuhl. Nach langem Bohren erfuhr ich, daß Däniken in der Zeitung gelesen hatte, daß eine Bäuerin mit vier Kindern durch einen Unfall ihren Mann verloren hatte. Das war kurz vor Weihnachten. Aus seiner Gefängniszelle gab Däniken Anweisung, der Frau sofort 2000 Franken zu überweisen. Absender: NN. Solche spontanen und immer anonymen Zuwendungen bringt er, wo immer ihm Notfälle unter die Augen kommen, an die richtigen Adressen. Absender: NN.

Erste Zweifel

In der strengen Zucht des katholischen Kollegiums kamen Erich erste Zweifel an dem, was er hörte. Es ist nicht ohne Pikanterie, daß er sich in einer Universitätsbuchhandlung von einer dort bedienenden Nonne den »Antichrist« von Nietzsche geben ließ. Kant und Schopenhauer verschlang er wie noch kurz zuvor die griechischen Heldensagen. Ernst Haeckels Abstammungslehre verwirrte den Jungen vollends.

In der Klasse wurde das Lukas-Evangelium vom Griechischen ins Deutsche, freilich auch vom Lateinischen ins Deutsche übersetzt. Erich begann zu ahnen, wie sich durch andere Worte andere Begriffe und Sinngehalte bilden ließen und wie sich derart oft sehr gegensätzliche Interpretationen des gleichen Urtextes ergaben.

Er stellte Fragen an den Abbé.

Jesus wird vom Hohen Rat vernommen und gefragt:

»Bist du der Sohn Gottes?«

In der Übersetzung aus dem Lateinischen antwortet Jesus:

»Ich bin es.«

Aus dem Griechischen übersetzt lautet es:

»Du sagst es.«

Erich spürte deutlich einen Unterschied, deutlicher, als er ihn seinem Abbé verständlich machen konnte. Er bekam keine Erklärung.

Am letzten Schultag hielt der Präfekt eine Predigt. Darin ermahnte er die Zöglinge, an jedem Tag so zu leben, daß sie in jeder Stunde reinen Herzens vor Gott treten könnten, weil sie nie an seinem Wort gezweifelt, weil sie immer nur geglaubt hätten. »Dann werdet ihr«, schloß der Präfekt, »zu denen auf der rechten Seite gehören, weil ihr geglaubt habt.«

Erich war sich schon während der Predigt klar, daß er eindeutig auf der linken Seite stehen würde, denn er war voller Zweifel. Nachts grübelte er vor sich hin: Hatte der Präfekt recht damit, daß Gott die belohnen würde, die immer ohne Zweifel sind? Werden die, die ohne Anfechtung glauben können, zur Rechten Gottes stehen? Kann es nicht sein, daß der Präfekt sich irrt? Schließlich hat er weder die himmlische Auswahl noch die Belohnung der Gläubigen selbst mitgemacht. Ist es nicht denkbar, daß der weise Gott sagt: »Meine Kinder, ich gab euch den Verstand, damit ihr ihn benutzt. Ich machte euch klüger als die Tiere, damit ihr denkt und fragt. Wer unter euch zu feige war, zu denken, der gehört nicht in mein Reich, wer seinen Verstand nicht nutzte, der ist verdammt und steht auf der Linken.«

»Sein« Gott wollte von blindem Glauben nichts wissen. Von diesem Tage an erweiterte er seine Lektüre um religionskundliche Werke. Keine Religionswelt war mehr vor seiner Neugier sicher. Und die Kluft zwischen ihm und seinem Vater wurde mit jedem Gespräch größer, es gab nur noch Streitgespräche, in denen die geliebte Mutter sich als Vermittlerin versuchte. Ich kann mir, da ich die alte Dame von Herzen gern mag, so gut vorstellen, wie sie damals, zwischen allen Stühlen jonglierend, bemüht war, den Mann zu beruhigen, doch aber Erich seinen Willen durchsetzen zu lassen. »Aus dem Erich«, sagte sie mir, »hätte er nie einen braven Schweizer Geschäftsmann, Lehrer oder Pfarrer gemacht! Ich wollte aber nie von meinen Kindern hören, ihr habt mich nicht werden lassen, was ich werden wollte.«

Garçon im »Schweizerhof«

Anfangs setzte Vater Otto noch Hoffnung in die pädagogischen Qualitäten des Internats, als aber sein Geschäft nicht mehr recht florierte und der Geist von Saint Michel bei Erich nicht anschlug, wurde die Berufswahl zum Familiengespräch. Mit sanfter Energie lenkte Erich die Beschlüsse, er wollte in die Hotellerie, er sah sich schon in fernen Ländern tätig (was er auch war) und als Steward auf großen Schiffen reisen (was er auch tat). Im Herbst 1954 trat er eine Lehrstelle im Erstklaßhotel »Schweizerhof« in Bern an, in seiner Brieftasche die Adresse des Fribourger Schulfreundes Mahmud Grand aus Kairo, dem er fest versprochen hatte, ihn »mal zu besuchen«. Mahmud war für ihn ein lebendiges Stück Ägypten, seit er atemlos Max Eyths »Der Kampf um die Cheopspyramide« verschlungen hatte. – Erich war ein begabter Garçon, sprach Französisch wie Deutsch und besuchte in seiner Freizeit Sprachkurse für Italienisch. (Holländisch lernte er später auf einem Schiff der Holland-Amerika-Linie.)

Flucht nach Ägypten

Im Juni 1955 riß der Faden: Ohne sich abzumelden, war er eines Tages verschwunden. Jean Claude Romens, der im »Schweizerhof« das Zimmer mit ihm teilte, sagte mir: »In Freistunden interessierte er sich nur für Bücher, Sternenkunde, Ausgrabungen usw. Eines Tages war er früh zur Arbeit nicht da. Hat man gesagt, er hat sich vielleicht freigemacht und ist zu den Eltern. Einen Tag später war er

Im Hotel Ascot in Zürich lernte Däniken 1958 seine Frau Elisabeth kennen. Neben dem Dienst betrieb er intensives Sprachstudium, heute ist er so polyglott, daß er nahezu in »allen Zungen« sprechen kann

Den Kellnerlehrling hielt es nicht mehr: über Nacht verschwand er nach Ägypten, um sich »seine« Pyramiden anzusehen. Zwölf Jahre später führte ihn eine wohlvorbereitete Reise an alte Ausgrabungsstätten im Zweistromland

immer noch nicht da, eine Woche später auch nicht, man hat sich Sorgen gemacht. Noch eine Woche später kam eine Karte aus Kairo. Da hat er sehen wollen, was er gelesen hat . . .«

Und besuchte außerdem, wie versprochen, Freund Mahmud und wohnte in dessen Elternhaus, er wurde sogar zu einem Drei-Tage-Trip mit nach Teheran genommen.

Die plötzlichen Entschlüsse sind geblieben. Anfang Mai 1968, zum Beispiel, kaufte er in einer Buchhandlung in Zürich eine Ausgabe der Zeitschrift SPUTNIK, las darin, im Café Sprüngli an der Bahnhofstraße sitzend, einen Artikel des russischen Wissenschaftlers Wjatscheslaw Saizew, ging quer über die Straße ins Reisebüro KUOMI. Am 18. Mai 1968 war er in Moskau. Und kam mit einem (lohnenden) Sack voller Neuigkeiten 14 Tage später zurück. – Als wir im April 1973 an seinem Bildband arbeiteten, hatten wir spätnachts noch miteinander telefoniert. Tags darauf rief ich zu einer geziemenden Zeit an und erfuhr von Ebet, daß Erich vor zwei Stunden nach Madrid geflogen wäre, aber spätabends oder morgen früh wieder zurück sei. Er rief noch spät in der Nacht an: Jubelnd sagte er, er habe einen glänzenden Faksimiledruck des »Madrider Codex« (das sind alte Maya-Handschriften) aufgetrieben und gleich die Abdrucksgenehmigung mitgebracht. Diese beiden »Fälle« als Indiz dafür, daß es keine Notlüge ist, wenn man im Hause Däniken erfährt, daß der Hausherr, der ein paar Stunden vorher noch am Telefon war, nun einige hundert Kilometer entfernt tätig ist.

Als Rekrut gelernt, als Autor genutzt

Von den starken Eindrücken der Ägyptenreise zehrte der junge Mann, als er, wieder in die Eidgenossenschaft zurückgekehrt, 17 lange Wochen in der Panzerrekrutenschule Nr. 222 in Thun abdiente. Was er dort mit seinen fixen Augen an Motorkenntnissen abkriegte, das ist ihm im Sommer und Herbst '75 dienlich, während er mit seinem Range Rover, weit und breit keine Werkstatt, von Kaschmir aus die großen Wüsten durchquert. Um sicher zu sein, nahm er in der Garage, die den Wagen lieferte, das Auto in seinen zerlegbaren Teilen einige Male auseinander und setzte es, wie er sagte, ohne ein Stück übrigzulassen, wieder zusammen. »Was man organisieren kann, soll man nicht dem Zufall überlassen. Man steht unterwegs oft genug wie ein Ochs vorm Scheunentor.«

Ebet und Erich

Ab Februar 1958 war Däniken im »Ascot« in Zürich tätig, das war ein Job, der ihm gefiel. Im Frack richteten die Kellner den Gästen an den Tischen delikate Gerichte, hier lernte er, was er nicht verlernte. In dieser Zeit lernte er aber auch, und das war und ist wichtig für ihn, die Deutsche Elisabeth Skaja kennen, die in Zürich einen Vierpersonenhaushalt betreute. Wenn es auch nicht auf Anhieb die umwerfende große Liebe war, kamen die beiden jungen Leute doch überein, daß Elisabeth in die Hotellerie überwechseln sollte, damit man sich öfter sehen könnte. Nach einem Streit verloren sie sich aus den Augen. 1959 trafen sie sich zufällig an dem einzigen Abend, den Erich in Zürich verbrachte, in ihrem alten Stamm-Tearoom: am nächsten Tag ging er als Steward auf das Linienschiff SS Ryndam der Holland-Amerika-Linie (USA, Kreuzfahrten, Karibische See), er war hergekommen, um sich von Freunden zu verabschieden. Ab nun gingen zwischen Ebet und Erich Briefe über die Ozeane: Im Winter 1960 arbeiteten sie beide im Hotel »Europe« in Davos, Erich als Barkeeper, Ebet in der Milchbar. Am 20. Juli 1960 ließen sie sich in

1959 kreuzte Däniken auf Linienschiffen der Holland-Amerika-Linie wie der SS Ryndam auf dem Atlantik und in der Karibik; wegen seiner Sprachbegabung avancierte er zum Ansager im Chief-Steward-Office

Luzern standesamtlich, am 26. November in Stein am Rhein kirchlich trauen. Peterli, ihr erstes Kind, war am 1. November geboren worden. Ab der Wintersaison ließen sich die Zugvögel im Hotel Rigi-Kaltbad nieder, Peterli kam am Ort in ein Kinderheim.

Outsider

Wenn man diese Vita zur Notiz nimmt, könnte man annehmen, Erich wäre nun in seinen Job aufgegangen, er ließ es da auch an nichts fehlen (das Bündel seiner Zeugnisse ist erstklassig), aber er blieb ein Outsider. Wenn die SS Ryndam in Häfen anlegte, ging die Besatzung an Land und haute auf die Pauke. Däniken hatte sich längst vorher informiert (nur nichts dem Zufall überlassen!), was es in der jeweiligen Stadt für Museen gab und was ihn in diesen Museen besonders interessierte, hatte, damals schon, als Reisebegleiter ein unbequem-großes Tonbandgerät dabei und sprach Beobachtungen auf Band. Ein eigenartiger Steward.

1968, »Erinnerungen an die Zukunft« erwiesen sich als Welthit, wurden die Messer gewetzt. Däniken, dieser Plagiator, habe aus einem jüngst erschienenen Buch von Robert Charroux abgeschrieben, vor allem habe er dort seine Kenntnisse über die Weltkarten des türkischen Flottenchefs Piri Reis bezogen. Ich konnte diese Anwürfe nicht ernst nehmen. Weil ich die Fakten genau recherchiert hatte.

Während eines zweitägigen Landaufenthalts in New York hatte Däniken ein Zimmer im »Manhattan« genommen, um die Zeit zu Besuchen im Metropolitan Museum und im Museum of Natural History auszunutzen. Neben dem TV-Gerät im Hotelzimmer las er in einer Programmzeitschrift, daß am 16. Oktober 1958 um 17 Uhr im CBS-Network ein Rundgespräch über die rätselhaften Piri-Reis-Karten stattfand. Als die Sendung mit drei Experten begann, hatte Däniken sein Tonbandgerät vor dem Bildschirm postiert.

In Stichworten ging es um dies:

Als der Topkapi-Palast in Istanbul 1929 in ein Museum für Altertümer umgewandelt wurde, fand man zwei Fragmente einer Karte des Seemanns Piri Reis aus dem Jahre 1513. In den 40er Jahren unseres Jahrhunderts wurden Kopien dieser Teilstücke einer Weltkarte in großem Maßstab von Museen und Bibliotheken erworben, ihre Besonderheit aber erst 1954 von dem amerikanischen Kartographen A. H. Mallery bemerkt: er entdeckte auf den Karten Kontinente, wie zum Beispiel die Antarktis, von denen man 1513 noch nichts geahnt haben konnte. Mallery zog Experten zu. Sein Kollege Walters vom Hydrographischen Institut der US NAVY bemerkte die exakten Abstände zwischen der Alten und der Neuen Welt: Anfang des 15. Jahrhunderts war Amerika aber noch nirgends vermerkt, Kolumbus kehrte erst 1511 von seiner Entdeckungsreise zurück, und eine Kolumbus-Karte ist bis heute nicht aufgetaucht. Kurz: in intensiven Forschungen ergab sich, daß Piri Reis nicht nur die Konturen der Küsten von Süd- und Nordamerika dorthin gesetzt hatte, wohin sie gehörten, auch die Umrisse der Antarktis saßen dort, wohin sie nach neuesten Kenntnissen gehören. Mit modernsten technischen Mitteln wie Infrarotaufnahmen und Echolotungen stellte man fest, daß es vor rund 11 000 Jahren, gegen Ende der letzten Eiszeit, zwischen Südamerika und der Antarktis eine Landbrücke gegeben hat, wie Piri Reis sie mit penetranter Genauigkeit kartographierte. – Däniken hatte dieses Phänomen in seinem Sinne interpretiert: irgendwann müsse irgendwer aus großer Höhe, vielleicht von einem Satelliten aus, die Erdoberfläche betrachtet haben, um zu solchen kartographischen Anordnungen gekommen sein zu können.

Außer, daß in seinem Archiv die UNESCO-Zeitschrift »Le Courier« mit einem Bericht über die aufregenden Entdeckungen war, hatte er nun ein Tonband vom 16. Oktober 1958. Er wollte es aber, wieder mal, ganz genau wissen. Darum besuchte er, während einer Weltreise 1966, um genau zu sein: am 27. Oktober, den Senior der Kartographie, Professor Charles Hapgood, in Keene, New Hampshire. Von ihm bekam er Aufschluß über den wissenschaftlich neuesten Stand der Piri-Reis-Forschung. Er wußte mehr darüber, als andere publiziert hatten. Warum sollte er (aus einem nach seinen Recherchen erschienenen Buch) bei irgendwem Anleihen machen? Aber so ist das: immer bleibt etwas hängen, er hat, nachdem die Jagd eröffnet war, immer wieder Ärger mit angeblichen Plagiaten gehabt. Es gibt keine Spur, der ich nicht nachgegangen bin. Und wenn es denn irgendwo Ähnlichkeiten gab, konnte ich durch Textvergleiche feststellen, daß die Autoren gleiche Quellen benutzt hatten. Aber man glaubte, Däniken nageln zu können. Wenn diese »Farbe« nicht in sein Porträt gehören würde, sollte man nicht mehr davon sprechen. Die Schreier sind längst heiser geworden.

Eigentlich sollte man auch nicht mehr von dem spektakulären Prozeß sprechen. Gerade die, die sich morgen mit Stentorstimme für Resozialisierung einsetzen, holen heute, irgendwo auf der Welt, mit dem sicheren Griff, mit dem sie alle Jahre wieder das Ungeheuer von Loch Ness am Schwanz packen (ohne es zu erwischen), den Däniken-Prozeß aus der Schublade. Wie es anno 1975 der PLAYBOY tat. Die Ketteninfektion ist verblüffend, wenn einer das Thema aufspießt, sind prompt andere zur Stelle, die gerade auch nichts anderes zu schreiben wissen. Man wird, kurz und bündig, etwas dazu sagen müssen. Später.

Böses 1961

In der Sequenz der Jahre hatte 1961 für die Dänikens einen bitteren Rang. Als Erich am Vormittag des 8. Januar das Tohuwabohu der letzten Nacht beseitigte, trat leise ein Geistlicher in die schummrige Bar, der sich taktvoll bemühte, eine traurige Mitteilung zu machen: Peterli war tot. Däniken rannte den halben Kilometer zum Kinderheim, weinend erwartete ihn die Heimleiterin, Kinder beteten im Schein von Kerzen vor Heiligenbildchen für Peterli. Die Heimleiterin sagte, sie könne es sich nicht erklären, wie es geschehen sei, der Arzt sei dagewesen und habe festgestellt, daß der Kleine in seinem Kopfkissen erstickt wäre. Erich machte keine Vorwürfe, behielt seine Fassung, verließ aber schnell das Heim, um ganz langsam zum Hotel zurückzugehen. Ebet hatte Nachtdienst gehabt, sie schlief noch, er setzte sich zu ihr aufs Bett, fuhr ihr mit der Hand durchs Haar, weckte sie behutsam und sagte ihr, daß Peterli gestorben wäre.

Drei Tage später fand in Vitznau im Familienkreis die Beerdigung statt. Hoteldirektor Schilling gehörte dazu, der bei der Dänikenhochzeit »Tafelmajor« gewesen war. Nach der Beerdigung begann Schilling, seine Trauer in Rotwein zu ertränken. Spät nachmittags kehrten die Dänikens mit ihrem angeheiterten Chef ins Hotel zurück. Schilling verlangte, die Dänikens sollten sich zurückziehen, er würde selbst den Bardienst übernehmen. Däniken biß die Zähne zusammen – the show goes on! – und bediente die Gäste, als

1960 übernahm EvD als Chef de Bar den Treffpunkt der großen Welt im Hotel Rigi-Kaltbad

Die Eltern mit Peterli, zwei Monate alt, im Kinderheim »Rigi-Sunne«

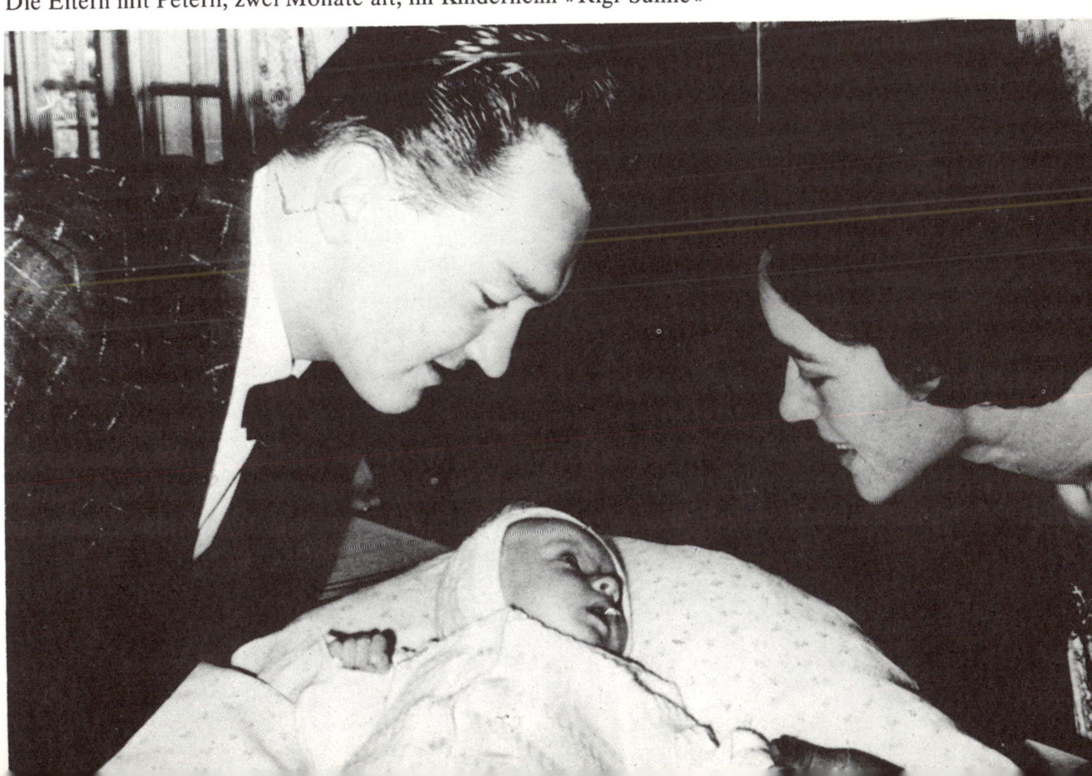

ob nichts geschehen wäre. Jahre später nahm eine Anklageschrift dieses männlich-realistische Verhalten eines Mannes, der seiner Pflicht nachkommen wollte, als Nachweis für Gefühlsroheit auf. Die Inquisition arbeitete mit ähnlichen Methoden.

Vier Wochen später, in der Nacht vom 8. zum 9. Februar, brannte das große Hotel Rigi-Kaltbad bis auf die Grundmauern ab, wie Zunder, denn es war ein über hundert Jahre alter Kasten. Ebet und Erich verloren ihre ganze Habe. Und mitten in der Saison war kein Anschlußjob zu finden, sie arbeiteten in der Suppenfabrik Knorr, bis zum Herbst, da wurde er Geschäftsführer im Restaurant »Mirabeau« in Bern, einem Laden, der nicht recht lief. Däniken machte daraus binnen kurzem ein Schmuckkästchen und eine Goldgrube, deren fündigste Ader allerdings sein Büro im Parterre war, dort las er, schrieb er, drehte den Globus und träumte sich in fernste Welten. Wunsch und Chance ließen sich im Frühjahr verwirklichen: man bot ihm in Victoria, Kanada, die Position eines Maitre d'Hotel an, das nach Schweizer Art aufgebaut werden sollte. Ob ihn diese Aufgabe mehr reizte, als in Britisch-Kolumbien Indianersagen aufzuspüren, vermag ich nicht zu sagen. Jedenfalls akzep-

In der Nacht vom 8. zum 9. Februar 1961 brannte das über 100 Jahre alte Hotel Rigi-Kaltbad ab, die Däniken verloren ihre ganze Habe

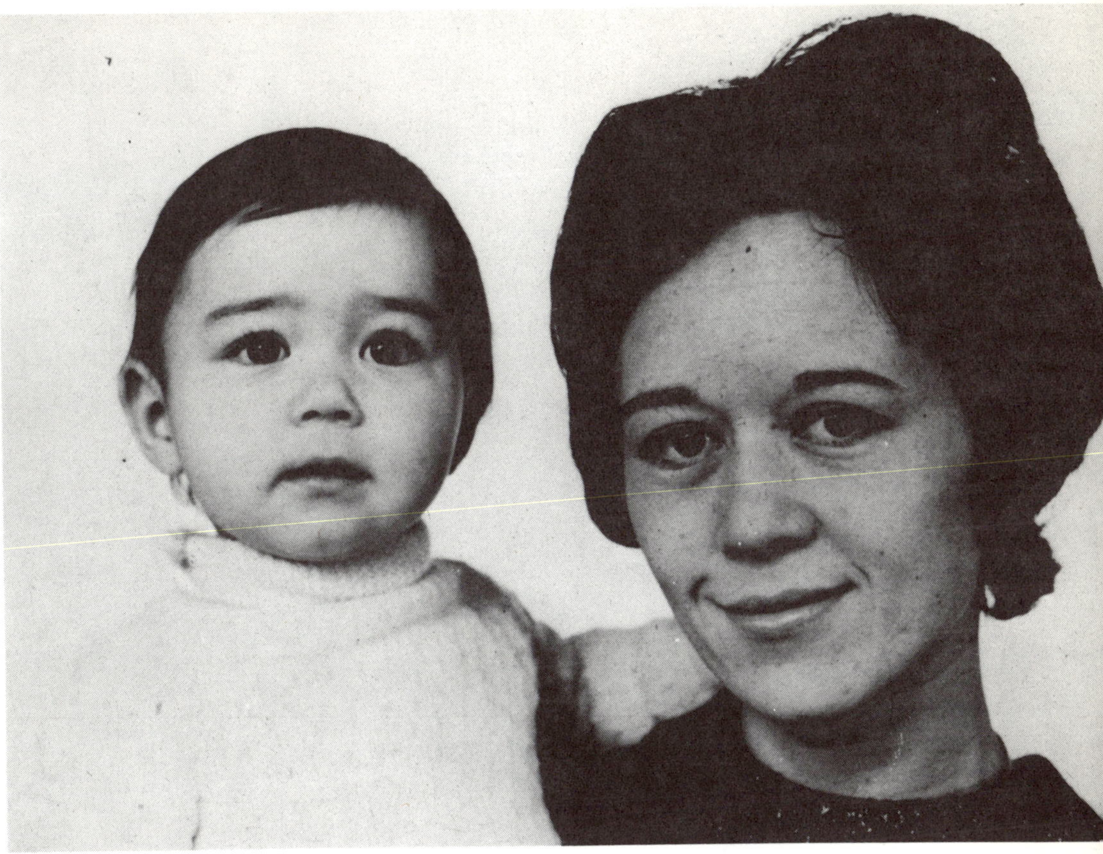

Am 9. Februar 1963 wurde Cornelia, genannt Lela, geboren

Hotel »Der Rosenhügel«. Von hier aus startete Däniken zu zwei Weltreisen, hier schrieb er in einer Bretterhütte sein erstes Buch, hier stellten ihm seine Häscher nach

tierte er und flog im Mai, inzwischen war Tochter Cornelia (Lela) zur Welt gekommen, voraus, Ebet kam mit Lela im September nach.

Der Schweizer Hotelier kam nicht nur durch seine gastronomischen Fähigkeiten zu Ruf und Ansehen, die große deutschsprachige Zeitung DER NORDWESTEN in Winnipeg brachte großaufgemachte Artikel von ihm. Ich habe da eine ganze Zeitungsseite vom 17. Juni 1964 mit der Balkenüberschrift: »Hatten unsere Vorfahren Besuch aus dem Weltraum?« Der Artikel ist ... ein vorweggenommener Aufriß seines ersten Buches.

Es wird ernst

Das aber entstand ab 1965 im Hotel Rosenhügel in Davos, das er als stiller Pächter übernommen hatte.

Als Kapital brachte er kein Bargeld, sondern den Vorsatz ein, diesen im Ruf eines »Pleitehotels« stehenden ROSENHÜGEL mit seinen an vielen Orten erworbenen Kenntnissen zu einem florierenden Haus zu machen. Wo immer ich Däniken an Wendemarken seines Lebens entdeckte, handelte er nach der Maxime: nur nichts dem Zufall überlassen. Er konsultierte damals die Schweizerische Hoteltreuhand in Luzern: Fachleute sagten ihm, daß nach Erfahrungszahlen mit gleichen Betrieben beim Umfang der nötigen Investitionen fünf Jahre nötig seien, um die Startkredite zu tilgen, er ließ sich auch die Limiten für die vertretbaren Kredite nennen. Ihm ging ein Licht auf: er hatte einen dummen Vertrag gemacht, der ging über fünf Jahre; wenn er anfing, Geld zu verdienen, stand er draußen vor der Tür. Er verlängerte die Pacht auf zehn Jahre und ließ ein Vorkaufsrecht eintragen. So optimistisch sah er in die Zukunft, die vielleicht auch so verlaufen wäre, wenn es da nicht einen bestimmten Herrn in Davos gegeben hätte ...

Chef bei Tag, Autor bei Nacht

Erich krempelte die Ärmel auf, er war sich nicht zu fein, jede Arbeit, die einen Mann brauchte, selbst zu tun, am Ende der Saison lag er auf den Knien und schampunierte die großen Saalteppiche, entkalkte Kaffeemaschinen oder reparierte verstopfte Abflüsse. Fehlte Personal, half er beim Geschirrspülen, im Sommer sprengte er den staubigen Weg zum Hügel, im Winter schaufelte er ihn von Schnee frei. Mangelte es an einem Kellner, jonglierte er die Tabletts zwischen den Tischen. Und natürlich kochte und flambierte er am Tisch.

Eine besondere Attraktion war die Bar, die er selbst einrichtete: die Wände bespannte er mit rotschwarzem Schottenstoff, ließ zwei Fenster in den Naturfels brechen und staffierte sie mit lustigen Berglandschaften en miniatur aus. Hier versorgte er seine Gäste mit exzellenten Drinks, hier aber verplauderte er manche Nacht, denn er hatte Gäste, die von seinem Hobby wußten, wie etwa Professor Hermann Oberth, den »Vater« der Raumfahrt und Lehrer Wernher von Brauns. Man zog ihn in Diskussionen, und die gingen oft bis weit nach Mitternacht. Däniken beging einen teuflischen Fehler: er lud seine Gäste zu Drinks oder Wein ein, und so was tut ein Graubündner Hotelier nicht, Gäste haben zu zahlen. Er tat noch was, was sich im Clan der für die Schönheit der Berge Kassierenden nicht schickt: a) saß er selbst nicht trocken dabei und b) ging er nach langen Nächten nicht ins Bett, sondern in sein »Büro« und schrieb ein Buch. Schandbar für einen Gastronomen.

Übrigens ist es eine blanke Übertreibung, wenn ich von »Büro« spreche. Das war eine kleine Holzbaracke hinter der Küche, sie diente als Abstellraum. Erich zwängte einen Schreibtisch und Regale in die Bretterbude und versuchte, Kälte und Zugluft auszusperren, indem er die Fugen zwischen den Brettern mit Werg verstopfte. Ein elektrischer Ofen kam gegen die nächtliche Kälte nicht an. Wer sich in sein Heiligtum wagte, sah ihn mit einem Wollschal um den Hals und im Mantel an der Maschine sitzen. In der Morgendämmerung ging er zu Bett, um manchmal erst um elf oder zwölf wieder zu erscheinen. Diese nicht zu leugnende Tatsache war dem Gericht, das ihn verdonnern wollte, ein deutlicher Hinweis für Pflichtvergessenheit und Faulheit, sie nahm diese Minuspunkte in die Anklageschrift. Freilich müßte man drüber lachen, wenn der rote Faden, den man in Chur wand, Erich nicht so viel unwiderbringliche Zeit gekostet hätte.

Tatsächlich aber entstand aus Aufzeichnungen, die er über Jahre gemacht hatte, sein Erstling »Erinnerungen an die Zukunft«, den heute 14 Millionen Menschen in 30 Ländern in Besitz haben. Ich kannte Däniken noch nicht, als er mit dem fertigen Script hausierte, um einen Verlag dafür zu finden. Deshalb gebe ich den Partnern, die das Opus aus der Taufe hoben, das Wort zur Schilderung der ersten Begegnung:

1. Begegnung: der Verleger

»Ein Telefonanruf von Dr. Thomas von Randow, dem Wissenschaftsredakteur von DIE ZEIT, kündigte mir den Besuch Dänikens an. Von Randow sagte damals sinngemäß: er unterhielte sich eben mit Däniken ... Seine Thesen klängen äußerst phantastisch, sie wären jedenfalls so interessant, daß man sie in einem Buch zur Diskussion stellen sollte, ich solle mal selbst lesen.

Da ich Randows Urteil ungemein schätze, nahm ich am nächsten Tag das Manuskript mit nach Hause, las es über Nacht und erwartete mit beträchtlicher Neugier den Schweizer Autor ... Das Manuskript besaß eine Faszination eigener Art.

Mittelgroß, gedrungen, mit federnder Zielstrebigkeit verratenden Schritten betrat er mein Büro. Zwei Dinge fielen an ihm sofort auf: äußerst lebendige, die Umwelt wach erfassende, den Gesprächspartner unverwandt in den Blick nehmende Augen und eine leise, doch mit verhaltenem Nachdruck in knappen Sätzen sich modulierende Stimme.

Ich erklärte ihm die Probleme, die vor Herausgabe des Manuskriptes gelöst werden müßten. Erstens eine Kürzung auf die wesentlichen Thesen und Beispiele. Dabei sollten insbesondere die im Script sehr breit angelegten religionstheoretischen Erörterungen auf das notwendige Maß beschränkt werden. Zweitens gelte es, die bei einem nichtprofessionellen Schweizer Autor fast unvermeidlichen Schweizerismen zu eliminieren. Drittens sei ein Bearbeiter zu finden, der dem Manuskript ohne die geringsten sachlichen Eingriffe die für ein spannendes Sachbuch notwendige Dramaturgie verleiht ...

Ohne eine Sekunde des Zögerns erklärte sich Däniken bereit, die aufgezeigten Probleme, meinen Ratschlägen folgend, zu lösen. Die Zukunftsperspektive vom Erfolg seines Buches begann mit dem einem Verleger durchaus bekannten Satz: ›Sie haben einen einzigartigen Besteller in Ihren Händen!‹ Dann aber wurde die Zukunftsperspektive auf ungewohnte Art und Weise präzise: ›Sie werden erleben, wie das wissenschaftliche Establishment sich aufregen und das Buch angreifen wird. Es *muß* heftige Diskussionen auslösen. Es wird in der ganzen Welt übersetzt werden. Publizistisch ist es eine Atombombe. Ich hoffe, eines Tages die Beweise für meine Thesen anliefern zu können.‹ – Diese Überzeugung unterstrich Däniken – obwohl er in jenen Tagen wirklich nicht im Gelde schwamm – mit dem Hinweis, daß er keinen Vorschuß wolle, dem Bearbeiter einen fairen Anteil an seinem Honorar zubillige, denn der von ihm erwartete Welterfolg gestatte es ihm, großzügig zu sein . . .«

1. Begegnung: der Autor

»Spätherbst 1966 lag die erste Fassung von ERINNERUNGEN vor. Bei Econ war gerade Oriana Fallaci's ›Wenn die Sonne stirbt‹ erschienen, ich spürte, daß das mein Traumverlag wäre. Mit einem höflichen Brief schickte ich die 411 Seiten nach Düsseldorf. Wochen rührte sich nichts, dann trudelte ein Paket mit meinem Script ein, obendrauf lag ein Brief mit einer Bla-Bla-Bla-Absagefloskel. – Es wurde 1967, ich hatte das Manuskript überarbeitet. Ich ging aufs Ganze. Im ›Börsenblatt des deutschen Buchhandels‹ inserierte ich ganzseitig unter der Schlagzeile: IN MEINEM TRESOR LIEGT EIN BESTSELLER. Es meldeten sich etwa 20 Verlage. Ich kratzte meine letzten Rappen zusammen und ließ 20 Fotokopien machen. Ein Exemplar behielt ich für mich, klemmte es unter den Arm und fuhr damit in meinem klapprigen VW nach Hamburg.

Ich bemühte mich hartnäckig um einen Termin bei Dr. von Randow, es wollte und wollte nicht klappen, endlich saß ich ihm gegenüber. Etwas gequält hörte er sich meine Story an, war aber an den 35 Bildern, die ich dabei hatte, sehr interessiert, besonders schien ihn die Grabplatte von Palenque zu faszinieren. ›Das ist kein Thema für einen Zeitungsartikel, daraus müßte man ein Buch machen.‹

Sie sagen es, dachte ich und fragte ehrlich:

›Wie kommt man an einen Verlag? Ich kenne mich nicht aus und habe keinerlei Beziehungen.‹

Dr. von Randow ließ sich mit einem mir unbekannten Herrn von Wehrenalp verbinden und verabredete einen Termin für mich, es war der Econ-Verleger. Expreß schickte ich das Script nach Düsseldorf und fand mich nach mir endlos scheinenden zwei Tagen dort ein, Kreuzstr. 21. Mir war nicht eben wohl zumute. Wußte der Boß, daß das

Manuskript schon mal in seinem Haus war und mir zurückgeschickt wurde? Das wäre ein schlechtes Entree. Nach den ersten Sätzen war mir klar, daß er keine Ahnung davon hatte . . .

Herr von Wehrenalp hatte sich kleine Papierfische, vom Rand einer Zeitung gerissen, ins Manuskript gelegt, ging hier und da auf den turbulenten Inhalt ein, machte Vorschläge. Nur drucken! dachte ich, diese Bombe muß gezündet werden. Er blinzelte mich pfiffig durch die Brille an: ›Mit einer kleinen Auflage könnte man es riskieren.‹ Felsenfest von der Bestsellerqualität überzeugt, dachte ich: Kleine Auflage? Sie haben sich bestimmt auch schon mal geirrt, Sie werden kaum so schnell drucken können, wie Ihnen die Bücher aus der Hand gerissen werden!

Seit ich vor acht Jahren meinem Verleger zum erstenmal gegenüberstand, ist es weit über geschäftliche Beziehungen hinaus zu einer Freundschaft gekommen. Gemeinsam haben wir einige Stürme überstanden, uns werden auch allenfallsige neue Stürme nicht umwerfen. Und, eine kleine Auflage wird nun immer drin sein . . .«

Sehen, fotografieren, anfassen

Für seinen nun in einen sicheren Hafen geschleusten Erstling – wer hätte je solches Investment riskiert? – hatte Däniken im Mai ’66 eine Reise nach Kairo-Assuan, Abusimbel-Beirut-Baalbek unternommen, über diesen Ort schrieb er im Buch nach seinem Motto: Sehen, fotografieren, anfassen! Aber diese Reise war ein kleiner Fisch im Vergleich zu der, die er aus der Bretterbude für den Herbst fürs gleiche Buch in Dauerkorrespondenzen vorbereitete: er hatte für den 24. bis 26. Oktober eine Einladung zur NASA, einen Termin bei Wernher von Braun und Professor Stuhlinger, dem damaligen NASA-Chef. Drei Kontinente standen auf der Reiseroute. Am 25. September wurde der Passagier von Däniken in Paris-Orly an Bord der Boeing 707, Flug 117, gerufen, Kurs: Lissabon-Caracas-Bogota-Quito-Lima, von wo aus er die (inzwischen durch ihn zur Touristenattraktion gewordenen!) »Landebahnen« von Nazca besuchen wollte. Er charterte, obwohl schmal bei Kasse, eine Piper Comanche, weil er beim Anflug kontrollieren wollte, ob sich die schnurgeraden kilometerlangen, z. T. parallel verlaufenden, z. T. sich kreuzenden Linien, die

Vom »Rosenhügel« aus vorbereitet, startete Däniken zu einer minutiös vorbereiteten Reise zur NASA und nach Südamerika

Fotografieren, sehen, anfassen! Und mit dem Meßband vor Ort prüfen, was er vorfand, um kennerisch darüber schreiben zu können. Diese Arbeitsmethode verfolgte er schon bei seinem ersten Besuch in Sacsayhuaman, einem Ort, an den er mehrfach zurückkehrte, weil er ihm immer neue Fragen aufzwang

abrupt beginnen und jäh enden, in seinem Sinne als Landebahnen fremder Astronauten interpretieren ließen. Immer wieder bat er den Piloten, neuerlich seinen Götterflughafen anzufliegen. Die Großartigkeit dieser vorzeitlichen Anlage und die Berechtigung *seiner* Interpretation (neben anderen unbewiesenen Deutungen) haben längst Millionen Zuschauer im Film, der nach dem Erstling gedreht wurde, in Kinos oder im Fernsehen abschmecken können.

Weiter reiste er nach Cuzco, im südöstlichen Hochland von Peru, weil er von dort aus die Festung Sacsayhuaman und die geheime Inkastadt Macchu Picchu besuchen wollte. Immer weiter trieb es ihn, zum Titicacasee und nach La Paz und von dort aus wieder ins Hochland: Tiahuanaco, 4000 m hoch. Weiter nach Panama, von dort nach Tegucigalpa, der Hauptstadt Honduras, und von dort mit dem Flugzeug nach Copán, der großartigen Ruinenstätte der Maya. Am 14. Oktober schrieb er aus Mexico an Ebet:

»Ich kann Dir nur sagen, wie heilfroh ich bin, diese Reise gemacht zu haben. Über viele Orte, über die ich in meinem Buch berichten will, hatte ich durch Lektüren eine völlig falsche Vorstellung, andere Orte haben mir Sensationen geliefert, die ich dort nicht erwartet hatte.« Es ist evident, daß er, schier mittellos, schon für seinen Erstling seine spezifische Art zu verifizieren anwandte. Ich bin mir sicher, daß sie mindestens einen Part seines Welterfolges erklärt: mögen seine Thesen noch so kühn sein, er hat gesehen, an welche Objekte er sie koppelt, derweil sich seine auf gleichem Terrain ackernden Kollegen – überwiegend – an second-hand-Literatur informieren. Fotografieren, sehen, anfassen.

Bei Saisonbeginn war er wieder im Rosenhügel, brachte die Reiseerkenntnisse in sein Script ein, mit dem er dann zu Dr. von Randow fuhr.

Däniken bedrängte den Verlag mit Briefen und Telegrammen, die Herausbringung des Buches zu beschleunigen. Natürlich ging es ihm um sein Anliegen, aber alle, die ihm in jener Zeit begegneten, bestätigen, daß er vom Riesenerfolg des Buches und damit dem großen Geld felsenfest überzeugt war. Er wollte, noch ehe die avisierten fünf Jahre vorbei waren, die Kredite, die ihm Lieferanten und Banken (z. T. mit ungeheuren Zinssätzen) gegeben hatten, aus den Honoraren abdecken, er war die Fretterei satt, hier ein Loch zu stopfen, um ein anderes aufzureißen. Mochte das auch eine übliche Praxis sein, er wollte ihr nicht folgen, sie nahm ihm die Ruhe, die er an sein Hobby wenden wollte. Wenn er skrupellos gewesen wäre, hätte er seine Schulden mit einem Schlag loswerden können, wenn er im Winter '68 (der für alle Hoteliers in Davos sehr schlecht war, weil Lawinen lange Zeit die Zufahrten ins Schneeparadies blockierten) Konkurs gemacht hätte. Er wollte aber seinen Verpflichtungen nachkommen . . . aus Buchhonoraren, und tatsächlich bekamen ja alle Schuldner, lange vor den eingeräumten Zahlungsfristen, ihr Geld. Wie dann ein Prozeß? Rolf Bigler, prominenter Schweizer Journalist und Chefredakteur, schrieb damals: »Das ist nicht tiefstes Mittelalter, sondern Inquisitionszeit in Graubünden.«

Nichts konnte ihn anfechten, stracks auf sein Ziel loszugehen. Mai '69 flog er nach Moskau, wir wissen es schon. Seine Arbeit hatte er auf eine Trilogie angelegt, also stand Buch Nr. 2 auf dem Programm. Ende September ging er wieder auf Weltreise: Nord- und Südamerika, Osterinsel, Indien. Als er sie antrat, hätte er jeden für verrückt erklärt, der ihm prophezeit hätte, daß er dieses Buch in einer Zelle im Gefängnis in Chur schreiben würde. Er wäre aber fraglos nicht geflogen, wenn er nur von ferne geahnt hätte, welche dunklen Wolken sich über ihm zusammenbrauten. Zusammengebraut wurden.

Der Prozeß

Und damit wären wir beim Prozeß.

Was ich darüber notiere, wurde von mir recherchiert, als Erich im Zuchthaus Regensdorf einsaß. Was ich damals in mühevoller Kleinarbeit zusammentrug, ließ mir oft die Haare auf dem Kopf zu Berge stehen. Wir, mein Freund Peter Rocholl und ich, hatten uns aus Zeitungen Namen auf Zettel geschrieben, in Telefon- und Adreßbüchern deren Wohnungen aufgetan, es war eine absolut zufällige Auswahl von Menschen, die wir um Auskunft angingen, eine demoskopische Umfrage könnte man's nennen. Die Tonbänder entstanden über mehrere Monate, weil die Spuren so schwer zu verfolgen waren. Dänikens Kollegen aus seiner Hotelierzeit waren wie die Zugvögel von Job zu Job geeilt, andere gesuchte Gesprächspartner hatten Ort oder Wohnung gewechselt. Gut. Als die Bänder abgeschrieben waren, die Texte schwarz auf weiß vor uns lagen, kam uns das große Staunen an: Da hatte keiner nur ein einziges Wort gegen den »Angeklagten« gesagt, und dabei waren natürlich auch Gläubiger befragt worden, die sich, so stand es in der Anklageschrift, von EvD betrogen gefühlt haben sollten, *keiner* von ihnen hat allerdings, und das war auch sonderbar, von sich aus den bösen Schelm verklagt, auch nicht verklagen wollen. Däniken kam durch eine Offizialklage vor Gericht.

Wie das Spiel gespielt wurde, ist schon des Nachschauns wert, zumal inzwischen sechs Jahre seit dem Spektakulum ins Land gegangen sind. Ich berichte darüber aus meiner ganz persönlichen Sicht der Dinge. Das, was angeblich so objektiv darüber geschrieben wurde, der Lack muß runter! – ist – soweit es in den letzten Jahren oder gar Monaten publiziert wurde – aus Archiven zusammengeklau(b)t. Was ich hier schreibe, wurde a) aus »Urquellen« bezogen, b) seinerzeit frisch vom Faß gezapft und c) nach Erscheinen des Buches »Das seltsame Leben des EvD« (1970) von keiner Stelle attackiert. Was ich, ohne mich auf die vielgeschundene Objektivität zu berufen, notiere, soll nur mit hellen Spots die zentralen Punkt anstrahlen. So begann das Spiel:

8000 Franken Kurtaxe, mit Wechsel belegt

Am 18. September 1968 führte der Untersuchungsrichter Kirchhofer in Davos ein Gespräch mit dem Buchhalter des Kurvereins, Felix. Beileibe kein Gespräch »in Sachen Däniken«! Lediglich am Rande, zwischen Tür und Angel, erwähnte Felix, daß er vielleicht wieder vorstellig werde, weil der Pächter vom »Rosenhügel« rund 8000 Franken nicht abgeführter Kurtaxen schulde. Diese – nichtoffizielle – Information nahm der Jurist als Anlaß zur Einleitung zu einer Untersuchung. Eine mutwillig ausgelöste Lawine rollte über die Hänge von Davos, und als sie donnernd auflief, war der Prozeß fällig, dessen Wellen rund um die Welt brandeten. Als Däniken am 9. November auf dem Rückflug nach Zürich war, wußte er nicht, daß der Untersuchungsrichter seine Verhaftung über INTERPOL veranlaßt hatte. Wie hatte Kirchhofer diese Aktion zustande gebracht?

Er stellte seine Ohren in den Wind. Davos ist ein Dorf, jeder kennt jeden, für den Duft jedes Kochtopfs findet sich immer eine Nase. Däniken war zwar weit weg, aber immer erreichbar, Ebet und sein Anwalt hatten eine Liste mit Standorten und Daten. Aber weder jetzt noch später war es erwünscht, Däniken aufklärend zu befragen. Im Schweizerischen Polizeianzeiger wird der Haftbefehl »wegen Veruntreuung von 8000 Franken« (Kurtaxen) veröffentlicht. Herr Kirchhofer ging überhaupt nicht pingelig vor: er ließ am 16. Oktober den Rosenhügel »zwecks Sicherung allfälligen Beweismaterials« versiegeln und ordnete Postüberwachung für Ebet, Mutter Magdalena und seinen Schwager Dr. Huggenberger, Polizeichef von Solothurn, an. Es kann allerdings dem Untersuchungsrichter nicht entgangen sein, daß Däniken vor seiner Abreise die Kurtaxenschuld, vom Kurverein akzeptiert, mit einem Wechsel belegte, und Wechsel sind, sollte ein Jurist wissen, ein legitimes Zahlungsmittel.

Ein deutscher Richter am Rhein

Der »Verbrecher« Däniken hatte, Verbrecher sind so gütig, alle Unterlagen, die seine Verpflichtungen belegten, im Büro zurückgelassen, er hatte die Schnitzel zu der Jagd, die nun auf ihn begann, selbst ausgelegt. Im Oktober hatte er alle Forderungen aus seinem Verlagsvertrag für einen größeren Kredit an die Schweizerische Bankgesellschaft, Bern, abgetreten. Trotzdem versuchte der emsige Untersuchungsrichter mit einem Fernschreiben an den Econ-Verlag »gegenwärtige und zukünftige Guthaben« mit der Begründung sperren zu lassen: nach seinen Ermittlungen seien sie »zu betrügerischen Zwecken mißbraucht« worden. Hätte der zuständige Richter am Rhein dieses Ansinnen als nicht mit der deutschen Strafprozeßordnung unvereinbar abgelehnt, hätte der Notar Dr. Wäsch, den der Weltreisende für die Dauer seiner Abwesenheit mit der kontinuierlichen Schuldentilgung beauftragt hatte, tatsächlich den Gläubigern keine Zahlungen leisten können. Ohne diesen Richter in Düsseldorf wäre beim Beginn der Hauptverhandlung ein immerhin strafmindernd wirkender Tatbestand nicht gegeben gewesen: *alle* Schulden waren bezahlt.

INTERPOL langt zu

Dienstag, den 19. November, landete die Boeing gegen 22 Uhr auf dem Flugplatz Schwechat bei Wien. Däniken wollte in die Maschine nach Zürich umsteigen, er legte dem Zoll seine Papiere vor, ging in den Transitraum. Beim Aufruf seines Fluges mußte er durch die Paßkontrolle. Der Beamte schaute ihn an, bat höflich, ihm zu folgen; man sagte ihm, daß die INTERPOL Schweiz seine Verhaftung wünsche.

INTERPOL FASST DÄNIKEN IN WIEN
BESTSELLERAUTOR ALS BETRÜGER
VERHAFTET

So oder ähnlich lauteten am nächsten Tag die Schlagzeilen in der Weltpresse. In den Kommentaren las man, daß Däniken 500 000 Franken und mehr für sich ergaunert habe.

Erich begriff nicht, was da geschah.

Während er emsig seinen »Beweisen« nachspürte, war auch der Untersuchungsrichter fleißig gewesen. Der tat etwas, womit er nahezu jeden Kaufmann oder Unternehmer zum Betrüger stempeln könnte: er machte jeden Kalendertag, an dem Däniken ein Kredit eingeräumt wurde, zum Stichtag einer »Schlußbilanz«: er addierte die jeweils laufenden Darlehn, Warenkredite und Wechselverpflichtungen und kam auf diese Weise zu einem Schuldenberg, der den Gläubigern noch im Nachhinein eine Gänsehaut auf den Rücken applizierte.

»Hätten Sie Herrn von Däniken einen Kredit gegeben, wenn Sie gewußt hätten, daß . . .?«

Das muß die stereotype Fragestellung gewesen sein, die in der Anklageschrift fixierten sogenannten Tatbestände bestätigen diese Annahme.

»Aufgrund der Krediterteilungspraxis der Kreditbank Bern wäre von Däniken der Kredit nicht erteilt worden, wenn die Bank von den bestehenden Schulden Kenntnis gehabt hätte.«

»Sie (Frau Ferrari) hätte das Darlehn nie gegeben, wenn sie um seine Verschuldung gewußt hätte.«

In dem 120 Seiten starken Anklagewerk heißt es 19mal: »Der Gläubiger X hätte nie, wenn er gewußt hätte, daß . . .«

Wenn in allen Betrieben am Tage X Schlußbilanz gemacht würde, sähe es bös im internationalen Geschäftsleben aus, noch dazu, wenn man – weil man sonst zu keiner Anklage käme – unterstellt, daß der Schuldner zahlungsunwillig ist. In betrügerischer Absicht freilich. Genau das Gegenteil war der Fall: Däniken hatte seinem Anwalt unbeschränkten Zahlungsauftrag für alle Schuldner gegeben. Außer, daß er am Tage des Prozeßbeginns keine Schulden mehr hatte, fiel auch das notarielle Dokument nicht in die Waagschale. Die Liste angeblich in betrügerischer Absicht gemachter Schulden entstand erst durch Verhöre des Untersuchungsrichters.

84 Tage warten auf Auslieferung

Vom 19. November 1969 bis zum 11. Februar 1970 wartete Däniken im Landesgerichtsgefängnis Wien auf Auslieferung an die Schweiz. »Sitzt der Schweizer Bestseller-Autor, weil er als Davoser Hotelier 8000 Franken Kurtaxe (noch) nicht bezahlt hat?« Fragte die NEUE PRESSE, Zürich. – »Lohnt sich«, fragte ein Sprecher des Wiener Sicherheitsamtes, »wegen dieser Sache ein internationaler Haftbefehl?« – Däniken saß ohne jede Verbindung nach außen in seiner Zelle, er durfte weder mit seinem Anwalt sprechen noch konnte ihn seine Frau besuchen. »Diese Auflagen aus dem Churer Haftbefehl stellen eine flagrante Verletzung der internationalen Menschenrechtskonvention dar. Die Bündner Strafprozeßordnung muß aus der Steinzeit stammen«, erklärte ein Wiener Sicherheitsoffizier der NEUEN PRESSE.

Nach monatelangen »Auslieferungsverhandlungen« zwischen Österreich und der Schweiz wurde Däniken endlich am 12. Februar 1969 überstellt. Schweizer Prominenz begrüßte ihn am Grenzbahnhof

Däniken ahnte nicht, was man ihm im Detail vorwarf. Er konnte sich nicht wehren, nicht gegen Beschuldigungen, nicht gegen Plagiatsvorwürfe, die »draußen« die Gemüter jetzt erst recht bewegten. Einem, der im Gefängnis sitzt, war das natürlich zuzutrauen. Nestroy hätte aus der Posse, die sich bis zum 19. November (und auch später) abspielte, ein herrliches Lustspiel gemacht. Däniken hatte allerdings nichts zu lachen, während ihn zwei Polizeibeamte mit dem Arlberg-Expreß zum Grenzort Feldkirch brachten, wo ihn Schweizer Polizei übernahm. Durch Vaduz (am »Vaduzer Hof« vorbei, in dem er sieben Jahre zuvor eine Sommersaison lang gearbeitet hatte) ratterte das kleine Auto zur Autobahn Ragaz-Chur. Zum »Sennhof« in Chur. Die Adresse hört sich wie ein anheimelndes Schweizer Hospiz an, es war das Untersuchungsgefängnis.

Auf Dänikens Wunsch begannen sofort nach der Ankunft die Einvernahmen, die – auch auf seinen Wunsch – über die normale Bürozeit hinaus fortgesetzt wurden. Er stellte sich Non-Stop-Verhören, weil er immer noch inbrünstig hoffte, Mißverständnisse aufklären zu können. Die über drei Mo-

Im Untersuchungsgefängnis in Chur wartete er 452 Tage auf sein Urteil. Zwischen und nach Verhören entstand hier in der engen Zelle sein zweiter Bestseller »Zurück zu den Sternen«

nate, die Däniken untätig in Wien eingesessen war, hatte die kritische Presse auf den Plan gerufen. Als Untersuchungsrichter und Staatsanwalt gar eine Pressekonferenz (bei der EvD nicht zugegen war) veranstalteten – was absolut gegen das Recht war –, schrieb DIE WELTWOCHE, Zürich, am 21. Februar:

» . . . In die Schußlinie der Publizistik geraten, gingen die Churer Wächter von Recht und Gesetz letzte Woche zum Gegenangriff über. In einer mehrseitigen Mitteilung übten sich Untersuchungsrichter Kirchhofer und Staatsanwalt Padrutt in Rabulistik. Ziel der weitschweifigen Erklärung war es, von Däniken als fragwürdige Existenz erscheinen zu lassen, die der Anteilnahme der Öffentlichkeit nicht wert sei. Die unüberlegte und trotzige Reaktion wird etwa durch die perfide Feststellung manifest, der Spitzenreiter am deutschen Buchmarkt habe nach einer mißglückten Mittelschulausbildung die ›Kellnerlaufbahn‹ beschritten. Über den Zusammenhang zwischen verpatzter Matur und den jetzt behaupteten Straftatbeständen schweigen die Gesetzeshüter sich freiwillig aus. Die Wege der Bündner Justiz sind nicht nur seltsam und unerforschlich, sie bewegen sich – wie im konkreten Fall – gelegentlich sogar außerhalb der Legalität. Alles in allem hat die Churer Staatsanwaltschaft der Qualifikation unseres Landes als Rechtsstaat einen Bärendienst erwiesen. Rufmord, begangen durch eine Justizbehörde, läßt sich jedenfalls kaum noch überbieten.«

Ende des Zitats – für den Fall, daß die Abführungsstriche dieser seriösen Schweizer Stimme übersehen wurden.

Der Akkord, der angeschlagen worden war, wurde unisono durchgehalten. Nach dem Urteil schrieb Rolf Bigler am 22. Februar im SONNTAGS-JOURNAL, Zürich:

»Beiläufig sprach er (ein Sachverständiger) von ›unserem Angeklagten‹. Er hätte damals schon von ›unserem lieben Verurteilten‹ sprechen können . . .«

Bankdirektor Monhardt, Zürich, sagte in der Hauptverhandlung: »Wenn ich mir aber vor Augen halte, daß der Untersuchungsrichter die Pflicht hat, sowohl den Beschuldigten belastendes wie entlastendes Material zusammenzutragen, so muß ich doch sagen, UR Kirchhofer habe die Untersuchung weitgehend in Richtung Überführung des Angeklagten geführt. Ich hatte den Eindruck, daß für

Kirchhofer an der Schuldfrage kein Zweifel bestand und daß es ihm primär darum ging, diese Schuldthesen zu untermauern . . .«

Im Zweifel: für die Anklage

Nach Urteilen des Schweizer Bundesgerichts ist ein Vermögensschaden Voraussetzung für Betrug oder Betrugsversuch und schon dann gegeben, wenn Vermögensrechte gefährdet sind. Es wird aber nicht gesagt, wann eine erhebliche Gefährdung von Vermögensrechten anzunehmen ist.

Nach der Methode: »Hätten Sie, wenn Sie gewußt hätten, daß . . .« wurde aus der Sequenz von Kleinkreditaufnahmen das Klassenziel: »gewerbsmäßiger Betrug« erreicht. Folgerichtig (im Sinne der Anklage) wurde Däniken dann sogar in jenen Fällen, in denen Darlehn pünktlich – oder wie bei der vorzeitigen Abdeckung des Hauptkredits mit 110 000 Franken durch den Econ-Verlag – zurückbezahlt wurden, wegen Betruges verurteilt.

An den Tatsachen vorbei

Am 2. April 1970 gab EvD zu den Akten:

»Mir wurden des öfteren Zeugenprotokolle vorgelesen, die in wesentlichen Aussagen nicht den Tatsachen entsprachen, die aber auch erkennen ließen, daß den Zeugen keine Fragen zur subjektiven Seite der Anschuldigungen und zu meiner Person gestellt wurden; überdies war mir klar – weil ich die Zeugen seit Jahren kenne –, daß Redewendungen nicht von den Befragten stammen konnten. – Gegen das hier entstehende Aktenbild legte ich mehrmals Beschwerde ein, die – auf bloße Stellungnahmen von Kirchhofer hin – als ›unbegründet‹ abgewiesen wurde. Während der gesamten Dauer der Untersuchung wurde ich weder vom Staatsanwalt noch vom Vizestaatsanwalt nur ein einziges Mal angehört. Ich versuchte, wie es die bündnerische Strafprozeßordnung vorsieht, Hilfe bei meinen Rechtsanwälten zu finden. Die Briefe an die Anwälte wurden, soweit sie für die Beschwerden von Bedeutung waren, auf Stellungnahmen von Kirchhofer hin nicht befördert. – In der letzten Phase der eigenartigen Untersuchung fanden ›Konfrontverhöre‹ statt: dabei war mir untersagt, mit den Zeugen zu sprechen, was ja der Sinn der Konfrontierungen gewesen wäre. Ich bekam keine Gelegenheit, die Zeugen auf dieses oder jenes hinzuweisen oder ihnen konkrete Situationen ins Gedächtnis zu rufen.

Vielmehr mußte ich mitanhören, daß die Zeugen durch Informationen des Untersuchungsrichters beeinflußt wurden und daß sie die Protokollierung ihm überließen. – Nachdem ich einsehen mußte, daß keine Chance bestand, Wahrheit in die Akten zu bringen, ergab ich mich meinem Schicksal in der Hoffnung, die Untersuchung derart möglichst schnell einem Ende zuzuführen. Meine Absicht war, vor Gericht durch Fragen an die Zeugen in aller Öffentlichkeit die Unhaltbarkeit der Kirchhofer-Protokolle aufzudekken. Deshalb verlangte ich zu Protokoll, daß alle einvernommenen Zeugen vor Gericht erscheinen.«

Oft gefragt, wie denn das mit dem Däniken-Prozeß »wirklich« gewesen sei, habe ich mich stets auf Schweizer Quellen berufen, weil dieser Prozeß in Deutschland überhaupt nicht, in keinem Fall aber mit diesen Methoden geführt worden wäre. Um das krause Verfahren annähernd in den Verstand zu kriegen, muß man eine juristische Erklärung zur Kenntnis nehmen, die Dänikens Rechtsanwalt Adolf Hörler nach dem Prozeß abgab:

»Dänikens Antrag (auf Vorladung der Zeugen vor Gericht) wurde formell nie abgelehnt, er bestand noch zur Zeit des Prozesses zu Recht. – Die kantonale Prozeßordnung ist zwar erst reichlich zehn Jahre alt, aber sie atmet mittelalterlichen Geist. Sie ist immer noch sehr stark vom Odium des Inquisitionsprozesses beeinflußt. Sie geht davon aus, daß die Untersuchungsbehörde einen erratischen Block an Objektivität darstellt – dabei wird die gleiche Untersuchungsbehörde zu einem späteren Zeitpunkt, nämlich im Prozeß, Anklagebehörde, also ›Partei‹. Aber es kann nicht geprüft werden, ob sie als Untersuchungsbehörde objektiv war . . .

Wir Anwälte haben keine Rechte: erst wenn die Untersuchung abgeschlossen ist, bekommen wir Akteneinsicht. Was vorher geschehen ist, können wir nicht überprüfen. Ich habe eine Anreicherung und Ergänzung der Voruntersuchung beantragt. Ob aber Anträge oder Beschwerden akzeptiert werden, steht wiederum im Ermessen des gleichen Untersuchungsrichters, und vom Verteidiger gewünschte Zusatzfragen an die Zeugen werden endlich auch von dem gleichen Herrn gestellt . . . Die Richter glaubten, sie könnten sich ihr Urteil – die Beurteilung der Tatbestände – allein aus den Akten holen. Wenn die Akten objektiv sind, mag das ein Weg sein . . .«

Die Zeit verging. Vier Haftentlassungsanträge wurden mit »Fluchtgefahr« und »Verdunkelungsgefahr« abgelehnt. Als mit dem letzten Antrag eine Kaution von 100 000 Franken (vom Verlag bereitgestellt) angeboten wurde, hieß es allen Ernstes, wenn Däniken in so günstigen wirtschaftlichen Verhältnissen lebe, daß er eine solche Kaution stellen könne, dann wäre diese Summe auch kein Hinderungsgrund für eine Flucht. O heilige, dumme Einfalt.

In einer Irrenanstalt

Eine Flucht wäre dem »lieben Verurteilten« leicht möglich gewesen, als man sich nicht scheute, ihn in die Psychiatrische Klinik Beverin zur Exploration (Untersuchung) einzuweisen. Diese Anstalt ist für *Kranke* einrichtet, ein Mann mit fünf gesunden Sinnen ist dort quasi obdachlos, es sei denn, man steckt ihn in einen separierten Pavillon. Diese Klinik genießt in der Schweiz, wie uns mehrfach von kompetenten Leuten gesagt wurde, nicht den Ruf einer wissenschaftlich hochstehenden Anstalt. Das Gutachten, das der »Spezialarzt« für Psychiatrie und Direktor, ein Dr. Weber, im Prozeß vortrug, bestätigte die landläufige Schweizer Meinung, es bekam den ätzenden Spott angesehener Fachleute ... außer, daß Däniken den »Spezialarzt« im Prozeß als Ignoranten förmlich auseinandernahm. Ich will dem sog. Gutachten keine Ehre antun, indem ich darauf eingehe. Eine Tatsache aber, die jedem, der Herz und Verstand hat, eine Röte von Wut oder Scham ins Gesicht treibt, soll hier stehen:

Ebet mit Lela beim Papi

Am 25. Juni durfte Ebet mit Töchterchen Lela den Papi in der Klinik besuchen. Der »Spezialarzt« Dr. Weber ließ es sich nicht entgehen, an dieser Begegnung teilzunehmen. Im Gutachten bewertete der Unpsychologe es so:

»Die Begegnung fand im Büro des Referenten statt. Zugegebenermaßen war die Anwesenheit des Ref. eine gewisse Hemmung für ein freies Aussprechen, vor allem auch, da den beiden Parteien (!) die Bedingung auferlegt worden war, nichts über den hängigen Prozeß zu sprechen. Immerhin fiel doch auf, daß er weder seiner Frau noch seiner Tochter echte Gefühle zeigen konnte. Es blieb bei einer absolut oberflächlichen Begegnung.«

Am Abend dieses Besuchstages schrieb Erich an Ebet:

»Meine liebe Ebet!

Dem Himmel sei Dank, daß Du mir Lela gebracht hast! Wahrscheinlich merktest Du, daß ich mich – als ich ablenkend mit Lela redete – sehr beherrschen mußte, um nicht loszuheulen. Doch ich bin sehr glücklich, Lela auf dem Schoß gehabt zu haben, ihre Augen gesehen zu haben, ihre Händchen gefühlt zu haben, ihre Stimme gehört zu haben. Das Kind wußte anfänglich nicht recht, wohin mit mir – es weiß jetzt wieder, daß es einen Papi gibt ... Wir beide redeten, wie immer bei solchen Visiten, aneinander vorbei. Und doch tat der Besuch gut. Ich hoffe, Du kommst bald wieder. Irgendwann werden wir bestimmt wieder allein sein können, denn die Ochserei eines Besuches unter Aufsicht ist so kurzsichtig, so kleinlich, daß man sich später entsetzt fragt: ›Wie war das möglich?‹ Dir alles Liebe und Gute. Bewahre mir Lela vor Unbill. Ich will ein glückliches Kind haben, ich halte wenig von den hergebrachten Erziehungsmethoden. Drohung und Züchtigung sind mir ein Greuel, Vernunft und Liebe alles. Tschau, Schatzi. Ich hab Dich sehr lieb. Dein Erich.«

Dieser Brief trägt den handschriftlichen Zensurvermerk des UR Kirchhofer, aber der Brief wurde dem Gericht weder durch die Staatsanwaltschaft noch vom Spezialarzt (der ihn kannte) zur Kenntnis gebracht. Er paßte nicht in die strategische Landschaft: das Gericht sollte den Eindruck von infamer Gefühlskälte des Angeklagten bekommen. Für Kirchhofer war es eine »Farbe«, die einen kräftigen Strich in das von ihm gestrichelte Porträt setzte.

Bestseller aus dem Gefängnis

Im Zusammenhang mit dem Dänikenschen Erfolg wird oft von »Phänomen« gesprochen. Daß er selbst ein »Phänomen« – nicht im Sinne von Wunder! – ist, vielmehr im Sinne von Energie und Konzentrationsvermögen, bewies er während seiner Monate im »Sennhof«. – Am 12. Februar 1969 zog er in seine enge Zelle ein, am gleichen Tag begannen die Verhöre, die sich über ein Jahr hinziehen sollten. Zur gleichen Zeit schrieb er seinen Weltbestseller ZURÜCK ZU DEN STERNEN! Er hatte eine Schreibmaschine, Papier, ein paar Bücher ... und die Notizen von seiner letzten Reise. Und er durfte mit mir korrespondieren, wobei selbstverständlich alle Ein- und Ausgänge Zensurvermerke trugen. Erich brachte die mir unbegreifliche Konzentration auf, sich den Verhören zu stellen *und* danach und daneben in seine schriftstellerische Welt einzutauchen. Rechtsanwalt Hörler sagte mir: »Ich kann mir nicht vorstellen, daß je ein Buch unter schwierigeren Umständen geschrieben wurde.«

Mit der Übersendung der ersten 89 Scriptseiten an den Econ-Verlag schrieb er u. a.: »Wohl muß ich heute einsehen, daß ich mich in diversen Gelddingen nicht ›maßstabgerecht‹ verhielt, doch kam mir das nie zum Bewußtsein, weil ich Gedanken an Betrug oder unehrenhaftes Verhalten nie dachte. Bei Gott, ich hatte nie die Idee, jemanden um sein Geld zu bringen.«

Parallel mit Dänikens Teillieferungen lief die Bearbeitung. Am 17. Juni lag die Rohfassung, am 19. August das druckreife Manuskript vor. Beim Verlag türmten sich 90 000 Vorbestellungen des Buchhandels auf »den neuen Däniken«. Am 30. September wurde eine Rekordauflage von 100 000 Exemplaren ausgeliefert. Schon im Oktober wurde die 2. Auflage mit 50 000 Stück nachgeschoben, bis Jahresende waren 209 290 Exemplare in den Buchhandlungen. – DIE WELTWOCHE, Zürich, die schon ERINNERUNGEN AN DIE ZUKUNFT vorabgedruckt hatte, brachte auch das neue, das »Gefängnis«buch. – Däniken bekam das erste Exemplar seines Buches aus der Hand des Untersuchungsrichters, der bereits jede Zeile kannte.

Ein hartgesottener Bursche?

Wieder tauchten – der Lack muß runter! – Berichte auf, dieser Däniken müßte doch wohl ein ganz hartgesottener Bursche sein. Wie es drinnen aussah, stand am 13. Juli 1969 in der BILD am SONNTAG:

» . . . Mit verweintem Gesicht sitzt Elisabeth von Däniken in einem kleinen Café unweit des Untersuchungsgefängnisses: ›Am Anfang war Erich noch hoffnungsvoll, aber von Monat zu Monat wurde er niedergeschlagener. Ich kann ihm nur durch meine Liebe helfen . . . Ich bringe ihm Zigaretten. Er raucht immer mehr. Jetzt sind es schon 80 Stück am Tag. Er leidet wie ein gefangenes Tier. Er hat mir erzählt, wie er arbeitet. In seiner 3x4 m großen Zelle läuft er auf und ab. Manuskriptpapier liegt zerknäult am Boden. Er kann mit niemandem über seine Gedanken sprechen. Ich habe Angst. Aber Erich wird schreiben, schreiben, schreiben . . .‹«

Ich habe quasi am eigenen Leibe erlebt, was in Chur gespielt wurde. Da wurde aus einem Brief zitiert, den ich Erich in seine Zelle geschrieben hatte. Vor Gericht. Dem Sinne nach schrieb ich: »Lieber Herr von Däniken, bitte markieren Sie alle Zitate, damit ich sie nötigenfalls umformulieren kann.« Als ich das in einem Prozeßbericht in der SÜDDEUTSCHEN ZEITUNG las, schrieb ich einen Eilbrief ans Gericht, man möge mich dazu einvernehmen. Denn: Sinn dieses Hinweises war es, dem unprofessionellen Schreiber Däniken über eine Hürde zu helfen. Nach deutschem Copyright dürfen 15 Zeilen im Wortlaut übernommen werden. Falls er also darüber hinaus Gedanken einführen wollte, mußten sie »indirekt« wiedergegeben werden. Das konnte Erich nicht wissen, darum machte ich ihn darauf aufmerksam. So, wie es durch die Presse ging, hörte es sich kleptomanisch, ja, obskur an. Das Gericht hat mich nicht befragt. Richtigstellungen paßten halt nicht ins Bild.

Countdown

Montag, den 3. Februar 1970, um 9.04 begann der Prozeß.
Rolf Bigler am 14. Februar:
»Rosen für den Staatsanwalt führten die meisten (Berich-

Im »Großen Saal des Rates« in Chur fand die Aktenverhandlung gegen den prominentesten Sohn der Schweiz statt. »Das Urteil stinkt von Vergeltungssucht, Neid, Mißgunst . . .« schrieb die ZÜRCHER WOCHE

terstatter) nicht mit, schon eher Rosen für den Angeklagten ... Etwas Farbe und Helle gönnt sich die Bündner Justiz zum besonderen Anlaß des Gerichtsverfahrens gegen ihren Angeklagten des Jahres. So darf er wohl genannt werden , da sich die Anklage zum Abfassen ihrer Schrift mehr Zeit nahm, als von Däniken in unfreiwilliger Klausur brauchte, um seinen zweiten Bestseller zu Papier zu bringen . . .«

In einer Verhandlungspause führte die STERN-Reporterin Marlet Müller-Schaake mit Erich ein Gespräch. Ein paar Sätze beleuchten die Pfiffigkeit des besessenen Autors:

» . . . Herr Kirchhofer hat mir am Anfang die Schreiberei verweigert. Mein wichtigstes Verlangen war, das zweite Buch zu schreiben. Um jeden Preis. Da griff ich zu einer List: ich spielte Kirchhofer, der mir Plagiat für mein erstes Buch vorgeworfen hatte, die Rolle vor, als sei ich nicht sicher, daß ich ein Buch schreiben könne. Er ist mir in die Falle gegangen. Er sagte sich: Jetzt erwische ich ihn auf frischer Tat, abgekapselt in der Zelle – jetzt wird sich zeigen, er kann gar nicht schreiben. In neun Wochen habe ich dann ZURÜCK ZU DEN STERNEN aus dem Schädel herausgejagt. Bevor der Kerl aufschnaufen konnte, war das Manuskript draußen . . .«

Urteil

Ich habe die Linie gezeichnet, die von allen Verhören durch alle Akten zum Prozeß führte. Als Däniken einmal um »fair play« gebeten hatte, bekam er die Antwort: »Die Strafun-

In der Strafanstalt Regensdorf saß Däniken zwei Drittel seiner Strafe ab. 666 Tage insgesamt hatte man ihn seiner Freiheit beraubt!

tersuchung ist keine Sportveranstaltung«. Von »fair play« konnte denn auch wirklich nicht die Rede sein.

Am Donnerstag, dem 13. Februar, wurde Däniken wegen wiederholten und gewerbsmäßigen Betruges etc. zu dreieinhalb Jahren Zuchthaus, abzüglich 300 Tagen Untersuchungshaft, und 3000 Franken Buße verurteilt. Die Kosten des Verfahrens mit 48 300 Franken gingen zu seinen Lasten. Das Urteil war noch nicht rechtskräftig, nicht mal schriftlich zugestellt, da wurde er schon drei Tage später in die Strafanstalt Regensdorf überführt. Niemand kann sagen, man wäre nicht konsequent gewesen.

Vergeltungssucht
Neid
Mißgunst

Die Schweizer Zeitung BLICK kommentierte: »Die haben ihn wie einen Schwerverbrecher verurteilt. Dreieinhalb Jahre Zuchthaus bekam damals in Glarus der Mörder Heinrich Petermann. Und der hatte immerhin einen Menschen getötet.«

Der Advokat Dr. Gregor Kunz, Basel: »Auf einmal standen diese Verfolger einer Nichttat als die Angeklagten und Blamierten da, und das mußte vermieden werden. Darum die Überziehung des Vorgehens und des Urteils.«

Die ZÜRCHER WOCHE: »Dies Urteil stinkt von Vergeltungsssucht, Neid, Mißgunst . . .«

Der angesehene Schweizer Journalist Werner Wollenberger in ZÜRI–LEU:

»Vor dem Gesetz der Demokratie sind alle gleich, und also soll der außerordentliche von Däniken auch behandelt werden wie jeder gewöhnliche Delinquent. Trotzdem plädiere ich jetzt, hier und heute und in Zukunft, den Erich von Däniken anders zu behandeln als andere. Ich bitte, in Betracht zu ziehen, daß es ungewöhnliche Eigenschaften waren, die ihn auch im Negativen außergewöhnlich machten. Ich bitte zu bedenken, daß ein ordentlicher von Däniken kein außerordentliches Buch geschrieben hätte. Ich bitte darum, daß man ihm Gerechtigkeit widerfahren läßt, indem man ihm einen Ausnahmezustand zubilligt, den er sich ja gar nicht selbst ausgewählt hat.«

Wie sehr Wollenberger ins Zentrum traf, macht das Schlußwort deutlich, das Erich vor seinen Anklägern und Richtern sprach:

Hier stehe ich . . . »Herr Präsident, hohes Gericht, Herr Staatsanwalt!

Wozu sind wir – Sie, ich, wir alle in diesem Raum – auf Erden? Die Antwort des Katechismus lautet: ›Wir sind auf Erden, um Gott zu dienen und dereinst in den Himmel zu kommen.‹ Diese Feststellung konnte mich nie befriedigen. Hatte Gott es denn nötig, daß ihm jemand ›diene‹? Was ist denn letztlich Zweck und Ziel des Menschseins? Woher kommen wir – wohin gehen wir – und warum geschieht es so, wie es geschieht?

Ich ging diesen Fragen auf meine Art nach. Ich verbiß mich in alte Texte, heilige Schriften, kuriose Übersetzungen. Ich fand Antworten und machte mich auf die Reise. Ob die gefundenen Antworten richtig oder falsch sind, wird erst die Zukunft zeigen.

In meiner Welt war die Suche nach Antworten auf die wichtigsten Fragen jedes Menschen tausendmal wichtiger als alle finanziellen Belange des Alltags. Der Staatsanwalt warf mir eben vor, ich sei uneinsichtig, doch der Staatsanwalt kennt mich nicht: alles, was er weiß, übernahm er vom Untersuchungsrichter. Ich hatte nie den Gedanken, jemanden zu betrügen oder um sein Geld zu prellen. Ich versprach den Gläubigern, ihre Guthaben mit Zins und Zinseszins zu bezahlen. Ich habe Wort gehalten.

Immerhin bin ich heute um einige Erfahrungen reicher:

1. Behandle Geld nicht wie Kohlen, sondern wie rohe Eier.

2. Lies einen Vertrag dreimal durch, bevor du ihn gutgläubig unterschreibst.

3. Glaube nie mehr einem Vertragspartner, es sei alles wahr und so geschrieben wie besprochen.

Eine finanzielle Schuld besteht heute nicht, sie bestand auch in der Vergangenheit nicht, denn die Gläubiger stundeten mir meine Schulden, wenn ich Termine nicht halten konnte.

Gibt es eine moralische Schuld?

Habe ich irgendwem weh getan? Schmerz bereitet?

Gibt es Rachegelüste?

Mein Rechtsanwalt belehrte mich, daß solche Überlegungen juristisch unerheblich seien. Und doch komme ich – neben den eingelösten Verpflichtungen – nicht um die Tatsache herum: keiner der angeblich Betrogenen hat je eine Strafanzeige gegen mich eingereicht, niemand wünschte meine Bestrafung.«

Däniken verbüßte die total unangemessene Strafe in der Kantonalen Strafanstalt Regensdorf, 10 km nordwestlich von Zürich. Staatsrechtliche Beschwerden, Revisionen also, wurden in schöner, schon Tradition gewordener Regelmäßigkeit zurückgewiesen – eine große Unterschriftensammlung, in der europäische, also auch Schweizer Prominenz, darunter eine stattliche Zahl von Nationalräten, Angehörigen des Schweizer Parlaments also, um vorzeitige Haftentlassung einkamen, wurde überhaupt nicht zur Notiz genommen. Korrekt und mit Haltung trug Erich von Däniken die geschlossene rehbraune Anstaltskleidung, aufgeheftet die Nummer 52.

Bis zum 14. September 1971. Da wurde er entlassen. 666 Tage (sechshundertsechsundsechzig) Tage hatte man ihn der Freiheit beraubt. Nach Anrechnung der 300, für die erlittene Untersuchungshaft abgezogenen Tage, wurde ihm ein Drittel der Strafe, wegen guter Führung, erlassen.

Von Freunden am Tor der Haftanstalt abgeholt, fand nachmittags im »Zunfthaus Zur Meisen«, Zürich, eine vom Econ-Verlag anberaumte Pressekonferenz statt. International war sie beschickt. Presse, Rundfunk, Fernsehen. Höflich und sehr präsent stellte Erich sich allen Fragen, wich keiner aus, attackierte, was ich bewunderte, mit keinem Wort seine Verfolger.

Kein Trauma . . . Kein Ghostwriter!

Da ich dieses Affidavit aus ganz persönlicher Sicht (aber auch in genauer Kenntnis der Vorgänge) schrieb, muß ich hier etwas erwähnen, was ich im »Zunfthaus Zur Meisen« von einem Journalisten gefragt wurde. Ich muß das notieren, weil es im Grunde um Erich geht. Ich wurde gefragt, ob ich sein Ghostwriter wäre. Heute, nachdem er drei weitere Bücher geschrieben hat, gebe ich dieselbe Antwort wie damals: Franz Léhar hat unsterbliche Melodien geschrieben, aber er hat sie nie selbst instrumentiert. Däniken braucht keinen Ghostwriter, und ich eigne mich auch nicht dazu. Übrigens werden Ghostwriter in den Büchern der Autoren nicht erwähnt, mein Name als Bearbeiter steht in jedem Däniken-Buch.

Immer wieder werde ich gefragt, ob Däniken ein Trauma

vom Ereignis und der verlorenen Zeit wegen zurückgeblieben sei.

Ich glaube es nicht, er hat ein gutes Nervenkostüm und kein schlechteres Gewissen. Aber ich kann hier nur vermuten, weil er kaum darüber spricht. Da ich ihn als gerechten Menschen kennengelernt habe, sagte ich kürzlich dem Wiener Journalisten Peter Krassa zu dieser Frage, wäre es »unmenschlich«, wenn er angetanes und erlittenes Unrecht völlig vergessen könnte. Er hat es wohl temorär verdrängt. Dabei hat ihm geholfen, daß er keinen Tag, seit diesem Nachmittag in Zürich, vergehen ließ, an dem er nicht wild und besessen gearbeitet hat, und da bohrt fraglos das Gefühl, sinnlos gestohlene Zeit wieder einzuholen. Vielleicht ist es ihm eine stille Genugtuung, daß der Untersuchungsrichter in Davos, der vermutlich gehofft hatte, mit dem »Fall Däniken« Karriere zu machen, immer noch auf seinem kleinen Stühlchen sitzt. Aber ich halte es nicht für ausgeschlossen, ja, für wahrscheinlich, daß er dermaleinst, vielleicht in Memoiren, seinen »Fall« in überhöhter Form als ein Spinnennetz beschreiben wird, in das jeder, mindestens in Graubünden, hineingeraten kann, wenn es nur einer will.

Fruchtbare Freiheit

Seit er wieder in Freiheit lebt, schrieb er drei Bücher: AUSSAAT UND KOSMOS (1972), MEINE WELT IN BILDERN (1973) und ERSCHEINUNGEN (1974). Es ist nicht nur sein hervorragend erarbeitetes Archiv, das ihm solche Produktivität ermöglicht. Er hat eine fast somnambule Langzeitstrategie. In seinem Gehirn funktioniert eine Schaltstelle, die en suite alle Materialien auf der richtigen Schiene ins richtige Ressort leitet. So arbeitet er, wenn ich das richtig beobachte, jetzt schon an Büchern, die er – vielleicht – 1980 oder später schreiben wird. Seine Gedanken rotieren um die »neuralgischen« Punkte seiner strategischen Positionen. In diesem Sinne »schreibt« er pausenlos, die wirkliche Niederschrift in genau terminierten Abläufen ist dann »nur« noch der Abruf dessen, was er, wohlsortiert, in seinen grauen Zellen gespeichert hat. Er sagte mir mal: »Zuerst blinkt und blitzt da eine Frage auf, verdeckt von vielen anderen Fragezeichen. Ich nehme mir jedes einzelne vor, klopfe es ab, teste es auf die Brauchbarkeit möglicher

Antworten, das geht so über Monate, sogar Jahre, bis die eine Frage übrigbleibt, die mich vibrieren läßt, als würde ich dauernd Mokka double konsumieren. Ob ich im Flugzeug sitze, in der Badewanne plätschere oder in einem Disput bin, *die* Frage ist da. Immer. Wie ein Schatten. Und dann tut sich da was wie mit den Motten, die zum Licht wollen. Wissenschaftliche Literatur erscheint und kommt auf meinen Tisch, mal fand ich zufällig ein für mich wichtiges Buch an einem Kiosk an der Central Station in New York. Ich kann mir das Wie nicht erklären, aber plötzlich sind da Briefe aus allen Ecken der Welt, stellen Fragen zu ›meiner‹ Frage, bringen Hinweise, Dokumente. Vielleicht ist da was mit PSI im Spiel, jedenfalls ein Joker, der sticht und mir weiterhilft. Ich weiß es nicht. Plötzlich, einmal mitten in einem Vortrag, den ich in Buffalo hielt, blitzte es in mein Gehirn: Erich, *das* ist es! *Das* war mein Buch ERSCHEINUNGEN.«

Das ist der Zustand eines von einer einzigen Idee Besessenen. Die Idee ist magnetisch, sie zieht an, findet Echo.

Genußvolle Freiheit

Seit er Freiheit, auch in pekuniären Dingen, genießt, machte er drei große Weltreisen. Sommer und Herbst '75 ist er auf seiner fünften. Zwischendurch absolvierte er wahre Fahr-

Seit in Amerika die »Dänikitis« ausbrach, sprach der Autor in den Audimax der Universitäten und in den größten Sälen oder Stadien. Schon sind für 1976 und 1977 vier lange Tourneen ausgebucht

pläne von Vortragsreisen, 77mal sprach er vor Riesenauditorien in amerikanischen Universitäten, er sprach in Amerika, das seit ERINNERUNGEN in einer wirklichen Dänikitis lebt, weil die größten Säle nicht reichten, in Baseballstadien vor 10 000 Menschen; er war Gast in den populärsten TV-Shows (Jonny Carsson, Dick Cavitt usw.), sprach in die Mikrophone von einigen Dutzend Rundfunkstationen, stellte sich »Meet the press«. In Nord- und Südamerika, in Kanada, in Australien. Däniken ist »in«.

Über 31 Millionen Exemplare seiner Bücher haben ihre Käufer gefunden, und wenn man, wie jüngst ermittelt wurde, je Buch 3,5 Leser annehmen kann, dann haben über 100 Millionen Menschen Däniken-Bücher gelesen. Und wieviele haben über ihn und seine Thesen diskutiert?

Manchmal wird ein bekannter Romancier als der erfolgreichste Autor deutscher Sprache genannt. Das stimmt nicht, denn über 31 Millionen Bücher wurden – binnen sieben Jahren! – von meinem Freund Erich von Däniken verkauft, da folgen andere Publikationen, zwar auf beachtlichen Plätzen, doch nur unter »ferner liefen«. Däniken-Bücher erschienen in diesen Ländern:

AUSTRALIEN – CSSR (Tschechisch und Slowakisch) – BRASIILIEN – DÄNEMARK – DEUTSCHLAND – ENGLAND – FINNLAND – FRANKREICH – GRIECHENLAND – INDIEN (Bengali, Mahrathi, Kanaries) – Iran (Raubdruck) – ISLAND – ISRAEL – ITALIEN – KANADA – JAPAN – JUGOSLAWIEN (Slowenisch und Serbokroatisch) – NIEDERLANDE – NORWEGEN – POLEN – RUMÄNIEN – SCHWEDEN – SPANIEN – TÜRKEI – USA.

Dänikens Leben ist ein Leben mit gläsernen Taschen. Mit kleinem Gepäck immer auf der Achse, wird, er, wo er auftaucht, mit »Laser«fragen durchbohrt. Ich habe das hundertmal erlebt, aber ich habe nicht erlebt, daß er auch nur einmal gekniffen hätte. Entwaffnend ist, und das sollten seine Gegner estimieren, daß er rundheraus sagt: »Das weiß ich nicht«, wenn ihm eine Frage gestellt wird, über die er noch nicht nachgedacht hat. Manchmal, das weiß *ich,* stapelt er auch tief: dann nämlich, wenn eine Frage in Bezirke zielt, die mit seiner Antwort ein Reservat aufdecken könnte, das er sich abgesteckt hat. Denn, und das spricht für seine

Originalität, oft könnten »patentreife« Stichworte Initialzündungen für andere Autoren sein, und seit man ihm mal Plagiatvorwürfe machte, ist er, wenigstens in dieser Ecke, skeptisch geworden. Seine Götter mögen ihm diese Skepsis bewahren.

Das Beste und Richtigste, was ich über Erich von Däniken las, sagte sein Verleger Barth von Wehrenalp. Deshalb mögen diese Sätze am Ende eines Versuchs, das vielschichtige, irisierende Leben Dänikens beim Wickel zu kriegen, stehen:

»Meiner Meinung nach ist Erich von Däniken weder ein Ketzer noch ein Missionar, sondern eine der Persönlichkeiten, wie sie heute so selten geworden sind: er ist ein Suchender, einer, der ungemein neugierig ist, unerhört wissensdurstig und auf einem Gebiet, wo einer Ketzer und Missionar werden könnte, einen Weg zur Wahrheit sucht. Ich finde den Ausdruck ›Suchender‹ für ihn viel besser als manche andere Bezeichnungen, die man auf seine Person gemünzt hat.«

Copyright Ols, Lauf

Literaturverzeichnis

Alfvén, Hannes: Kosmologie und Antimaterie, Frankfurt 1969
Allen, T.: Wesen, die noch niemand sah, Bergisch Gladbach 1966
Anders, Ferdinand: Das Pantheon der Maya, Graz 1963
Andreas, P.-Adams, G: Was niemand glauben will, (Ullstein) 1967
Bacon, E.: Auferstandene Geschichte, (Orell Füssli) 1964
Banco de la Republica: Museo del Oro, Bogota 1968
Barreto, Felicitas: Danzas Indigenas del Brasil, Mexico 1960
Bass, George F.: Archäologie unter Wasser, Bergisch Gladbach 1966
Baudin, Louis: Der sozialistische Staat der Inka, Hamburg 1956
Baumann, Hans: Gold und Götter von Peru, Gütersloh, o. J.
Beck, C. H.: Menschenzüchtung, München 1969
Bennett, W. C.: Archaeology of Kauai, Honolulu 1931
Betz, O.: Offenbarung und Schriftforschung der Qumransekte, (Mohr) 1960
Biedermann, Hans: Altmexicos heilige Bücher, Graz 1970
Biging, Curt: Tiere, Sonnen und Atome, Berlin 1930
Blavatsky, H. P.: Die Geheimlehre, Band I–IV, London 1888
Blühel, Kurt: Projekt Übermensch, Bern – Stuttgart 1971
Blumrich, J. F.: Da tat sich der Himmel auf, Düsseldorf 1973
Bogen, H. J.: Knaurs Buch der modernen Biologie, (Droemer) 1967
Boschke, F. L.: Erde von anderen Sternen, Düsseldorf 1965
– Die Herkunft des Lebens, Düsseldorf 1970
Böttcher, Helmuth M.: Die große Mutter, Düsseldorf 1968
Branco, Renato Castelo: Pre-Historia Brasileira, Sao Paulo 1971
von Braun, W.: The next 20 years of interplanetary exploration, (Marshall Space Flight Center, Huntsville) 1965
Brentjes, B.: Fels- und Höhlenbilder Afrikas, Heidelberg 1965
Breuer, Hans: Kolumbus war Chinese, Frankfurt 1970
Bruckner, Winfried: Spuren ins All, Volksbuchverlag, o. J.
Buck, Peter: Vikings of the Sunrise, New York 1938

Buck, P. H.: Ethnology of Manihiki and Rakahanga, Honolulu 1932

Büdeler, Werner: SKYLAB, Düsseldorf 1973

Burrows, M.: Mehr Klarheit über die Schriftrollen, (Beck) 1958

Buttlar, Johannes v.: Schneller als das Licht, Düsseldorf – Wien 1972

Calder, Nigel: Das Phänomen der kleinen grauen Zellen, Düsseldorf 1972

Camp, L. S. und C. C. de: Geheimnisvolle Stätten der Geschichte, Düsseldorf 1966

Cathie, B. L.: Harmonic 695, Wellington 1971

Ceram, C. W.: Der erste Amerikaner, Hamburg 1972

Charroux, Robert: Verratene Geheimnisse, München 1967

– Phantastische Vergangenheit, München 1969

– Unbekannt – Geheimnisvoll – Phantastisch, Düsseldorf – Wien 1970

– Die Meister der Welt, Düsseldorf 1972

Chen Chih-ping: Chinese History, Taipei, o. J.

Chiang Fu-Tsung: Masterworks of Chinese Bronze in the National Palace Museum, Taipei 1969

– The Origin and Development of the National Palace Museum, Taipei, o. J.

Codex Tro-Cortesianus: Amerikanisches Museum Madrid

Comfort, Alex u. a.: Die biologische Zukunft des Menschen, Frankfurt 1971

Cordan, Wolfgang: Das Buch des Rates, Mythos und Geschichte der Maya, Düsseldorf 1962

Covarrubias, M.: Indian Art of Mexico and Central America, New York 1957

Criswell, W. A.: Stammt der Mensch vom Affen ab? Wetzlar 1972

Cyril, Aldred: Die Juwelen der Pharaonen, Zürich 1972

Däniken, Erich von: Erinnerungen an die Zukunft, Düsseldorf 1968

– Zurück zu den Sternen, Düsseldorf 1969

– Aussaat und Kosmos, Düsseldorf 1972

– Meine Welt in Bildern, Düsseldorf 1973

Danielsson, B.: Vergessene Inseln der Südsee, (Ullstein) 1955

Danzel, Theodor: Mexico, altmexikanische Bilderschriften, Darmstadt 1922

Darlington, C. D.: Die Entwicklung des Menschen und der Gesellschaft, Düsseldorf 1971
Deuel, Leo: Flights into Yesterday, New York 1969
Disselhoff, H. D.: Gott muß Peruaner sein, Wiesbaden 1956
– Alltag im alten Peru, (Callwey) 1966
– Das Imperium der Inka, Berlin 1972
Ditfurth, Hoimar v.: Am Anfang war der Wasserstoff, Hamburg 1972
Dupont, A.: Les écrits esseniens découverts près de la mer morte, (Payot) 1959
Dutt, M. Nath: Ramayana, (Calcutta) 1891
Edwards, Dick: Imagine Earth one Nation, Perth 1972
Ehrenreich, Paul: Die Mythen und Legenden der südamerikanischen Urvölker, Berlin 1905
Einstein, A.: Grundzüge der Relativitätstheorie, (Vieweg) 1963
Eiseley, Loren: Von der Entstehung des Lebens und der Naturgeschichte des Menschen, München 1959
Eissfeldt, Otto: Einleitung in das Alte Testament, Tübingen 1964
Ekrutt, Joachim: Der Kalender im Wandel der Zeiten, Stuttgart 1972
Elsässer, Hans, u. a.: Sind wir allein im Kosmos? München 1970
Emory, K. P.: Stone Remains in the Society Islands, Honolulu 1933
Eugster, J.: Die Forschung nach außerirdischem Leben, Zürich 1969
Faust, H.: Woher wir kommen – Wohin wir gehen (Econ) 1967
Ferreira, Manuel Rodrigues: O misterio do ouro dos martirios, Sao Paulo 1960
Friderici, G.: Die vorkolumbischen Verbindungen der Südsee-Völker mit Amerika, Wien 1929
Frischauer, P.: Es steht geschrieben, München 1967
Gamow, George: Die Lebensgeschichte der Erde, München 1941
– Erde unser Planet, München 1963
Garcilasso de la vega: Primera parte de los comentarios reales, que tratan del origen de los incas, Madrid 1722
Gomez, L. D.: San Augustin (Instituto columbiano de antropoligia), Bogota 1963

Grand Palais: Arts mayas du Guatemala, Paris 1968
Haber, Heinz: Unser blauer Planet, Stuttgart 1965
Hagen, Victor von: World of the Maya, New American Library, New York o. J.
Hambruch, Paul: Ponape, Ergebnisse der Südsee-Expedition, Berlin 1936
Hapgood, Ch. H.: Maps of the Ancient Sea Kings, Philadelphia o. J.
Heberer, Gerhard: Homo – unsere Ab- und Zukunft, Stuttgart 1968
Heitmann, Karl E.: Die Urzeitjäger im technischen Paradies, Düsseldorf 1962
Hertel, J.: Indische Märchen, Düsseldorf 1961
Herodot; Historien, Bücher I-IX
Heyerdahl, Thor: Aku-Aku, Frankfurt 1957
Hoenn, K.: Sumerische und akkadische Hymnen und Gebete, Zürich – Stuttgart 1953
Homet, M. F.: Die Söhne der Sonne, (Walter) 1958
Honoré, Pierre: Das Buch der Altsteinzeit, Düsseldorf 1967
Hübner, Paul: Vom ersten Menschen wird erzählt, Düsseldorf 1969
Hynek, Allen: The UFO Experience, Chicago 1972
Jacobi, Claus: Die menschliche Springflut, Berlin 1969
Jacobi, Bernhard: Als die Götter zahlreich waren, Frankfurt 1968
Kautzsch, E.: Die Apokryphen und Pseudoepigraphen des Alten Testamentes, Tübingen 1900
Keller, Werner: Und die Bibel hat doch recht, in Bildern, Düsseldorf 1963
Khuon, Ernst von: Waren die Götter Astronauten? Düsseldorf 1970
Kidd, Kenneth: Indian Rock Paintings of the Great Lakes, Toronto 1962
Koch-Grünberg: Südamerikanische Felszeichnungen, Berlin 1907
Kohlenberg, Karl F.: Völkerkunde, (Diederichs) 1968
– Enträtselte Vorzeit, München 1970
Kolosimo, Peter: Sie kamen von einem anderen Stern, Wiesbaden 1969
– Viele Dinge zwischen Himmel und Erde, Wiesbaden 1970
– Woher wir kommen, Wiesbaden 1972

Kramer, S. N.: Geschichte beginnt mit Sumer, München 1959
Krassa, Peter: Als die gelben Götter kamen. München 1973
– Gott kam von den Sternen, Wien 1974
Krickeberg, Walter: Märchen der Azteken und Inka, Jena 1928
– Die Religion des alten Amerika, Stuttgart 1952
Kühn, H.: Wenn Steine reden, (Brockhaus) 1966
Lajoux, J.-D.: Wunder des Tassili n'Ajjer, (Callwey) 1967
Lehner, E. und J.: Lore and lure of outer space, New York 1964
Leon-Portilla, Miguel: Rückkehr der Götter, Die Aufzeichnungen der Azteken über den Untergang ihres Reiches, Köln 1962
Ley, Willy: Die Himmelskunde, Düsseldorf 1965
Lhote, Henri: Die Felsbilder der Sahara, Würzburg 1963
Liebenfels, Lanz J. von: Bibliomystikon, Pforzheim 1930
Lindner, Helmut: Physik im Kosmos, Köln 1971
Lohse, E.: Die Texte aus Qumran, (Kösel) 1964
Lommel, A. u. K.: Die Kunst des fünften Erdteils, (Katalog des Staatlichen Museums für Völkerkunde), München 1959
Lucas, Heinz: Japanische Kultmasken, Kassel 1965
Lukian: Zum Mond und darüber hinaus, Zürich 1967
Maerth, Oscar Kiss: Der Anfang war das Ende, Düsseldorf 1971
The Mahabharata a Criticism (The Sanskrit Book Dep.), Delhi 1966,
Mahabharatam, (Brockhaus) 1906
Malaise, René: A New Deal in Geology, Lidingö 1969
Marins, Francisco: Expedicao os martirios, Sao Paulo o. J.
Mason, J. A.: Das alte Peru, (Kindler) 1965
Matschoss, Conrad: Beiträge zur Geschichte der Technik und Industrie, (Jahrbuch des Vereins deutscher Ingenieure), Berlin 1928
Meißner, B.: Babylonien und Assyrien, (Winters) 1925
Mellaart, James: Catal Hüyük, Bergisch Gladbach 1967
Melhedegaard, Frede: Tut-ankh-amon er vagnet, Fredericia 1970
Métraux, A.: Die Osterinsel, (Kohlhammer) 1957
Metzger, Henri: Anatolien, Band I und II, Genf 1969

Ministerio da agricultura: Paraque national de sete cidades, Piaui 1971
Monond, Jacques: Le hasard et la nécessité, Paris 1971
Moricz, Juan: El origen americano del pueblos europeos, Guayaquil 1968
Müller, Rolf: Der Himmel über dem Menschen der Steinzeit, Heidelberg 1970
National Palace Museum: Chinese Cultural Art Treasures, Taipei 1971
Newman, Alfred K.: Who are the Maoris, London o. J.
Nielsen, T.: Die letzten Geheimnisse der Erde, (Neff) 1947
Osten-Sacken, P. v. der: Wanderer durch Raum und Zeit, Stuttgart 1965
Paasonen, Heikki: Gebräuche und Volksdichtung der Tschuwassen, Helsinki 1949
Pahl, Joachim: Sternenmenschen sind unter uns, München 1971
Parrot, André: Sumer, Paris 1960
– Assur, Paris 1960
Pauwels, L. – Bergier, J.: Aufbruch ins dritte Jahrtausend, Bern 1962
– Der Planet der unmöglichen Möglichkeiten, Bern 1968
– Die Entdeckung des ewigen Menschen, Bern 1970
Philbeck, Maynard: The Search for the Sun People, Washington D. C. 1968
Philip, Brother: Secret of the Andes, London 1961
Piper: Sind wir alleine im Kosmos? München 1970
Pointer, Josef: Das Weltraum-Dilemma, Düsseldorf 1971
Prescott, William H.: Die Welt der Inkas, Genf o. J.
Puccetti, Roland: Außerirdische Intelligenz, Düsseldorf 1970
Reiche, Maria: Geheimnis der Wüste, Stuttgart o. J.
Riese, Berthold: Geschichte der Maya, Stuttgart 1972
Der Rig-Veda I-IV, (Harrassowitz) 1951
Rittlinger, Herbert: Der maßlose Ozean, Stuttgart o. J.
Roy, P. Ch.: Mahabharata, (Calcutta) 1889
Rubissow, Helene: Lumières de l'asie, Paris 1968
Rüegg, W.: Die ägyptische Götterwelt, Zürich – Stuttgart 1959
– Kulte und Orakel im alten Ägypten, (Artemis) 1960
– Zauberei und Jenseitsglauben im alten Ägypten, (Artemis) 1961

Sänger, E.: Raumfahrt, heute, morgen, übermorgen, Düsseldorf 1963
Sänger-Bredt, Irene: Spuren der Vorzeit, Düsseldorf 1972
– Ungelöste Rätsel der Schöpfung, Düsseldorf 1971
Saurat, Denis: Atlantis und die Herrschaft der Riesen, Stuttgart 1965
Schirmbeck, Heinrich: Ihr werdet sein wie die Götter, Düsseldorf 1966
Schmidt, Ulrich: Treppen der Götter, Zeichen der Macht, Düsseldorf 1970
Schrader, Herbert L.: Der Mensch wird umgebaut, Frankfurt 1970
Schwarz, G. Th.: Archäologen an der Arbeit, (Franke) 1965
Schwennhagen, Ludwig: Antiga historia do Brasil, Rio de Janeiro 1970
Seki, Keigo: Folktales of Japan, Chicago 1963
Selimchanov, I. R.: Ergebnisse von spektralanalytischen Untersuchungen an Metallgegenständen des 3. und 4. Jahrtausends aus Transkaukasien, Baku 1966
Sete, K.: Das ägyptische Totenbuch, Leipzig 1931
Shapley, H.: Wir Kinder der Milchstraße, Düsseldorf 1965
Shklosvkii, I. S. – Sagan, C.: Intelligent Life in the Universe, San Francisco 1966
Simon, P.: Noticias Historiales de las Conquistas de Tierra Firme en las Indias Occidentales, Bogota 1890
Skinner, H. D.: The Morioris, Honolulu 1928
Smith, Percy S.: Hawaiki, London 1910
Sprague de Camp, L.: Geheimnisvolle Stätten der Geschichte, Düsseldorf o. J.
Sterneder, Hans: Also spricht die Cheopspyramide, Freiburg i. Br. 1968
Stingl, Miloslav Dr.: In versunkenen Mayastädten, Leipzig 1971
Stoddard, Theodore L.: Indians of Brazil in the Twentieth Century, Washington D. C. 1967
Stone, D.: A Preliminary Investigation of the Flood Plain, (in: American Antiquity, Vol. 9, July) 1943
Stucken, Eduard: Polynesisches Sprachgut in Amerika und Sumer, Leipzig 1927
Sugrue, Th.: Edgar Cayce, (Dell Books) 1957
Sullivan, Navin: Die Botschaft der Gene, Frankfurt 1969

Sullivan, Walter: Signale aus dem All, Düsseldorf 1966
Taylor, G. R.: Die biologische Zeitbombe, (G. B. Fischer) 1969
Teilhard de Chardin, P.: Die Entstehung des Menschen, (Beck) 1963
– Die Zukunft des Menschen, (Walter) 1963
– Der Mensch im Kosmos, (Beck) 1965
Tobisch, O. Oswald: Kult Symbol Schrift, Baden-Baden 1963
Tomas, Andrew: Wir sind nicht die ersten, Bonn o. J.
Tozzer, A. M.: Chichen Itza and its cenote of sacrifice (Memoirs of the Peabody Museum), Cambridge, Mass. 1957
Tregear, Edward: The Maori Race, Wanganui, N. Z. 1926
Umschau Verlag: Die biologische Zukunft des Menschen, Frankfurt 1971
Urey, H. C.: Astrophysik III: Das Sonnensystem, (Springer) 1959
Valle Jacques and Janine: Challenge to Science, Chicago 1966
Velikovsky, I.: Worlds in collision, (Doubleday & Co, New York) 1950
Vestenbrugg, Rudolf Elmayer: Eingriffe aus dem Kosmos, Freiburg 1971
Villas Boas, O. und C.: Xingu, Rio de Janeiro 1970
Vierkandt, A.: Das Problem der Felszeichnungen und der Ursprung des Zeichnens, Braunschweig 1909
Vogt, H. H.: Außergalaktische Sternsysteme und die Struktur der Welt im Großen, (Geest & Portig) 1960
– Das programmierte Leben, Zürich 1969
Waisbard, Simone: Tiahuanaco, Paris 1971
Waters, Frank: Book of the Hopi, New York 1963
Watson, James D.: Die Doppel-Helix, Hamburg 1969
Wauchope, R.: Implications of radiocarbon dates, From Middle and South America, (Tulane University, New Orleans) 1954
White, John: Ancient History of the Maori, Band I–III, Wellington 1887
Weidenreich, F.: Apes, Giants and Man, Chicago 1946
Wedemeyer, Inge von: Sonnengott und Sonnenmenschen, Tübingen 1970

Wiesner, Joseph: Histoire de l'art, Paris o. J.
– L'orient ancien, Paris o. J.
Ziegel, F. Y.: Nuclear explosion over the Taiga, (US-Dep. of Commerce, Office of technical Services) 1962
Zindel, C.: Zu den Felsbildern von Carschenna, (in: Jahresbericht 1967 der Historisch-Antiquarischen Gesellschaft von Graubünden, S. 3 ff.)

Bildnachweis

Anthropologisches Nationalmuseum, Mexiko City: 84

Bellamy, H. S., The great idol of Tiahuanaco: 61

Bibel, Alte: 20, 21, 22, 99, 100, 102

Bildarchiv Foto Marburg: 89

Blumrich, Josef, über Econ-Verlag: 23, 24, 25

Büdeler, Werner: 1

Constantin-Film, München: 12, 13, 14, 15, 16, 17, 18, 18a, 26, 28, 29, 30, 33, 34, 42, 45, 46, 47, 48, 54, 62, 64, 79, 80, 81, 86, 87, 103, 108, 109, 110, 120, 124, 125, 126, 136, 137, 143, 145, 146, 147, 148, 149, 150, 151, 152, 153, 154, 155, 158

Däniken, Erich von: 11, 19, 43, 44, 49, 50, 51, 52, 53, 55, 56, 57, 58, 59, 60, 63, 65, 66, 67, 68, 69, 70, 71, 72, 73, 74, 75, 76, 77, 78, 83, 85, 90, 91, 92, 93, 94, 95, 96, 97, 104, 105, 106, 107, 111, 112, 113, 119, 121, 122, 123, 127, 130, 131, 132, 140, 141, 142a, 142b, 144, 156, 157, 159, 173, 174, 175, 176, 177, 178

Däniken, Erich von, Amerikanisches Museum, Madrid: 163, 164, 165

Däniken, Erich von, Meine Welt in Bildern, Econ: 166, 167, 168, 169, 170, 171, 172

Däniken, Erich von, Zurück zu den Sternen, Econ: 8, 9, 135

Hapgod, Charles, Maps of the Ancient Sea Kings: 32, 35

Khuon, Ernst von, Waren die Götter Astronauten?, Econ: 3, 6, 138, 139

Krassa, Peter, Wien: 101

Lawrence, George, Ecola Institute, San Bernardino, Calif.: 36, 37

Ley, Willy: 2

Leyland Brothers, Australia: 128, 129

Lunan, Duncan, Souvenir Press, London: 38, 39, 40, 41

Messiha Khalil, Kairo: 115, 116

Museum von Bagdad: 27

NASA, Public Affairs, Washington, D. C.: 10, 98

NASA, Washington: 114

Peret, Joao Americo, Brasilien: 133, 134

Rhodan, Perry Rhodan Serie, Pabel Verlag, Rastatt: 88

Sächsische Landesbibliothek, Dresden: 160, 161, 162

Sanderson, John: 82

State Bank, Museo del oro, Bogota: 117/118

Topkapi Museum, Istanbul: 31

Folgende Bilder sind ohne Nachweis: 4, 5, 7

REGISTER

ECON
von Däniken
ERSCHEI
NUNGEN
Phänomene,
die die Welt erregen
Der
aufregendste
Däniken,
den es je
gab!